南阳二机石油装备（集团）有限公司
RG Petro-machinery(Group)CO.,LTD.

▲ 车装钻机
▲ 海洋钻机
▲ 斜直井钻机
▲ 网电钻机

传真：0377-63552942 E-mail：ejc@ejpetro.com 法人代表：杨汉立

四川宏华石油设备有限公司
SICHUAN HONGHUA PETROLEUM EQUIPMENT CO., LTD.

四川宏华石油设备有限公司，1997年12月成立，位于四川德阳广汉。目前占地面积约66.67万m^2，员工2000余人，具备年产150台套石油钻机、产值60亿元的生产能力。四川宏华是一家专业从事石油钻采设备研究、设计、制造、成套和服务的高新技术企业，是四川省重装制造业龙头企业，高新技术示范企业，在国内陆地石油钻机制造企业中名列前茅。2008年3月，公司股票在中国香港联交所主板成功上市。

公司主要产品涵盖2000～9000m的陆地钻机，包括DBS交流变频数控电动钻机、直流电驱动钻机、机械驱动钻机、复合驱动钻机、拖装钻机、直升机吊装钻机和转盘独立电驱动钻机，以及新研制的连续管钻机、液压单根钻机、齿轮齿条钻机等40余种型号规格，以及与之配套的直驱顶驱、直驱泵、游吊系统、固控系统、电控系统等产品。产品主要出口国际市场，遍布美洲、非洲、中东、中亚、东南亚、俄罗斯等地。

公司十分注重技术研发，连续推出创新产品，引领世界石油钻机的技术潮流。近年来公司共申请专利142项，其中发明45项(含2项PCT)，实用新型97项。共获得授权79项，其中发明3项，实用新型76项。

公司提出了“机电融合设计技术”理念，在这一创新理念的指导下，相继推出了直驱顶驱、直驱五缸泵、直驱三缸泵、交流变频行星齿轮传动绞车、复合连续管钻机等一批具有国际先进水平和自主知识产权的创新产品，为石油装备行业系统提高石油钻采装备的技术水平提供了新的解决思路，填补了行业空白。

公司始终恪守“科技领先，管理规范，品质精良，服务周全”的质量方针，奉行“向上，向善，诚信，奉献”的价值观，坚持以“出海、下海、上市，持续科学发展”为战略目标，进军海洋钻进装备制造领域，充分利用国际资本平台，实现多元化经营。目前，公司正加大战略转型力度，加快江苏启东海洋基地建设，促进装备制造、油气开发和工程服务三大板块的有效联动，积极寻求新的增长点，力争“十二五”末期达到产值100亿元，成为一个拥有核心竞争力、具备现代管理理念和先进企业文化的国内一流企业。

SICHUAN HONGHUA PETROLEUM EQUIPMENT CO.,LTD.

直驱顶驱系列

包含有DQ225DBZ、DQ450DBZ、DQ675DBZ
Q900DBZ等四种规格。其显著特点是顶驱
集成防爆型大功率交流变频电动机，取
机械减速机构，电机直接驱动中心管主
进。

产品具有完全自主知识产权，已申请14
利，其中5项发明专利。该成果通过四
科技部门组织的成果鉴定，并被评为四
科技进步三等奖。该产品目前已进入俄
、委内瑞拉和国内市场。

2 400 马力（1765.20kW）直驱五缸泵

该产品运用机电融合设计技术，以交流变频电动机作为原动机，直接驱动泵工作，总重 32t，约为传统 2200 三缸泵组质量的 2/3，最高工作压力 52MPa，具有完全自主知识产权，研发期间共申请 14 项专利，其中发明专利 7 项。

3 000m 复合连续管钻机

这台填补我国复合连续管钻机空白的产品将连续管钻井装备和常规钻井装备集成到一台钻机上，能进行连续管钻井，常规钻井和下套管作业。

该钻机配备了全套的自动化管子处理装置，能高效地完成钻杆和套管的移送。在钻台上配备了轻便铁钻工、自动液压卡瓦等井口自动机具，不仅能降低工人劳动强度，更能减少潜在事故的发生。在钻井过程中，PLC 系统能监测钻机的性能、操作和钻井过程，并进行事故报警。

该产品具有完全自主知识产权，共申请 5 项专利，其中 2 项发明专利。

2 000m 液压单根钻机

ZJ900YDT 液压单根钻机无传统游车、大钩、绞车，主要配置有钻机拖车、钻杆拖车、井架、天车、水龙头、液动卡瓦、铁钻工和管子处理系统等。该钻机利用电液一体化控制系统控制油缸可实现加压送钻、手动送钻、自动送钻等多种送钻方式。钻机底座与钻机拖车融为一体，钻机动力系统、液压系统、井架总成、管子处理系统均置于钻机拖车上，运输时井架总体整体下放，钻机的所有组成部件一次整体移运不需拆卸，钻机主机只有一个运输模块。

该钻机为煤层气、页岩气及常规油气开采提供了一种新的装备。

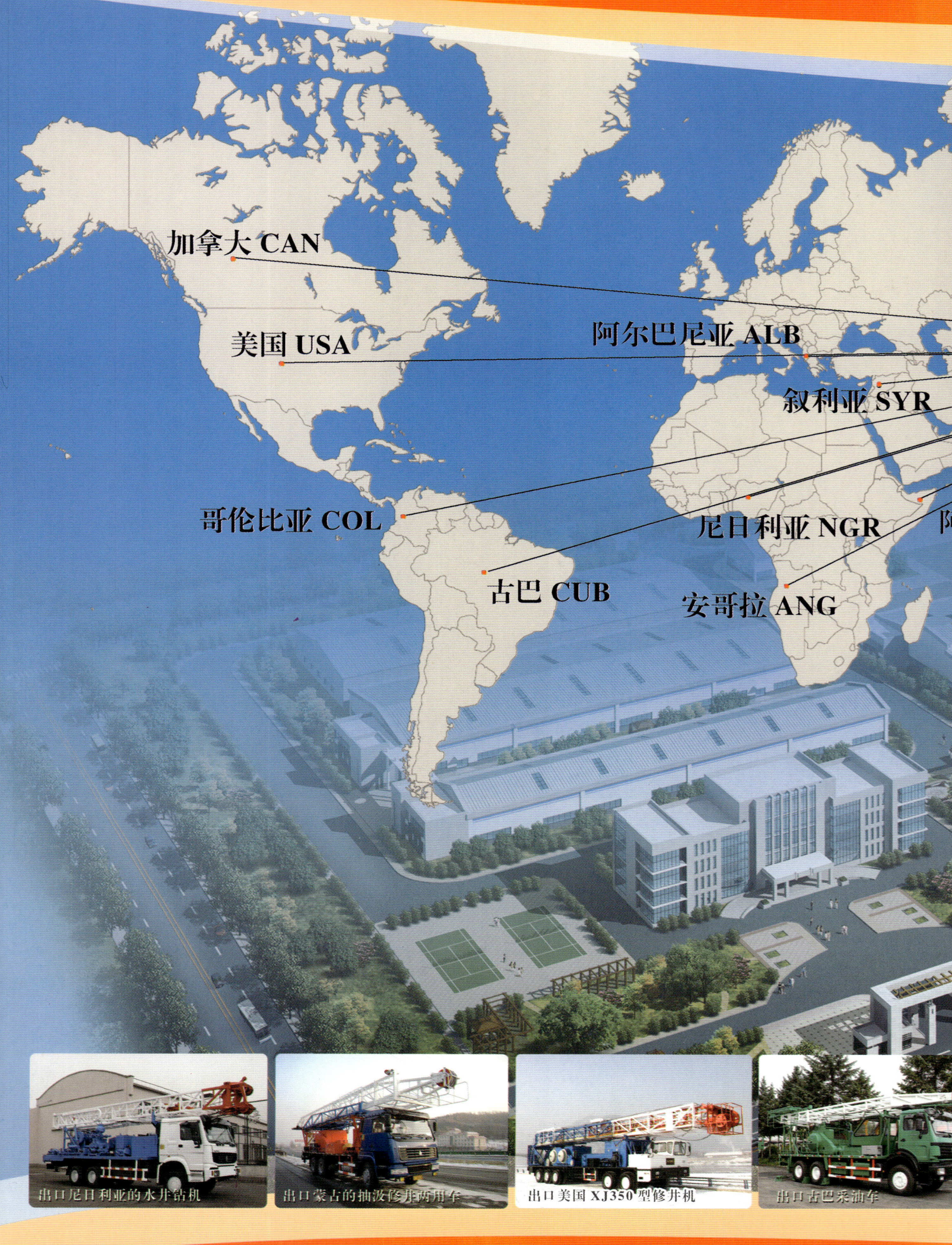
加拿大 CAN
美国 USA
阿尔巴尼亚 ALB
叙利亚 SYR
哥伦比亚 COL
尼日利亚 NGR
古巴 CUB
安哥拉 ANG
出口尼日利亚的水井钻机
出口蒙古的抽汲修井两用车
出口美国 XJ350 型修井机
出口古巴采油车

出口印度尼西亚的 XJ120 修井机

出口印尼和阿尔巴尼亚的液力30t修井机

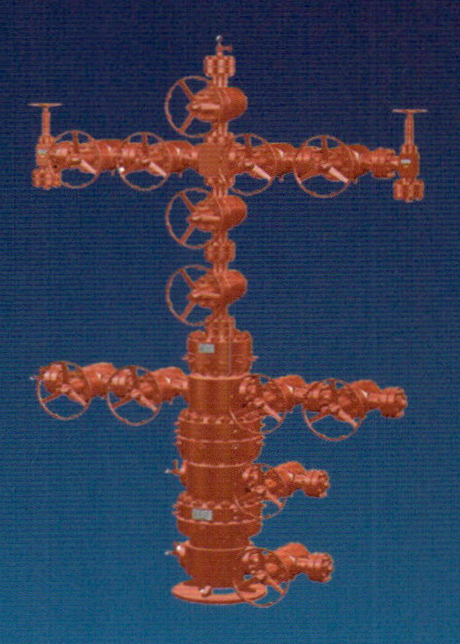

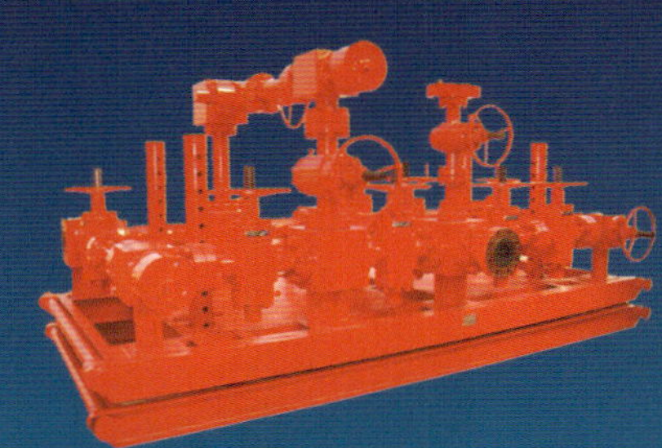

BLZF

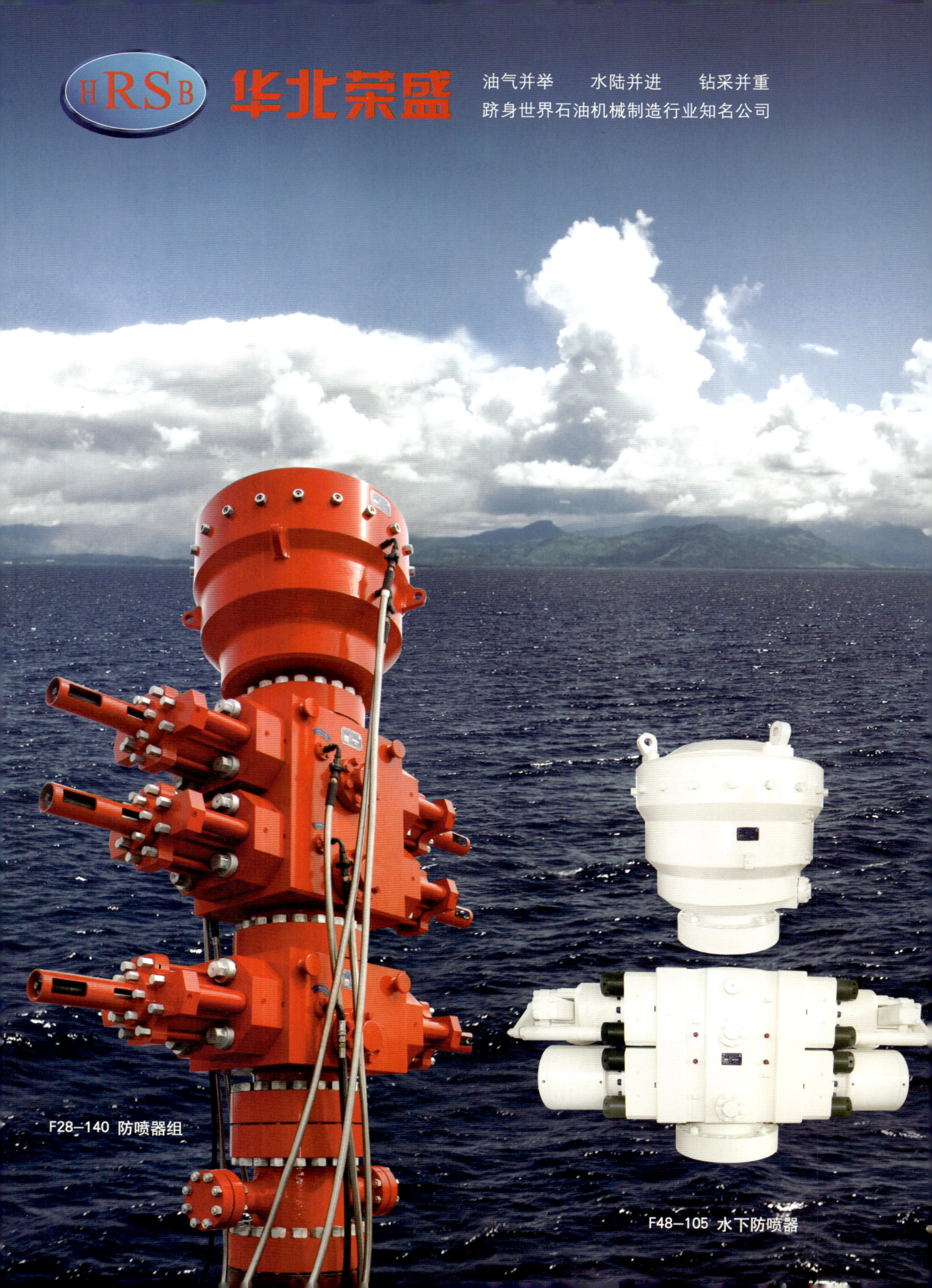
HRSB
华北荣盛
油气并举　水陆并进　钻采并重
跻身世界石油机械制造行业知名公司
F28–140 防喷器组
F48–105 水下防喷器

/16 in – 15 000 psi HH级井口设备及采气树
（已通过PR2性能鉴定试验及DNV认证）
RS-P1600HL 钻井泵
独立式带压作业装置

广州东塑石油钻采专用设备有限公司

Guangzhou Dongsu Petroleum D&E Equipment Co., Ltd.

广大基业，坚如磐石，东日出生，塑造未来。三十载披荆斩棘，三十载春华秋实，广州东塑石油钻采专用设备有限公司（原广东省广州石油机械厂）作为中国率先研制地面防喷器控制装置的专业生产厂家之一，自20世纪80年代初，就致力于开发、设计、研制、生产地面防喷器控制装置和气动试压台等石油天然气勘探钻井安全设备，高压检测设备和专用备件，已经为国内各大油田提供3000多台套地面防喷器控制装置，产品还源源不断出口到美国、中东、中亚、南美、俄罗斯等世界石油天然气主产国家和地区。

蓝海战略，百舸争流，科学转型，志存高远。近年来企业不断加大对主导产品创新研发和技术升级的投入，防喷器控制装置和高压检测装置稳步向“高、精、尖”方向发展，凭借国内创新和国际先进的无线遥控等系列产品的荣耀登场，亮点纷呈，深受国内各大油田和钻探公司的青睐，公司跻身成为国内行业创新发展的领军企业。

恒温高压可视化实验设备

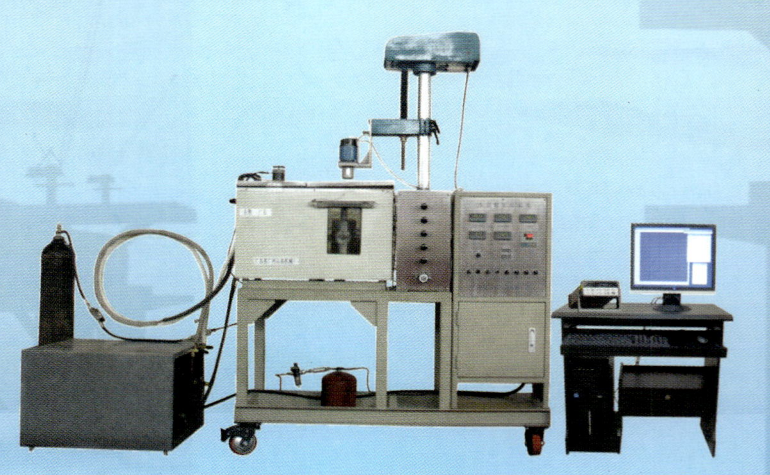

可视化水合物（可燃冰）形成装置

团结务实、奋进创新、敬业自强、严谨求精

FKWDQ1280-7无线遥控防喷器控制装置

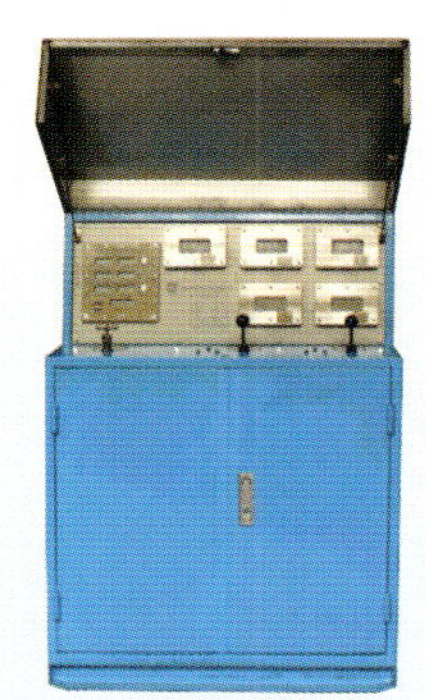

DJY105-2
节流管汇控制台

FKDY640-6电液控防喷器控制装置

QST140B1
微型气动试压装置

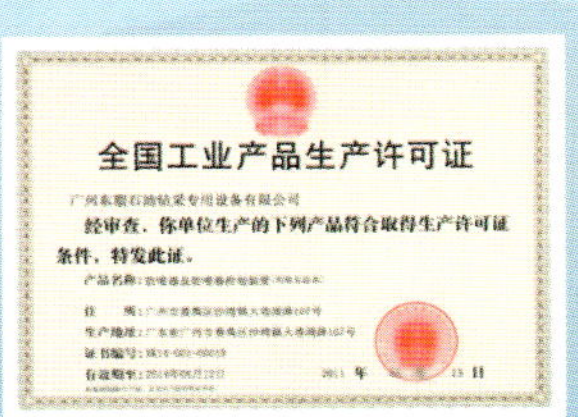

全国工业产品生产许可证

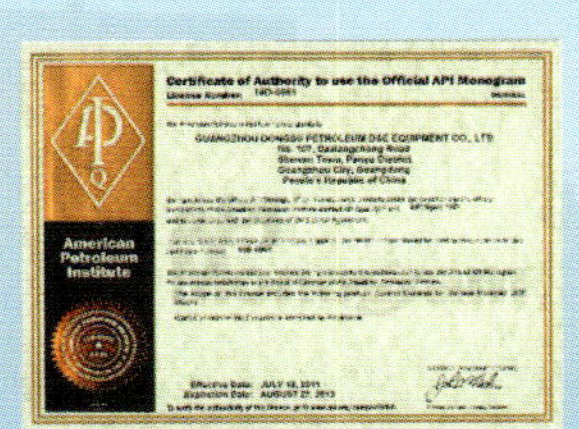

Certificate of Authority to use the Official API Monogram

American Petroleum Institute

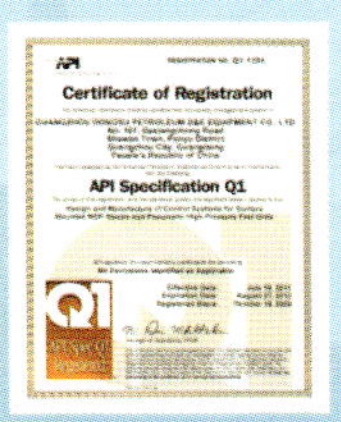

Certificate of Registration

API Specification Q1

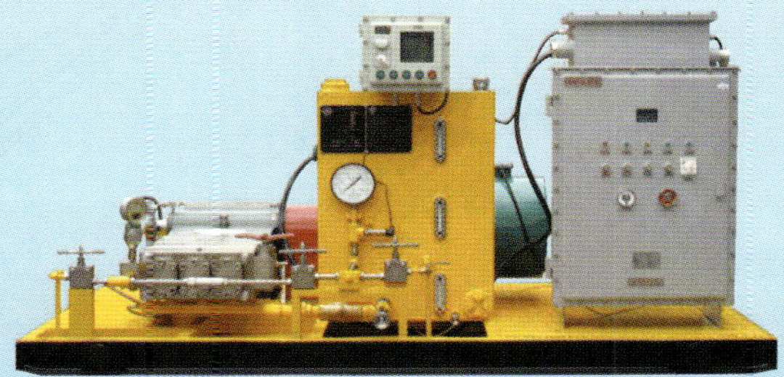

DST105-J电动试压装置

地址：广东省广州市番禺区沙湾镇大巷涌路107号
电话：0086 20-84738727 0086 20-84737193
传真：0086 20-84731766
邮箱：sales@gzdongsu.cn 网址：www.gzdongsu.cn

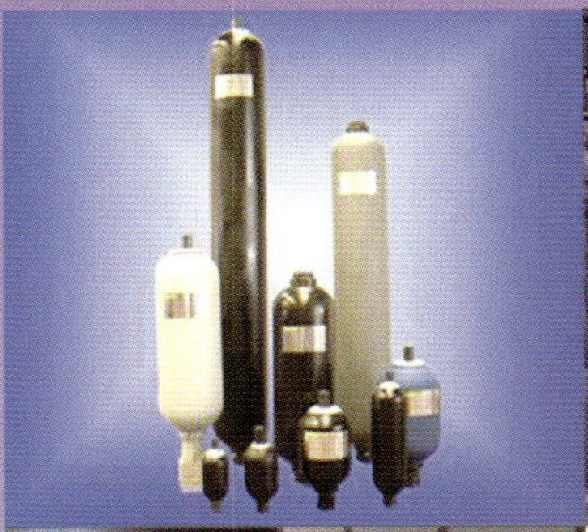

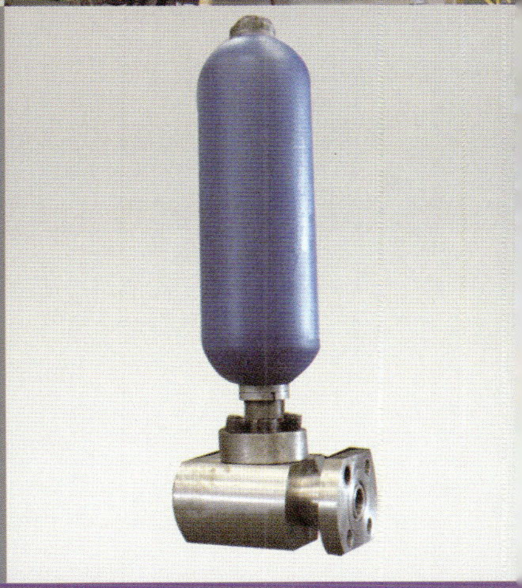

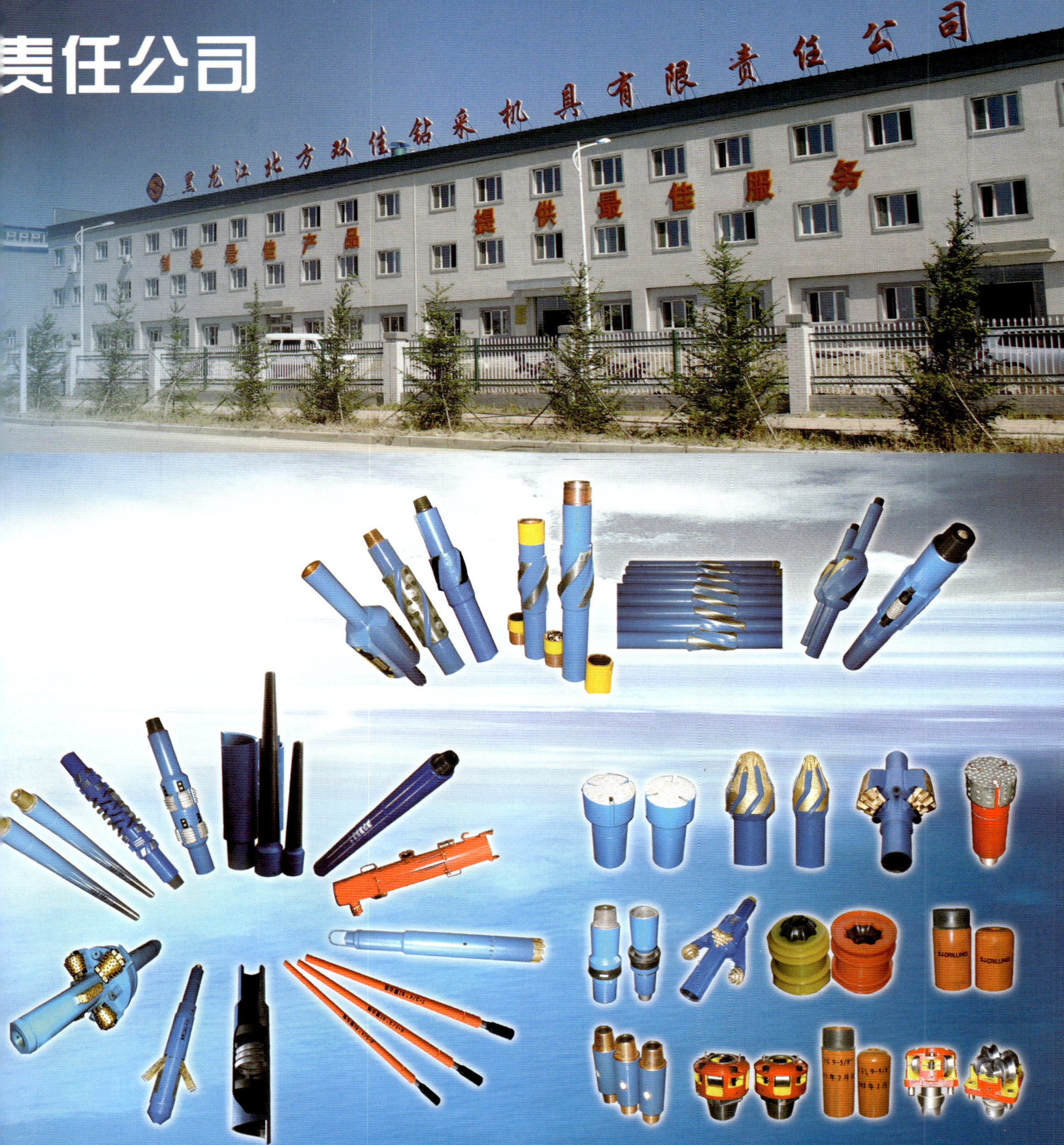
责任公司
黑龙江北方双佳钻采机具有限责任公司
创造最佳产品
提供最佳服务

公司简介 Company Profile

海城市石油机械制造有限公司始建于 1986 年，是中国大型石油钻采装备的制造企业，是中石油、中石化钻采设备一级供应网络成员单位，中国石油装备制造企业五十强单位。公司注册资金9000万元，占地面积75万 m^2，建筑面积22万 m^2，员工1200人，高级技工占员工总数的60%。

⊙ 科　研

公司拥有高级专家15人，博士6人，研究员级高工45人，工程师160人，高层管理人员18人。设有省级技术研发中心、机加工中心，液压试验中心、理化实验中心、无损检测中心等科研机构，生产设备先进，检测手段齐全。

⊙ 质　量

1998年通过ISO9001：2000质量体系认证，2005年获得API7K、8C、4F会标使用证书，2007年获得省级技术中心称号和辽宁省高新技术企业称号。公司拥有多项国家专利，并被评为辽宁省知识产权示范单位。

⊙ 产　品

公司为国内外客户提供一整套石油钻采设备及相关配套设施，主要产品包括:橇装模块钻机系列（ZJ10DB、ZJ20K、ZJ30K、ZJ30DB、ZJ40K、ZJ40LDB、ZJ40DB、ZJ50DB、ZJ70LDB、ZJ70DB）、车装钻机系列（ZJ20、ZJ30、ZJ40）、石油修井机系列（XJ60型、XJ70型、XJ90型、XJ110型、XJ135型、XJ160型、XJ180型）、液压动力钳系列（XQYB127/8型闭口动力钳、ZQ钻杆动力钳、TQ套管动力钳、XQ油管钳、大扭矩钻杆吊钳、大口径套管钳）、井口工具系列（全系列的油管、钻杆、钻铤、套管等吊环、吊卡、卡瓦、滚子补芯、转盘补芯、液压动力站、钻井、修井用工具等）、钻采配件系列（游车大钩、转盘、水龙头、固控系统、井电系统、野营房、井控装备等）。

⊙ 服　务

公司设有营销管理中心，在全国各大油田设立多家办事处，同时在国外设立多家分公司并常驻技术服务人员，为客户提供全面的售前、售中和售后服务。

⊙ 理　念

公司一贯坚持“以科技为先导，以质量为核心”的管理理念，致力于“永远比客户要求的更好，永远给客户以惊喜”。

www.hcsyjx.com

地址:辽宁省海城市西四镇　邮编:114218　电话:0412-3674899
E-mail:hcsyjx@sohu.com　传真:0412-3671868

中国机械工业年鉴系列

中国石油石化设备工业年鉴

2011

中国机械工业年鉴编辑委员会
中国石油和石化工设备工业协会 编

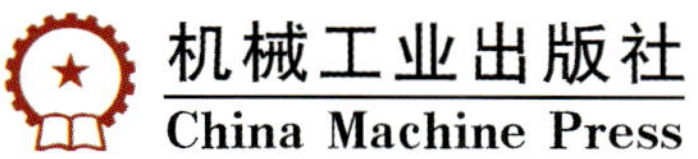

《中国石油石化设备工业年鉴》2011年刊设置综述、回顾与展望、海洋工程装备、市场概况、煤化工装备、50强和名牌产品、标准和认证、统计资料、政策法规和大事记10个栏目，集中反映了2010～2011年上半年石油石化设备行业的发展状况，回顾了“十一五”我国石油化工装备工业取得的成绩，展望了“十二五”发展趋势。全面提供了石油化工设备市场状况，系统地公布了石油石化设备行业的各项经济指标和进出口统计数据，突出报道了我国战略性新兴产业——海洋工程装备的国内外现状、市场竞争态势、技术现状、有关政策导向和装备制造企业情况，重点介绍煤化工装备等行业的政策、目前存在的问题、发展趋势及制造企业的发展情况。

《中国石油石化设备工业年鉴》主要发行对象为政府决策机构、与石油化工装备相关的产业决策者、石油化工行业企业决策者和从事市场分析、规划的中高管理人员及国内外投资机构、贸易公司、银行、证券、咨询服务部门和科研单位的工程项目管理人员等。

图书在版编目（CIP）数据

中国石油石化设备工业年鉴. 2011/中国机械工业年鉴编辑委员会编
. - 北京：机械工业出版社，2012.3
(中国机械工业年鉴系列)
ISBN 978-7-111-37631-6

Ⅰ.①中… Ⅱ.①中… Ⅲ.①石油化学工业—化工设备—经济发展—中国—2011—年鉴Ⅳ.① F426.22-54

中国版本图书馆CIP数据核字(2012)第 034597 号

机械工业出版社(北京市百万庄大街22号　邮政编码 100037)
责任编辑：赵　敏
北京宝昌彩色印刷有限公司印制
2012年3月第1版第1次印刷
210mm × 285mm · 18.5印张 · 48插页 · 480千字
定价：280.00元

中国机械工业年鉴系列

作为『工业发展报告』

记录企业成长的每一阶段

中国机械工业年鉴

编辑委员会

中国石油石化设备工业年鉴

精鉴石油石化设备工业
服务能源供给

中国石油石化设备工业年鉴
执行编辑委员会

中国石油石化设备工业年鉴
编辑出版工作人员

总　编　辑　郭　锐
主　　　编　李卫玲
副　主　编　刘世博　肖新军
执行主编　赵　敏
责任编辑　赵　敏
市场编辑　李雪松　娄　强　蒋　斌
图文设计　张慕原

地　　址　北京市西城区百万庄大街22号(邮编　100037)
编　辑　部　电话（010）88379830　传真（010）88379812
发　行　部　电话（010）68326643　传真（010）68326017
E-mail: cmiy@vip.163.com
http: //www.mepfair.com　www.cmiy.com

中国石油石化设备工业年鉴

精鉴石油石化设备工业

服务能源供给

中国石油石化设备工业年鉴
理事单位及特约顾问

理事长单位 中国石油和石油化工设备工业协会

副理事长单位 中国石油天然气集团公司
中国石油化工股份有限公司
中国海洋石油总公司

理事单位（排名不分先后）	**特约顾问**
中国石油集团渤海石油装备制造有限公司	赵　国
四川宏华石油设备有限公司	张　弭
南阳二机石油装备（集团）有限公司	杨汉立
中国石化集团江汉石油管理局第四石油机械厂	王峻乔
河北华北石油荣盛机械制造有限公司	顾和元
胜利油田孚瑞特石油装备有限责任公司	马厚全
江苏金石机械集团	殷舜时
通化石油化工机械制造有限责任公司	韩一泉
盐城特达钻采设备有限公司	吴征胜
江苏如通石油机械股份有限公司	曹彩红
中原特种车辆有限公司	戴相富
中国石油勘探开发研究院采油采气装备研究所	裴晓晗
任丘市博科机电新技术有限公司	邹　刚
中船重工中南装备有限责任公司（388 厂）	兰金堂
浙江佳力科技股份有限公司	龚政尧
江苏新象股份有限公司	虞天笔
番禺珠江钢管有限公司	陈　昌
攀钢集团成都钢钒有限公司	余自甦
托格（上海）压缩机有限公司	张立新
天津立林机械集团有限公司	王树林
四川大川压缩机有限责任公司	罗解忠
通化石油机械制造有限责任公司	秦连志
山东三田临朐石油机械有限公司	张宏磊
河南濮阳信宇石油机械化工有限公司	杜振宇
海城市石油机械制造有限公司	王政权
黑龙江北方双佳钻采机具有限责任公司	王洪波
内蒙古一机集团大地石油机械有限责任公司	孟忠良
江汉石油钻头股份有限公司	谷玉洪
盐城三益石化机械有限公司	刘学高
承德富泉石油机械有限公司	张庆福
通化石油工具股份有限公司	姚炳华
大连金州重型机器有限公司	王治勇
广州东塑石油钻采专用设备有限公司	何　游
上海电气集团上海锅炉厂有限公司	沈　恭
天津百利展发集团有限公司	杨　宇
布柯玛蓄能器（天津）有限公司	马雅丽
温州一宇密封材料有限公司	方德银
机械工业第六设计研究院有限公司	赵景孔

中国石油石化设备工业年鉴

精鉴石油石化设备工业
服务能源供给

中国石油石化设备工业年鉴
理事单位特约编辑

（排名不分先后）

公司名称	特约编辑
中国石油集团渤海石油装备制造有限公司	郭　东
四川宏华石油设备有限公司	刘传俊
南阳二机石油装备（集团）有限公司	王立涛
中国石化集团江汉石油管理局第四石油机械厂	郭艾斌
河北华北石油荣盛机械制造有限公司	赵永军
胜利油田孚瑞特石油装备有限责任公司	党　静
江苏金石机械集团	汤学耕
通化石油化工机械制造有限责任公司	姜淑芬
盐城特达钻采设备有限公司	唐德乾
江苏如通石油机械股份有限公司	袁新康
中原特种车辆有限公司	王兴朴
中国石油勘探开发研究院采油采气装备研究所	李益良
任丘市博科机电新技术有限公司	王　亮
中船重工中南装备有限责任公司（388厂）	刘伟霞
浙江佳力科技股份有限公司	王烈刚
江苏新象股份有限公司	潘世明
番禺珠江钢管有限公司	曾达潮
攀钢集团成都钢钒有限公司	兰敦超
托格（上海）压缩机有限公司	李　竞
天津立林机械集团有限公司	刘俊娟
四川大川压缩机有限责任公司	杨晓岚
通化石油机械制造有限责任公司	曹振东
山东三田临朐石油机械有限公司	刘　军
河南濮阳信宇石油机械化工有限公司	董丽丽
海城市石油机械制造有限公司	陈　宏
黑龙江北方双佳钻采机具有限责任公司	王顺胜
内蒙古一机集团大地石油机械有限责任公司	潘俊琪
江汉石油钻头股份有限公司	仲新梅
盐城三益石化机械有限公司	赵永春
承德富泉石油机械有限公司	姜海双
通化石油工具股份有限公司	徐平立
大连金州重型机器有限公司	赵国栋
广州东塑石油钻采专用设备有限公司	曾庆宗
上海电气集团上海锅炉厂有限公司	杨施虹
天津百利展发集团有限公司	张中德
布柯玛蓄能器（天津）有限公司	马若飞
温州一宇密封材料有限公司	黄春雷
机械工业第六设计研究院有限公司	刘　勇

前　言

2010 年是“十一五”的收官之年，“十一五”期间，在国家实施的一揽子扩大内需政策的引导下，我国的工业经济朝着预期的方向发展，回升向好的基础进一步巩固。我国石油和石油化工设备行业的生产保持了平稳增长，经济效益稳步提高。

2010 年全行业规模以上企业完成工业总产值 2 489.96 亿元，同比增长 20.74%；工业销售产值 2 392.62 亿元，同比增长 19.15%；新产品产值 269.3 亿元，同比增长 16.58%。2010 年 1～11 月，全行业资产总额为 2 005.6 亿元，同比增长 18.18%，实现主营业务收入 1 972.65 亿元，同比增长 19.84%，主营业务成本 1 650.48 亿元，同比增长 19.05%，实现利润总额 119.3 亿元，同比增长 21.19%。

截至“十一五”末，我国石化重大技术装备国产化取得了前所未有的重大进展。我国炼油装置国产化率达到95%以上，化工装备国产化率也达到80%左右，一大批关键核心装备摆脱了依赖进口的被动局面，为我国发展现代化石化工业提供了技术装备支持。

“十一五”期间，我国油气勘探开发装备制造产业集群化发展迅速，形成了大庆油田、山东东营、江汉油田、辽河油田、江苏省建湖县和河北省盐山县六大产业集群。

2011年是“十二五”的开局之年，我国政府提出的宏观经济政策的基本取向是积极稳健、审慎灵活。2011年上半年石油钻采装备制造业面临着难得的发展机遇，全行业经济继续健康平稳运行。产值增长较快，特别是进出口贸易实现了恢复性增长，增速加快；行业效益持续改善，经济增长呈现上升趋势。

“十二五”期间，我国政府提出的石化装备产业发展目标是坚持自主创新，向高端制造转型，加速信息化建设；向绿色制造转型，推动低碳发展；向现代服务制造转型；发挥比较优势，抢占发展制高点，从体制机制和经营管理上切实形成竞争优势，为行业未来的发展提供更为强劲的动力。

中国石油和石油化工设备工业协会常务副理事长　林钢

广告索引

精鉴石油石化设备工业

服务能源供给

2011 中国石油石化设备企

（排名不分先后）

中国石油集团渤海石油装备制造有限公司

南阳二机石油装备（集团）有限公司

布柯玛蓄能器（天津）有限公司

承德富泉石油机械有限公司

四川大川压缩机有限责任公司

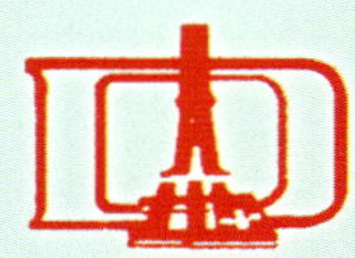

内蒙古一机集团大地石油机械有限责任公司

大连金州重型机器有限公司

胜利油田孚瑞特石油装备有限责任公司

兰州兰石集团有限公司

广州东塑石油钻采专用设备有限公司

中石化集团江汉石油管理局第四机械厂

四川宏华石油设备有限公司

浙江佳力科技股份有限公司

中国 · 海城石油机械

CHINA BRAND

海城市石油机械制造有限公司

江汉石油钻头股份有限公司

江苏如石机械有限公司

江苏新象股份有限公司

江苏焱鑫科技集团

江苏焱鑫科技集团

攀钢集团成都钢钒有限公司

江苏金石机械集团

2011 中国石油石化设备企

（排名不分先后）

兰州通用机器制造有限公司

中船重工中南装备有限责任公司（388厂）

河北华北石油荣盛机械制造有限公司

山东三田临朐石油机械有限公司

天津立林机械集团有限公司

天津百利展发集团有限公司

通化石油化工机械制造有限责任公司

通化石油机械制造有限责任公司

机械工业第六设计研究院有限公司

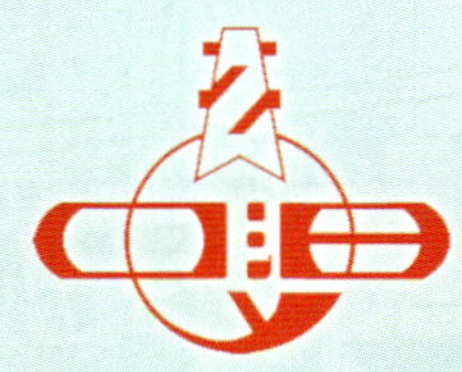

中原特种车辆有限公司

濮阳市信宇石油机械化工有限公司

任丘市博科机电新技术有限公司

上海电气 SHANGHAI ELECTRIC | 上海锅炉厂有限公司 SHANGHAI BOILER WORKS CO., LTD.

上海电气集团上海锅炉厂有限公司

黑龙江北方双佳钻采机具有限责任公司

托格（上海）压缩机有限公司

盐城三益石化机械有限公司

温州一宇密封材料有限公司

盐城特达钻采设备有限公司

番禺珠江钢管有限公司

江苏如通石油机械股份有限公司

中国石油集团渤海

API证书

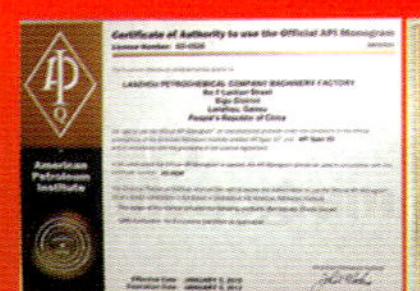
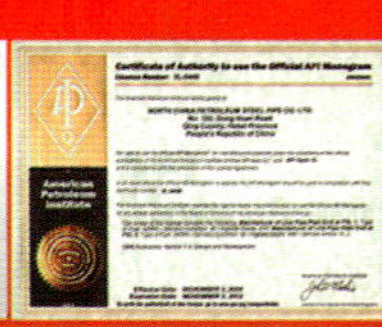
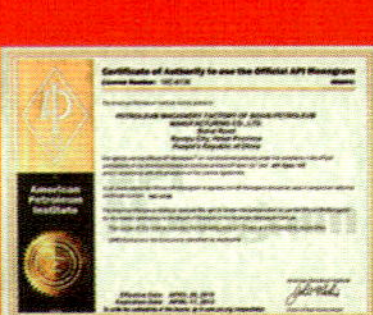
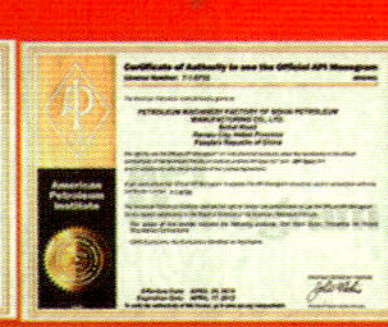
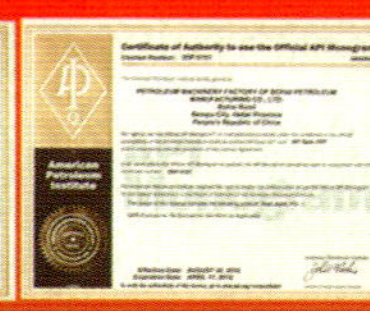
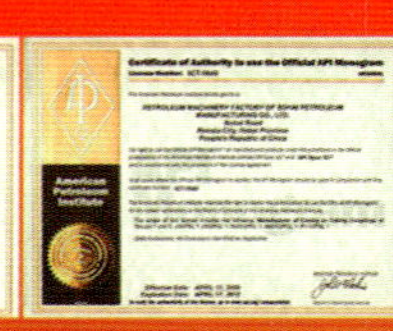

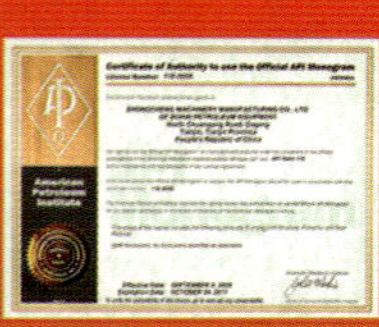
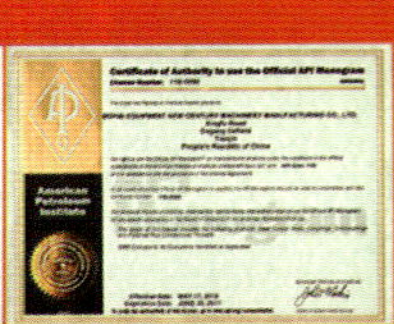
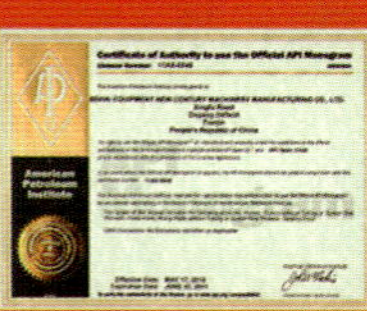

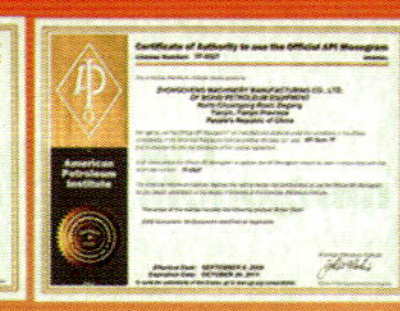
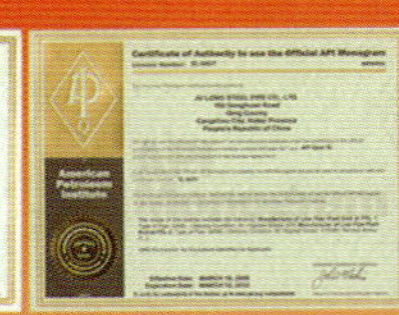
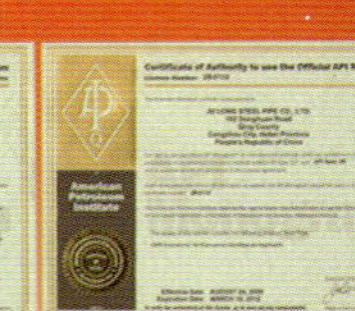

企业荣誉

抽油机

采油装备

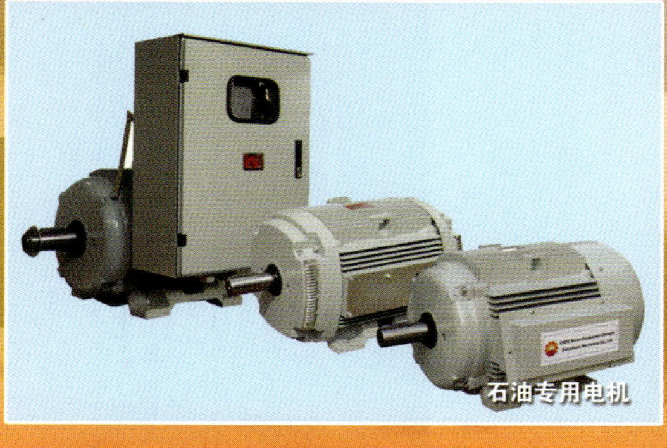
石油专用电机

高压往复式柱塞泵

地 址:天津市开发区信环西路19号天津滨海服务外包产业园3号楼 邮 编:300457 电 话:022-5983919

石油装备制造有限公司

油QHSE认证

发明专利

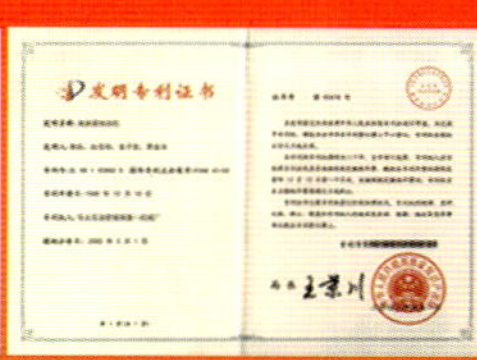

China Petroleum

炼化装备

烟气轮机

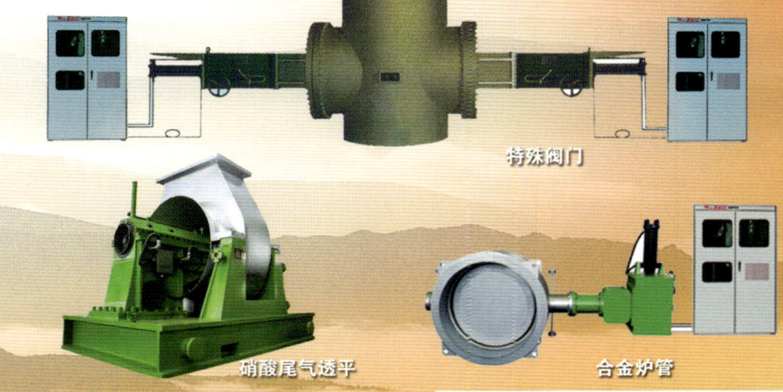
特殊阀门

硝酸尾气透平

合金炉管

集成式撬装防爆加油装置

压力容器

压力容器

真:022-59839199 E-mail:bhzbmail@cnpc.com.cn http://www.bhzb.cnpc/default.aspx

SJPETRO石油四机®
钻井装备
煤层气钻机
新产品
SCB60CZ煤层气钻机是车装式液压顶驱动力头钻机，适用于煤矿区地面瓦斯抽采井施工、浅层石油及水文井的施工，也可用于矿山抢险钻探施工。该机具备利用压缩空气、泥浆和泡沫三种介质钻井的功能。
SCB60CZ煤层气钻机在贵州进行煤层气钻井作业
址：湖北省荆州市荆州区四机路1号 电话：0716-8429116 8429063 传真：0716-8429069 http://www.sjpetro.com

追求卓越　创新领先

带压作业设备

不压井修井机

新产品

SBY90不压井修井机(车装)

SBY系列不压井修井机是江汉石油管理局第四机械厂为油田实现高效、节能、环保的带压作业需求而开发的专业设备，最大额定提升载荷400 ~ 2700kN，产品系列有SBY70、SBY90、SBY160、SBY270，包括车装、橇装和拖挂等形式，可以满足陆地和海洋等各种工况，符合API、DOT等相关规范。采用全液压驱动，PLC中央集中控制系统，可选独立式、辅助式，长冲程、短冲程，井液密封可选静密封和动密封形式。

SBY70不压井修井机(橇装)

带压作业设备

连续油管作业机

新产品

SLG230连续油管作业机（主车）

SLG230连续油管作业机（辅车）

江汉石油管理局第四机械厂通过与国内外研究机构合作开发和引进技术，开发了最大额定拉力 127 ~380 kN 的SLG130、SLG230、SLG380系列连续油管设备，包括车装、橇装和拖挂等形式，可以满足陆地和海洋等各种工况，进行洗井、冲砂解堵、清蜡解堵、酸化、注氮气举、打捞、钻磨铣、大斜度井电测等带压作业。

SLG130连续油管作业机在新疆油田测试作业

址：湖北省荆州市荆州区四机路1号　电话：0716-8429116 8429063　传真：0716-8429059　http://www.sjpetro.com

SYL2500-140型压裂泵车

国家"863"项目
2500HP压裂机组

江汉石油管理局第四机械厂是中国超大型的压裂设备研发制造基地，先后率先成功研制了 70MPa 酸化压裂车、105MPa 压裂车、2000 型压裂机组，改变了中国高端压裂设备长期依赖进口的局面，创造了巨大的经济效益和社会效益。承担国家"863"计划项目，填补世界空白的车装 2500HP 压裂机组于 2008 年问世，代表着中国压裂装备技术已经立足于世界前端，目前已有数十套近百台设备服务于油田一线。新研制的海洋压裂撬组填补了国内空白并已投入海上压裂作业，3000HP 压裂机组被列为"十二五"国家科技重大专项……

2500HP压裂机组大型页岩气压裂现场

追求卓越　创新领先

固井装备

SGJ600系列固井车

江汉石油管理局第四机械厂是中国超大型的固井设备研发制造基地，从中国开始制造固井车以来，石油四机人不断创新，在掌握系列柱塞泵和自动混浆控制技术的基础上，先后率先成功研制了80MPa沙漠压裂固井撬、自动混浆固井车、数显固井车，目前，新一代ACM-V全自动固井车和网络监控成套固井机组已研制成功。

新产品 系列沙漠固井车　SGJ400系列固井车　新产品 系列全自动固井车

地址：湖北省荆州市荆州区四机路1号　电话：0716-8429116 8429063　传真：0716-8429069　http://www.sjpetro.com

SJPETRO石油四机®
海洋装备
江汉石油管理局第四机械厂依托陆上石油钻采装备产品的系列化、标准化的技术优势，拥有海洋钻采装备研究开发部门，制造工艺设施和总装试验场地，通过专业的设计和严格的制造工艺，使得产品能够满足海洋油田作业要求，并提供完备的技术、服务支持和完整解决方案。产品包括系列海洋钻机、海洋修井机、钻修两用成套装备，海洋成套固井装备、海洋压裂防砂装备、海洋橇装循环装备及海洋高压组合管汇等产品。
新产品
2000型海洋成套压裂机组
新产品
SHZ3150DB
固定式平台海洋钻机

SANYI
盐城三益石化
工艺装备先进
盐城三益石化机械有限公司
YANCHENG SANYI PETROCHEMICAL MACHINERY CO.,LTD.

机械有限公司

技术力量雄厚

董事长 刘学高

我公司为中国石油、石化物资装备（集团）、中海油的网络成员单位，通过了ISO9001国际质量体系认证，取得API 6A、6D、7-1、16A、16C、16D证书和会标使用权。

公司是拥有固定资产6500多万元，占地面积120000m³，年销售额达3亿多元的现代企业；现有员工300余人，其中，高级工程师16人，高中级技术管理人员60人；各类冷热加工设备260台套，检测设备50多台套，设有机械性能检测中心、化学成份分析室，企业始终本着：强管理、上质量、创名牌、争市场这一经营宗旨而努力工作。

公司主要生产高中压系列阀门、采油（气）井口、防喷器及控制装置、套管头、节流压井管汇、泥浆管汇、钻采配件、气动试压泵等产品。产品广泛用于石油、化工、冶金、电站及工程配套等。

地 址：江苏省建湖县建阳路18号 电 话：0515-86312262 传 真：0515-86314499
E-mail：sanyi@public.yc.js.cn Http：//www.ycsanyi.com

The main products

双管采油树

节流管汇

压井管汇

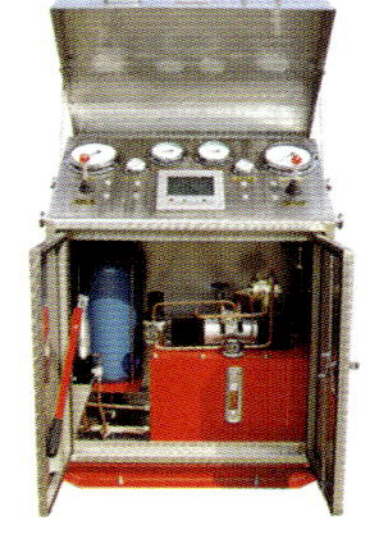

节流管汇控制箱

防喷器控制装置

盐城三益石化机械有限公司

DET NORSKE VERITAS
管理体系认证证书
盐城三益石化机械有限公司

2010年度江苏省科学技术奖
证书

CPEIA
中国石油石化装备制造企业
五十强证书

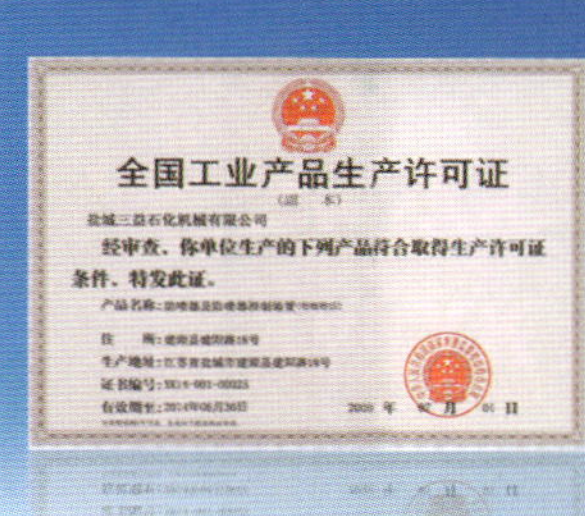
全国工业产品生产许可证
盐城三益石化机械有限公司
经审查，你单位生产的下列产品符合取得生产许可证条件，特发此证。

企业信用等级证书

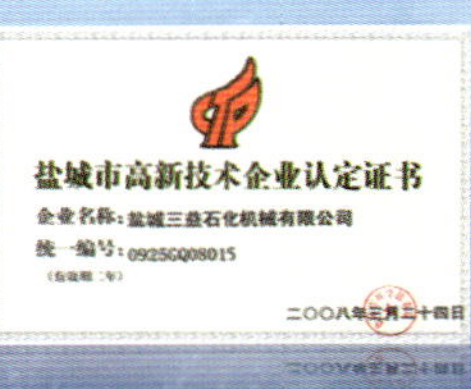
盐城市高新技术企业认定证书
企业名称：盐城三益石化机械有限公司
统一编号：0925GQ08015
二〇〇八年三月二十四日

高新技术产品认定证书

高新技术产品认定证书

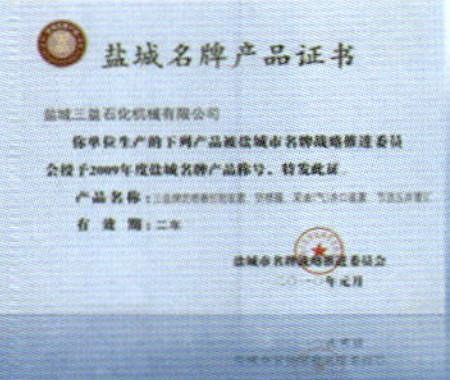
盐城名牌产品证书

单闸板防喷器　SB 型环形防喷器　SL 型环形防喷器　SW 型环形防喷器

试压泵　双闸板防喷器　双闸板防喷器－上部增压油缸

河 南 省 著 名 商 标

濮阳市信宇石油机械化工有限公

PUYANG XINYU PETROCHEMICAL MACHINERY COMPANY.,I

董事长兼总经理 杜振宇

创造高质量 享受

濮阳市信宇石油机械化工有限公司系中原油田率先从国有企业规范改制的独立法人企业主要产品有抽油机、抽油泵、井口装置采油树、钻机、油管、套管、射孔枪总成、石油专用工具，油田化工备配件等。公司自 1998 年 8 月创办以来，始终坚持科学发展观，通过艰苦创业、奋力拼搏，把企业打造成成长型、创新型、发展型企业。公司有工程技术人员 183 人，专职研发人员 36 人；已申报国家专利 70 项每年开发新产品 3 ~ 5 个。2010 年实现产值 2 亿元，销售收入 1.8 亿元，利税 1500 万元，资产总值达 14 万元。公司 1999 年通过了 ISO9002 质量体系认证；2003 年通过了 ISO9001 质量体系认证；2006 年又通过抽油机等 5 个主导产品的 API 认证，电器产品 3C 认证，ISO14001 环境管理体系认证和 GB/T28001 职业健康全管理体系认证。公司经济实力和技术实力在同类企业中名列前茅。公司连续多年被评为濮阳市科技先进位、濮阳市知识产权优势企业、濮阳市科技创新示范企业、濮阳市优秀民营企业，河南省科技创新十佳单位河南省科技企业、河南省优秀民营企业、河南省创新型企业，河南省知识产权优势企业，中国节能抽油机制先进单位，中部地区突出贡献单位，中国石油装备制造业五十强企业，全国企事业知识产权试点单位和国家新技术企业。W 型曳引抽油机被评为濮阳市科技进步一等奖，河南省工业信息化科技成果二等奖和河南省科进步三等奖。

石油节能抽油设备优秀企业
高新技术企业
河南省优质产品
河南省著名商标证书
全国企事业知识产权试点单位
河南省工业设计优秀产品
高质量
W型曳引抽油机的十大特点：
节电率30%～50%。
减排噪音33dB。
提高效率20%。
控制自动化。
节省占地面积50%。
节省钢材50%。
重心在机架内不会翻车。
省却减速箱，提高机械效率。
结构简单，操作、保养简便。
长冲程、低冲次，有效提高管、杆、泵的使用寿命。
外转子电机曳引
抽油机
濮阳市信宇石油机械化工有限公司
地址：河南省濮阳市石化东路北侧
邮编：457001
电话：0393 - 4888012 4729661
传真：0393 - 5380218 4729549
http：//www.chinaxinyv.com
E-mail：liaodalin26@sina.com

通化石油机械制造有限责任公司

全国工业产品生产许可证

先进会员单位

通化石油机械制造有限责任公司是由原国营通化石油机械厂改制后重新组建的有限责任公司，系独立法人单位，是中石油、中石化定点生产石油钻采配件的一级网络成员单位。

公司形成了完善的质量保证体系，率先通过了ISO9001：2008 质量体系认证，并取得美国石油学会 API spec 8C、7K 会标使用权。公司“TSJ”牌游车大钩产品获得中国石油石化装备行业 2009 年度“名牌产品”称号。

公司占地面积 27734.72 m²，建筑面积 20466 m²，现有职工 150 人。公司技术力量雄厚，加工过程先进，拥有精良的石油机械冷热加工设备，各种检测手段齐全。特殊功能的拉力试验机为产品质量提供了可靠的保证。

公司主导产品有：游车大钩系列、水龙头系列、转盘系列和天车系列，以及吊钩吊卡、地滑车、锅炉盘管等 100 多个品种。

公司与全国各油田及诸多厂矿企业建立了长期的供货关系，在用户中享有良好的声誉。

公司本着用户第一的思想，竭诚为广大用户提供满意的产品和服务，欢迎惠顾！

公司董事长兼总经理：秦连志

真心做人
诚心做事
专心科研
贴心服务

企业风采

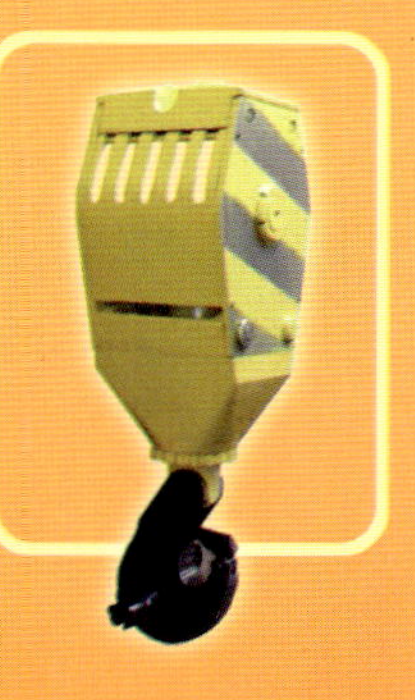

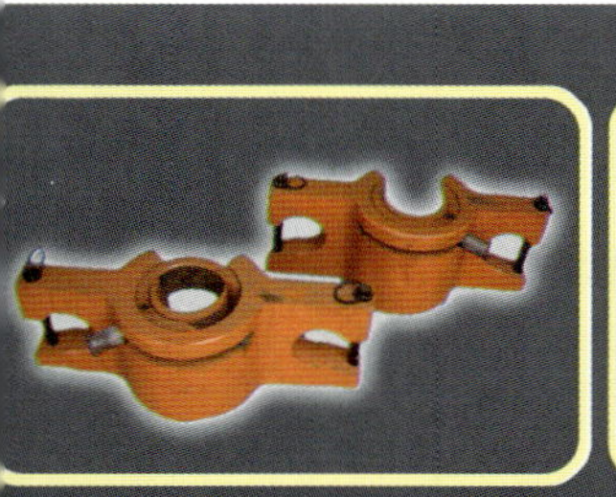

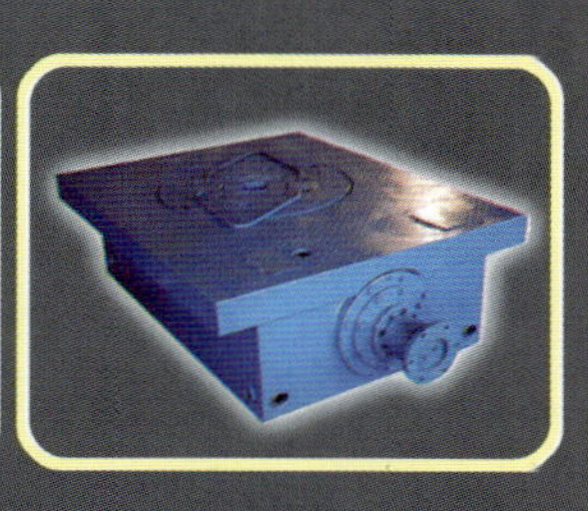

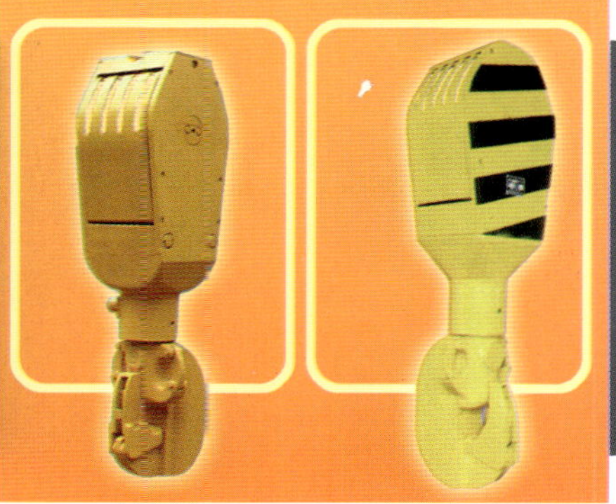

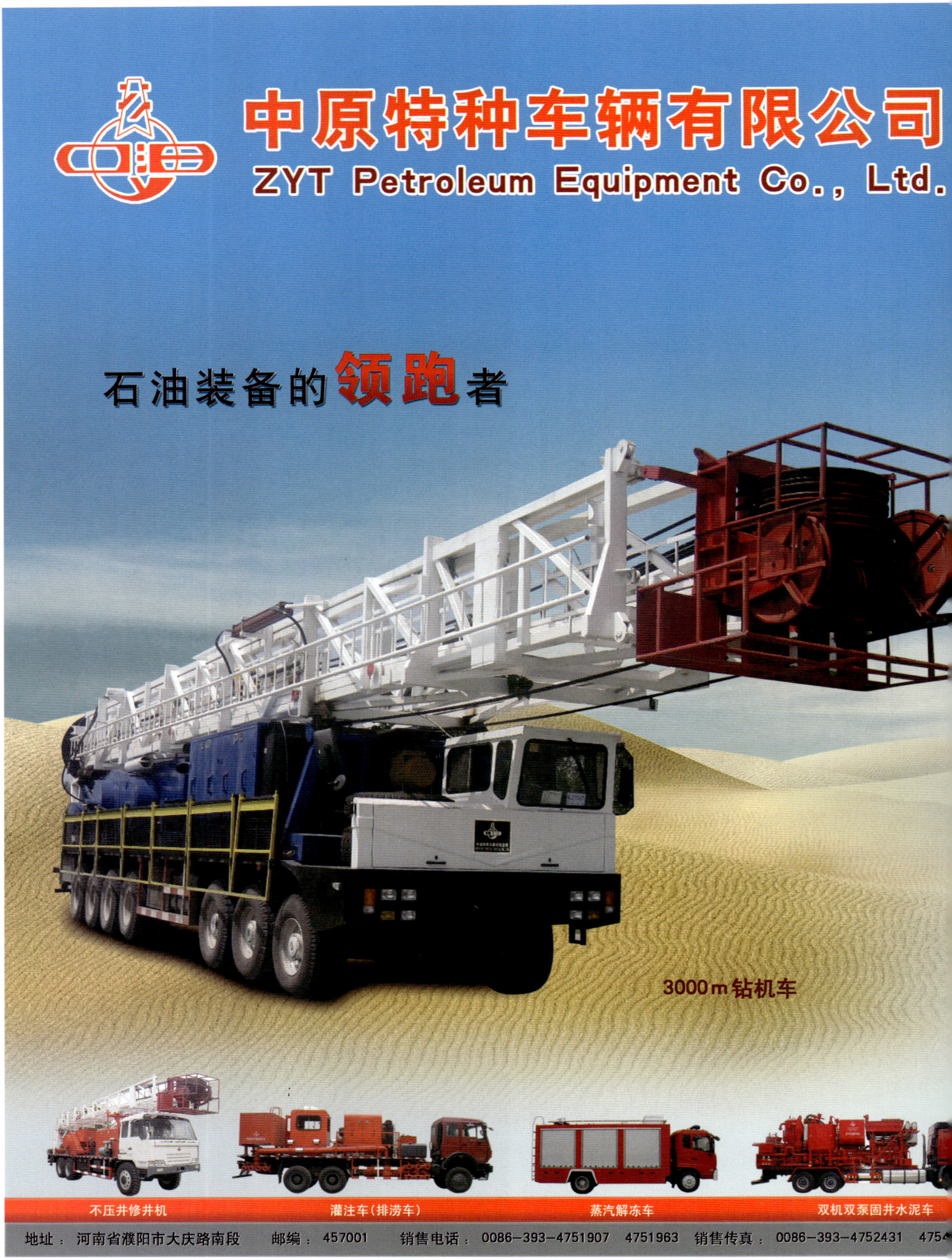
中原特种车辆有限公司
ZYT Petroleum Equipment Co., Ltd.
石油装备的领跑者
3000m钻机车
不压井修井机
灌注车(排涝车)
蒸汽解冻车
双机双泵固井水泥车
地址：河南省濮阳市大庆路南段 邮编：457001 销售电话：0086-393-4751907 4751963 销售传真：0086-393-4752431

旋升式钻机

钻机整体移运系统

中原特种车辆有限公司始建于1982年，是中国石油专用特种车及钻采装备制造骨干企业。公司率先被认定为国家高新技术企业、国家知识产权试点单位、河南省博士后研发基地、河南省知识产权优势企业，连续五年被评为中国石油石化装备制造企业“五十强”。

公司拥有各类加工、检验、试验设备，检测手段齐全，技术力量雄厚，质保体系完善，形成了具有核心竞争力的热洗类特车、钻修类特车、固压类特车、采油类特车、测试类特车、7 000m及以下钻机等8大系列产品，其中洗井清蜡车被评为国家新产品，ZYT5550TZJ120型钻机车、ZYT5220TSN固井水泥车荣获中国汽车工业科技进步三等奖，ZYT5190TXL20型洗井清蜡车等6种产品填补了国内空白，钻机整体移运系统等9类产品达到国际先进水平；50余项成果获省部级以上科技奖励，70余项技术获得国家专利，采油车销量居全国前列。“中油”牌产品畅销全国油气田，并先后进入了美国、加拿大、土库曼斯坦、苏丹、沙特等30多个国家和地区。

公司秉承“追求完美”的质量理念，追求卓越绩效管理，不断提升产品品质，为实现“中国一流的石油特车制造商”的发展愿景而努力奋斗。

后置式采油车 燃气清蜡车 电动修井机 混砂车

tp://www.zytpetro.com www.cnspv.com E-mail: shchb@cnspv.com jsb@cnspv.com

承德富泉石油机械有限公司
Fuquan Petroleum Machinery CO.,LTD.

承德市开发区富泉石油机械有限公司（简称富泉石油）成立于2001年，建厂初期公司仅有几千平方米的小生产车间，十载栉风沐雨、十载春华秋实，富泉石油经过不懈的追求和努力，在众多企业竞争中脱颖而出，发展成为今天拥几百名员工，厂区占地面积60 000m²的跨国级企业，是中国北方集科研、设计和制造于一体的石油钻采设备生产基地，是省级高新技术企业，市级纳税A级企业。

公司质量管理体系完善，已获得ISO9001：2000质量认证，防喷器、防喷器控制装置，压井节流管汇及平行闸板阀等四大系列产品获得了美国石油协会API会标使用权，同时具有全国工业产品生产许可证办公室颁发的防喷器及防喷器控制装置生产许可证，特种设备许可证。公司科研设计实力雄厚，生产装备先进，多年来不断研究汲取国内外同类产品的先进设计，为油田提供井控装备成套系统，主导产品有各种规格型号的防喷器、旋转防喷器、防喷器控制装置，井口电缆防喷装置，压井节流管汇、压裂管汇、地层测试器地面控制装置，各种钻采配件等产品，产品不但在我国各油田和海上油田广泛应用，并远销俄罗斯、美国、伊朗、埃及、委内瑞拉、叙利亚、苏丹、缅甸、印度尼西亚、吉尔吉斯斯坦等国家。

富泉石油有技术实力，有海陆空的立体交通体系，有现代化的全方位服务，富泉石油欢迎您，并愿与您共同携手并进，共铸辉煌！

节流管汇

液动平行闸板阀

钻采配件

1000型压裂管汇撬

四阀旋转控制头

防喷器组

环形防喷器+双闸板防喷器

旋转防喷器

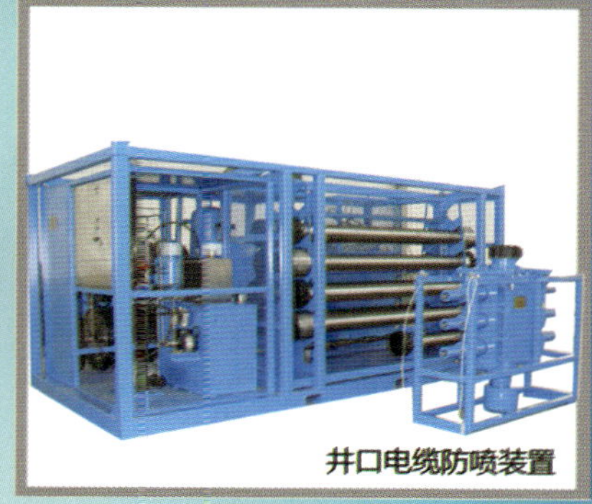
井口电缆防喷装置

井口装置

带压作业

采油树

承德富泉石油机械有限公司

地址：河北省承德市高新技术产业开发区西区　　邮编（P.C.）：067000

电话（Tel）：0314-5909060 5909062 2121721

传真（Fax）：0314-2121721 2059669

http：//www.cdfuquan.com.cn　www.cdfuquan.com

E-mail：0314fq@163.com

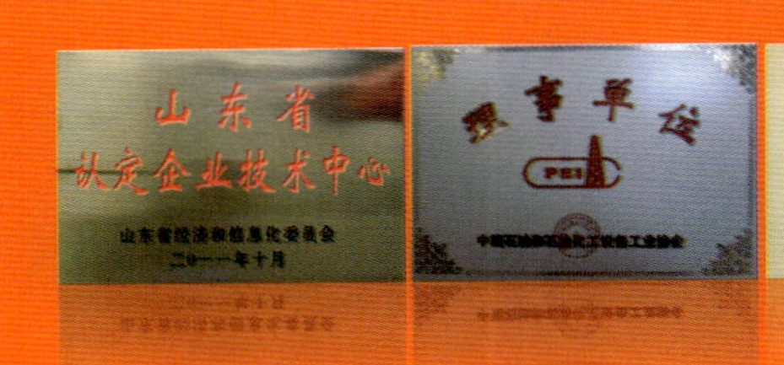

XJ700-DY 带压作业修井机

DY18-21/35 带压作业装置

XJ900Z-4 修井机

地址：山东省临朐县城文化路 10 号 电话：0536-3212927 3219661
传真：0536-3113948 E-mail:slsyjx@tom.com www.sdstjx.com

■ XJ700-L 修井机

■ XJ700Z-2BL 洗井修井机

■ XJ700Z-3W 无绷绳修井机

CTQ 系列高强提纯磁选机

■ CTT 系列磁场可调式磁选机

新象®
江苏新象股份有限公司
江苏新象
股份有限公司
套管动力钳
钻杆动力钳

三八八 三八八厂
中南装备有限责任公司
Zhongnan Zhuangbei
Youxian Zeren Gon
厂长 兰金堂
抽油泵生产线

中南装备有限责任公司（国营第三八八厂）隶属于中国船舶重工集团公司，是国家重点保军企业。现已形成年工业总产值 8 亿元以上的综合生产能力，成为光、机、电门类齐全的大型综合企业。公司在水利水电、石油、光电、电液自动化控制系统等领域名声显赫，卓有建树，是全国大型的液压启闭机成套设备制造商，是全国名列前茅的抽油泵产品制造商、国内领先的红外夜视光电产品供应商和发展前景广阔的工程油缸供应商。公司是全国环保先进企业、湖北省文明单位、湖北省高新技术企业、湖北省环境友好型企业和湖北省 2009 年质量诚信双优示范企业。

公司在保军转民过程中，以自身的设备和技术优势，瞄准国家光电、石油、水利水电、交通等支柱产业开发产品百余种，其中 7 项产品被评为国家新产品，18 种产品被评为省优部优，20 多项新技术新工艺获国家、省部科技成果奖和技术进步奖。

公司荣获中国石油石化装备制造业"五十强企业"称号，"三峡牌"超大型液压启闭机、抽油泵被评为湖北省名牌产品，抽油泵产品被评为中国石油石化装备名牌产品。公司在国家水利部门组织开展的"2000～2009 年全国水利水电机械行业优秀成果和人物"评选中，"三峡牌"超大型液压启闭机获"中国水利水电机械行业知名品牌"；三峡水利枢纽永久船闸液压启闭机获"中国水利水电机械优秀示范产品"；表孔弧门液压启闭在中国水利水电机械产品评比中拔得头筹。

地址：湖北省宜昌市青岛路一号
邮编：443005
电话：0717-4813284
传真：0717-4813284
http：//www.zg388.com
E-mail：388cb@zg388.com

mepfair.com

为工业采购提供一站式服务

网站特色频道

Features Channel

行业资讯 News

行业资讯作为易览网的新闻中心，重点关注机电行业的热点新闻，报道产品、企业和市场的最新动态，对事件进行深度报道和独家解析，定期邀请业内精英进行高端访谈，与您近距离畅谈热点话题，分享成功故事。

产品展厅 Product Showroom

产品展厅是易览网的产品展示中心，以展厅的形式详细介绍各产品的产品特点、技术参数、原理图、安装图及应用案例，全方位展示机电产品特性及全部信息。

企业展厅 Company Showroom

企业展厅是易览网的企业信息展示中心，通过视频、图片、文字等多种方式全方位发布企业信息、提升品牌知名度。

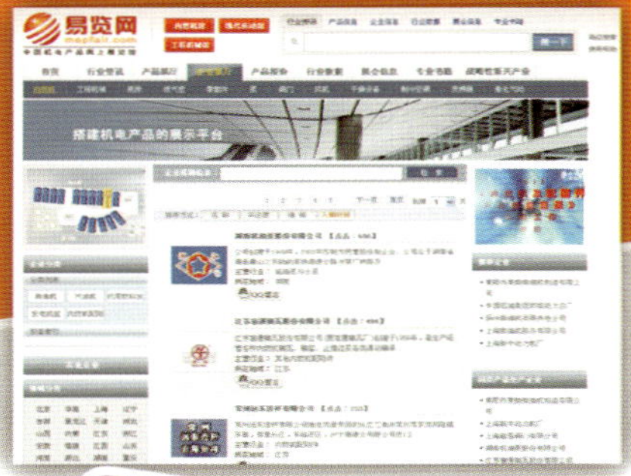

产品报价 Product Price

产品报价频道汇聚了上百万条的机电产品市场价格数据，读者注册成为授权用户即可查询。

行业数据 Industrial Data

20多年积累的中国机械工业各行业年鉴的权威信息，数万数据随时查询。是专业人士对行业发展状况、发展趋势进行研究咨询的权威信息。

大连金州重型机器有限公司

Dalian Jinzhou Heavy Machinery Co.,Ltd.

百万吨/年 尿素关键设备——尿素合成塔

2008～2010年中国化肥设备制造百强企业
2009年中国化工设备制造企业竞争力60强企业
2009年中国石油和石油化工装备制造十大具有影响力企业
2011年中国化工装备制造综合实力50强企业
2011年中国工业行业炼油、化工生产专用设备制造五大排头兵企业

百万吨/年 尿素关键设备——CO_2汽提塔

哪里有化肥、化工和煤化工装备，哪里就有金重

百万吨/年 尿素关键设备——高压甲铵冷凝器

世界级壳牌煤气化关键装置　科林水冷壁式气化炉填补国产化空白　大型加氢反应器

百万吨/年 尿素关键设备——高压洗涤器

世界级全镍基气/气换热器

超大型低温甲醇吸收塔

◎ 衬底图片为 大连金州重型公司为兖矿新疆煤化工装置提供的两台大型低温设备安装现场

品质领先　用户优先

①目前国内新一代鲁奇炉
②鲁奇炉煤锁、冷凝器
③鲁奇炉灰锁
④鲁奇炉废热锅炉

①正待准备分段运输的大型甲醇洗涤塔
②中压蒸发冷凝器
③大型低温甲醇合成塔

①大型壳牌炉吊装现场
②当前世界上领先的壳牌煤气化关键装置安装现场
③低温分离器工作状态
④正装船发运的产品设备

当前世界上超大型飞灰过滤器
氩气缓冲罐
海上原油预处理装置中的二段高级压缩机出口洗涤器
海上原油预处理装置中的游离水分离器

创造动力之源
推动社会进步

上海锅炉厂有限公司是新中国早期创建的专业设计制造电站锅炉的国有大型企业，隶属上海电气集团。公司在册员工数 2 700 人，年销售收入超百亿元 。

公司具有先进强大的设计、制造、服务和管理能力，拥有国内外同行中一流的制造、检测设备，建有全面可靠的质量保证体系，产品质量达到国际先进水平，产品遍及各省市自治区，行销世界 20 多个国家，并开创了几十项国内新纪录。

公司连续多年入选中国机械工业五百强，荣获全国“五一”劳动奖状、上海市文明单位、上海市市长质量奖等一系列荣誉称号。

目前公司已成为世界上大型电站锅炉、特种锅炉、大型重化工设备等产品和服务的提供商。

①2010 年为华能(天津)煤气化发电有限公司制造 IGCC 示范工程—2000t/d 级 气化炉，创行业新纪录

②2006 年为外高桥第三发电厂制造了世界超高效的火电机组—1000MW 超超临界塔式锅炉

③1991 年为中石化镇海炼化分公司制造了 560t 加氢反应器，填补了国内空白

◆企业文化

核心价值观：修炼人品 塑造精品 追求卓越

◆服务理念

服务宗旨：以诚为本 以客为尊

服务期限：产品全生命周期

服务承诺：三个第一（第一时间响应 第一时间到达 第一时间处理）

五个必访（新产品必访 新产品投运一年后必访 新产品调试必访 发生重大问题必访 产品发生质量问题必访）

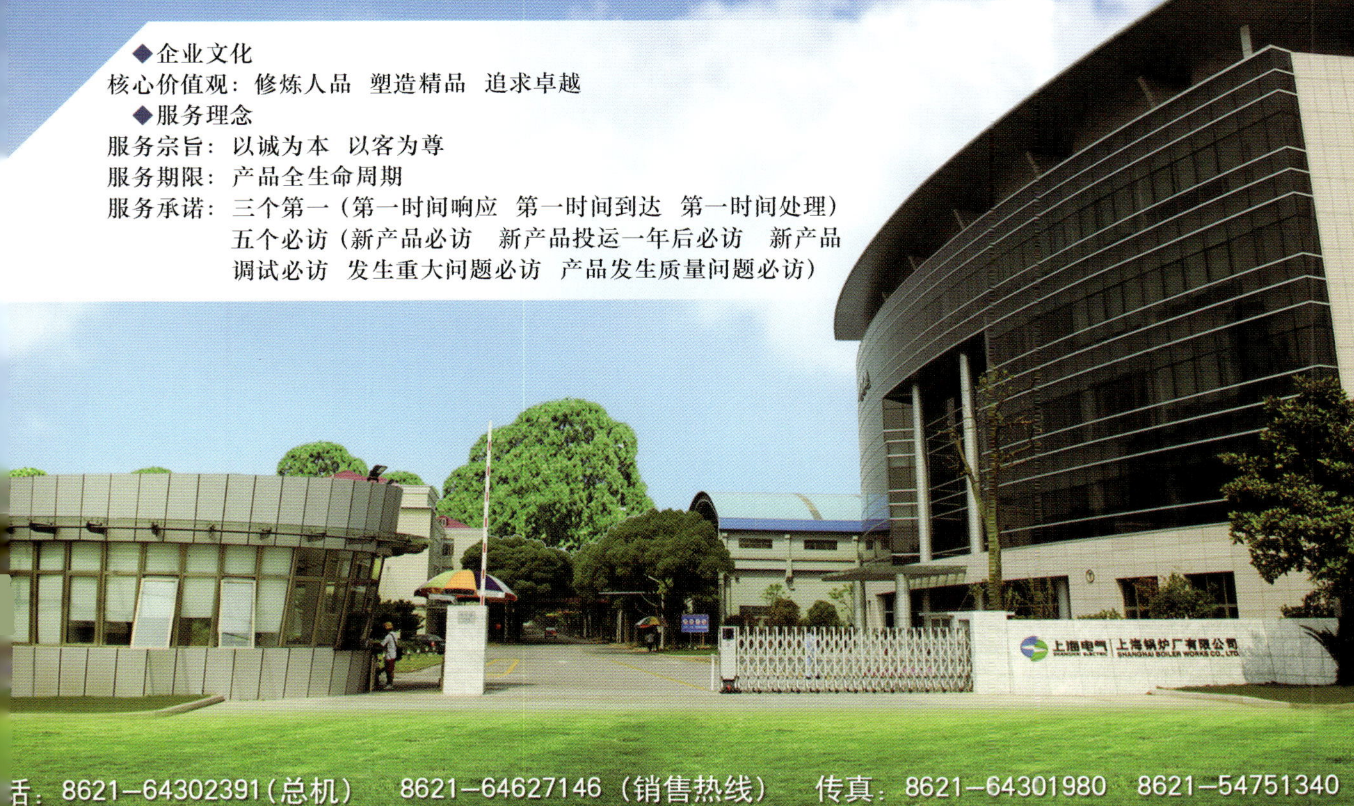

舌：8621–64302391（总机） 8621–64627146（销售热线） 传真：8621–64301980 8621–54751340

托格（上海）压缩机

专注于大排量中高压压缩机的研发、生产、销售

公 司 简 介

托格（上海）压缩机有限公司是一家专注于天然气压缩机、螺杆压缩机和大排量中高压压缩机研发、生产、销售的专业公司，主要有CNG母站压缩机、CNG标准站压缩机、CNG子站压缩机、CNG家用压缩机、各类螺杆压缩机、PET吹瓶压缩机、风冷中高压活塞式压缩机、水冷中高压活塞式压缩机、大排量螺杆活塞复合式中高压压缩机、气体增压机和膜制氮系列。可为中国高端用户提供可靠的高压压缩机产品与系统解决方案。公司植根于机械设备行业，借鉴国外先进技术，凭借专业的研发队伍，高素质的管理人才和强大的售后服务团队，为客户提供优质的CNG压缩机、螺杆压缩机和中高压活塞式压缩机产品。

托格（上海）压缩机有限公司利用新的技术和可靠的质量为客户提供CNG压缩机、螺杆压缩机和中高压活塞式压缩机产品，排气压力0.7～40MPa，排气量1～50 m³/min，主要用于CNG加气站、吹瓶、油田注气、钻井、海洋勘探、水电站、检漏、吹扫、船用等行业。

LG.M-40/100油田注气压缩机

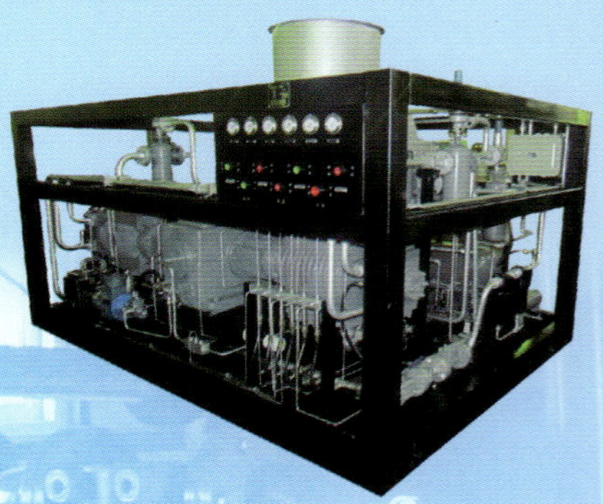

D型风冷CNG标准站压缩机

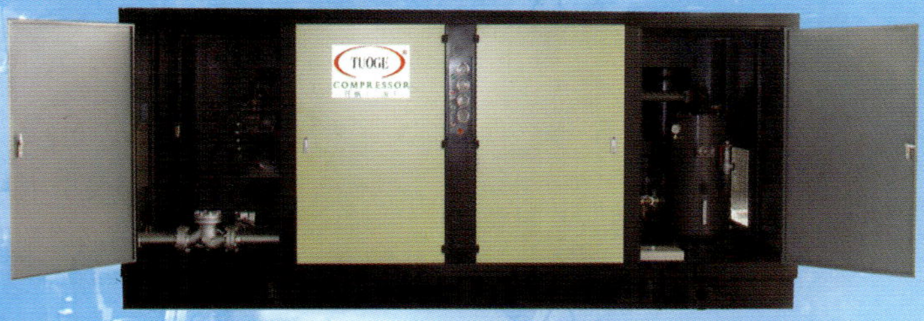

LG.Z-10/40 PET无油吹瓶压缩机

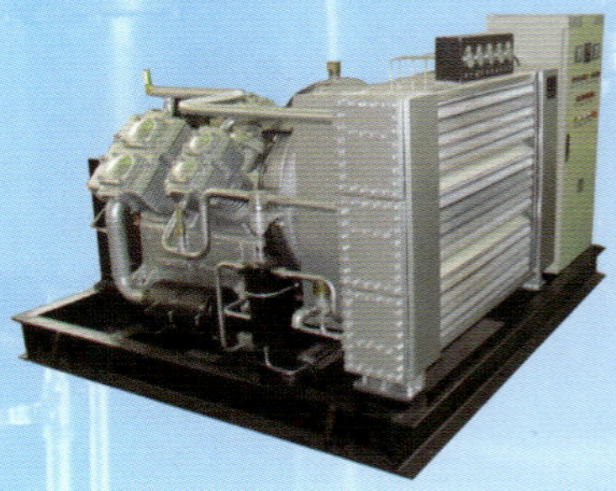

VF-3/250 高压检测压缩机

有限公司

MZD-600/250 膜制氮压缩机

托格(上海)压缩机有限公司
车载移动式膜制氮注气设备
科技成果鉴定会

MZD-900/500 车载移动式膜制氮注气设备

托格（上海）压缩机有限公司
客服电话：400-821-3198
工厂电话：021-59556277　59556270　　传真：021-59556276
工厂地址：上海市嘉定区武乡路1号
销售总部电话：021-60408369　　传真：60408367-8009
销售总部：祁连山南路2891弄105号203室　　http：//www.tuoge-sh.com

综合索引

精鉴石油石化设备工业

服务能源供给

综述

记录了2010年我国石油和石油化工设备行业取得的成绩及石油石化机械进出口情况；综合分析了2011年上半年我国石油和石油化工设备行业的经济运行情况

P3～30

回顾与展望

回顾了“十一五”我国石油石化工业及其装备行业和石化通用机械行业取得的重大成就；介绍了“十一五”我国重大石化装备的国产化进程。对我国石化和石化装备产业及石化通用机械行业“十二五”发展趋势进行分析预测

P33～62

海洋工程装备

介绍我国战略性新兴产业——海洋工程装备制造业的创新发展战略、规划思路以及国内外海洋工程装备制造业的发展现状、竞争态势、技术状况和应用情况。重点介绍我国海洋工程装备制造企业发展概况

P65～99

市场概况

对石油测井设备、储运离心泵、“三油”产品、智能完井技术及炼油化工等的市场进行分析，并提出对这些装备的需求分析

P103～123

煤化工装备

重点介绍我国煤化工装备行业的有关政策、目前存在的问题、发展趋势及煤化工装备制造企业的发展情况

P127～144

50强和名牌产品

集中介绍了 2006 ～ 2010 年历年中国石油石化装备制造业“行业 50 强”企业、“行业名牌”产品的评选过程，公布了 2006 ～ 2010 年度中国石油石化装备制造业“行业 50 强”企业和“行业名牌”产品名单和石油石化装备制造业“中国名牌”产品名单

P147～156

统计资料

客观反映2010年石油和石油化工设备行业各分行业主要企业的经济指标，以及石油钻采、炼油化工设备、压力容器和输油管道四大类产品的进出口情况

P159～196

标准和认证

详细介绍石油石化设备行业在2010～2011年制定的标准

P199～278

政策法规

解读国家发布的与石化装备相关的政策、法规，为行业、企业的发展指明方向

P281～287

大事记

从政策、工程项目、企业、市场和行业并购等方面记录2010年行业发生的重大事件

P291～296

中国机械工业年鉴系列

《中国机械工业年鉴》

《中国电器工业年鉴》

《中国工程机械工业年鉴》

《中国机床工具工业年鉴》

《中国通用机械工业年鉴》

《中国机械通用零部件工业年鉴》

《中国模具工业年鉴》

《中国液压气动密封工业年鉴》

《中国重型机械工业年鉴》

《中国农业机械工业年鉴》

《中国石油石化设备工业年鉴》

《中国塑料机械工业年鉴》

《中国齿轮工业年鉴》

《中国磨料磨具工业年鉴》

《中国机电产品市场年鉴》

编辑说明

一、《中国机械工业年鉴》是由中国机械工业联合会主管、机械工业信息研究院主办、机械工业出版社出版的大型资料性、工具性年刊，创刊于1984年。

二、根据行业需要，1998年中国机械工业年鉴编辑委员会开始出版分行业年鉴，逐步形成了中国机械工业年鉴系列。该系列现已出版了《中国电器工业年鉴》、《中国工程机械工业年鉴》、《中国机床工具工业年鉴》、《中国通用机械工业年鉴》、《中国机械通用零部件工业年鉴》、《中国模具工业年鉴》、《中国液压气动密封工业年鉴》、《中国重型机械工业年鉴》、《中国农业机械工业年鉴》、《中国石油石化设备工业年鉴》、《中国塑料机械工业年鉴》、《中国齿轮工业年鉴》、《中国磨料磨具工业年鉴》和《中国机电产品市场年鉴》。

三、《中国石油石化设备工业年鉴》作为该年鉴系列之一，2007年创刊，每年出版，2011年为第5期。该年鉴集中反映了石油石化设备工业的发展情况，全面系统地提供了石油石化设备工业各分行业的主要经济技术指标。重点推出了行业热点煤化工装备专栏和战略性新兴产业——海洋工程装备专栏。

四、2011年是“十二五”的开局之年。《中国石油石化设备工业年鉴》2011年版内容由综述、回顾与展望、海洋工程装备、市场概况、煤化工装备、50强和名牌产品、统计资料、标准和认证、政策法规和大事记10部分构成，统计数据由中国石油和石油化工设备工业协会提供，数据截至2011年6月。

五、本年鉴在编撰过程中得到了中国石油和石油化工设备工业协会及所属分会、相关行业协会、研究院所和企业的大力支持和帮助，在此深表谢意。

七、由于水平有限，难免出现错误及疏漏，敬请批评指正。

中国机械工业年鉴编辑部
2012年2月

目　　录

综　　述

回顾与展望

海洋工程装备

市场概况

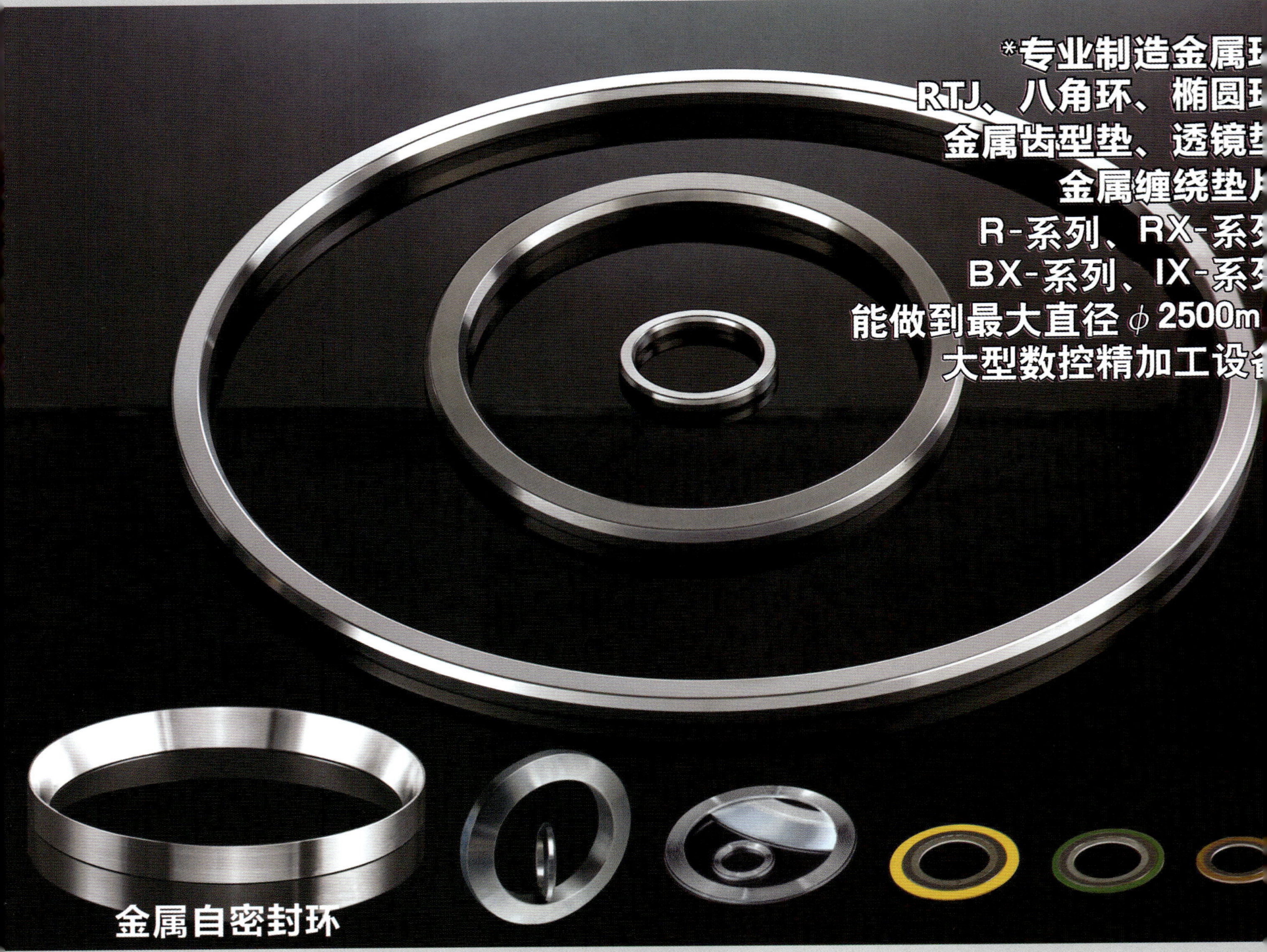

煤化工装备

50强和名牌产品

统计资料

标准和认证

政策法规

大事记

公司董事长兼总经理姚炳华

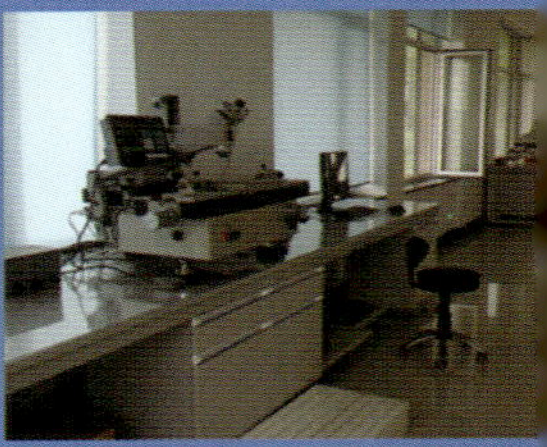

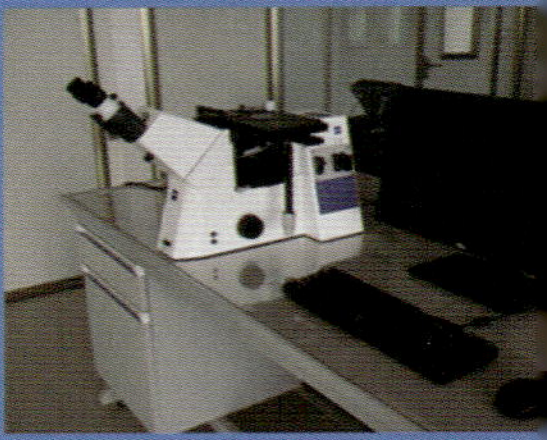

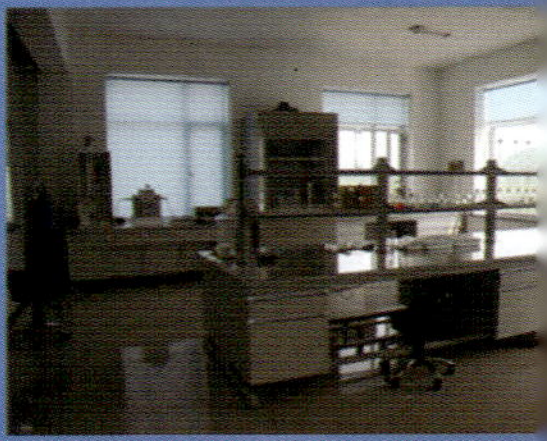

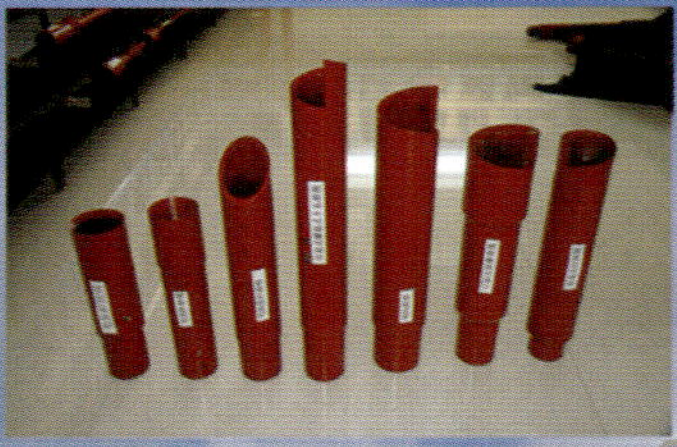

Contents

Overview

Review & outlook

Ocean engineering equipment

Market situation

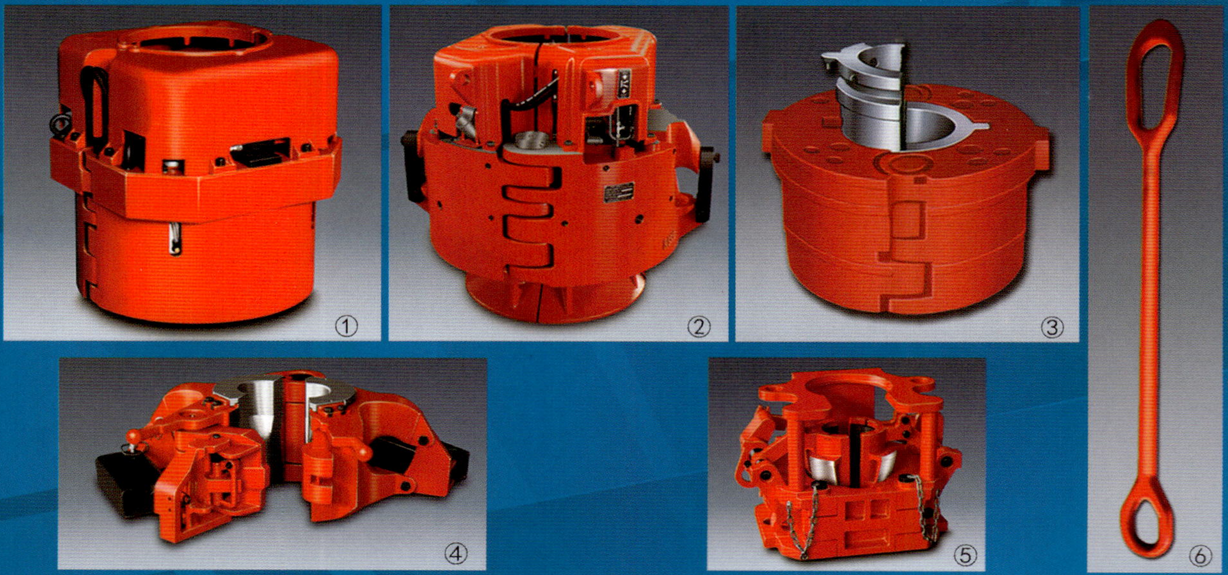

Coal chemical equipment

Fifty top enterprises and famous – brand products

Statistical data

Standards & certification

Policies and regulations

Chronicle of events

综述

记录了2010年我国石油和石油化工设备行业取得的成绩及石油石化机械进出口情况；综合分析了2011年上半年我国石油和石油化工设备行业的经济运行情况。

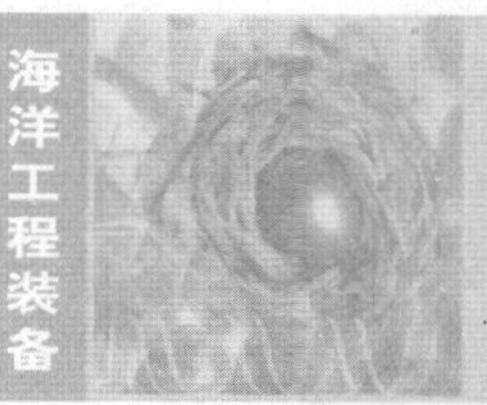

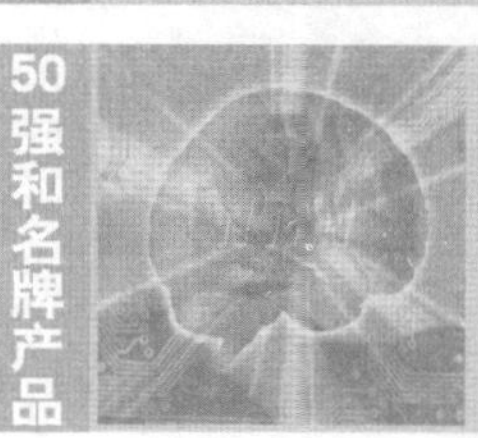

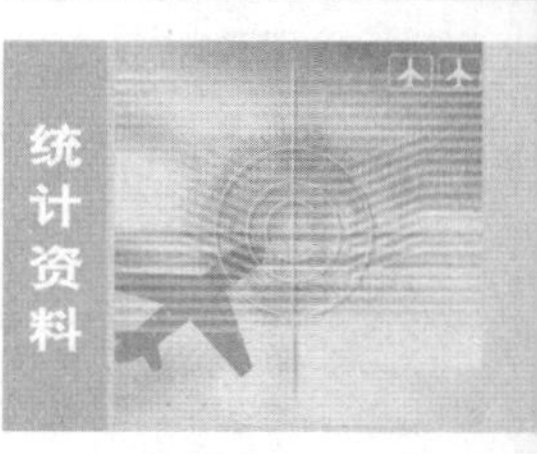

综述

2010年我国石油和石油化工设备行业的发展概况

2010年是我国“十一五”发展规划的收官之年，是我国石油石化工业及其设备行业在转变发展方式、调整产业结构、发展低碳经济、重组整合企业等多方面取得实质性进展的一年。

一、2010年我国原油产量、原油加工量增长速度创近十年来最高

2010年我国原油产量稳步增长，首次突破2亿t，比上年增长6.9%，为近年来最高增速。2010年我国原油进口2.39亿t，比上年增长17.5%。

2010年我国原油加工量达到4.23亿t，比上年增长13.4%，增幅创近十年来最高。全年汽油产量为7 675万t，比上年增长5.1%；煤油产量为1 715万t，比上年增长15.3%；柴油产量为1.59亿t，比上年增长12%。

2010年石油表观消费量4.49亿t，比上年增长12.3%。

二、2010年我国天然气和非常规天然气开发取得积极进展

(1)我国天然气产量达到944.8亿m^3，比上年增长12.1%。

(2)进口液化天然气(LNG)934万t，比上年增长75%。

(3)我国首次进口管道天然气44亿m^3。

(4)煤层气利用量达36亿m^3，比上年增长42.3%。

(5)天然气市场规模快速扩张，主要消费地向中东部经济发达地区集中。全年天然气消费量达到1 100亿m^3，比上年增长20.4%。

2010年国家发改委、国家能源局为防止2009年冬季的“气荒”重演，提前制定应对预案。从第三季度开始提前协调国内油气企业，一方面加大天然气增储上产，鼓励开展天然气储备；另一方面加大LNG现货采购，补充国内缺口；同时，调整检修计划，加快天然气主干管网的投运进度，市场资源供应量得到有效保障。在有关各方的共同努力下，2010年冬季全国没有出现“气荒”现象。

三、2010年我国石油和石油化工设备行业经济运行概况

2010年在国家实施的一揽子扩大内需政策的引导下，我国工业经济朝着预期的方向发展，回升向好的基础进一步巩固。我国石油和石油化工设备行业经济总量平稳增长，经济效益稳步提高。

1. 全行业企业数量持续上升

中国石油和石油化工设备协会根据国家统计局发布的统计数据分析，截至2010年12月我国石油和石油化工设备制造业规模以上企业2 023家，比2010年初增加105家。其中石油钻采设备行业856家，比2010年初增加117家；炼油化工设备行业579家，比年初增加95家；金属压力容器制造行业588家，比年初减少107家（注：2010年国家对规模以上的企业有了新的划分界限，因此企业数量减少幅度较大）。

石油钻采设备制造行业856家企业中，按企业性质分，国有企业24家，集体企业274家，私营企业468家，三资企业（包括港澳台）87家，其他3家；按生产规模分，大型企业4家，中型企业75家，小型企业777家。

炼油化工设备制造行业579家企业中，按企业性质分，国有企业17家，集体企业132家，私营企业380家，三资企业（包括港澳台）50家；按生产规模分，大型企业1家，中型企业51家，小型企业527家。

金属压力容器制造行业588家企业中，按企业性质分，国有企业12家，集体企业171家，私营企业346家，三资企业（包括港澳台）56家，其他3家；按生产规模分，中型企业44家，小型企业544家。

2. 主要经济技术指标保持平稳增长

（1）行业经济运行回升向好，各项经济指标平稳增长。2010年1～12月全行业规模以上企业完成工业总产值2 489.96亿元，增幅为20.74%，比上年的19.35%增幅上升1.4个百分点；工业销售产值2 392.62亿元，增幅为19.15%，比上年的13.4%增幅上升5.8个百分点；新产品产值269.3亿元，增幅为16.60%，比上年的7.6%增幅上升9.0个百分点。

（2）出口交货值呈现两位数增长，国际市场受金融危机的影响开始缓解。2010年1～12月出口交货值168.87亿元，增幅为18%。2009～2010年石油和石油化工设备行业经济指标比较见图1。

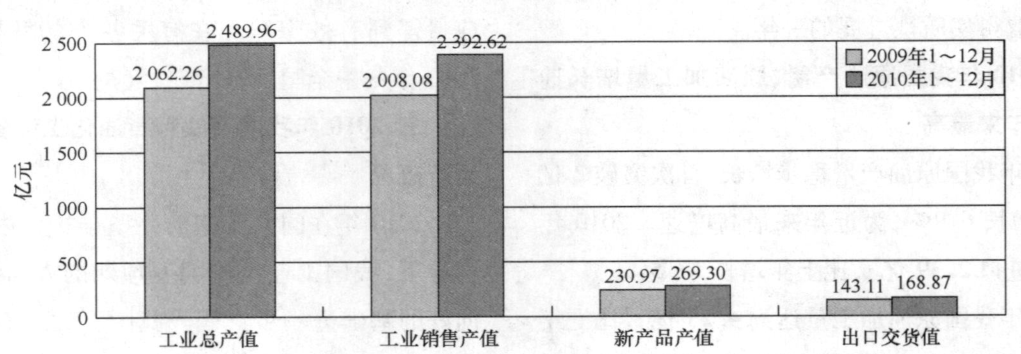

图1　2009～2010年石油和石油化工设备行业经济指标比较

（3）各分行业的产销率均在95%以上，市场销售形势良好。石油钻采设备制造行业2010年1～12月完成工业总产值1 359.54亿元，增幅为21.43%；完成工业销售产值1 293.18亿元，增幅为18.32%，产销率为95.12%；新产品产值161.44亿元，增幅为8.78%，新产品产值率为11.87%；出口交货值121.97亿元，增幅为18.74%。

炼油化工设备制造行业2010年1～12月完成工业总产值562.99亿元，增幅为20.45%；完成工业销售产值544.54亿元，增幅为21.29%，产销率为96.72%；新产品产值71.70亿元，增幅为21.29%，新产品产值率为12.74%；出口交货值21.88亿元，增幅为11.13%。

金属压力容器制造行业2010年1～12月完成工业总产值567.42亿元，增幅为19.40%；完成工业销售产值554.90亿元，增幅为19.04%，产销率为98%；新产品产值36.15亿元，增幅为54.25%，新产品产值率为6.37%；出口交货值25.02亿元，增幅为20.88%。2010年1～12月石油和石油化工设备各行业主要经济指标完成情况见表1。

表1　2010年1～12月石油和石油化工设备各行业主要经济指标完成情况

分行业名称	工业总产值		工业销售产值		新产品产值		出口交货值	
	数额（亿元）	增幅（%）	数额（亿元）	增幅（%）	数额（亿元）	增幅（%）	数额（亿元）	增幅（%）
石油钻采设备	1 359.54	21.43	1 293.18	18.32	161.44	8.78	121.97	18.74
炼油化工设备	562.99	20.45	544.54	21.29	71.70	21.29	21.88	11.13
金属压力容器	567.42	19.40	554.90	19.04	36.15	54.25	25.02	20.88
全行业	2 489.96	20.74	2 392.62	19.15	269.30	16.58	168.87	18.00

注：因四舍五入，表中合计数据有微小出入。

3. 2010 年行业逐月经济运行走势虽有小幅波动，但各项指标总体呈现平稳上升的态势

2010 年 1～12 月全行业工业总产值走势见图 2。2010 年 1～12 月全行业工业销售产值走势见图 3。2010 年 1～12 月全行业新产品产值走势见图 4。2010 年 1～12 月全行业出口交货值走势见图 5。（图 1～5 中为快报数据、与年报数据略有出入）

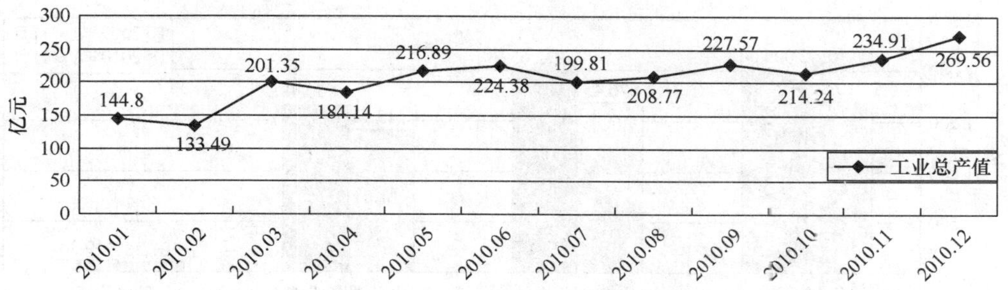

图 2　2010 年 1～12 月全行业工业总产值走势

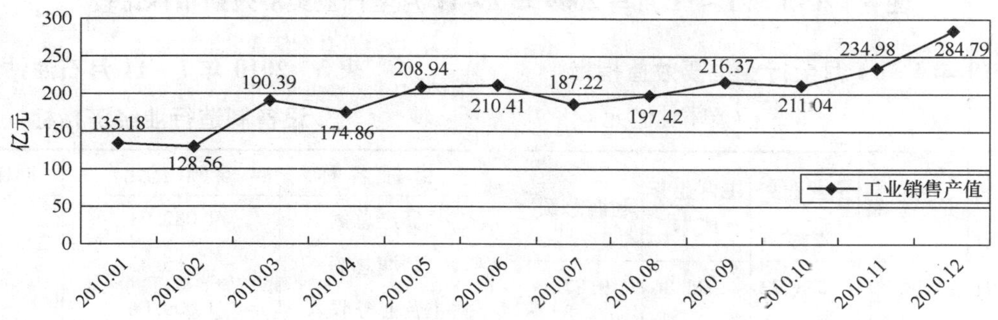

图 3　2010 年 1～12 月全行业工业销售产值走势

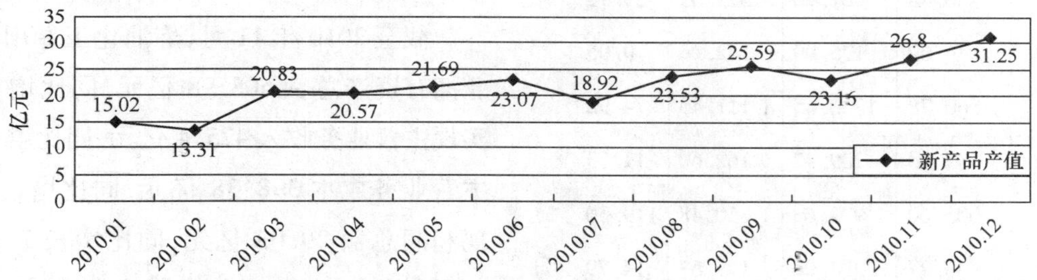

图 4　2010 年 1～12 月全行业新产品产值走势

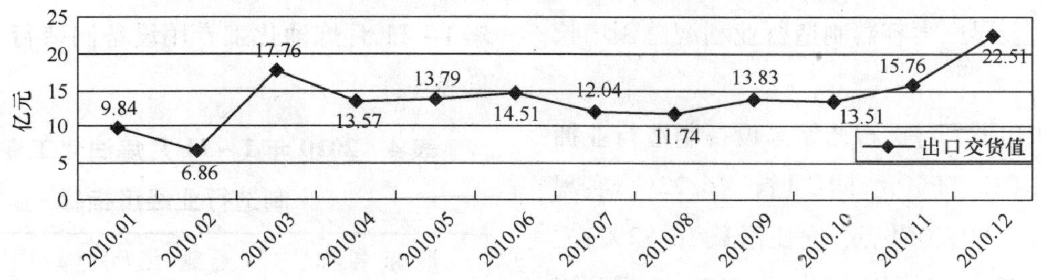

图 5　2010 年 1～12 月全行业出口交货值走势

从以上各图可以看出，2010 年 3 月开始行业经济运行总体保持平稳增长的良好势头，与我国机械工业同期整体经济运行走势大体一致。2010 年 1～12 月工业总产值、工业销售产值和新产品产值均比全球金融危机暴发的 2008 年增长 30% 以上。

4. 主要经济效益指标全面向好，主营业务收入增长幅度最大，利润总额逐月递增

根据国家统计局发布的统计数据分析，2010 年

1～11月,我国石油和石油化工装备制造业资产总额为2 005.60亿元,同比增长17.23%;实现主营业务收入1 972.65亿元,同比增长17.67%;主营业务成本1 650.48亿元,同比增长16.75%;实现利润总额119.3亿元,同比增长17.68%。2010年1～11月与2009年1～11月全行业经济效益指标比较见图6。2010年1～11月全行业主要效益指标见表2。

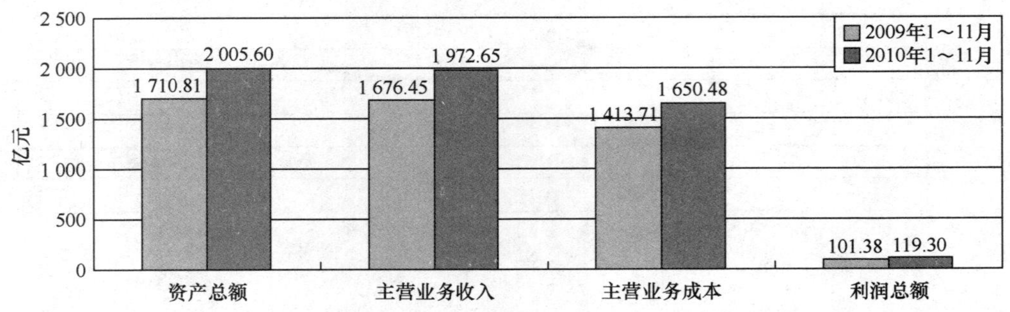

图6 2010年1～11月与2009年1～11月全行业经济效益指标比较

表2 2010年1～11月全行业主要效益指标

(单位:亿元)

时　　间	资产总额	主营业务收入	主营业务成本	利润总额
2011年1～2月	1 658.20	233.72	196.86	9.87
月(增)平均	825.00	115.60	98.43	4.93
1～5月	1 760.48	761.70	623.65	39.72
月(增)平均	34.09	175.99	142.26	9.95
1～8月	1 860.78	1330.45	1 111.45	74.93
月(增)平均	33.43	209.42	162.60	11.73
1～11月	2 005.60	1 972.65	1 650.48	119.30
月(增)平均	48.27	214.06	179.67	14.79

(1)各分行业资产总额与主营业务收入均实现两位数增长,金属压力容器制造行业利润总额增长幅度最大。

截至2010年11月,石油钻采设备制造行业拥有资产总额1 082.71亿元,同比增长16.22%;实现主营业务收入1 009.06亿元,同比增长16.82%;主营业务成本843亿元,同比增长15.61%;实现利润总额65.45亿元,同比增长22.59%。其中实现利润总额前三名的省市是山东省(20亿元)、江苏省(9亿元)、四川省(7.61亿元)。2010年1～11月石油钻采设备制造行业经济指标见表3。

表3 2010年1～11月石油钻采设备制造行业经济指标

指 标 名 称	金额(亿元)	同比增长(%)
资产总额	1 082.71	16.22
利润总额	65.45	22.59
主营业务收入	1 009.06	16.82
主营业务成本	843.00	15.61

截至2010年11月,炼油化工专用设备制造行业拥有资产总额508.98亿元,同比增长18.53%;实现主营业务收入475.4亿元,同比增长21.96%;主营业务成本398.38亿元,同比增长21.5%;实现利润总额29.03亿元,同比增长7.92%。其中实现利润总额前三名的省市是江苏省(7.4亿元)、山东省(4.21亿元)、浙江省(3.05亿元)。2010年1～11月炼油化工专用设备制造行业经济指标见表4。

表4 2010年1～11月炼油化工专用设备制造行业经济指标

指 标 名 称	金额(亿元)	同比增长(%)
资产总额	508.98	18.53
利润总额	29.03	7.92
主营业务收入	475.40	21.96
主营业务成本	398.38	21.50

截至2010年11月，金属压力容器制造行业拥有资产总额413.9亿元，同比增长22.93%；实现主营业务收入488.19亿元，同比增长24.41%；主营业务成本409.08亿元，同比增长23.9%；实现利润总额24.83亿元，同比增长36.88%。其中实现利润总额前三名的省市是江苏省(6.24亿元)、山东省(2.91亿元)、辽宁省(2.76亿元)。2010年1~11月金属压力容器制造行业经济指标见表5。

表5　2010年1~11月金属压力容器制造行业经济指标

指标名称	金额(亿元)	同比增长(%)
资产总额	413.90	22.93
利润总额	24.83	36.88
主营业务收入	488.19	24.41
主营业务成本	409.08	23.90

(2)亏损企业和亏损额同比减少，亏损面下降。根据国家统计局公布的统计数据，截至2010年11月，从事石油和石油化工设备生产的亏损企业数量为293家，占企业总数的14.51%，比上年同期减少33家；累计亏损额8.08亿元，同比下降3.12%。其中，石油钻采设备制造行业亏损企业124家，同比减少19家，累计亏损额4.05亿元，同比下降16.00%；炼油化工生产专用设备制造行业亏损企业数为76家，同比减少7家，累计亏损额2.19亿元，同比增长22.18%；金属压力容器制造行业亏损企业数为93家，同比减少7家，累计亏损额1.83亿元，同比增长5.21%。2010年1~11月行业企业亏损情况汇总见表6。2009年11月~2010年11月4个季度全行业亏损对比情况见表7。

表6　2010年1~11月行业企业亏损情况汇总

分行业名称	规模以上企业	亏损企业			累计亏损	
	数量(家)	数量(家)	同比增长(家)	占企业总数(%)	金额(亿元)	同比增长(%)
石油钻采设备	849	124	-19	14.61	4.05	-16.00
炼油化工设备	582	76	-7	13.06	2.19	22.18
金属压力容器	588	93	-7	15.82	1.83	5.21
全行业	2 019	293	-33	14.51	8.08	-3.12

表7　2009年11月~2010年11月4个季度全行业亏损对比情况

时　间	企业数(家)		亏损企业数(家)		累计亏损额(亿元)	
	全行业	环比(%)	全行业	环比(%)	全行业	环比(%)
2010.02	1 972	-4.84	510	-14.33	4.68	—
2010.05	1 963	-0.46	435	-14.71	6.99	49.36
2010.08	1 986	1.17	382	-12.18	7.59	8.58
2010.11	2 019	1.66	293	-23.30	8.08	6.45

从表7可以看出，2010年以来，各季度亏损企业数逐渐减少，从2月的510家减少到11月的293家，减少幅度达到42.5%；累计亏损额环比增加幅度从5月的49.36%下降到年末的6.45%，下降幅度近43个百分点。

四、2010年石油和石油化工设备产品进出口顺差略有增加，国际市场存在诸多不稳定因素

2010年我国外贸市场显现出逐步回暖总体向好局面，但是很多不确定不稳定的因素依然存在。在这种回暖的大环境下，2010年我国石油和石油化工设备进出口总额比2009年虽然略有下降，但全年进出口顺差增长3%。

根据海关总署的统计数据，2010年1~12月我国石油和石油化工设备60种主要产品进出口总额为221.97亿美元，降幅为2.21%，比2009年的10.12%降幅，减少近8个百分点。其中2010年的进口总额为59.61亿美元，同比减少7.8%；出口总额为162.36亿美元，同比减少0.3%。全年进出口顺差为102.75亿美元，比2009年增加3亿美元(以上统计范围均为60种主要产品，下同)。

1. 石油钻采设备进出口贸易顺差增加幅度较大

石油钻采设备2010年1～12月累计进口额9.14亿美元，同比下降31%；累计出口额37.32亿美元，同比增长12%，贸易顺差为28.18亿美元，比2009年增加8亿美元。其中全年进口石油天然气钻采设备共273台（套），比2009年减少102台（套）；累计进口额2.1亿美元，比2009年减少0.5亿美元。累计出口石油天然气钻采设备8 033台（套），比2009年增加3 522台（套），累计出口额7.43亿美元，比2009年增加0.1亿美元。

2010年1～12月石油钻采设备主要大类产品进口情况见表8。2010年1～12月石油钻采设备主要大类产品出口情况见表9。

表8　2010年1～12月石油钻采设备主要大类产品进口情况

商品代码	商品名称	单位名称	数量	金额（万美元）
84304111	自推进石油及天然气钻机，钻探深度≥6 000m	台	1	9 654.59
84304119	未列名自推进的石油及天然气钻机	台	4	2 469.79
84304122	履带式自推进的钻机，钻探深度<6 000m	台	95	4 734.22
84304129	其他自推进的钻机，钻探深度<6 000m	台	157	4 079.34
84305010	其他自推进采油机械	台	16	129.63
84314310	石油或天然气钻机的零件	kg	5 411 306	25 909.63
84314320	其他钻探机械的零件	kg	2 300 947	3 845.60
84743100	混凝土或砂浆混合机器	台	338	990.51
84811000	减压阀	套/(kg)	23 545 243	27 225.42
87052000	机动钻探车	辆	7	1 274.21
87059080	石油测井车、压裂车、混沙车	辆	19	2 662.18
87059090	未列名特殊用途的机动车辆	辆	135	5 504.40
89052000	浮动或潜水式钻探或生产平台	座	3	2 905.45

表9　2010年1～12月石油钻采设备主要大类产品出口情况

商品代码	商品名称	单位名称	数量	金额（万美元）
84304111	自推进石油及天然气钻机，钻探深度≥6 000m	台	26	19 302.17
84304119	未列名自推进的石油及天然气钻机	台	388	23 924.54
84304121	钻探深度在6 000m及以上自推进的其他钻探机	台	4	1 335.26
84304122	履带式自推进的钻机，钻探深度<6 000m	台	69	1 129.77
84304129	其他自推进的钻机，钻探深度<6 000m	台	1 037	9 472.97
84305010	其他自推进采油机械	台	6 509	19 166.48
84314310	石油或天然气钻机的零件	kg	182 869 485	116 494.03
84314320	其他钻探机械的零件	kg	39 930 936	22 571.80
84743100	混凝土或砂浆混合机器	台	535 230	17 541.18
84811000	减压阀	套/(kg)	34 156 239	13 882.79
87052000	机动钻探车	辆	113	1 317.45
87059080	石油测井车、压裂车、混沙车	辆	56	2 944.28
87059090	未列名特殊用途的机动车辆	辆	3 650	24 172.77
87163110	油罐挂车及半挂车	辆	1 619	7 800.31
89052000	浮动或潜水式钻探或生产平台	座	31	92 116.58

2. 炼油化工设备出口同比增长高于进口同比增长，但是贸易逆差依然存在

我国炼油化工设备2010年1～12月累计进口额40.7亿美元，同比增长0.2%。累计出口额29.8亿美元，同比增长13.69%，呈现出口增长大于进口增长的良好开端。全年贸易逆差额虽比2009年减少3亿美元，但仍达10.9亿美元。

2010年1～12月炼油化工设备主要大类产品进口情况见表10。2010年1～12月炼油化工设备主要大类产品出口情况见表11。

表 10　2010 年 1～12 月炼油化工设备主要大类产品进口情况

商品代码	商品名称	单位名称	数量	金额(万美元)
84135020	电动往复式排液泵	台	4 840 119	14 702.97
84135090	未列名往复式排液泵	台	406 315	2 849.56
84136090	其他回转式排液泵	台	2 543 959	28 402.51
84137010	转速在 10 000r/min 及以上的离心泵	台	127 323	5 807.23
84138100	未列名液体泵	台	11 329 198	37 416.71
84138200	液体提升机	台	17 009	484.66
84139100	液体泵零件	kg	28 318 185	64 351.10
84139200	液体提升机零件	kg	50 251	234.64
84148020	二氧化碳压缩机	台	157	1 712.04
84193990	未列名干燥器	台	50 369	31 405.35
84194010	提净塔	台	8	391.67
84194020	精馏塔	台	29	2 546.32
84194090	其他蒸馏或精馏设备	台	1 841	5 007.27
84195000	热交换装置	台	1 124 426	75 842.96
84198910	加氢反应器	台	52	2 264.54
84198990	未列名利用温度变化处理材料的机器、装置等	台	89 545	78 326.79
84211990	其他未列名离心机,包括离心干燥机	台	25 757	25 392.30
84213923	工业用旋风式除尘器	个	4 229	1 574.69
84233010	定量包装秤	台	2 206	428.46
84772090	其他挤出机	台	863	27 892.72

表 11　2010 年 1～12 月炼油化工设备主要大类产品出口情况

商品代码	商品名称	单位名称	数量	金额(万美元)
84135020	电动往复式排液泵	台	6 957 803	7 790.10
84135090	未列名往复式排液泵	台	1 836 491	8 988.04
84136090	其他回转式排液泵	台	24 863 717	42 548.58
84137010	转速在 10 000r/min 及以上的离心泵	台	1 184 269	3 066.13
84138100	未列名液体泵	台	32 009 639	32 745.51
84138200	液体提升机	台	610 098	441.89
84139100	液体泵零件	t	176 947	81 074.01
84139200	液体提升机零件	t	2 709	1 415.93
84148020	二氧化碳压缩机	台	82 092	1 799.25
84193990	未列名干燥器	台	1 075 746	15 475.46
84194010	提净塔	台	285	1 972.42
84194020	精馏塔	台	93	2 819.84
84194090	其他蒸馏或精馏设备	台	20 626	4 956.83
84195000	热交换装置	台	321 787	29 095.60
84198910	加氢反应器	台	349	687.91
84198990	未列名利用温度变化处理材料的机器、装置等	台	2 129 973	33 333.69
84211990	其他未列名离心机,包括离心干燥机	台	105 808	7 355.32
84213923	工业用旋风式除尘器	个	8 370	1 566.52
84233010	定量包装秤	台	2 781	1 529.58
84772090	其他挤出机	台	4 650	19 395.97

3. 金属压力容器出口增长势头强劲，贸易顺差进一步扩大

2010 年 1 ~ 12 月金属压力容器累计进口额 1 亿美元，同比下降 47.37%；累计出口额 4.44 亿美元，同比增长 39.18%。贸易顺差 3.44 亿美元，同比增加 2.16 亿美元。2010 年 1 ~ 12 月金属压力容器主要大类产品进口情况见表 12。2010 年 1 ~ 12 月金属压力容器主要大类产品出口情况见表 13。

表 12　2010 年 1 ~ 12 月金属压力容器主要大类产品进口情况

商品代码	商品名称	进口量(kg)	进口额(万美元)
73110010	装压缩气体或液化气体的零售包装钢铁容器	4 779 522	724.62
73110090	装压缩气体或液化气体的非零售包装钢铁容器	24 102 817	6 169.27
84051000	煤气发生器；乙炔发生器等水解气体发生器	1 288 139	2 742.04
84059000	煤气发生器及乙炔发生器等的零件	62 724	456.35

表 13　2010 年 1 ~ 12 月金属压力容器主要大类产品出口情况

商品代码	商品名称	出口量(kg)	出口额(万美元)
73110010	装压缩气体或液化气体的零售包装钢铁容器	2 264 602	668.97
73110090	装压缩气体或液化气体的非零售包装钢铁容器	183 699 384	39 381.10
84051000	煤气发生器；乙炔发生器等水解气体发生器	5 864 139	2 447.45
84059000	煤气发生器及乙炔发生器等的零件	7 836 662	1 873.17

4. 石油天然气船进口幅度增大

2010 年 1 ~ 12 月，我国进口石油天然气船金额共 1.17 亿美元，同比增长 40.96%；出口额 58.39 亿美元，同比下降 17.42%。共进口石油天然气船 49 艘，比 2009 年多 7 艘，平均进口单价 238.77 万美元；共出口石油天然气船 217 艘，比 2009 年少 18 艘，平均出口单价 283.83 万美元。

2010 年 1 ~ 12 月石油天然气船进口情况见表 14。2010 年 1 ~ 12 月天然气船出口情况见表 15。

表 14　2010 年 1 ~ 12 月石油天然气船进口情况

商品代码	商品名称	进口量(艘)	进口额(万美元)
89012011	载重量不超过 10 万 t 的成品油船	46	7 059.32
89012031	容积在 20 000m^3 以下的液化石油气船	3	4 688.30

表 15　2010 年 1 ~ 12 月石油天然气船出口情况

商品代码	商品名称	出口量(艘)	出口额(万美元)
89012011	载重量不超过 10 万 t 的成品油船	156	186 505.49
89012021	载重量不超过 15 万 t 的原油船	17	45 719.52
89012022	15 万 t≤载重量≤30 万 t 的原油船	34	293 417.44
89012023	载重量超过 30 万 t 的原油船	3	34 220.25
89012031	容积在 20 000m^3 以下的液化石油气船	7	24 015.66

五、2010 年我国石油装备制造业发展的特点

2009 年下半年以来，随着国际油价的趋稳，全球石油及石油装备市场有所复苏。2010 年前 6 个月，石油钻采设备市场已经恢复，但较最好的 2008 年还差很远。分析其原因，主要是全球石油勘探业还没有完全激活，加上我国产品结构和业务发展模式不合理，以及在前几年市场红火影响下，国内企业加大投资，大干快上，产能远远过剩，出现了市场饱和。

1. 产品结构转变为企业带来新的发展契机

装备制造业转变发展方式，首先是转变产品结构。2008 年全球金融危机之所以对我国石油装备制造业影响巨大，主要是因为我国行业产品结构不合理，产品技术含量低，抗风险能力差。因此，加快

产品结构调整，努力建设装备制造强国，是“十二五”时期我国装备制造业的重大战略任务，也是石油装备制造业的首要任务。

(1)2010年中石油装备制造分公司通过狠抓结构调整，促进了发展方式的转变，2010年主要石油装备企业在产品结构调整和技术创新方面取得新进展，推进了企业的专业化重组整合。通过产业积聚和专业化生产，实现了规模发展，提高了产业集中度。中石油装备制造分公司成功打造了宝鸡和渤海2个年产值百亿元的装备制造基地。中石油装备制造分公司通过企业资产重组，进一步落实了要素整合，使企业文化、人力、财力、技术、市场等资源发挥了更大效应。同时，通过实现企业组织结构扁平化和流程再造，建立起快速反应机制，提升市场应变能力，使企业运行更加高效和顺畅。通过调整产品结构，一方面努力向成套性、服务型等高端业务发展，开拓海洋、炼化设备等新的经济增长点；另一方面大力实施低碳经济发展战略，努力研发绿色装备产品，为节能减排、保护环境作出贡献。中石油装备制造分公司通过积极调整业务结构，按照现代制造业的发展趋势，构建哑铃型业务模式，突出研发和市场营销两个环节，使制造型结构向创新型结构发展，实现从“中国制造”向“中国创造”的产业结构转变。

(2)宝鸡石油机械有限责任公司(以下简称宝石机械公司)于2009年9月15日与阿联酋国家钻井公司(NDC)签约的合同总金额20亿元的钻机采购项目，被业内称为国际“豪华订单”。按照合同约定，宝石机械公司将为NDC设计、制造、运输、安装调试10套5 000m、2套7 000m快速移运沙漠钻机和2套钻机钻具，并承担售后服务。该项目不仅是我国高端重型石油装备出口史上的最大订单，也是阿联酋国家钻井公司37年来实施的最大钻机采购项目，同时也是该公司首次将钻机采购标的授予亚洲国家的企业。2010年10月15日，宝石机械公司为阿联酋国家钻井公司研制的首套5 000m快速移运沙漠钻机顺利出厂，踏上了远赴阿联酋的征程。

该套钻机是宝石机械公司有史以来制造加工和组装试验进度最慢的一套钻机，也是执行客户标准最高、服役环境最苛刻的一套钻机。按照合同约定，NDC项目钻机的设计和工艺均执行美国API规范，大量采用ASME标准和海洋石油工程制造工艺，以完全满足作业者和石油公司的要求。

(3)2010年江汉油田四机厂成为国内首批涉足非常规天然气开采领域的企业，由江汉油田四机厂制造的2500型压裂车在我国贵州省大方县安乐乡境内，完成了我国第一口进入压裂施工阶段的页岩气井的大型压裂作业。该口气井的压裂施工成功，标志着我国页岩气勘探开发工作迈出了实质性的重要一步。

页岩气井对压裂设备的可靠性要求极高，既要能满足大排量作业要求，又要保证长时间不间断的作业。江汉油田四机厂制造的2500型压裂车经受住了大型压裂施工的严峻考验，为我国页岩气的开发提供了强有力装备保障。

(4)2010年5月，南阳二机集团研制成功全球首台双节套装直立无绷绳车装煤层气钻机。该台针对我国地形、地况、气候设计的MZJ15/900专业煤层气钻机，具有钻采效率高、安全性能好、操作移运方便等优点，赢得了煤层气专家的好评。南阳二机集团在研制成功橇装模块煤层气钻机的基础上，又开发出钻井深度为1 500m，提升能力达90t的双节套装直立无绷绳新型车装煤层气钻机。这台钻机井架净高27m，采用设计独特的双节套装直立无绷绳结构，安装时不需要调角度和用绷绳固定，钻井作业时又可满足双根钻进的要求，提高了安装效率和钻采效率。

(5)上海神开石油化工装备股份有限公司2010年初开始着手进行产业结构调整。该公司通过股市募集资金，投资于新型U形防喷器、随钻测斜仪、汽油辛烷值测定仪等新产品的研制项目，进展顺利。这将是公司未来业绩的主要经济增长点。公司通过募投项目的实施更新了设备，提高了生产效率与技术实力，极大地缓解了产能瓶颈，增强了公司竞争力。截至2010年底,该公司业绩已经恢复到全球金融危机前的水平。

(6)2010年江汉石油钻头股份有限公司武汉钻头厂的金刚石钻头生产线已建成投产。公司借此建立了战略性产品更新换代机制,提高了金刚石钻头产品性能,形成了新的盈利增长点。

(7)2010年是天合石油集团股份有限公司改制以来发展较快的一年,各项经济指标均有较大的增长,其中主营业务收入达到5亿元佳绩,特别是出口产值已经占到公司总产值的60%;公司在上海地区投资建设的出口产品制造基地已经于年底交付。

天合石油集团股份有限公司奉行科学技术是第一生产力的宗旨,已与国外多家研究开发机构和国内各油田钻井研究院建立了密切的技术合作关系,加快了新产品的研发速度,自主开发的新产品不断地获得国家专利,其中液压拆装架、试验架获国家重点新产品证书。公司因此被评定为国家级高新技术企业,2011年公司规划将在北京地区建设研发中心。

(8)2010年针对我国石化产业的升级,中国第一重型机械股份公司(以下简称中国一重)加快产品结构优化升级。我国沿海地区已经具备实现海水淡化的产业基础,海水淡化设备市场需求约160亿元,中国一重海水淡化设备业务已进入商业化运作阶段。另外,煤制油领域的压力容器需求将在2015年达到高峰,预计3~5年内每年的市场需求40亿~60亿元,这也是中国一重瞄准的新效益增长点。

2. 企业新产品开发已从点向面全面铺开,新产品层出不穷,推出速度加快。

(1)在2010年5月第41届美国国际石油、天然气展览会(OTC)上,由宝石机械公司研制的我国首台海洋钻井隔水管装置样机与公众见面,受到了广泛的关注。

该台海洋钻井隔水管装置样机,是宝石机械公司承担的“国家863计划”“深水钻井隔水管系统技术研究”课题的主体部件,于2010年4月2日完成试制。有关石油装备专家指出,该产品的研制成功,对于打破国外垄断,推进我国高端石油装备国产化具有重要意义。

海洋钻井隔水管是连通水下防喷器到钻井平台之间的一条“咽喉通道”,主要功能包括提供钻井泥浆循环通道,水下防喷器组等设备的起、放安装,钻杆、钻具的导向及远程信息传输等。海洋钻井隔水管在实际钻井过程中要经受海浪、海流、平台颠簸、平台漂移、海水和泥浆内外压力,海水腐蚀等多种环境因素的影响,具有高技术、高投入、高风险等特点,属当前国际市场上高科技产品。目前,世界范围内只有美国、挪威等国家的几家著名企业能设计制造海洋钻井隔水管,是发达国家长期垄断的技术和关键产品之一。

(2)2010年8月27日“2010宏华中国挂牌庆典暨新产品发布会”在四川宏华生产基地隆重举行,来自海内外的二百五十多位客人实地考察了四川宏华位于广汉的钻机生产基地,观摩了公司自主研发制造的新产品连续油管钻机、超级单杆钻机、五缸泵等的运行状况。四川宏华的各个研发团队通过多媒体等方式向中外来宾详细地介绍了这些新产品的性能和技术特点,得到了行业专家、中外客户的一致肯定,进一步展示了宏华人永无止境的探索创新精神。

(3)2010年9月6日,南阳二机集团申报的“油气资源勘探开发装备院士工作站”,获得河南省科技厅的批准,正式成立。院士工作站是以院士及其团队为核心,以河南省内研发机构为依托,联合进行科学技术研究的高层次科技创新平台,旨在促进科技成果产业化,培养创新人才队伍,为增强企事业单位的自主创新能力提供强有力的支撑,对增强企业的市场竞争能力起到积极的推动作用。

“油气资源勘探开发装备院士工作站”的成立,为南阳二机集团科技创新、管理创新搭建一个新平台,为企业引进和使用社会高端智力资源开拓一个新渠道,有助于进一步增强公司的自主创新能力,从而带动我国油气勘探开发装备技术水平的不断提高。

近年来，南阳二机集团积极向国家申报专利，仅2010年一年就获得4项发明专利授权和16项实用新型专利授权。这4项国家发明专利分别是“石油钻修设备用半拖挂钻台”、“钻井液输送系统”、“一种石油钻机井架的对接方法”和“井架扶正器弹簧制造方法”。

南阳二机集团始终把科技研发放在发展首位，打好自主开发、联合开发与技术引进有机结合的组合牌，形成独具特色的自主创新体系。集团在着力打造一支优秀的技术研发队伍的同时，大力借助外脑提升技术创新能力，与中国石油大学、西安石油大学、清华大学等多所高校建立了战略合作伙伴关系，在北京专门设立了石油钻采设备研发中心，设立了博士后科研工作站，研制开发了一批具有国内外领先水平和自主知识产权的成果，并实现了产业化、商品化、国际化，有力地促进了企业的跨越式发展，带动了本行业的技术进步。

(4)2010年9月9日，由华北石油荣盛机械制造有限公司（以下简称荣盛公司）自主研发的F28—140高抗硫、超高压防喷器组和FX35—10.5/21旋转防喷器，分别通过了中石油集团公司的科技成果鉴定。两项科技成果均达到国外同类产品的先进水平，为填补国内空白的新产品，这标志着我国国产防喷器研制工作又有了新的突破。

荣盛公司作为中国石油集团公司井控装备制造配套中心，始终追踪世界井控设备前沿技术，在国内井控装备研究和生产中处于领先地位。公司瞄准市场需求，坚持自主创新、自主研发，加大关键技术攻关，发挥品牌优势和技术优势，经过现场工业性试验，确保了F28—140高抗硫、超高压防喷器组和FX35—10.5/21旋转防喷器的科技含量和质量档次。其中，FH28-105/140环形防喷器在国内首次采用先进的锻粗焊组合制造技术，胶芯由公司自主研发。

荣盛公司还成功开发了压力等级从3.5MPa至140MPa，通径从65mm至750mm的190多个规格防喷器，拥有井控装备领域国家专利26项，创造了我国防喷器开发史上多项技术第一。其中，中石油集团公司转变经济增长方式的三大“利器”——水平井钻井技术、欠平衡钻井技术和带压作业技术所需装备，荣盛公司已拥有两项。截至2010年9月，荣盛公司已累计向用户提供9 000多台防喷器，满足了国内外钻井、修井、试油、测试、带压作业等不同井控要求，成为全球产销量最大的陆地防喷器生产企业之一。

目前，我国钻井队伍出国服务配套用的井控装备大多数由荣盛公司提供，为确保钻井、作业安全生产，助力我国工程技术服务队伍进军国际市场发挥了保障作用。

(5)2010年10月由德州大陆架公司研制的95/8in×51/2in旋转尾管悬挂器在胜利油田的固井施工中成功运行。这表明我国高端固井工具研制又取得一个历史性突破。

德州大陆架公司于2007年立项开展旋转尾管固井工具及配套工艺的研究工作。项目组从旋转尾管固井工具的关键难题——旋转和丢手问题入手，开展了旋转尾管悬挂器、液压丢手工具、旋转水泥头及螺旋扶正器等关键技术研究。经过数年攻关，终于在2010年研制出承载性能好、寿命长及适应性强的新型密封轴承。同时，开发出具有液压、机械两种功能的丢手机构，其抗拉、抗压、抗扭及密封能力均达到了设计要求，可确保丢手的可靠性。

该公司研制的旋转尾管悬挂器构思新颖，结构合理，实现了坐挂、液压丢手、旋转尾管等多项技术创新，各项性能指标接近国外先进水平。它的研制成功不仅填补了国内空白，打破了国外公司的技术垄断，促进了我国尾管固井技术的发展，同时对有效解决特殊井、复杂井的固井顶替效率低和尾管固井质量差的问题具有重大意义，推广应用前景极为广阔。

(6)2010年10月由南京宝色股份公司承制的120万t/a PTA氧化反应器，是迄今为止采用国内工艺包、自主制造的规格最大、单台产能最高的钛钢复合板PTA氧化反应器。产品直径达7 800mm，长度40m，总重量420t，容积达到1 200m^3，其是目前全球最大的钛钢复合承压设备，也是制造工艺、焊接技术难度最大的此类设备。

PTA氧化反应器制造业属于资金密集型、技术密集型产业，长期以来我国在该领域自主研发能力薄弱，核心技术只能依靠国外进口，进口设备价格极高。百万吨级PTA氧化反应器的研制成功，充分展现了国内大型化工设备的研制能力。国产化百万吨级PTA氧化反应器价格仅为进口设备的一半，不仅降低了PTA装置的建造成本，也可降低聚酯产品生产成本，对提升我国聚酯产品的国际竞争力、促进我国聚酯工业和化纤工业的发展具有十分重要的意义。

〔撰稿人：中国石油和石油化工设备工业协会 何正〕

2011年上半年我国石油和石油化工设备行业的发展概况

2011年我国政府提出的宏观经济政策的基本取向是积极稳健、审慎灵活。基于对2011年经济形势不确定性的判断。新取向凸显了2011年经济形势的复杂性。

从国际看，金融危机并未结束，世界主要发达国家经济复苏进程艰难曲折。从国内看，宏观经济运行面临复杂形势，一方面要维持一定的增长速度，另一方面要应对不断加大的物价上涨压力，同时还要下大力气搞好结构调整。

一、2011年有利发展的环境因素

1. 宏观发展环境

2011年是“十二五”规划的开局之年，各行业都将深入贯彻中央经济工作会议精神，落实科学发展观，总体经济运行环境较好。各行各业在加快转变增长方式和优化产业结构过程中，更加需要高水平的机械装备作支撑，因此为装备制造业的发展提供了广阔的市场空间。

“十二五”期间，我国急需陆上油气田勘探开发技术装备；海上油气的勘探开发高端装备、智能化自动化石油装备，非常规油气田勘探开发中的煤层气、油砂、油页岩技术装备。这些高端技术装备的国产化对于国内制造企业来说，无疑是一项极富挑战性的任务。

“十二五”期间，我国石油化工设备行业认真落实温家宝总理在政府工作报告中提出的，进一步加大资源节约和管理力度，积极转变发展思路，把发展的战略基点放在主要依靠科技进步、管理创新和队伍素质提高上，不断提升运行和管理水平，提高综合商品率、轻质油采收率，将原油“吃干榨净”，充分利用一次能源；还要积极推进节能减排工作，不断降低万元产值综合能耗和主要污染物排放量，努力实现“单位国内生产总值能耗和二氧化碳排放分别降低16%和17%，主要污染物排放总量减少8%至10%”的约束性指标。

“十二五”规划纲要凸显了环保、低碳和新能源等内容，以法律条文的形式规范和保障了节能减排工作的贯彻落实。

2. 2011年上半年随着全球经济开始逐步回升，外贸国际市场出现了恢复性增长

从国际市场发展趋势来看，目前石油设备供应商已将业务渗透到石油工程技术服务领域。

3. 市场需求将有新变化

以三大石油公司为代表的用户企业出于专业

化的有效管理和降低人工成本考虑，将包含装备、仪器和工具在内的技术服务整体或部分承包出去，已经成为一种趋势。这对石油设备制造企业既是一个考验，也是一个市场机会。

例如，2011 年中国石油天然气集团公司要求对国内油田的工程技术服务进行一场变革，一些专业化的服务要从其内部分离出来。这对我国石油装备制造企业是一次转变业务模式的机会，可以发挥装备制造企业专业特长，承接延伸的服务业务。

二、2011 年不利发展的环境因素

1. 人民币汇率总体呈上行趋势，低端机械产品的出口竞争力将有所下降。高端装备的自主创新困难加大，2011 年行业的经济运行速度也因此而受到抑制。

2. 贸易摩擦加剧。其主要表现在受经济不景气影响，各国的贸易保护主义抬头，利用各种贸易壁垒限制进口，如技术壁垒、绿色壁垒、各种标准等，产品出口难度增加。

三、行业经济运行分析

2011 年 1 ~6 月行业经济继续保持健康平稳运行。产值增长较快，特别是进出口贸易实现了恢复性增长，增速加快；行业效益继续提升，经济增长的质量提高。但是，企业经营成本居高不下，利润比上年末有所下降；行业亏损额进一步增加，行业经济运行环境的不确定性有所增强。

1. 行业企业数量持续增加，规模持续扩大

根据国家统计局发布的数据统计，截至 2011 年 6 月，我国石油石化装备行业规模（主营业务收入 2 000 万元/a）以上企业数量达到 1 472 家，比年初的 1 441 家增加 31 家。其中石油钻采设备分行业 673 家，炼油化工设备分行业 380 家，金属压力容器分行业 419 家；全行业从业人员 30. 9 万人，同比增长 10. 75%。

石油钻采设备制造行业 673 家企业中，按企业性质分，国有企业 25 家，集体企业 222 家，私营企业 347 家，三资企业（包括港澳台）79 家；按生产规模分，大型企业 5 家，中型企业 96 家，小型企业 572 家。

炼油化工设备制造行业 380 家企业中，按企业性质分，国有企业 10 家，集体企业 95 家，私营企业 236 家，三资企业（包括港澳台）39 家；按生产规模分，大型企业 2 家，中型企业 51 家，小型企业 327 家。

金属压力容器制造行业 419 家企业中，按企业性质分，国有企业 10 家，集体企业 128 家，私营企业 242 家，三资企业（包括港澳台）39 家；按生产规模分，大型企业 1 家，中型企业 53 家，小型企业 365 家。

2. 产销同比增长加速，出口交货值增长恢复明显

（1）2011 年上半年全行业完成工业总产值 1 464. 56亿元，同比增长 35. 82%，比 2010 年同期增幅 12. 25%，高 23. 57 个百分点。其中石油钻采设备分行业完成工业总产值 856. 51 亿元，同比增长 38. 92%；炼油化工设备分行业完成工业总产值 292. 06 亿元，同比增长 29. 43%；金属压力容器分行业完成工业总产值 315. 99 亿元，同比增长 33. 85%。

（2）2011 年上半年全行业完成工业销售产值 1 376. 10亿元，同比增长 34. 09%，比 2010 年同期增幅 13. 54%，高 20. 6 个百分点。其中石油钻采设备分行业完成工业销售产值 799. 44 亿元，同比增长 37. 40%；炼油化工设备分行业完成工业销售产值 269. 45 亿元，同比增长 24. 56%；金属压力容器分行业完成工业销售产值 307. 21 亿元，同比增长 34. 71%。

（3）2011 年上半年全行业完成出口交货值 99. 75 亿元，同比增长 29. 00%，比 2010 年同期增幅 4. 46%，高 24. 5 个百分点，实现了恢复性增长；其中石油钻采设备分行业完成出口交货值 76. 86 亿元，同比增长 35. 15%；炼油化工设备分行业完成出口交货值 8. 70 亿元，同比增长 5. 70%，金属压力容器分行业完成出口交货值 14. 19 亿元，同比增长 16. 65%。2011 年上半年各分行业主要经济指标见表 1。

表1 2011年上半年各分行业主要经济指标

分行业名称	工业总产值		工业销售产值		出口交货值	
	金额(亿元)	同比增长(%)	金额(亿元)	同比增长(%)	金额(亿元)	同比增长(%)
石油钻采设备	856.51	38.92	799.44	37.40	76.86	35.15
炼油化工设备	292.06	29.43	269.45	24.56	8.70	5.70
金属压力容器	315.99	33.85	307.21	34.71	14.19	16.65
全行业	1 464.56	35.82	1 376.10	34.09	99.75	29.00

3. 市场依然旺盛,企业利润率下降

(1)截至2011年6月,全行业规模以上企业资产总额2 201.53亿元,同比增长24.63%;实现主营业务收入1 283.14亿元,同比增长34.33%;主营业务成本1 112.44亿元,同比增长38.86%;业务成本增长高于业务收入增长4.5个百分点。

(2)2011年上半年石油工业装备市场需求依然旺盛。全行业实现利润总额72.31亿元,同比增长34.57%,主营业务收入利润率5.64%,低于上年底的6.05%水平。其原因主要是原材料与能源价格上扬:钢材价格长期维持上涨态势,宝山钢市成交均价综合指数从2010年初到2011年一季度已经上扬23%;有色金属价格及原油价格也持续攀升,导致国内工业品原材料成本和运输成本提高,从而推升装备制造企业的生产成本。2011年上半年全行业主要效益指标见表2。

表2 2011年上半年全行业主要效益指标

分行业	资产总额		主营业务收入		主营业务成本		主营业务税金及附加		利润总额		从业人员人数	
	金额(亿元)	同比增长(%)	金额(亿元)	同比增长(%)	金额(亿元)	同比增长(%)	金额(亿元)	同比增长(%)	金额(亿元)	同比增长(%)	数量(人)	同比增长(%)
金属压力容器制造	447.13	30.36	202.09	33.38	248.81	32.74	1.33	59.46	15.99	54.06	83 136	12.71
石油钻采专用设备制造	1 241.85	23.64	727.45	39.26	641.76	48.08	4.28	84.35	39.64	30.16	153 208	9.55
炼油、化工生产专用设备制造	512.55	22.31	263.60	3.29	221.86	23.06	1.30	20.80	16.68	29.28	73 155	10.47
合计	2 201.53	24.63	1 283.14	34.33	1 112.44	38.86	6.91	63.28	72.31	34.57	309 499	10.60

注:因四舍五入,表中数据有微小出入。

(3)截至2011年6月,石油钻采设备制造行业实现利润总额前三位的地区是重庆市(14.05亿元)、浙江省(8.32亿元)和新疆维吾尔自治区(4.36亿元),与上年同期相比变化较大。炼油化工生产专用设备制造行业实现利润总额前三名的省市是江苏省(4.17亿元)、山东省(2.77亿元)和辽宁省(1.94亿元)。金属压力容器制造行业实现利润总额前三名的省市是江苏省(4.74亿元)、山东省(2.65亿元)和辽宁省(1.58亿元)。

(4)截至2011年5月,从事石油和石油化工设备生产的亏损企业数量为238家,占企业总数的16.18%,比上年同期减少12家;累计亏损额7.90亿元,同比增长28.99%。亏损面有所减小,但亏损额增大,不容忽视,2011年上半年各分行业企业亏损情况见表3。

表3 2011年上半年各分行业企业亏损情况

分行业	企业数（家）	亏损企业数（家）	亏损企业数比上年同期增长(%)	亏损企业占比(%)	亏损企业累计亏损总额（亿元）	亏损额比上年同期增长(%)	分行业亏损占比(%)
金属压力容器制造业	419	71	5.97	16.95	1.53	35.01	19.37
石油钻采专用设备制造业	672	117	-7.14	17.41	5.28	35.86	66.83
炼油、化工生产专用设备制造业	380	50	-12.28	13.16	1.09	-1.33	13.80
合计	1 471	238	-4.80	16.18	7.90	28.99	

其中：石油钻采专用设备制造业亏损企业117家，同比减少9家，累计亏损额5.28亿元，同比增长35.86%；炼油化工生产专用设备制造业亏损企业50家，同比增加7家，累计亏损额1.09亿元，同比减少1.33%；金属压力容器制造业亏损企业71家，同比增加4家，累计亏损额1.53亿元，同比增长35.01%。

四、2011年上半年我国石油石化设备进出口情况

中国石油和石油化工设备工业协会根据海关总署公布的统计数据整理分析，2011年1～6月我国石油石化设备主要产品进出口总额为131.94亿美元，比2010年同期增长27.66%。其中进口总额34.03亿美元，比2010年同期增长18.07%；出口总额97.91亿美元，比2010年同期增长31.37%。进出口顺差额为63.88亿美元，比2010年同期增加18.17亿美元。

石油钻采设备进出口总额为32.53亿元，比上年同期增长79.01%；炼油化工专用设备进出口总额为40.46亿元，比上年同期增长26.72%；金属压力容器设备进出口总额23.76亿元，比上年同期增长33.11%；液化天然气船进出口总额35.19亿元，比上年同期下降0.6%。

（以上数据的统计范围均为60种主要大类产品，各类合计数因四舍五入有微小出入，下同）。

（一）2010～2011年1～6月石油石化设备进出口情况

2010年1～6月和2011年1～6月石油石化设备进口额比较见图1。2010年1～6月和2011年1～6月石油石化设备出口额比较见图2。2010年1～6月和2011年1～6月石油石化设备进出口总额比较见图3。

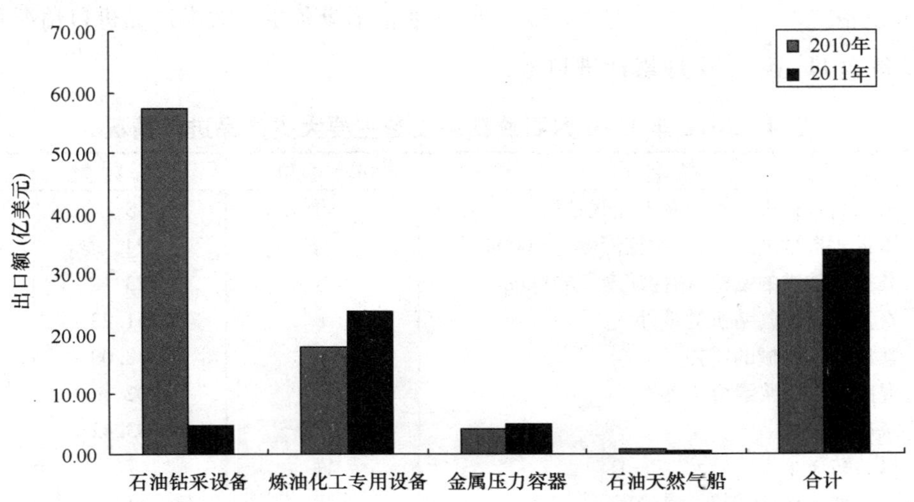

图1 2010年1～6月和2011年1～6月石油石化设备进口额比较

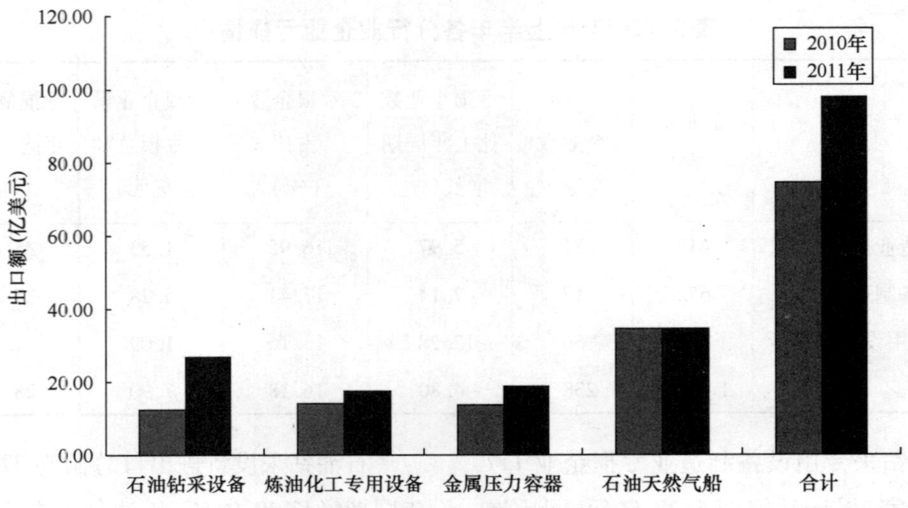

图2　2010年1~6月和2011年1~6月石油石化设备出口额比较

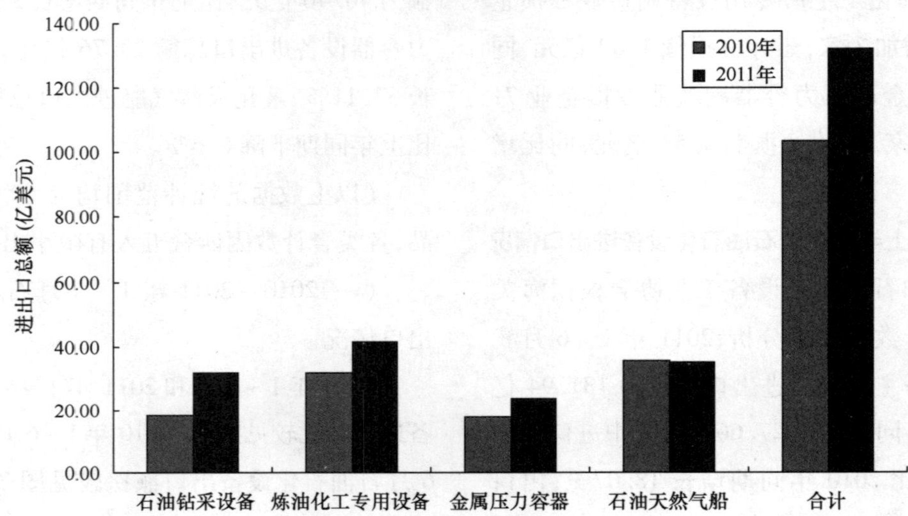

图3　2010年1~6月和2011年1~6月石油石化设备进出口总额比较

（二）2011年1~6月石油石化设备进口情况

1. 石油钻采设备

石油钻采设备2011年1~6月累计进口额约4.7亿美元，同比减少17.99%。2011年1~6月石油钻采设备主要大类产品进口情况见表4。

表4　2011年1~6月石油钻采设备主要大类产品进口情况

商品代码	产品名称	单　位	产品数量	金额(万美元)
84304119	未列名自推进的石油及天然气钻机	台	8	1 956.01
84304122	履带式自推进的钻机，钻探深度<6 000m	台	74	4 207.45
84304129	其他自推进的钻机，钻探深度<6 000m	台	123	3 604.13
84314310	石油或天然气钻机的零件	t	2 351.23	12 382.21
84314320	其他钻探机械的零件	t	1 338.09	2 196.16
84743100	混凝土或砂浆混合机器	台	302	856.85
84811000	减压阀	万个	1 383.42	16 165.44
87052000	机动钻探车	辆	7	1 237.67
87059080	石油测井车、压裂车、混沙车	辆	14	922.25
87059090	未列名特殊用途的机动车辆	辆	55	3 437.40

2. 炼油化工专用设备

2011 年 1 ~6 月炼油化工专用设备累计进口额 23.79 亿元,同比增长 32.45%。2011 年 1 ~6 月炼油化工专用设备主要大类产品进口情况见表 5。

表 5　2011 年 1 ~6 月炼油化工专用设备主要大类产品进口情况

商品代码	产品名称	单　位	产品数量	金额(万美元)
84135020	电动往复式排液泵	万台	245.89	8 189.96
84135090	未列名往复式排液泵	万台	22.69	9 141.78
84136090	其他回转式排液泵	万台	111.47	15 024.99
84137010	转速在 10 000r/min 及以上的离心泵	万台	6.18	3 044.30
84138100	未列名液体泵	万台	412.12	16 301.40
84138200	液体提升机	万台	1.74	436.61
84139100	液体泵零件	t	18 260.73	39 887.40
84139200	液体提升机零件	t	42.51	135.49
84148020	二氧化碳压缩机	万台	1.31	281.73
84193990	未列名干燥器	万台	2.19	16 616.29
84194010	提净塔	台	1	2.83
84194020	精馏塔	台	19	1 287.80
84194090	其他蒸馏或精馏设备	台	919	3 172.68
84195000	热交换装置	万台	37.01	45 961.02
84198910	加氢反应器	台	11	526.57
84198990	未列名利用温度变化处理材料的机器、装置	万台	4.72	42 334.04
84211990	其他未列名离心机,包括离心干燥机	万台	1.76	14 988.30
84213923	工业用旋风式除尘器	台	2 191	970.73
84233010	定量包装秤	台	138	189.77
84772090	其他挤出机	台	410	19 361.99

3. 金属压力容器设备

2011 年 1 ~6 月金属压力容器设备累计进口额 4.99 亿元,同比增长 18.56%。2011 年 1 ~6 月金属压力容器设备主要大类产品进口情况见表 6。

表 6　2011 年 1 ~6 月金属压力容器设备主要大类产品进口情况

商品代码	产品名称	单　位	产品数量	金额(万美元)
73071100	无可锻性铸铁管子附件	t	899.57	944.21
73071900	可锻性铸铁及铸钢管子附件	t	1 142.38	2 852.11
73072100	不锈钢制法兰	t	1 119.91	2 461.50
73072200	不锈钢制螺纹肘管、弯管及管套	t	391.97	1 892.86
73072300	不锈钢制对焊件	t	343.68	1 290.35
73072900	不锈钢制其他管子附件	t	1 418.70	8 249.64
73079100	其他钢铁制法兰	t	7 059.10	4 361.94
73079200	其他钢铁制螺纹肘管、弯管及管套	t	3 793.65	4 791.62
73079300	其他钢铁制对焊件	t	1 465.78	1 698.54
73079900	未列名钢铁制管子附件	t	8 120.74	1 4135.42
73110010	装压缩气体或液化气体的零售包装钢铁容器	t	2 902.73	389.52
73110090	装压缩气体或液化气体的非零售包装钢铁容器	t	11 861.59	4 442.60
84051000	煤气发生器;乙炔发生器等水解气体发生器	t	1 598.03	1 789.23
84059000	煤气发生器及乙炔发生器等的零件	t	135.12	588.55

4. 石油天然气船

2011 年 1 ~6 月我国共进口石油天然气船 26 艘,进口额为 5 566.11 万美元,2011 年 1 ~6 月石油天然气船进出口情况见表 7。

表 7　2011 年 1 ~6 月石油天然气船进口情况

商品代码	产品名称	单　位	产品数量	金额(万美元)
89012011	载重量不超过 10 万 t 的成品油船	艘	23	132.15
89012021	载重量不超过 15 万 t 的成品油船	艘	1	3 440.00
89012031	容积在 20 000m^3 以下的液化石油气船	艘	2	1 993.96

(三)2011 年 1 ~6 月石油石化设备出口情况

1. 石油钻采设备

2011 年 1 ~6 月石油钻采设备累计出口额 27.84 亿美元,同比增长 123.63%。这是自 2008 年国际金融危机以来,最为显著的高幅提升。2011 年 1 ~6 月石油钻采设备主要大类产品出口情况见表 8。

表 8　2011 年 1 ~6 月石油钻采设备主要大类产品出口情况

商品代码	产品名称	单　位	产品数量	金额(万美元)
84304111	自推进石油及天然气钻机,钻探深度≥6 000m	台	17	12 600.82
84304119	未列名自推进的石油及天然气钻机	台	217	22 109.91
84304121	钻探深度在 6 000m 及以上自推进的其他钻探机	台	7	4 485.27
84304122	履带式自推进的钻机,钻探深度 <6 000m	台	112	2 212.45
84304129	其他自推进的钻机,钻探深度 <6 000m	台	586	5 427.66
84305010	其他自推进采油机械	台	3 825	11 938.04
84314310	石油或天然气钻机的零件	t	101 185.78	63 674.67
84314320	其他钻探机械的零件	t	25 258.77	13 683.60
84743100	混凝土或砂浆混合机器	台	400 303	10 912.84
84811000	减压阀	万个	1 852.80	8 238.32
87052000	机动钻探车	辆	36	440.21
87059080	石油测井车、压裂车、混沙车	辆	36	1 045.12
87059090	未列名特殊用途的机动车辆	辆	1 992	12 953.31
87163110	油罐挂车及半挂车	辆	583	1 565.52
89052000	浮动或潜水式钻探或生产平台	座	14	97 705.50

2. 炼油化工专用设备

2011 年 1 ~6 月炼油化工专用设备累计出口额 16.67 亿元,同比增长 19.36%。2011 年 1 ~6 月炼油化工专用设备主要大类产品出口情况见表 9。

表 9　2011 年 1 ~6 月炼油化工专用设备主要大类产品出口情况

商品代码	产品名称	单　位	产品数量	金额(万美元)
84135020	电动往复式排液泵	万台	471.71	4 626.72
84135090	未列名往复式排液泵	万台	82.19	6 129.36
84136090	其他回转式排液泵	万台	1 396.38	26 406.63
84137010	转速在 10 000r/min 及以上的离心泵	万台	128.75	1 781.57
84138100	未列名液体泵	万台	1 508.63	18 792.05
84138200	液体提升机	万台	3.83	793.31
84139100	液体泵零件	t	104 730.40	51 815.53
84139200	液体提升机零件	t	678.35	864.37

（续）

商品代码	产品名称	单　位	产品数量	金额(万美元)
84148020	二氧化碳压缩机	万台	13.56	2 023.27
84193990	未列名干燥器	万台	48.48	9 709.54
84194010	提净塔	台	258	147.45
84194020	精馏塔	台	75	863.16
84194090	其他蒸馏或精馏设备	台	11 318	3 304.06
84195000	热交换装置	台	129 613	16 004.69
84198910	加氢反应器	台	234	136.61
84198990	未列名利用温度变化处理材料的机器、装置	台	1 251 275	17 959.38
84211990	其他未列名离心机,包括离心干燥机	台	67 895	3 875.18
84213923	工业用旋风式除尘器	台	4 702	477.68
84233010	定量包装秤	台	996	986.81
84772090	其他挤出机	台	2 502	9 384.47

3. 金属压力容器设备

2011 年 1 ~6 月金属压力容器设备累计出口额为 18.77 亿元,同比增长 37.60%。2011 年 1 ~6 月金属压力容器设备主要大类产品出口情况见表 10。

表 10　2011 年 1 ~6 月金属压力容器设备主要大类产品出口情况

商品代码	产品名称	单　位	产品数量	金额(万美元)
73071100	无可锻性铸铁管子附件	t	106 307.98	18 801.18
73071900	可锻性铸铁及铸钢管子附件	t	120 653.72	24 809.47
73072100	不锈钢制法兰	t	27 091.10	17 299.66
73072200	不锈钢制螺纹肘管、弯管及管套	t	8 131.29	7 225.38
73072300	不锈钢制对焊件	t	4 653.26	5 299.99
73072900	不锈钢制其他管子附件	t	7 699.03	7 910.51
73079100	其他钢铁制法兰	t	187 104.44	29 538.54
73079200	其他钢铁制螺纹肘管、弯管及管套	t	32 050.72	10 036.21
73079300	其他钢铁制对焊件	t	62 470.25	9 518.74
73079900	未列名钢铁制管子附件	t	107 131.53	32 354.39
73110010	装压缩气体或液化气体的零售包装钢铁容器	t	1 378.39	387.57
73110090	装压缩气体或液化气体的非零售包装钢铁容器	t	104 668.63	23 204.75
84051000	煤气发生器;乙炔发生器等水解气体发生器	t	1 984.07	793.30
84059000	煤气发生器及乙炔发生器等的零件	t	2 791.65	491.87

4. 石油天然气船

2011 年 1 ~6 月我国共出口石油天然气船 92 艘,出口额 34.63 亿美元,同比增长 0.46%。2011 年 1 ~6 月石油天然气船出口情况见表 11。

表 11　2011 年 1 ~6 月石油天然气船出口情况

商品代码	产品名称	单　位	产品数量	金额(万美元)
89012011	载重量不超过 10 万 t 的成品油船	艘	59	75 594.60
89012012	载重量超过 10 万 t,不超过 30 万 t 的成品油船	艘	1	5 886.16
89012021	载重量不超过 15 万 t 的成品油船	艘	6	27 098.04
89012022	载重量超过 15 万 t,不超过 30 万 t 的成品油船	艘	19	187 596.32
89012023	载重量超过 30 万 t 的成品油船	艘	4	42 721.13
89012031	容积在 20 000m^3 以下的液化石油气船	艘	3	7 409.04

(四)2011 年 1 ~ 6 月我国石油石化设备进出口额超亿美元的单项产品

2011 年 1 ~ 6 月石油石化设备进口额超亿美元的单项产品见表 12。2011 年 1 ~ 6 月石油石化设备出口额超亿美元的单项产品见表 13。

表 12 2011 年 1 ~ 6 月石油石化设备进口额超亿美元的单项产品

序 号	产品名称	金额(万美元)
1	热交换装置	45 961.02
2	未列名利用温度变化处理材料的机器、装置	42 334.04
3	液体泵零件	39 887.40
4	其他挤出机	19 362.00
5	未列名干燥器	16 616.29
6	未列名液体泵	16 301.40
7	减压阀	16 165.45
8	其他回转式排液泵	15 024.99
9	其他未列名离心机,包括离心干燥机	14 988.26
10	未列名钢铁制管子附件	14 135.42
11	石油或天然气钻机的零件	12 382.22

表 13 2011 年 1 ~ 6 月石油石化设备出口额超亿美元的单项产品

序 号	产品名称	金额(万美元)
1	载重量超过 15 万 t,不超过 30 万 t 的成品油船	187 596.32
2	浮动或潜水式钻探或生产平台	97 705.50
3	载重量不超过 10 万 t 的成品油船	75 594.60
4	石油或天然气钻机的零件	63 674.67
5	液体泵零件	51 815.53
6	载重量超过 30 万 t 的成品油船	42 721.13
7	未列名钢铁制管子附件	32 354.39
8	其他钢铁制法兰	29 538.54
9	载重量不超过 15 万 t 的成品油船	27 098.04
10	其他回转式排液泵	26 406.63
11	可锻性铸铁及铸钢管子附件	24 809.48
12	装压缩气体或液化气体的非零售包装钢铁容器	23 204.75
13	未列名自推进的石油及天然气钻机	22 109.91
14	无可锻性铸铁管子附件	18 801.17
15	未列名液体泵	18 792.05
16	未列名利用温度变化处理材料的机器、装置	17 959.38
17	不锈钢制法兰	17 299.66
18	热交换装置	16 004.69
19	其他钻探机械的零件	13 683.60
20	未列名特殊用途的机动车辆	12 953.31
21	自推进石油及天然气钻机,钻探深度≥6 000m	12 600.82
22	其他自推进采油机械	11 938.03
23	混凝土或砂浆混合机器	10 912.84
24	其他钢铁制螺纹肘管、弯管及管套	10 036.21

五、2011 年石油石化设备行业运行特点

2008 年的国际金融危机使全球的经济运行发生了逆转，石油工业更是首当其冲，我国从事石油装备制造的企业大多深受其害，遭遇订单取消的厄运，市场需求骤降。在这一非常时期，国家及时出台了一系列优惠扶持政策，帮助企业渡过难关，同时大力引导行业转变发展方式，调整产业结构。经过近两年的调整，企业在以下诸方面有了长足的发展，迈出了坚实的一步。

(一)行业企业在调整产品结构，延伸产业链等方面成果显著

装备制造业转变发展方式，首先是转变产品结构。此次国际金融危机之所以对我国石油装备制造业影响巨大，主要是因为我国石油装备制造业的产品结构不合理，产品技术含量低，抗风险能力差。

上海神开石油化工装备股份有限公司从 2010 年即着手进行产品结构调整，2011 年以来，该公司业绩已经恢复到国际金融危机前的水平。

针对我国石化工业的产业升级，中国第一重型机械股份公司加快产品结构优化步伐。该公司的海水淡化设备业务已进入商业化运作阶段。煤制油领域的压力容器需求，也是中国一重瞄准的新效益增长点。

(二)在国家政策支持引导下，我国非常规油气资源的开发显著加快

2011 年我国非常规油气资源开发的步伐显著加快，5 月中国工程院在北京启动了 2011 年重大咨询项目“我国非常规天然气开发利用战略”。中国工程院 26 位院士，150 余位国内相关单位的专家参加项目研究。

1. 页岩气勘探开发实现实质性的进展

2009 年 11 月中国石油天然气集团公司与壳牌公司在北京签订《四川盆地富顺—永川区块页岩气联合评价协议》，率先进入我国页岩气勘探开发这一能源新领域。

除了中国石油天然气集团公司外，江汉油田第四机械厂也成为国内首批涉足非常规油气开采的石油装备制造企业。江汉油田第四机械厂制造的 2500 型压裂车经受住了大型压裂施工的严峻考验，为我国页岩气勘探开发迈出实质性的重要一步作出很大贡献。

2011 年 3 月由中石油渤海石油装备制造公司承担的国家重大科技专项课题“氮气泡沫压裂泵车”样机，采用五缸液氮泵，适合页岩气等特殊油气藏和石油天然气的开采；同时采用智能化的 IQAN 控制技术，集成度高，具有数据实时存储功能，可实现在线监测。

2011 年国内与页岩油气开发有关的装备制造企业还有江钻股份、杰瑞股份。其中，江钻股份是亚洲最大、世界第三的石油钻头制造商，也是国内唯一能同时生产牙轮钻头和金刚石钻头的厂商，未来在页岩气大开发过程中将会有巨大的收益。

2. 煤层气开发前期的勘探项目进入收获期

目前正在编制的《煤层气开发利用“十二五”规划》指出，未来 5 ~ 10 年，煤层气探明储量进入快速增长期，到 2015 年和 2020 年将分别新增探明储量 1 万亿 m^3 和 2 万亿 m^3。到 2015 年，我国煤层气总体抽采量目标为 210 亿 m^3，其中地面抽采量为 90 亿 m^3，井下抽采量为 120 亿 m^3。这是“十一五”规划目标的两倍之多。

我国目前已经研制出煤层气开采的关键装备——煤层气钻机，改变了我国地面煤层气开采设备完全依赖进口的被动局面。这对于推进我国煤矿瓦斯综合治理与利用，提高煤矿安全保护水平以及加速煤层气开发的产业化具有重大促进作用。

在中国石油化工集团“地面煤层气钻机研制”项目中，由江汉油田第四机械厂具体负责的地面煤层气钻机研制项目。经过近两年的全力攻关，在车装修井机和石油钻机研发优势的基础上，于 2010 年 5 月 1 日研制成功全液压顶驱专用煤层气钻机。

2011 年 3 月 29 日，由中石油渤海石油装备制造公司承担的国家重大科技专项课题“煤层气千米车载专用钻机”顺利通过了样机评审。该台煤层气千米车载专用钻机样机重点突出钻机的自动化、模块化和越野性，在提高钻机的作业效率和降低煤层

气开采成本等方面取得关键性突破。

六、2011 年石油石化设备行业发展趋势

1. 全球在用钻机数量持续增加趋势明显

根据美国贝克休斯公司发布的统计数据,2011 年 1 ~ 5 月全球(除美国和加拿大)平均每月在用的油气钻机数量同比增长 19%。其中欧洲 115 台,上年同期增加 91 台,同比增长 26.37%;拉美增加 408 台,上年同期增加 379 台,同比增长 7.65%;中东增加 286 台,上年同期增加 257 台,同比增长 11.28%;亚太地区增加 266 台,上年同期增加 260 台,同比增长 2.3%;非洲增加 80 台,上年同期增加 82 台,同比小幅下降 2.43%。

据预测,2011 年美国和加拿大的钻井数将出现较大幅度的增加,其中石油钻井数量增长强劲。石油和天然气之间价格差距的扩大正在刺激油气生产商加大石油的开采力度,这就意味着石油钻井数量将大幅增加。

贝克休斯公司发布的统计数据还显示,自 2011 年 1 月以来美国在用油气钻机的数量已经增长 7%,而加拿大的油气承包商也表示 2011 年钻机的利用率将超过 2010 年底水平。

据美国《油气周刊》2011 年年中发布的钻井数量预测报告显示,2011 年美国将钻取 46 129 口油气井,而 2010 年估计钻井数为 43 038 口。其中探井数量将达到 2 233 口,2010 年仅为 2 063 口。《油气周刊》预测 2011 年美国在用钻机数平均每周为 1 775台,2010 年为 1 515 台;加拿大将钻取 13 151 口油气井,而 2010 年估计为 11 020 口。

2. 据预测,全球油气勘探投资将持续加大

据美国巴克莱银行《2011 年全球油气勘探与开发投资调查》报告中对全球 402 个油气公司的调查结果显示,2011 年全球油气勘探和开采投资将比 2010 年增加 477 亿美元,增幅达 10.8%,估计为 4 895.1亿美元。

该报告指出,北美以外的投资预计比 2010 年增长 12.1%,达到3 633.45亿美元。增加的最大部分将来自跨国石油公司(占 17%)和某些国家石油公司。2011 年欧洲地区的公司勘探开发投资将增长 12%,其中匈牙利 MOL 公司的投资增长 91%,达 10.3 亿美元,西班牙 Repsol - YPF 增长 60%,CEPSA 增长 42%,瑞典 Lundin 公司增长 81%。俄罗斯投资仅增长 3%,其中俄罗斯天然气工业公司投资下降 6%,其他公司如 Novatek、Rosneft、TNK - BP 和 Surgutneftegaz 投资都有增长。亚太地区的印度 ONGC、马来西亚国家石油公司、中国石油化工集团、印度尼西亚国家石油公司和泰国 PTT 公司的勘探开发投资增长较多。2011 年中东和非洲地区的勘探开发投资将增长 11%,其中科威特国家石油公司、阿尔及利亚国家石油公司和利比亚国家石油公司增加最多。拉美地区投资增加较多的为墨西哥国家石油公司和巴西国家石油公司,墨西哥国家石油公司投资增长 30%,为 187.5 亿美元,巴西增加的勘探开发投资主要是加大深水油田开发,2011 年勘探开发投资将达 280 亿美元。

专业分析师认为,2011 年美国油气领域的勘探与生产支出预计将比 2010 年的 866 亿美元增长 8.1%,约 936 亿美元;加拿大勘探开发支出将比 2010 年的 311 亿美元增长 4.8%,约 326 亿美元。

七、今后一段时间全球深水原油生产将是世界原油供应增长的主要来源

海上原油生产已成为近几年世界原油供应增长的主要来源,因为陆上产量在过去 20 年几乎没有增长。目前,中国海洋石油集团公司 2010 年油气产量中大部分来自渤海湾并且主要产自浅水区(≤400m)。深水(400 ~ 1 500m)和超深水(> 1 500m)井预计将成为未来几十年全球原油供应的主要贡献者。中国海洋石油集团公司“十二五”油气产量计划达到 1 亿 ~ 1.2 亿 t,其中大部分将来源于境外。目前,中海油“981”深水半潜式钻井平台投资 60 亿元,其中大部分设备是进口的,所以今后海上石油工程必须战胜更多的技术装备挑战。

八、石油装备制造业将会受益于油气勘探投资的加大

综上所述,随着全球经济开始逐步回升,全球

油气勘探开发投资持续加大，石油装备产品的外贸国际市场已经出现恢复性增长。2011 年我国石油石化设备制造行业的经济运行仍然呈上升态势，预计全年产值增长幅度将大于35%，各项经济指标恢复到2008 年的水平。

但是从国际市场需求发展趋势来看，石油设备供应商已将产业链渗透到石油工程技术服务领域，近年来这种业务在逐年增加。全球排名第一的石油装备制造商美国国民油井公司可以根据某个油田区块的地质状况提供一体化的技术及装备服务，并为石油钻井队全面提供各种物资及设备和运输服务，为企业带来了更大的利润空间。因此预测石油装备行业的发展趋势是装备制造和工程技术服务互相渗透，提供一体化的技术装备服务。

〔撰稿人：中国石油和石油化工设备工业协会 何正〕

2010 年我国石油石化机械进出口形势分析与发展趋势

一、2010 年石化通用机械进出口创历史新高

据海关统计，2010 年石化通用机械进出口总额为704.08 亿美元，比 2009 年增长 24.47%。其中进口266.19 亿美元，同比增长 16.48%，比历史最高年份2008 年进口240.42 亿美元还多25.77 亿美元；出口 437.89 亿美元，同比增长 29.89%，比历史最高年份 2008 年的 408.13 亿美元多 29.76 亿美元。进出口双双创历史新高，进出口顺差 171.7 亿美元，形势很好。（以上均按中国机械工业联合会统计范围，下同）。

1. 石化通用机械进口增长较快，石油化工设备进口下降

多数产品进口增长，同比增长 20% 以上的有：泵、真空泵、制冷用压缩机、工业用除尘设备和塑料机械。气体压缩机进口仅增长 0.54%。

进口同比下降的有：石油化工设备，进口额为 11.54 亿美元，同比下降 10.31%；石油钻采设备零件，进口额为 2.97 亿美元，同比下降 3.08%。进口同比下降的还有制冷空调机械和气体分离设备。

2. 石化通用机械出口快速增长，其中石油化工设备也以两位数增长

绝大多数产品出口同比增长，泵、气体压缩机、制冷用压缩机、塑料机械出口同比增长在 30% 以上；制冷空调机械和真空泵同比增长在 20% 以上。其中石油化工设备出口额为 14.49 亿美元，同比增长 17.34%；石油钻采设备零件出口额为 13.9 亿美元，同比增长 13.13%。出口同比下降的是气体分离设备。

二、大型石化设备和大型煤化工设备进口税收政策再作调整

2010 年 4 月 13 日，财政部、海关总署、国家税务总局联合发出通知，对 2009 年 8 月 20 日由财政部、国家发展和改革委员会、工业和信息化部、海关总署、国家税务总局、国家能源局联合发布的《关于调整重大技术装备进口税收政策暂行规定》所附装备目录与商品清单再次予以调整。自 2010 年 4 月 25 日起，对我国国内企业为生产国家支持发展的重大技术装备和产品而确有必要进口的关键零部件及原材料，免征进口关税和进口环节增值税。其中大型石化设备和大型煤化工设备进口的关键零部件、原材料列入免税目录，同时还扩大了不予免税的相关产品目录。

(一)享受免税进口的大型石化设备关键零部件、原材料目录

1. 乙烯成套没备,年产量≥80 万 t,持有合同订单

(1)乙烯裂解气压缩机组,乙烯制冷压缩机组,丙烯制冷压缩机组及上述配套用工业汽轮机。其免税进口的关键零部件为:膜盘联轴器,干气密封,止推轴承,支撑轴承,蒸汽透平,控制系统,轴振动、位移探头、延伸电缆、前置器,机组测振系统,调节阀,调节气阀中的阀杆,电液转换器,可倾瓦轴承。

(2)离心式急冷油泵/水泵。免税进口的为小汽轮机。

(3)乙烯冷箱。免税进口的关键零部件为:钢铝接头,钎焊片。

(4)加氢反应器。免税进口的原材料为:钢板,焊材。

(5)加氢装置空冷器。免税进口的原材料为:镍合金管和镍合金板。

2. 聚乙烯循环气压缩机和聚乙烯配套用往复式压缩机(迷宫密封式),年产量≥40 万 t,持有合同订单

免税进口的关键零部件为:往复式压缩机的干气密封和气阀。

3. 混炼挤压造粒机组,年产量≥20 万 t,持有合同订单

免税进口的关键零部件为:

(1)摩擦离合器中的摩擦片和电动机。

(2)减速器中的圆柱滚子轴承、串列推力轴承、四点接触轴承、深沟球轴承、双列推力调心滚子轴承、带差压报警的双筒滤油器。

(3)在线熔指测量仪。

(4)离心干燥装置中的离心干燥机、大块扑集器、三通取样阀。

(5)振动分筛机。

(6)盘车机构中的超越离合器、高速旋转接头。

(7)主电动机。

(8)齿轮泵用交流和直流电动机。

(9)螺杆尾部密封。

(10)振动监测系统中的监控装置,传感器。

(11)流变仪。

(12)水下切粒机中的切粒刀及刀盘、模板。

(13)粒子冷却水系统和热油系统中的气动、手动蜗轮对夹式蝶阀,电动气控两通阀、三通阀,止回阀,电动气控比例阀。

4. 对苯二甲酸(PTA)成套设备,年产量≥80 万 t,持有合同订单

免税进口的关键零部件、原材料为:

(1)PTA 氧化反应器,承压壳体中的钛合金板、焊条、焊丝、焊剂。

(2)加氢精制装置加氢反应器,承压壳体中的合金钢、哈氏合金钢及焊材、焊剂。

(3)蒸汽回转干燥机,不锈钢板材机身,不锈钢换热管,焊条,滚动轴承,进/出料端密封填料,手动离合器。

(4)PTA 工艺空气压缩机组,尾气透平,止推轴承,支撑轴承,膜盘联轴器,膜片联轴器,控制系统,机组监控系统,轴振动、位移探头、延伸电缆、前置器。

5. 千万吨级炼油设备(待定)

6. 天然气管道运输和液化气储运装备(待定)

(二)享受免税进口大型煤化工设备的关键零部件、原材料目录

1. 往复式水煤浆隔膜泵,流量 25~550m^3/h,压力 1.5~25MPa,持有合同订单。

免税进口的零部件、原材料为:减速机,变频调速电动机,液压阀,磁环,氢化丁腈。

2. 煤液化加氢反应器,设备自重≥500t,持有合同订单

免税进口的零部件、原材料为:法兰,合金泡帽,合金钢,焊材、焊剂,不锈钢焊材。

3. 大型空分设备及其压缩机、空压机、增压机,持有合同订单

(1)大型空分设备,氧产量(标准状态下)≥40 000m^3/h。免税进口的设备和原材料为:氧气透

平压缩机,离心式低温液体泵,透平膨胀机,分馏塔系统中的钢铝接头、合金铝管、钎焊片。

(2)双缸氧气压缩机,流量(标准状态下)≥30 000m^3/h,压力8~30bar,功率3 000~12 000kW。免税进口的零部件为:多相交流异步电动机,止推轴承,膜盘联轴器,轴承(温度计),机组监控系统,轴振动、位移探头、延伸电缆、前置器、变送器,气动长行程执行机构。

(3)大型空分设备用空压机或增压机,为氧产量(标准状态下)≥40 000m^3/h的空分装置配套用。免税进口的零部件为:止推轴承,支撑轴承,膜盘联轴器,膜片联轴器,碳环密封,蜂窝密封,变速箱,控制系统,机组监控系统,轴振动、位移探头、延伸电缆、前置器、变送器。

4. 大型合成氨设备,持有合同订单

合成气压缩机,为年产量30万t以上合成氨项目配套用;二氧化碳压缩机,为年产量30万t以上尿素项目配套用。免税进口的零部件为:膜盘联轴器、干气密封、止推轴承、支撑轴承、蒸汽透平。

5. 煤化工气化炉,持有合同订单

为30万t及以上合成氨甲醇装置配套用,水煤浆(湿法)气化炉工作压力≥6.5MPa,粉煤浆(干法)气化炉工作压力≥2.8MPa。免税进口的原材料为:合金钢板材,焊条、焊丝、焊剂、焊带。

(三)进口不予免税的28种石化设备和煤化工设备

1. 石化设备23种

(1)乙烯裂解气压缩机及配套工业汽轮机,年产量≤120万t。

(2)乙烯制冷压缩机及配套工业汽轮机,年产量≤120万t。

(3)丙烯制冷压缩机及配套工业汽轮机,年产量≤120万t。

(4)聚乙烯配套用循环气压缩机(离心式)及膨胀机,年产量≤40万t。

(5)聚乙烯配套用往复式压缩机(迷宫密封式),年产量≤40万t。

(6)离心式急冷油泵,所有规格。

(7)离心式急冷水泵,所有规格。

(8)乙烯冷箱,年产量≤120万t。

(9)电站和石化空冷器,所有规格。

(10)硝酸装置四合一机组(包括汽轮机、空气压缩机、尾气透平、氮氧合物压缩机),年产量≤36万t。

(11)PTA氧化反应器,单机年产量≤100万t。

(12)PTA工艺空气压缩机组(包括蒸汽轮机、离心压缩机),单机年产量≤100万t。

(13)PTA蒸汽回转干燥机,单机年产量≤120万t。

(14)加氢反应器、精制反应器,所有规格。

(15)高压冷凝器,所有规格。

(16)块孔石墨换热器,所有规格。

(17)阳极保护冷却器,年产20万t及以下硫酸生产线用。

(18)纯碱包装机,所有规格。

(19)造粒机(石化用),年产量≤20万t。

(20)橡胶螺杆挤出机,螺杆直径≤150mm。

(21)机械式轮胎定型硫化机,模腔直径<105in。

(22)PVC及烯烃聚合釜,所有规格。

(23)颗粒体物料包装机,≤500袋/单秤×h。

2. 煤化工设备5种

(1)往复式水煤浆隔膜泵,所有规格。

(2)煤液化加氢反应器,所有规格。

(3)大型空分设备(包括精馏塔、冷箱;氧气压缩机、空气压缩机组、增压机组,含蒸汽轮机或电机),制氧量(标准状态下)≤80 000m^3/h。

(4)年产30万t合成氨及52万t尿素装置(包括合成气压缩机、原料气压缩机、氨冷冻压缩机、空气压缩机、尿素(CO_2)压缩机组,含蒸汽轮机、液氮洗冷箱),所有规格。

(5)煤化工气化炉,所有规格。

(四)需要关注以下三方面问题

1. 进口优惠政策作了重要调整

重大技术装备进口税收政策已作三次调整。

第一次是2008年8月26日，财政部等部门专门就大型石化设备和大型煤化工设备进口关键零部件、原材料单独发文，确定了进口优惠的产品和关键零部件、原材料范围，并规定进口的关键零部件和原材料所缴纳的进口关税和进口环节增值税实行先征后退。所退税款一般作为国家投资处理，转作国家资本金，主要用于企业新产品的研制生产以及自主创新能力建设。由于转作国家资本金在操作上存在一些问题，企业反映问题较多，难以兑现。

第二次在2009年8月20日，财政部等部门发文进一步确定进口优惠范围和目录。大幅调整优惠政策，将先征后退、转作国家资本金，改为免征进口关税和进口环节增值税。

这次是第三次调整，对优惠产品和目录范围再次完善，优惠政策仍为免征进口关税和进口环节增值税。

2. 调整不免税产品目录

新发布的《进口不予免税的重大技术装备和产品目录》中，有9种大型石化设备和煤化工设备比2009年目录扩大了范围，同时新增2种。

其中，扩大范围的有6种：

(1)乙烯裂解气压缩机及配套的工业汽轮机、乙烯制冷压缩机及配套的工业汽轮机、丙烯制冷压缩机及配套的工业汽轮机和乙烯冷箱4种产品，由原年产量≤100万t提高到≤120万t。

(2)PTA蒸汽回转干燥机，单机年产量由≤100万t提高到≤120万t。

(3)PTA氧化反应器，单机年产量由≤80万t提高到≤100万t。

(4)PTA工艺空气压缩机组，单机年产量由≤60万t提高到≤100万t。

(5)往复式水煤浆隔膜泵，原为部分产品现为所有规格。

(6)大型空分设备，制氧量(标准状态下)原规定为65 000m^3/h，现提高到≤80 000m^3/h。

新增加的有2种：

(1)PVC及烯烃聚合釜，所有规格。

(2)颗粒体物料包装机，≤500袋/单秤×h。

3. 有关企业要按时上报进口需求和执行情况

通知要求享受重大技术装备进口税收优惠政策的所有企业，应按照《暂行规定》及本通知附件4的要求，将企业基本情况，生产销售情况，重大技术装备研发和制造能力，本年度重大技术装备所需进口关键零部件、原材料清单，以及上年度落实情况等，及时报送政府有关主管部门。

三、2011年石油石化机械进出口面临的新形势

1. 出口方面

2011年世界经济处于金融危机后的复苏阶段，经济增长速度将缓慢提升。据国际货币基金组织预测，2011年发达经济体的GDP将增长2.4%左右，发展中国家GDP将增长6.6%左右。预计国际市场需求会有所增加，尤其是受益于我国与新兴经济体和发展中国家经济技术合作的不断扩大，与东盟6国建成自由贸易区，与智利、秘鲁、新加坡等国家签订自由贸易区协议等利好因素，2011年国际经济环境有利于我国石油化工机械外贸的较快发展。

面临的新情况是：

首先，人民币升值压力大。2010年6月19日，中国人民银行宣布继续进行汇率改革，使汇率更有弹性，半年之内升值3.2%。据专家分析，2011年升值5%～6%，即从年初1美元兑6.6元人民币，升值0.3～0.4元人民币，达到1美元兑6.3～6.2元人民币。这必将大大增加出口成本。

其次，部分原材料如钢材及铜铝等有色金属价格可能上涨，劳动力成本上升，银行贷款利率提高等，将增加出口成本，降低出口竞争力，使出口企业面临困难。

再次，各国贸易保护主义抬头，贸易摩擦增加。以美国为首的部分发达国家，对我国实施贸易调查和贸易制裁。如美国于2011年2月7日决定对我国出口的部分石油钻杆征收高额反倾销税和反补贴税，以阻挡我国产品向美国出口。

2. 进口方面

也面临以下新的情况：

首先，2010年底召开的中央经济工作会议指出，要“优化进口结构，扩大进口规模，发挥进口对宏观经济平衡和经济结构调整的重要作用”。2011年初召开的全国商务工作会议上，商务部提出要扩大进口，力争实现贸易基本平衡。贸易基本平衡，不是采取压缩出口，而是用扩大进口来实现。要修订并扩大鼓励进口产品目录，实行进口优惠政策。商务部于2011年上半年召开全国进口工作会议，出台政策，优化环境，推动我国进口贸易发展。

其次，《海峡两岸经济合作框架协议》规定，从2011年1月1日起，大陆从台湾进口的机械产品有176种要降低关税，其中石化通用机械产品36种，主要是：液体泵、真空泵、空调器用压缩机、风机、空调机零件、热交换器、过滤净化设备、工业用除尘器、印刷机械、塑料机械等。这些设备中，工业用除尘器和塑料机械2011年进口关税从原来的5%降为零；其他设备2011年进口关税要从原来的8%～20%降到5%，2012年进口关税降到零。这将对国内相关企业产生一定影响。

再次，人民币升值将降低进口成本，对进口有利。

根据以上情况分析，预计2011年石化通用机械进出口将继续增长，进出口产品结构会有所改善。进口方面，将会继续呈现快速增长的势头，国内企业生产所需的关键零部件进口仍将高速增长。出口方面，各类产品出口势头仍将不错，石油化工设备、各种泵、制冷设备及其压缩机、气体压缩机、塑料机械等出口将继续较快增长。

四、对策和建议

石化通用机械行业发展主要依靠我国固定资产投资和出口拉动。预计2011年我国固定资产投资增速不会达到2009年30.5%的增长水平，也将低于2010年24.5%的增长水平。这必将影响国内市场对石化通用机械的需求。因此，扩大出口就成为拉动行业发展的重要举措。为此建议：

1. 适应国际市场需求变化，调整和优化出口产品结构

国际金融危机发生后，各国采取了一系列的相应措施，国际市场需求发生了一定变化。有关出口企业要适应这一变化，根据用户需求，及时调整产品结构，做好服务。随着国内企业调整产品结构，转变发展方式，应及时优化出口产品结构，逐步减少“两高一资”产品（如铸件、钢结构件等）的出口。

2. 开拓潜在市场，注意欧洲主权债务危机的影响

积极开拓中东、中亚、拉美、非洲、东欧、印度、巴西、俄罗斯等市场，推进出口市场多元化，努力弥补在欧盟、美国等市场丢失的份额。

由希腊开始的债务危机，已延伸到爱尔兰、西班牙、葡萄牙等国，导致欧洲主权债务危机的影响继续扩散，促使欧元大幅贬值，也使人民币相对欧元升值，对我国出口有较大影响。有关企业需要密切关注欧元汇率的波动情况和市场变化情况，积极采取相应措施，及时调整出口策略。

3. 继续“走出去”，加大国际化经营力度

近几年来，我国机械行业一些有实力的企业开展国际化经营取得了实效，有的正在逐步建立全球销售服务网点，为进一步扩大出口创造了很好的条件。国家鼓励更多有条件的企业“走出去”投资办厂，与当地企业合资、合作，或有选择地兼并、收购国外具有先进制造技术的企业，创造条件逐步将先进技术移植到国内企业生产的产品中，以此促进企业产品结构的调整升级。

4. 面对扩大进口，要把握机遇，提高自主创新能力

有关企业一方面要充分用好国家鼓励进口的政策，引进所需的先进技术和设备以及产品配套用关键零部件。在扩大进口的过程中，应利用进口设备作筹码，通过与外商谈判、招标等方式，同时带进技术；或以进口设备吸引外商与我国企业合作，向我国转让部分技术，并由我方企业承制若干部件。随着进口同类设备数量的增加，逐步扩大我方企业

承制范围直至掌握全部技术。

另一方面要努力提高自主创新能力。自主创新并不意味着什么都要从头开始自行研制。在经济全球化和科技迅速发展的今天,任何国家不可能在一切领域都独立地发展技术,关起门来搞自主创新。从这个意义上说,重视引进技术的消化吸收和再创新工作非常重要。因此,我国企业要在扩大进口的同时,在消化吸收再创新上下功夫。通过进口先进技术设备,采用分析研究并予以改进创新的方法,提高自主创新能力,逐步形成自己的知识产权,不断研制具有自主知识产权的新产品,努力提高竞争力。

5. 积极创造条件,努力推进人民币结算

2010 年 6 月,中国人民银行等部门发布《关于扩大跨境贸易人民币结算试点有关问题的通知》,决定扩大跨境贸易人民币结算试点的地域范围和业务范围。

这项措施是规避汇率风险的重要选择,可以减少对美元的依赖,减少因人民币升值给出口企业带来的损失。从最近多方信息看,不少外商也愿意选用人民币结算,并已取得实效。据统计,2010 年前 10 个月,我国已与七十余个国家和地区的进出口用人民币结算,合计超过 2 500 亿元,取得了很大进展。出口企业要与客户密切合作,选择有实力的银行,积极推进人民币结算。

〔撰稿人:中国机械工业联合会专家委员会委员　郑国伟〕

中国石油石化设备工业年鉴2011

回顾与展望

回顾了“十一五”我国石油石化工业及其装备行业、石化通用机械行业取得的重大成就；介绍了“十一五”我国重大石化装备的国产化进程。对我国石油和石化装备产业及石化通用机械行业“十二五”发展趋势进行分析预测。

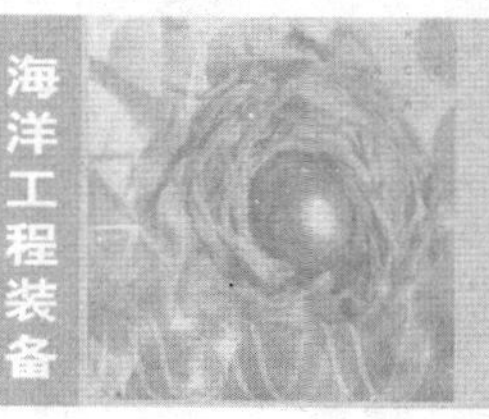

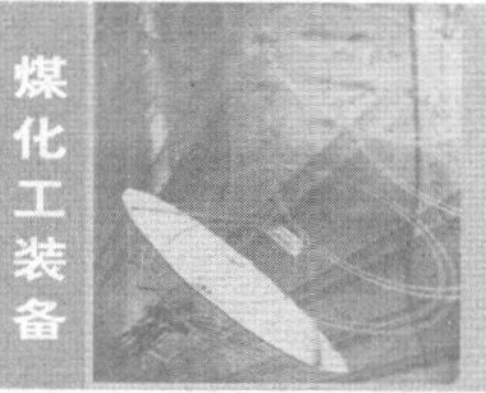

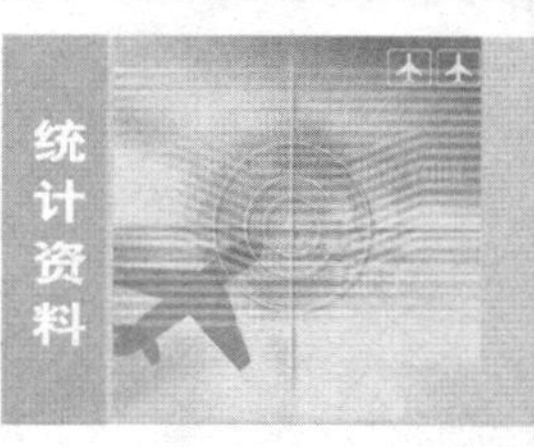

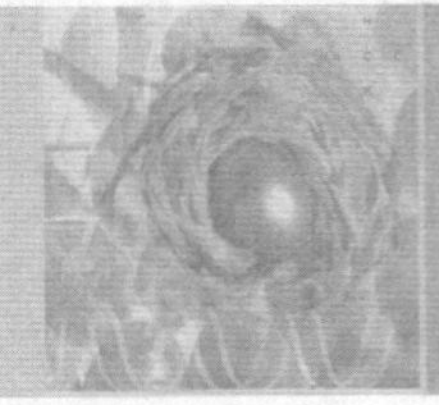

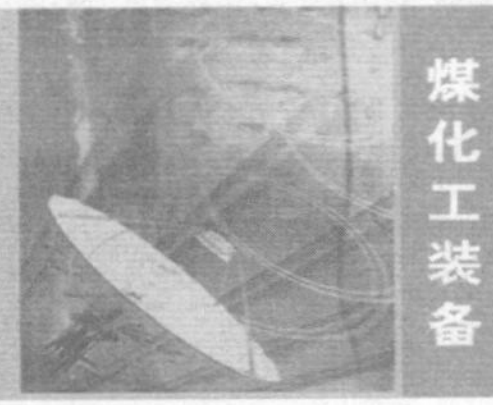

回顾与展望

“十一五”我国石油石化工业及其装备行业取得的成就

第一部分 “十一五”我国石油石化工业及其装备行业的发展综述

“十一五”期间，我国经济保持了7%～8%的速度增长，2010年，原油需求量达到3.9亿～4亿t，天然气需求量约1 500亿m^3，汽煤柴油总需求量约2.2亿t，乙烯当量需求量超过2 600万t，石化产品实现了多样化、高附加值、高性能的发展。在全球经济一体化的大背景下，特别是从2005年开始越演越烈的国际原油涨价风暴，直接刺激了全球石油和石油化工设备需求的增长。我国石油石化装备制造业及时把握住市场机遇，积极应对挑战，取得了飞跃的进步。

一、我国油气勘探开发及其装备的发展概况

“十一五”期间，海内外油气田勘探开发速度加快，全球油气勘探开发投资持续增长。2008年，全球油气勘探开发投资总额首次突破4 000亿美元大关，达到4 540亿美元。2009年，受全球金融危机的影响，全球油气勘探开发投资减持为3 950亿美元，比上年下降13%，2010年又回升到4 390亿美元。

1. 油气勘探开发发展概况

“十一五”期间，我国围绕油气勘探、开发、工程技术和煤层气开发进行了深入攻关，新增探明石油地质储量36.0亿t和天然气地质储量1.9万亿m^3。天然气年产量从2004年400亿m^3快速增长到2010年的946亿m^3，产量增长1.4倍，我国在世界产气国的排名由第十三位上升到前十位。我国原油继续保持1.9亿t的稳产和世界第五大产油国地位。我国油气和煤层气勘探开发关键技术自主创新能力的整体提升，有力支撑了油气储量高峰期工程，实现了天然气产业跨越式发展。

“十一五”期间，在国家大型油气田及煤层气开发重大专项的支持下，我国石油地质理论研究和勘探技术攻关取得重要突破。围绕岩性地层、前陆盆地、碳酸盐岩等重点勘探领域，对大型油气田形成条件、分布特点、成藏规律和勘探技术进行了系统攻关，取得了重大地质理论突破和勘探技术进步。

“十一五”期间，我国在海洋油气资源勘探开发技术领域也实现了重大突破。以前，我国海洋油气开发主要集中在水深小于500m的内海，深水油气开发技术和装备几乎为空白。经过我国科技人员的不懈攻关，研制成功3 000m深水半潜式钻井平台，是国内首次建造完成的顶级深水半潜式钻井平台，基本具备了3 000m水深的作业能力，标志着我国已实现从500m到3 000m深水作业的重大跨越。

2. 油气勘探开发装备发展概况

“十一五”期间，我国石油勘探开发装备制造业也获得较大发展，石油勘探钻采设备包括各类物探与测井设备、钻井设备、采油采气设备、井下作业设备、油气集输设备、海洋钻采平台设备及其相关的配件和工具等，产品品种和产量都有较大增加，产品结构和技术水平也有较大提高。

（1）我国首台12 000m超深井钻机研制成功。

宝鸡石油机械有限责任公司研发制造的我国首台12 000m超深井钻机，于2007年11月16日通过了由中国石油天然气集团（以下简称中石油）、中国石油化工集团（以下简称中石化）共同组织的出厂验收，标志着我国特深井钻探装备的水平一举跃上世界之巅。

"ZJ120/9000DB"12 000m 钻机是继2005年12月研制成功9 000m 超深井石油钻机之后，在重型石油钻机研制方面取得的又一重大技术成果。是列入国家"十一五"、863 计划的重点课题项目，集16项专利技术于一身，被评为"2007 年度中国十大科技进展"之一。也是目前全球技术最先进的特深井陆地石油钻机，具有完全自主知识产权。此前，仅美国在20世纪80年代生产过一台12 000m 模拟控制的直流电驱动钻机，其系统配置、技术参数和操控性能，与我国12 000m 钻机相差甚远。

此台12 000m 钻机由中石化订购并应用于普光气田的8 875m 气田的勘探开发。该钻机还承钻了中石化在四川盆地川西凹陷孝泉构造部署的国内第一口海相超深科学探索井，完钻井深为7 560m。其间，该钻机钻穿陆相地层钻入海相地层后，在欠平衡施工井段(4 671 ~5 431.7m)，创造了纯钻进时间837.75h、平均机械钻速1.02m/h 的良好业绩，比常规机械钻井平均钻速提高30%。

目前，宝鸡石油机械有限责任公司已经先后为中石化研制提供了3套12 000m 钻机，相继服役于普光气田和元坝气田，在气田第一期探明天然气地质储量中发挥了重要作用。

随着石油勘探开发的难度越来越大以及国际油价的持续走高，难度较高的油气资源的开发在经济上具有了可行性。目前全球石油天然气的开采已呈现向陆地深层、环境恶劣区域和海洋深水发展的趋势，并带动了相关技术和装备制造的发展。该钻机的成功问世，把我国陆地深层和海洋深水油气田、大位移井及其他复杂超深油气藏的勘探开发水平提高到一个新的层次，提高了我国石油钻井装备的研制水平和国际竞争力。

(2)2006年1月由中国石油勘探开发研究院钻井工艺研究所、西安石油仪器总厂钻井仪器公司和北京石油机械厂共同承担完成的近钻头地质导向钻井系统具有我国独立知识产权。该系统集钻井技术、测井技术及油藏工程技术为一体，用近钻头地质、工程参数测量和随钻控制手段来保证实际井眼穿过储层并取得最佳位置，可根据随钻监测到的地层特性信息调整和控制井眼轨道，使钻头闻着"油味"走，具有随钻识别油气层、导向功能强的特点，被国际钻井界公认为是21世纪的钻井高新技术。

(3)江汉油田管理局第四机厂研制的2500型大型压裂车组，2010年5月在贵州省大方县安乐乡境内完成了我国第一口进入压裂施工阶段的页岩气井的大型压裂作业。页岩气井对压裂设备的可靠性要求极高，既要求满足大排量作业，又要保证长时间不间断作业。江汉油田管理局第四机厂制造的2500型压裂车经受住了大型压裂施工的严峻考验，为我国页岩气勘探开发工作迈出实质性一步做出了重大贡献。

(4)"十一五"期间，我国已经研制成功煤层气开采的关键装备——煤层气钻机，改变了我国地面煤层气开采设备完全依赖进口的被动局面，对推进我国煤矿瓦斯综合治理与利用，提高煤矿安全保护水平和煤层气开发的产业化速度具有重大促进作用。

2010年5月1日，江汉油田管理局第四机厂经过近两年的全力攻关，在车装修井机和石油钻机研发优势的基础上，研制成功全液压顶驱专用煤层气钻机。

2010年5月13日南阳二机在成功研制了橇装模块煤层气钻机的基础上，又开发出钻井深度为1 500m，提升能力达90t 的双节套装直立无绷绳新型车装煤层气钻机。这台钻机井架净高27m，采用设计独特的双节套装直立无绷绳结构，不仅安装时不需要调角度和用绷绳固定，同时钻井作业时又可满足双根钻进的需要，提高了安装效率和钻采效率。

2011年3月29日，由中石油渤海石油装备制造公司承担的国家重大科技专项课题"煤层气千米车载专用钻机"顺利通过了样机评审。该台煤层气千米车载专用钻机样机，重点突出钻机的自动化、模块化和越野性，在提高钻机的作业效率和降低煤层气开采成本等方面取得关键性突破。

另外，北京石油机械厂研制的系列顶驱装置、华北石油一机厂研制的大口径高压输送管均为国内首创；长庆石油管理局机械厂研制的直升机吊装固控系统为亚洲第一套，世界第三套。

二、我国原油加工、石油化工及其装备行业的发展概况

"十一五"期间，受我国石油化工行业每年投资总额均达到3 000亿元以上的拉动，我国炼油能力大幅提升，煤化工行业快速发展，化肥行业保障能力明显增强，化工新材料发展提速，装备技术自主创新国产化取得突破。

1. 我国炼油、石油化工行业发展概况

2006年我国先后公布了指导炼油和乙烯工业"十一五"发展的两部专项规划，为"十一五"期间我国石化工业的发展勾画了宏伟蓝图。至2010年"十一五"收官之年，我国国内新增原油加工能力9 000万 t/a以上，原油加工能力达到4.51亿 t/a，同时淘汰了低效炼油能力约2 000万 t/a；增加了乙烯生产能力1 000万 t/a左右，乙烯生产能力达到1 800万 t/a，乙烯装置平均规模达到58万 t/a；在长三角、环渤海、珠三角以及西北地区形成了20多个具有较强市场竞争力的千万吨级原油加工基地，其原油加工能力合计占全国的65%左右；在长三角、环渤海和珠三角地区形成三大石化产业群，其合计产能占全国60%以上，同时建成了新疆、甘肃、四川等中西部地区大型乙烯生产基地。特别是提高了炼油工业加工含硫、含酸及重质等劣质原油的适应能力，主要技术经济指标达到国际平均水平，部分指标达到世界先进水平。

"十一五"期间，我国炼油厂一般由250万 t/a扩容改造提升到1 000万 t/a，乙烯厂一般由30万 t/a扩容改造提升到70万 t/a。新建炼油厂经济规模一般是800万～1 000万 t/a，新建乙烯厂经济规模一般是80万～100万 t/a。截至2010年，我国拥有炼油厂150多家，原油一次加工能力达4.51亿 t/a，居世界第二，其中规模达千万吨级的炼油厂14家，合计占总生产能力的37.3%。

2. 重大石化装备发展概况

"十一五"期间，我国依托一批千万吨级炼油、百万吨级乙烯、百万吨PTA等石化重点工程建设项目，在重大关键石化技术装备上实现了核心技术和系统集成能力的突破，高起点、高水平、高质量地推进了石化重大装备国产化。

2008年，重大技术装备——百万吨乙烯装备国产化取得了实质性进展。百万吨乙烯重大装备的开发在国务院《关于加快振兴装备制造业的若干意见》指导下，国内科研、设计、制造、使用单位在大型乙烯裂解炉、大型气体压缩机组、大型乙烯反应器、大型乙烯换热器、大型乙烯专用机械等方面开展了联合攻关，取得了不少新的进展。2008年这些重大装备部分已应用于最新建设的一批百万吨乙烯项目中，使我国石化重大装备制造水平跃上一个新台阶。

（1）大型乙烯裂解炉研制成功。乙烯裂解炉是乙烯裂解装置的核心设备，中国石化工程建设公司为了适应百万吨乙烯生产的需要，与国外合作研制了15万～20万 t/a大型乙烯裂解炉，并在新建的浙江镇海、天津大港、辽宁抚顺等大型乙烯工程中得到应用。

（2）大型乙烯气体压缩机研制成功。乙烯裂解装置中的乙烯三机——裂解气压缩机、乙烯压缩机、丙烯压缩机是该装置的重大关键设备，世界上只有美国、日本、德国、意大利等少数几个国家能够制造。沈阳鼓风机集团引进国外离心压缩机设计制造专利技术，经过多年的消化、吸收，已经掌握引进技术的核心，并不断开发创新，在压缩机气体动力学、转子动力学、传热学等方面的研究取得了重大突破，通过多年攻关，国内已经具有研制大型乙烯三机的技术基础和能力。为了落实百万吨级大型乙烯三机的国产化，沈阳鼓风机集团承担了天津、镇海、抚顺80万～100万 t/a乙烯项目的乙烯三机研制,这些大型乙烯压缩机已经在2009年研制完成投入生产。

(3)大型PTA装置的研制。陕西鼓风机集团组织研制攻关的大型PTA装置的工艺空气压缩机组是由压缩机、透平膨胀机、汽轮机组成,其中又可分为单轴压缩机和多轴压缩机组。年产百万吨级的PTA装置有2台空气压缩机(压缩机设计流量为176 000Nm^3/h,轴功率22 400kW),采用静叶可调轴流压缩机+离心压缩机、中间进气双分流冷凝式汽轮机和尾气膨胀机的单轴布置的设计方案,目前,已经为重庆涪陵90万t/a PTA的项目研制成功第一套国产的工艺空气压缩机组。

(4)大型乙烯反应设备研制成功。在乙烯成套设备中,各种反应设备是生产装置的“心脏”,反应器技术大都和石化生产工艺技术一起形成专利技术或专有技术。聚乙烯反应器是在一定压力和温度下,将乙烯聚合成为聚乙烯树脂的关键设备。目前中国石化工程建设公司在进行聚乙烯生产工艺技术攻关的同时,开发了具有自主知识产权的聚乙烯反应器,将应用于今后建设的百万吨乙烯装置。丙烯反应器是在一定温度和压力下,将丙烯聚合成为聚丙烯树脂的关键设备。聚丙烯反应器根据生产工艺的不同分为搅拌釜式反应器和管式反应器。该设备已由中国石化工程公司和茂名重力石化设备制造公司联合研制成功,而且已经在20万~30万t/a聚丙烯装置中应用,成为我国自行设计和制造的首台装置。依托于天津百万吨乙烯工程中的45万t/a聚丙烯装置的复合式环管反应器也正在研发过程中。

(5)乙烯换热设备研制成功。乙烯大型换热设备中开发难度最大的是乙烯冷箱和板壳式换热器。乙烯冷箱即板翅式换热器的组合,板翅式换热器是乙烯生产装置和天然气液化装置中必不可少的关键设备。杭州制氧机集团有限公司引进美国S. W公司设计技术和关键加工设备大型真空钎焊炉,使冷箱的设计技术、制造能力接近和达到了国际先进水平。杭州制氧机集团有限公司为中石化集团燕山石化总厂研制了72万t/a乙烯改造、扬子石化总厂65万t/a乙烯改造、上海金山石化总厂70万t/a乙烯改造、山东齐鲁石化总厂70万t/a乙烯改造、广东茂名石化总厂100万t/a乙烯改造等工程配套的乙烯冷箱。因此国内已经基本具备了制造80万~100万t/a大型乙烯冷箱的条件,在近期新建设的百万吨乙烯工程中乙烯冷箱将立足于国内。

板壳式换热器为立式换热器,焊接板束装在压力容器壳体内,换热面积大,换热效率高,占地面积小,适用于干净介质、中低压条件,过去一直靠国外进口。目前兰州石油化工机械研究所已经掌握大型板壳式换热器的设计、制造技术,产品将应用于大型炼油和乙烯项目。

(6)乙烯大型专用机械研制成功。专用机械包括干燥设备、分离设备、包装设备、造粒设备和输送设备等。

回转干燥机应用于聚乙烯装置和PTA装置,主要是将聚乙烯和PTA粉料干燥。大型干燥机作为我国“十一五”规划中重大技术装备的16个重点攻关项目之一的百万吨PTA装置的关键设备,锦西化工机械(集团)有限责任公司自主研发成功我国首台(套)大型PTA干燥机,具有自主知识产权,其主要技术指标优于行业标准,优于设计指标,出厂制造精度达到国际先进水平。这意味着锦西化工机械(集团)有限公司结束了我国大型PTA装置干燥机等关键石化设备长期依赖进口的历史。首台PTA干燥机已经应用于到重庆蓬威石化有限责任公司90万t/a PTA装置。

大型乙烯重大装备攻关研制工作正在蓬勃展开,研制项目都有依托工程,国内科研、设计、制造和使用单位密切配合,研制设备的起点高,技术瞄准国际水平,具有自主知识产权的乙烯成套装备正在武装我国的乙烯工业。

第二部分 “十一五”我国石油和石油化工设备制造行业主要经济指标增长情况

根据国家统计局发布的统计数据，中国石油和石油化工设备工业协会分析汇总，“十一五”期间，我国从事石油和石油化工设备制造的规模以上（主营业务年收入500万元以上）企业，2006年为1 019家，至“十一五”末的2010年底企业数量快速增至2 023家，5年间增加1 004家企业，增长近一倍。全行业资产总额2006年为674.16亿元，2010年达到了2 005.6亿元，增加近2倍。4年间全行业的工业总产值和工业销售产值均增长2倍以上。新产品产值、出口交货值、利润总额等指标均增长1倍以上。这种增长不仅表现在国内石油和石油化工设备行业的快速发展，同时也表现在世界市场对石油和石油化工设备的需求增长。2006～2010年石油和石油化工设备制造业企业数见图1，2006～2010年石油和石油化工设备制造业工业总产值见图2，2006～2010年石油和石油化工设备制造业工业销售产值见图3，2006～2010年石油和石油化工设备制造业产品销售收入见图4，2006～2010年石油和石油化工设备制造业出口交货值见图5，2006～2010年石油和石油化工设备制造业资产总额、利润总额对比图见图6。

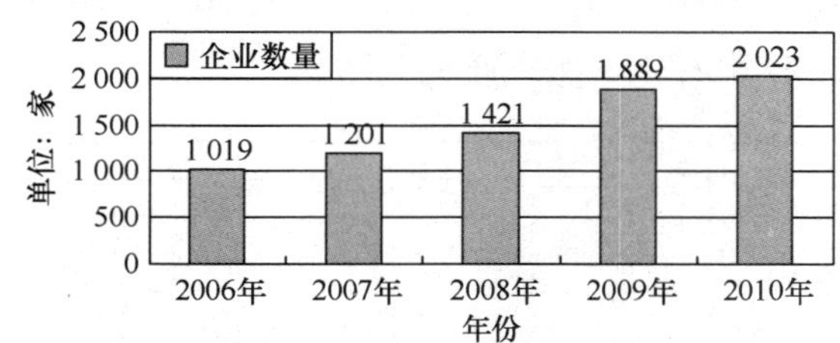

图1 2006～2010年石油和石油化工设备制造业企业数

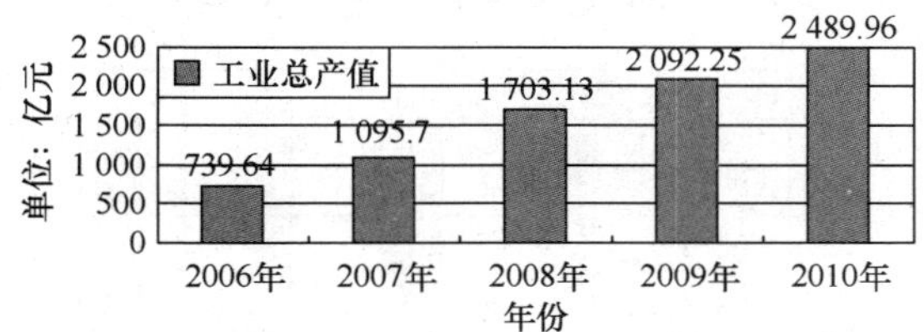

图2 2006～2010年石油和石油化工设备制造业工业总产值

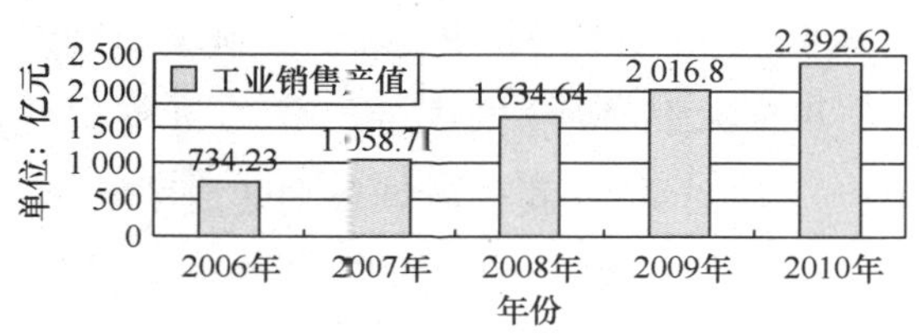

图3 2006～2010年石油和石油化工设备制造业工业销售产值

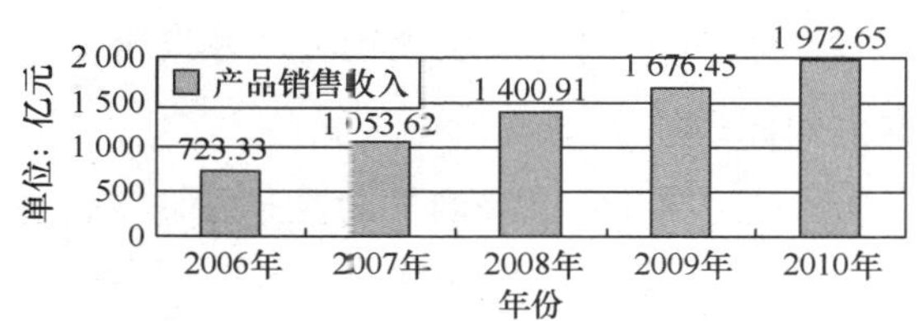

图4 2006～2010年石油和石油化工设备制造业产品销售收入

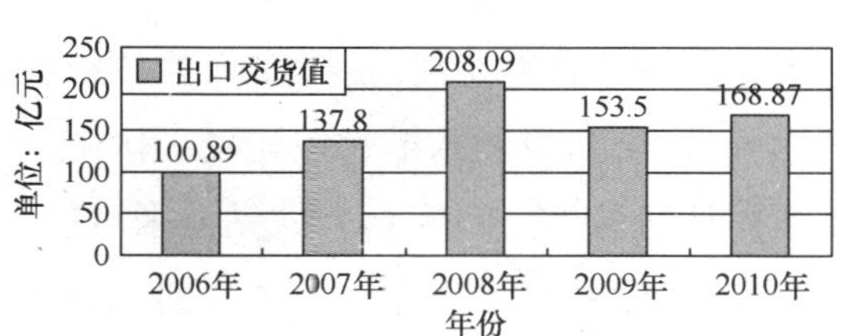

图5 2006～2010年石油和石油化工设备制造业出口交货值

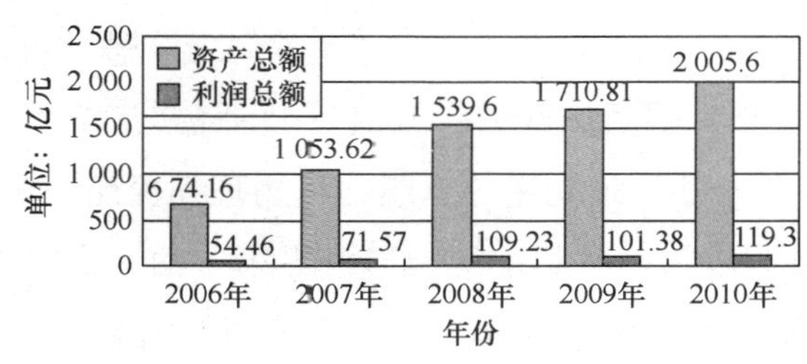

图6 2006～2010年石油和石油化工设备制造业资产总额、利润总额对比图

第三部分　行业主要龙头企业发展概况

一、中国海洋石油总公司发展概况

截至2010年12月19日，中国海洋石油总公司（以下简称中海油）国内油气年产量首次达到5 000万t油当量，在我国海域成功建成了一个“海上大庆油田”。“海上大庆油田”的建成，公司的油气生产能力实现了历史性跨越，标志着中海油作为国际一流能源公司取得的重要阶段性成果，公司综合实力跃上一个新高度。“海上大庆油田”的建成，标志着我国石油工业陆海统筹、海陆并重的发展格局基本形成，对于更好地保障我国能源供给安全具有重大而深远的意义。

“十一五”期间，围绕油气勘探开发等核心主业的发展，中海油加大大型装备的投资力度，五年内，通过新建和购置增加各类船舶76艘。另外，中海油服完成了对挪威AWILCO公司并购后的整合，增加钻井船舶10艘。至“十一五”期末，公司船舶总数达到197艘，较“十五”末净增50%。

大型装备的规模发展，使作业能力、专业服务能力大幅提升，六缆和八缆物探船投入作业，物探船缆数提升到27缆；400ft自升式钻井平台投入作业，将自升式钻井平台作业水深提升到122m；“蓝鲸”号起重船投入作业，起吊能力提升到7 500t；深水钻井船“海洋石油981”、铺管船等五型6艘重大装备2011年后将陆续建成投入作业，届时将具备3 000m水深海油气田勘探开发作业能力。

“十一五”期间，中海油拥有全球第一艘钻机采用全变频驱动技术的自升式钻井平台“海洋石油941”，全亚洲最先进的八缆地球物理勘探船“海洋石油719”，单吊起重能力居世界第一的7 500t起重浮吊船“蓝鲸”号，我国首艘自主研制的1 200t浅水铺管船“海洋石油202”，亚洲最大、世界第二的3万t导管架下水驳船“海洋石油229”，“海洋石油981”深水半潜式钻井平台。“海洋石油981”深水半潜式钻井平台见图7。

图7　“海洋石油981”深水半潜式钻井平台

“十一五”期间，中海油的信息化水平显著提高，“数字海油”建设稳步推进。2008年，公司信息化已达国内领先水平，接近同行业的世界先进水平。中海油ERP系统覆盖了8大业务模块和4个业务板块，流程化、系统化和信息化的操作平台将中海油特色的团队协作精神及优秀的管理理念充分地融入日常管理工作之中。

二、中国石油化工集团公司发展概况

在2010年度《财富》全球五百强排名中，中国石油化工集团公司（以下简称中石化）跃居第7位，成为世界第2大炼油生产商和第2大乙烯生产商。2005～2009年中石化原油产量见图8。2005～2009年中石化天然气产量见图9。

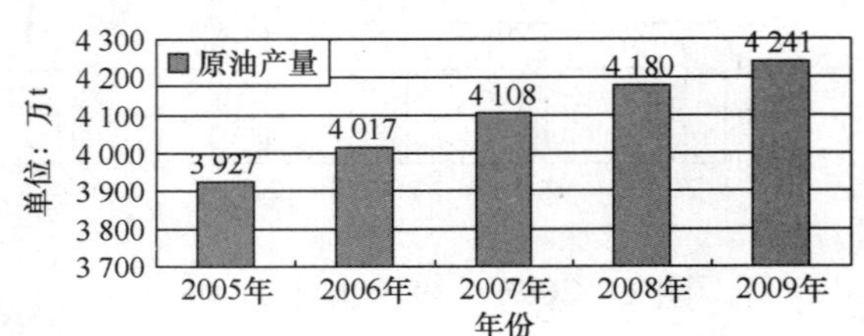

图8　2005～2009年中石化原油产量

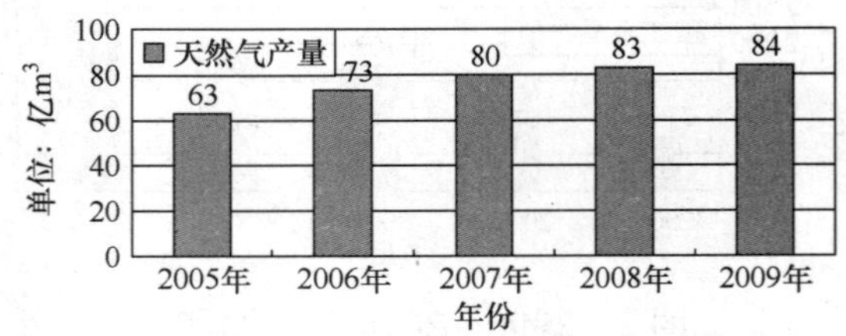

图9　2005～2009年中石化天然气产量

“十一五”期间，中石化新增探明石油储量13.3亿t，为提高原油产量奠定了资源基础；探明天然气储量6 587亿m^3，为天然气大发展提供了资源保障。圈闭储备进入良性循环，可钻圈闭由70个增加到146个，面积由2 042km^2扩大到8 759km^2。5个重大突破、5个重要进展和6个新发现，有力保证了中国石化资源战略的落实。

(1)油田原油开发持续增长。2010年原油年产量由“十五”末的3 927万t上升到4 256万t，增加329万t，5年累计生产原油20 803万t。油田开发水平持续提高，采收率从2005年的28.1%提高到2010年的29.6%，意味着增加4.5亿t的地质储量。水平井应用规模实现跨越式发展，日产油比平均水平高3.3倍。自然递减率为16.9%，综合含水率为88.5%，开发指标保持稳定，产量进入新一轮稳定增长期。

(2)天然气实现跨越式发展。天然气产量由2005年的63亿m^3增长到2010年的122亿m^3，翻了近一番。建成了我国最大整装海相气田——普光气田，实现了大牛地、川西中浅层低渗致密气田的经济有效开发；建成大口径、跨区域长输天然气干线，形成“两线三区”供气格局。LNG项目取得突破进展，CNG业务正积极推进。

(3)2010年海外服务队伍由“十五”末的83支增加至355支，服务区域遍布中东、非洲、南美、中亚和东南亚等地区的21个国家，石油工程海外收入增长204%。

(4)13个千万吨级炼油基地产能占据中石化半壁江山，10个高硫原油、6个高酸原油加工基地布局合理，长三角、珠三角和环渤海湾三大炼化企业集群已成规模。

5年之间，中石化炼油厂平均规模从489万t提高到730万t；年加工量从1.49亿t增加到2.08亿t；炼油一次加工能力上升至世界第二，炼油加工能力净增7 080万t，年均增长率达7.1%，增幅是“十五”期间的两倍以上。

“十一五”期间，轻油采收率提高1.43个百分点；综合商品率提高1.54个百分点；炼油加工损失率降低0.43个百分点，降幅达43%；综合能耗降低10.41个单位，累计节约标油477万t。

(5)原油加工适应性不断增强。高硫油年加工能力增加了5 000万t，高酸油加工能力突破1 000万t/a，劣质油加工比例提高9.2个百分点；加氢装置已成为中石化炼油的主力装置，重油、劣质油加工能力显著提高。

(6)降低汽车尾气排放对环境的影响，已成为中石化油品质量升级的方向。2005~2009年，投入110多亿元用于新建、整体改造炼油装置，同时还投入64亿元用于企业建设和改造相关炼油装置。从国Ⅱ、国Ⅲ到国Ⅳ，中石化不断提高油品质量，向社会提供优质清洁产品，减少消费环节污染物的产生。

(7)炼油自销产品的营销水平不断提高。长城润滑油系列产品7大类40多个产品成功应用于神舟飞船等航天装置的核心系统，长城品牌的“航天品质”一再得以印证；沥青直供率达50%，“东海”沥青走进鸟巢，跃上高铁，铺上阅兵道，中石化成为国内第一大沥青出口商；石油焦销售业务的整合，使中石化的资源优势和品牌优势得到充分发挥。

(8)5年之间，茂名、福建、天津、镇海的80万~100万t乙烯项目相继建成，平均每套乙烯项目的产能从46万t/a升至63万t/a。至此，中石化15套乙烯装置构成“6大+5小+4合资”的格局，长三角、珠三角和渤海湾成为中石化3个经济发展最快地区。“十一五”末，中石化乙烯产能预计超过900万t。

新建乙烯设备国产化率已达70%~80%，裂解气压缩机、丙烯制冷压缩机、裂解炉和冷箱等关键设备全部实现国产化，基本掌握了10万t/a规模裂解炉技术。

(9)“十一五”期间，中石化加油站总数突破3万座，便利店数量增长302.1%。

(10)中石化累计建成原油、成品油和天然气管道总长2.1万多km，如果把这些管道接起来，能绕地球半圈。建成一批原油储罐,储油能力达3 100万m^3;在用成品油库355座,库容达1 403万m^3。

"十一五"期间,中石化成品油管道里程增长286.9%。年输送能力和管输比例也不断提高。

(11)中石化"十一五"期间共获得国家最高科学技术奖1项,国家发明奖和科技进步奖39项。截至2010年10月底,中石化申请国内外专利8 606件,获得授权专利4 520件。

三、中国石油天然气集团公司装备制造分公司发展成就

"十一五"是中国石油天然气集团公司(以下简称中石油)的装备制造业务深化改革、快速发展的五年。

以统一的"中国石油装备"品牌,通过重组整合形成集聚程度较高的规模化装备制造业,大力发展石油装备产品,提升产品核心竞争力,以先进的装备显著提升勘探开发水平和提高炼油化工各项工业指标,是"十一五"时期中石油建设综合性国际能源公司的重要目标。

1. 大刀阔斧,破旧立新

中石油装备制造业务打破原有产品结构分散、内部企业无序竞争、自上而下缺乏管理链条的产业格局,在管理上,成立装备制造分公司,把装备制造业务作为集团公司主营业务之一实行专业化管理。在产业布局上,产品相同或近似的企业通过专业化重组整合,形成产业集群,通过龙头企业的优势带动整个产业快速发展。

2. 自主创新,统一品牌

"十一五"期间,成功推动8家企业52种产品导入"中国石油装备"品牌。宝石机械的钻机、宝鸡钢管的X80焊接钢管、济柴的高性能发动机等一个个在我国市场打响、在国际市场扬威的产品,提升了中石油的核心竞争力。

3. 领跑国内,抢滩国际

开拓市场是中石油装备制造企业坚定不移的抉择。其营销网络覆盖系统内外主要油气区,在全球建立53个海外机构,覆盖70多个国家和地区,初步形成了国际营销网络和稳定的客户群体。

"十一五"是充满机遇的五年。国家制定了振兴装备制造业规划,为中石油推进装备制造业务结构调整、加快产业升级创造了良好的政策环境。中石油持续实施资源、市场、国际化三大战略,油气核心业务持续稳定发展,管道建设处于高峰期,天然气业务快速增长,五大海外油气合作区建设不断推进,为装备制造业务提供了广阔的发展空间。低碳经济的发展推动了绿色制造,鼓励企业推广清洁生产方式,研发制造节能增效装备,打造绿色产品链,为装备制造业务带来新的增长契机。

在"十五"期间全面实现扭亏为盈的强劲发展势头带动下,中石油"十一五"期间趁势而上,实现了更大的跨越。通过重组整合,打造了几家集研发设计、生产制造、销售服务于一体各具特色的专业公司,宝鸡、渤海、大庆等装备制造基地初具规模;装备制造业务资产总额、净资产、营业收入、利润总额年均增长率分别达到23%、33%、19%和10%;钻机生产能力达到110台/a,输送管产能提高到219万t/a,X80焊接钢管、连续油管、双燃料发动机等高新产品实现了产业化,整个装备制造业务实现了快速有效发展。

目前,中石油装备制造业务已经形成以宝鸡石油机械有限责任公司、宝鸡石油钢管厂、渤海石油装备制造有限公司、济柴动力总厂、大庆油田装备制造集团、辽河石油装备制造公司6家制造企业和中国经济技术开发公司1家销售企业的"6+1"生产经营格局。

中石油持续推进重组整合,调整优化产品结构,集中发展主导产品,产业集中度、竞争能力和营利能力稳步提升。中石油装备制造业务涉及钻井、采油、钢管、动力、炼化、物探、测井和海洋8大类装备180多个品种,覆盖油气上中下游业务领域。经过五年的努力,中石油装备制造业务突出重点,扬长避短,逐步淘汰了一些低端产品,集中力量发展优势主导产品,优化资源配置,打造出一批具有市场竞争力的"尖兵利器"。

在钻井装备方面，中石油依靠自主创新，产品核心技术优势充分显现。宝鸡石油机械有限责任公司生产的石油钻机和泥浆泵3次荣获“全国用户满意产品”称号，产量连续五年居全球首位。全数字交流变频电驱动钻机实现了1 000m至12 000m全天候、全地貌、全井深无缝覆盖，成功从陆地迈向海洋高端领域。特别是12 000m钻机的研制成功，为中国石油装备制造树起了新的历史丰碑。高移动性拖挂钻机实现了1 000m至7 000m系列化。500~2 200马力(373~1 640kW)F系列钻井泵的大功率、轻型化技术达到国际领先水平。顶驱装置已出口到美国、巴基斯坦、哈萨克斯坦、沙特阿拉伯和埃塞俄比亚等40多个国家和地区。

采油装备的发展也是有目共睹。2008年，为了满足国内外深井、大负荷、高产井的开发需求，C1280D—427—240特大型抽油机诞生，填补了国内技术空白。2008年11月2日，国内首台全平衡抽油机在大庆采油二厂南2—丁2—433井进行现场试验并取得成功。全平衡抽油机从设计结构上完全打破了传统抽油机的举升平衡模式，有效降低了抽油机能耗。

石油钢管实现跨越式发展，产品技术含量进一步提升，产品市场不断拓展。X80焊接钢管、连续油管等新产品的相继问世，为中石油钻机改造、西气东输等重大项目和重点工程提供了有力保障。在国内市场，中石油的钢管产品市场占有率始终保持第一；在国际市场，产品已出口到巴基斯坦、印度、苏丹、印度尼西亚、哈萨克斯坦、美国等20多个国家。2006年，宝鸡石油钢管有限责任公司成功中标印度“东气西送”管道60万t供货合同，创造了国际上一次性中标钢管制造合同和中国石油装备制造企业产品出口全国两项最高纪录。

动力装备业务致力于全面服务与保障油气核心业务需求，不断加大科研开发力度，提高产品可靠性，完善产品系列，核心业务与延伸业务均表现出良好的发展态势。内燃机方面，先后推出190系列双燃料发动机、重柴油发动机、1 000kW以上气体发动机等国内领先产品。压缩机方面，2008年以来已取得国家专利10项。2009年，单机功率3 500kW的CFC系列分体式压缩机研制成功，一举打破国内同类产品多年依赖进口的被动局面。

炼化装备制造能力显著提升。中石油通过与国内多家科研院所、高校建立的良好合作关系，先后联合开发和生产了高效旋风分离设备、高效规整填料等多项市场前景广阔和具有高附加值的新产品，高效能设备在炼化生产中发挥了重要作用。“十一五”期间，中石油的炼化装备制造业改变了单纯外购加工设备的传统模式，进行了多项技术革新，实现了从设备使用者到设备制造者的成功转型。

物探装备技术水平持续提升，“找油找气”服务保障能力不断增强。在物探装备制造业务方面，中石油加大资金和人员投入，立足陆上、发展海上物探装备，突出核心装备的研发，以物探采集、激发设备为主线，重大科技项目攻关取得新成果，地震仪器、可控震源仪器、物探钻机、检波器、特种运载设备、辅助仪器设备六个系列产品的研发能力和部分产品的制造能力已初具规模。

测井装备不断取得重大成果，测井服务能力、质量和效率显著提高。“测得全、测得准、测得快”是发展测井新技术和装备的目标。测井技术是油气勘探的“眼睛”。中国的隐蔽性油气藏多，客观地要求这双眼睛特别明亮、敏锐。EILog测井系统的研制成功改变了我国在测井装备上长期受制于人的局面，实现了由测井单项技术装备向成套装备产业化的升级。

“十一五”期间，伴随着我国海上油气业务的发展，中石油的海洋装备制造业务也实现了突破。

第四部分　我国地方石油钻采装备产业集群化的发展概况

“十一五”期间，我国石油钻采装备制造产业(以下简称石油装备制造业)集群化有了较大的发展。从2005年开始随着原油价格的持续升高，石油装备制造业的利润大幅增长；扶植和加快地方石油装备制造业的发展也成为各级地方政府规划的新经济增长点。

一、大庆油田石油装备制造产业集群

大庆油田是我国最大的油田。经过50年的发展建设，创造了我国三个第一。即原油产量第一，累计生产原油19.21亿t，占陆上总产量的40%；原油采收率第一，平均采收率50%以上，达到世界先进水平；为国家上缴税费第一，累计上缴税费一万多亿元。创造了原油生产5 000万t/a，持续稳产27年的世界奇迹。

大庆油田的石油装备制造业是在油田总机修理厂的基础上发展起来的，尤其在20世纪90年代以后，为满足油田机械采油和三采的需要，开始了油田装备系列的研发制造和规模发展。到2009年已拥有装备制造企业39家，资产总额35.26亿元。主要产品共有180多种，包括抽油机、潜油电泵、射孔器材、真空加热炉、螺杆泵、井下工具、井口装置、油气输送管以及油井管杆等石油开采类产品，测井车和固井车等特种工程车类产品，以及节能电机、节能变压器、特种电缆等机电类产品。

大庆油田石油装备制造业具有5 000台/a抽油机、1 000台/a特种车、4 000套/a电泵机组、250万发/a射孔弹的生产能力。

大庆油田石油装备制造研发企业主要包括：大庆装备制造集团研究院、力神泵业公司研发中心、射孔弹厂研究所以及钻井工程技术研究院机械研究所等，并在油田外部建有江苏太仓潜油电泵研发制造基地、西安射孔弹研发制造基地和大连真空加热炉研发基地。

二、山东东营市石油装备制造产业集群

东营市石油装备制造业随着胜利油田的开发和建设应运而生，特别在近几年有了较快发展，已经形成集装备研发、加工制造、技术服务、内外贸于一体的较为完整的产业体系。截至2009年底，已有石油装备制造企业240多家，其中规模以上企业100家，总资产141.1亿元。其石油装备制造企业主要分布在市开发区、垦利县、东营区，规模以上企业数分别为15家、26家、29家；销售收入分别占全市工业产品销售收入的28.0%、23.6%、21.0%。

产业规模快速扩大。2007年，完成销售收入169亿元、利税23.3亿元、利润16.6亿元，比上年分别增长59.4%、89.5%和103.8%。2008年1~5月，完成主营业务收入105.6亿元，利税9.7亿元，利润6.8亿元，比上年同期分别增长94.9%、91.1%和105.0%。石油装备制造业已成为东营市发展速度最快的产业之一，涌现出胜利油田高原石油装备有限责任公司、胜利油田孚瑞特石油装备有限公司、胜利油田胜机石油装备有限公司等一批具有辐射带动作用的主导企业。

产品档次不断提高。依托企业自主研发能力以及多项国际领先水平的装备制造关键技术，研制出一批拥有自主知识产权的主导产品，产品附加值不断提高。其中，钢质连续抽油杆、皮带抽油机、高分辨率感应测井仪、多头螺杆泵等产品填补了国内空白，达到国际先进水平。石油钻机、地面混输泵、螺杆钻具、游梁式抽油机、抽油杆、抽油泵、电潜泵和玻璃钢复合管等产品处于国内领先水平。

产业影响力不断扩大，产品出口快速增长。产品覆盖面广，涉及国内各大油田，并销往美国、加拿大、俄罗斯、哈萨克斯坦等30多个国家和地区。2008年1~5月，石油装备产品在东营市报关出口1.2亿美元，占东营市出口总额的19.67%，比上年提高2.35个百分点；同比增长29.6%，增幅比上年

提高 6.8 个百分点。

东营市石油装备制造业仍处于成长期，突出表现为：一是产业层次不够高。石油装备制造企业大多集中生产制造附加值链低端产品，高附加值产品的研发设计能力薄弱，销售额占比过低。二是产品结构雷同，产业特色不明显。生产钻机企业达 7 家、生产抽油机的企业有 4 家。三是企业规模不够大。东营市最大石油装备制造企业 2007 年的销售收入为 60 亿元，与国外知名企业有很大差距。四是自主研发能力不够强。具有自主知识产权的产品和“高、精、尖”产品偏少，达到国际先进水平的产品仅有 4 种，其销售额仅占总销售收入的 7.1%。

三、江汉油田石油装备制造产业集群

江汉油田是中石化石油装备制造基地，也是国内最大的石油机械装备制造与出口基地，其所属江汉石油钻头股份有限公司，江汉石油管理局第四机械厂、第三机械厂和钢管厂等 4 家石油机械制造企业均通过了 ISO 国际质量体系认证和美国 API 认证，主要生产石油钻头、固井压裂成套设备、车装钻机、修井机、钢管、天然气压缩机、抽油机和水处理设备等。机械制造企业在引进、消化国外先进技术的基础上，注重自主开发和创新，逐步形成了具有自主知识产权、拥有 190 项专利和 30 项专有技术的重点装备制造企业。其主导产品技术达到国内领先和国际先进水平，远销美国、加拿大、墨西哥、俄罗斯、叙利亚和印度等 20 多个国家和地区。

近年来，江汉石油机械制造企业牢牢抓住国际国内石油装备市场需求旺盛的历史机遇，着力打造中石化石油装备制造基地，产品研发、市场开拓和生产经营各项工作捷报频传，发展势头强劲。2007 年 1 ~7 月，机械制造业实现销售收入 19.05 亿元，比上年增长 33.14%；出口交货值 7.27 亿元，比上年增长 78.74%；实现利润 1.4 亿元，比上年增加 3 849万元。

四、辽河油田石油装备制造产业集群彰显强劲竞争力

辽河油田石油装备制造企业已成功开发出 7 000m 旋式钻机、9 000m 海洋绞车、3 000m 电动车载钻机和连续油管作业机等产品。其中，连续油管作业机填补了国内空白。现在辽河油田已与新加坡沙巴船厂建立了市场开发伙伴关系，辽河油田的石油装备产品已经远销巴基斯坦、阿塞拜疆、印度尼西亚及尼日利亚等 10 多个国家和地区。

辽河油田装备制造业从起步到发展仅仅 3 年左右时间，其年产值由起步时的 2 亿元，猛增至 20 多亿元，形成稠油装备、钻机和海洋装备三大系列。特别是钻机产品已涵盖从 3 000m 到 7 000m 的陆地钻机。辽河油田将原辽河石油勘探局海洋装备制造总厂与辽河石油勘探局装备工程公司合并重组，组建辽河石油装备制造总公司，以利于充分利用现有装备制造资源，实现陆地石油装备制造与海洋石油装备制造的协调发展，打造具有辽河油田特色的装备制造业，为建设集团公司“装备制造基地”创造条件。

2008 年辽河油田装备制造业实现产值 50 亿元，“十一五”末产值达到 100 亿元，预计到“十二五”末将达到 150 亿元。

五、江苏省建湖县石油装备制造产业集群

江苏省建湖县石油机械产品以小型钻采工具类设备、零部件和配件为主，产品主要集中于液压动力钳、井口装置、防喷器和高中压阀门，产品在全国有较高的知名度和较大的覆盖面。盐城特达钻采设备有限公司生产的液压动力钳系列产品已在国内市场独占鳌头，产品市场占有率超过 75%，并以其独特的设计，优良的质量，可靠的性能在全国 10 多家油田中得到广泛使用；其生产的井口装置系列产品国内市场占有率达 40%。江苏双鑫石油机械有限公司的 9 000m 钻井液管汇项目已通过国家级评审验收，填补了国内空白。阀门作为建湖县石油机械的起步产品，通过多年的开发，品种齐全，多样化、差异化特色凸显，不仅在石油装备市场上占有一定的份额，而且还广泛用于石化、电力、供水、供热等领域。建湖九龙阀门公司成为中石化阀门定点生产企业，在石油石化市场上具有一定的知名度。该公司目前正在研发深海油井钻探用超高压、耐高温特种阀门,即将投放国际市场。

2007年建湖县从事中小型石油机械生产的企业有300多家,其中具有一般纳税人资格的石油机械企业82家,规模以上企业37家,平均每个重点石油机械制造企业都拥有40个左右的个体加工户与之配套协作。全行业拥有固定资产8.5亿元,从业人员达2万人,已形成油田阀门、油田井口装置和液压动力钳等三大特色产品系列。2007年全行业实现应税销售收入15.85亿元,入库税金9 939万元。其中,特达钻采、特达专用管件、九龙阀门等3家企业纳税超千万元,咸中、鸿达、信得、三益等4家企业纳税超500万元。在建湖县前10强企业中有4家是石油机械企业,

"十一五"时期,建湖县着力培植龙头骨干企业,在产业集聚发展上下功夫。按照"龙头企业—核心产品—关联产品"的发展模式,充分释放县石油机械产业集群的集聚效能,加快集团化经营步伐。知名企业通过兼并和联合等方式,形成大型专业集团,增强竞争实力,已经成为近几年产业快速发展的有效方式。鼓励县内企业进行兼并联合,以具有专业优势的企业为龙头,以产权为纽带,通过参股、换股、资产互换、产权转移等多种形式,形成具有一定规模的研发、生产、销售和服务一体化的专业集团,提高生产集中度和企业规模实力。2010年,建湖县石油机械行业实现销售收入50亿元,实现税金5亿元,销售收入超过5亿元的企业有2家;大于3亿元小于5亿元的企业有5家,超过亿元小于3亿元的企业有10家,大于5 000万元小于1亿元的企业有20家;井口装置、管汇、防喷器国内市场占有率分别达60%、50%和30%以上。防喷器、管汇国际市场占有率达30%以上,液压动力钳、井口装置及采油树外销率达60%以上。

六、河北省盐山县的管道装备制造产业集群

河北省盐山县的管道装备制造业起源于20世纪70年代,最早只能生产简单的弯头、法兰等管件,经过地方政府30多年的扶持和培育,产业规模增长上百倍,产品体系不断健全,现已发展成为具备一定规模和水平的涵盖管道和管道配件门类齐全的完整产业体系,成为全县的主导产业。2007年,盐山的管道装备制造企业总数达到920家,总资产35亿元,年加工能力800万t。2006完成销售收入103亿元,上缴税金1.1亿元,对财政收入的贡献率达到60%,拉动县经济增长17个百分点。2008~2010年,整个产业的总资产、销售收入和从业人数均实现了翻番,成为拉动全县经济增长的主导产业。产品在国内市场占有率近40%,广泛应用于石油、石化、油气输送、城市供排水等领域;北京核试验块堆、西气东输主管线以及兰-涩-宁、湘潭-衡阳、川气出川管线工程等重点工程都大量选用了盐山县的产品;2006年,盐山的管道装备制造业被河北省中小企业局命名为"河北省重点产业集群",被中国设备管理协会命名为"中国管道装备制造基地",2007年,被河北省科技厅命名为"河北省特色产业基地"。

河北省盐山县隶属于沧州地区,沧州地区的政府工作报告中明确提出了,"十一五"期间沧州市以盐山县的中原钢管有限公司、宏润钢管有限公司等县龙头企业为依托,做大做强盐山管道装备制造业,建设成全国最大的管道装备制造业基地,使其成为沧州市仅次于化工产业的第二大主导产业,加快推进工业强县的战略目标,另一方面,管道装备制造业的发展对于调整河北省钢铁产业结构,拉长产业链,实现钢铁产品的省内转化增值具有非常重要的意义。因此盐山县的管道装备制造业面迎来了难得的发展机遇。盐山县管道装备制造业呈现出以下特点:

一是产业集群度高。在县城周边的三个工业园区内聚集着650多家企业,占企业总数的70%。盐山管道装备制造业已经形成河北省盐山县中原钢管制造有限公司、盐山县宏润管道集团有限公司、盐山县沧海管件制造厂、河北天泰机械集团有限公司、河北鲲鹏集团管件制造有限公司等10家销售收入超亿元的大型龙头企业。2006年10家大

型龙头企业总产值占该县全行业总产值的65%以上。其中一些企业已成为国内管道装备制造业的“领军人”。其中,宏润集团成为国内同行业资质水平最高的企业之一,是全国第二家、全球第四家能生产厚壁合金钢管的企业,是全国电站配管标准的主要制定单位。中原钢管公司的螺旋管和热轧钢管的年生产能力达到80万t,是国内最大螺旋管和热轧钢管生产企业。现在全国直径2 420mm的螺旋管制管机组只有四套,中原钢管公司占了两套。

二是品种齐全。全县拥有生产加工管道部件的各种设备1 300多台(套),拥有热轧、热减径无缝化钢管生产线各8条,拥有螺旋钢管生产线22条。管道产品包括弯头、三通、弯管、集合管、异径管、阀门、螺旋钢管、无缝钢管、防腐保温管道和电站设备管道等。管件产品有12大类、1 400多个品种,管材产品有5大类、170多个品种。无论是油气输送,还是煤盐运输;无论是电力,还是供暖,凡是涉及管道的,盐山基本都能生产,都能配套,盐山县成为名副其实的管道产品超市。

三是产品科技含量不断提高。盐山管道装备制造业拥有专利121项,有24个产品填补了国内空白,其中,P91三通替代了意大利进口产品,几乎占领了西气东输主管线市场。

四是市场占有率高。截至2006年底,盐山管道装备制造业的国内市场占有率达到40%以上,高压特种管件的市场占有率达到50%。

五是企业资质水平相对较高。全县已有325家管道装备企业通过了ISO系列国际质量管理体系认证,70多家企业被中石油、中石化确定为定点供货单位。其中有5家获得API证书,1家获得ASME证书,宏润集团、中原钢管公司等一批龙头企业成为各自领域资质水平最高、规模最大的企业。

2010年,全县管道装备制造业总资产突破100亿元,企业总数达到1 700家;建成了资产超10亿元的企业4家,超亿元小于10亿元的企业15家,超5 000万元小于1亿元的企业25家,超千万元小于5 000万元的企业100家,年生产能力突破1 500万t;全行业年销售收入突破300亿元,年均递增26%。建成销售收入超10亿元的企业4家,超亿元小于10亿元的企业10家,超5 000万元小于1亿元的企业20家。实现工业增加值90亿元,年均递增26%,对全县GDP的贡献率达到80%以上;实现利税10.5亿元,年均递增26%;从业人员达到14.1万人,年均递增16.7%;万元增加值综合能耗降至1t标准煤,年均下降2%;产品在国内市场的占有率达到50%以上,已成为全国最大的管道装备制造业基地。

第五部分　我国石油石化装备制造业工业化和信息化两化融合的概况

我国石油石化装备制造业的信息化建设,主要集中在企业应用二维、三维CAD软件从事产品开发设计。在我国从事石油钻采设备制造的企业中,95%的企业已熟练使用二维CAD软件进行产品设计;80%的企业能够应用三维CAD软件进行新产品研发;40%的企业已经将ERP软件系统成功应用于经营管理和企业的资源计划,主要用于营销管理、人力资源、财务应用和客户服务等方面;但是能够将企业的经营管理—产销存ERP软件系统与二维、三维CAD产品设计开发系统相结合并成熟应用的企业还不普遍,只占企业总数的20%;另外制造企业中对经营管理—产销存ERP软件系统与二维、三维CAD产品设计开发系统和生产制造系统相结合,实施PDM/PLM等软件系统协同应用的企业只占10%左右。工业化和信息化融合比较成功的企业有北京石油机械厂、江汉石油钻头股份有限公司和中国石化集团江汉油田第四机械厂、宝鸡石油机械有限责任公司、四川宏华石油设备制造有限公司等。

北京石油机械厂(简称北石厂)是中国石油天然气集团公司(CNPC)所属的企业,是集开发、设计、制造、销售、服务为一体的石油钻采装备专业制造厂。北石厂的企业发展目标是建成具有国际竞争力的、国内外知名的石油钻采装备制造企业,建成"科技化、数字化、国际化"的现代企业。实施企业信息化建设是完成北石厂上述目标的基础。北石厂20世纪90年代就引进了国外先进的制造技术、拥有多台先进的数控设备及先进软件等,但是一直没有形成系统工程。从2002年开始,北石厂与北京数码大方科技有限公司(注册商标CAXA)合作,加强了设计、制造、管理等全面的信息化建设,先后引入CAXA二维CAD软件、三维CAD软件,工艺设计CAPP软件,工艺汇总BOM软件,机床管理网络DNC软件和CAXA图文档管理软件,成功完成了设计、制造、管理的系统化信息建设工程,尤其是在研制石油钻机顶驱装置项目上,通过在CAXA CAD/CAM一体化解决方案的平台上开展研发取得了可喜成绩。

顶驱装置是当今国际石油钻井装备的前沿技术,被誉为近代钻井装备的三大技术成果之一,一直被美国、加拿大等少数发达国家垄断。为了打破国外垄断,研制具有我国自主知识产权的顶驱产品,2003年中石油确定北石厂为顶驱装置国产化的实施单位。北石厂应用国内具有自主知识产权的三维创新设计软件——CAXA实体设计软件,实现了产品设计最优化,使顶驱装置从设计到制造仅仅用了一年时间就成功问世!通常研制这样的重大装备需要3年以上的时间,北石厂由于采用了CAXA三维、二维以及协同设计技术,极大地提高了设计效率,缩短设计周期3倍以上。

北石厂在短短的几年时间里信息化建设取得了重大成果,实现了以协同管理类的CAXA图文档软件为核心平台,无缝集成设计类、工艺类和制造类的软件的产品研发制造管理信息化,在研发信息化方面实现了三维数字化设计(CAXA 3D CAD)和数字仿真与有限元分析;实现了办公自动化系统、工作流系统、企业资源计划系统以及图文档管理等方面管理信息化(CAXA Vault);实现了构建信息化制造平台和计算机辅助制造系统(CAXA CAPP/CAM/网络DNC)。

目前,北石厂的工程技术人员在很短的时间内就能够完成从二维到三维的新产品开发设计,从工艺编程到生成BOM结构,直至图纸档案管理的一系列工作。新产品推向市场的时间大幅减少,企业对市场的反应速度明显提高,参与国际市场竞争的能力显著提升。北石厂全厂总信息结点数达到315个,覆盖厂技术部、销售科、财务科,以及制造车间的加工中心和线切割机床,贯穿产品从订货到发货的每一个环节,使得全厂无信息盲点。使用网络DNC管理数控机床,通过配套的CAXA网络DNC通讯软件和管理软件对程序进行编制、审核、读取和监控。

〔撰稿人:中国石油和石油化工设备工业协会 何正〕

"十一五"我国重大石油和化工装备国产业化报告

石油和化工装备制造业是石化工业的支撑行业,石油和化工装备制造业技术水平和制造能力决定着石油和化学工业的发展规模和技术水平。为了提高石油和化工装备设计制造水平,"十一五"期间我国开展了重大装备研制专项工作，先后成功研制了12 000m石油钻机、深海油气开采装备、千万吨级炼油成套装置、百万吨级乙烯成套装置关键设备、百万吨级PTA成套装置关键设备、大型石化通用设备等。此外，30万t/a大型合成氨成套设备、52万t/a尿素成套设备、30万t/a大型磷酸成套设备、60万t/a磷铵成套设备、80万t/a硫酸成套设备、大型煤化工成套设备、子午线轮胎成套设备等一大批重大关键技术装备也相继实现国产化。通过引进和消化吸收国外重大装备先进设计制造技术，着力开展自主创新，我国石油和化工装备技术水平和制造能力有了极大的提高，部分大型设备的关键技术和制造加工能力已达到世界先进水平，我国已形成比较完善的石油和化工装备制造体系。

截至"十一五"末，我国石油和化工装备制造业年工业总产值约5 000亿元。其中，通用设备约2 000亿元，石化专用设备约1 800亿元，石油钻采运输设备约800亿~900亿元，自动化仪表控制设备约300亿~400亿元。据不完全统计，我国石油和化工装备制造企业达7 700多家，其中压力容器、压力管道制造企业近5 000家，ASME取证企业约580家，API取证企业超过1 300家，其数量均位居世界前列。

石化产业正在走向规模化和集约化，必然要求石化装置大型化。国际上大型乙烯成套设备的乙烯裂解装置单线生产能力已经达到127万t/a，聚乙烯、聚丙烯装置单线生产能力已达到50万t/a。为扭转国内石化等支柱行业重大技术装备依赖大量进口、产业安全和自主性遭受挑战的严峻局面，国务院2006年6月28日发布了《关于加快振兴装备制造业的若干意见》，将百万吨级大型乙烯成套设备和PTA成套设备、大型煤化工成套设备、大型海洋石油工程装备和大型油气运输船舶等列为国产化攻关的重点。至此，一场上升为国家战略的重大装备国产化集中攻关战，在石化装备制造等重点领域声势浩大地展开。2007年4月9日，由国家发改委重大技术装备协调办公室组织的大型石化装备国产化工作会议进一步明确提出，力争到"十一五"末，乙烯、PTA成套技术装备和天然气长输管线设备国产化率不低于75%。2009年，国家又相继出台了《装备制造业调整和振兴规划》、《重大技术装备自主创新指导目录》等纲领性文件，着力推进装备制造业发展和重大技术装备国产化工作。

经过科研机构、装备制造企业和用户企业艰苦卓绝的协同攻关，"十一五"期间，我国石油和石化重大技术装备国产化工作取得了前所未有的重大进展。截至"十一五"末，我国炼油装置国产化率达到95%以上，化工装备国产化率也达到80%左右；一大批关键和核心装备摆脱了依赖进口的被动局面，为我国独立自主发展现代石化工业提供了技术装备支持。"十一五"期间我国重大石化装备国产化的主要成果体现在以下研制攻关领域：

1. 油气装备从陆地走向深海

2007年11月，国内首台12 000m特深井石油钻机在中国石油天然气总公司宝鸡石油机械有限责任公司研制成功。这台具有自主知识产权的高端装备，是世界第一台陆地用12 000m交流变频电驱动钻机，也是目前全球技术最先进的特深井陆地石油钻机。在此之前，仅美国在20世纪80年代生产过一台12 000m模拟控制的直流电驱动钻机。这表明，"十一五"期间我国进一步巩固并扩大了在陆地油气钻采装备制造领域的优势，并已跻身世界在这一领域领跑者的行列。长期以来，我国油气钻采装备制造的强项都集中在陆地。辽阔的海洋蕴藏了全球超过70%的油气资源，全球深水区最终潜在石油储量高达1 000亿桶，深水是世界油气的重要接替区。"十一五"初期，我国只具备300m以内水深油气田的勘探、开发和生产的全套能力。我国过去自行研制的海洋钻井平台作业水深均较浅，半潜式钻井平台仅属于世界上第二代、第三代的水平。走向深海，成为中国石油人梦寐以求的愿望，而这个愿望，在"十一五"期间也成为现实。

2010年11月，我国自主设计建造的当今世界最先进的第六代3 000m深水半潜式钻井平台"海洋石油981”工程，实现主体机械完工，将于2010年底完成建造调试，2011年将会执行南海油气的勘探任务，从而有望结束我国海洋油气勘探作业局限于近海的历史。该工程高136m、重3万t，由中国海洋石油总公司投资建造、上海外高桥造船厂承建，是当之无愧的海洋钻井“航母”，具有勘探、钻井、完井与修井等多种作业功能，最大作业水深3 000m，钻井深度可达10 000m，代表了当今世界海洋石油钻井平台技术的最高水平。该工程已成为“十一五”期间我国海洋工程装备制造业的标志性工程，标志着我国已跻身世界海洋深水油气装备制造领先行列。该工程对于加速我国进军深海海洋工程装备开发、提升深水作业能力、实现国家能源战略、维护国家民族利益等都具有重要战略意义。

除此之外，渤海船舶重工有限责任公司建造的32万t超级油轮、沪东中华造船(集团)有限公司建造的14.7万m^3的液化天然气船，也堪称“十一五”海洋油气装备国产化的杰作。我国还初步形成了30万吨级大吨位海上浮式生产储油轮系列设计制造能力，具备起重船、铺管船和重型海上浮吊等的生产能力。

2. 乙烯重大装备国产化目标如期实现

建设一套百万吨级大型乙烯成套设备，总投资一般在200亿元以上，其中设备采购费用占总投资的30%左右，近70亿元。据测算，“十一五”期间我国建设大型乙烯项目产生了约560亿元的设备市场需求。

大型乙烯装置的核心装备包括：乙烯“三机”(乙烯压缩机、丙烯压缩机、裂解气压缩机)、乙烯冷箱、乙烯裂解炉等。“十一五”期间，我国依托天津、镇海和抚顺三大百万吨级乙烯工程，全力推进重大装备国产化。

乙烯“三机”是大型乙烯工程的心脏，乙烯“三机”的国产化自然成为“十一五”石化装备行业的三大工程。“十一五”期间，沈阳鼓风机集团有限公司承担了为天津、镇海和抚顺三大百万吨乙烯工程研制“三机”的重任。这三套机组的研制成功打破了国际垄断，填补了国内百万吨级乙烯装置采用大型压缩机组的空白。沈阳鼓风机集团有限公司也成为继美国GE、德国西门子等国际知名企业之后，世界上少数几个有能力生产乙烯装置用大型压缩机组的企业之一。三大工程中，天津大乙烯装置是国内第一套建成投产的国产化百万吨级乙烯装置。该大乙烯装置除少部分装置由引进国外专利使用权和技术工艺包制造外，大部分利用国内技术或中外合作开发的技术制造，如该项目炼油部分基本采用国内技术制造，乙烯大部分采用国内或中外合作开发的技术制造，炼油装置和乙烯设备的国产化率已分别达到91.5%和78%，与国内已建和在建项目相比，装备国产化率堪称国内之最，大大降低了大乙烯工程投资成本，其中仅乙烯裂解气压缩机一项就比进口价格降低约45%。天津石化百万吨乙烯项目投产后，国产化装备运行平稳，各项指标完全达到攻关目标及国际标准要求，为国家重大石化技术装备国产化树立了典范。

此外，依托三大工程，茂名重力石化机械制造有限公司自主研制了15万t/a乙烯裂解炉；杭州制氧机厂研制了大型乙烯冷箱；天华化工机械及自动化研究设计院和无锡压缩机厂联合研制了大型四列迷宫密封压缩机。这些产品均实现重大技术突破。至此，大型乙烯“三机”等重大技术装备都已实现国产化。国家确定的到“十一五”末百万吨级乙烯工程所需重大装备国产化率达到75%以上的目标如期实现。

3. 首套百万吨级PTA国产装备开车成功

“十一五”期间，我国依托重庆蓬威石化公司60万t/a PTA项目，合力推进国内首套百万吨级PTA重大装备国产化。2009年11月，该项目一次投料开车成功，宣告我国“十一五”PTA技术装备国产化的任务初步完成，成为我国石化重大装备国产化的标志性工程。蓬威石化公司百万吨级PTA项目是国家批准的国产化示范工程和依托工程，采用中国纺织工业设计院自主开发的生产技术，主要设备如氧化反应器、加氢精制反应器、干燥机、空压机、过滤机及高速进料泵等均由国内企业制造，基础设计、详细设计和设备采购服务等工程总成也均由国内工程公司承担。它是国内建成投产的第一个全面采用国有技术的大型 PTA 装置。南京宝色股份公司为该项目研制了氧化反应器，其性能质量领先国际同类产品，价格仅是同类进口产品的一半，对大幅度降低我国 PTA 装置的投资成本和产品成本、促进我国聚酯工业和化纤工业健康发展、提升国产钛材料设备技术装备水平，具有十分重要的战略意义。

中航黎明锦西化工机械集团公司为该项目自主研制的两台百万吨级 PTA/CTA 大型干燥机，成为大型干燥机国产化的优秀范例，显示了中国装备制造业的实力。西安陕鼓动力股份公司则为该项目研制了 PTA 空压机。该设备各项运行指标平稳，完全达到设计要求，打破了设备完全依赖进口的历史。首套百万吨级 PTA 项目的建成投产，标志着大型 PTA 技术装备实现了国产化，对振兴民族工业、提升行业整体竞争力具有重大意义。

令人欣喜的是，我国大型 PTA 技术装备国产化并未就此止步。2010 年 10 月，120 万 t/a PTA 氧化反应器在南京宝色股份公司诞生。该设备的研制成功，打破了国外对我国 100 万 t/a 以上大型 PTA 装置关键设备的技术壁垒，填补了国内空白，具有里程碑意义。这台 PTA 氧化反应器是迄今为止采用国内工艺包自主制造的规格最高、单台产能最大的钛钢复合板 PTA 氧化反应器，也是目前全球最大的钛钢复合承压设备，表明我国大型钛钢设备加工制造能力跃上新的台阶。

4. 核心煤化工装备由进口转向国产

由于我国缺油、少气、富煤的资源特点，决定了现代煤化工产业在我国有着广阔的发展前景。目前，我国已成为世界上最大的煤制合成氨、煤制甲醇、电石和焦炭等煤化工产品主要生产国家，也是唯一大规模采用电石法生产聚氯乙烯的国家。煤化工的核心技术是煤气化技术装备。长期以来，我国建设大型合成氨、尿素、煤制甲醇装置时，煤气化炉等核心设备都必须依赖进口。德士古水煤浆加压气化炉、鲁奇加压气化炉、壳牌粉煤加压气化炉等国外主流煤气化炉产品，在我国大行其道。为此，“十一五”期间，我国在煤气化技术方面加大了研制攻关力度，先后自主开发成功四喷嘴水煤浆加压气化炉、多原料浆气化炉、航天粉煤加压气化炉、五环粉煤加压气化炉、清华非熔渣—熔渣两段加压气化炉、灰熔聚气化炉等，使我国煤气化技术装备达到世界领先水平。至此，中国发展现代煤化工产业，已基本具备独立自主的技术装备支撑体系。由兖矿集团和华东理工大学共同研究开发的国家重点科技攻关项目、科技部“863”攻关课题——多喷嘴对置式水煤浆气化技术，在“十一五”期间逐步成熟，并实现了大规模应用的新跨越。我国自主水煤浆气化装置因此走向大型化。目前单炉日处理 2 000t 煤的多喷嘴对置式水煤浆气化装置已实现成功运行，将为我国发展煤制烯烃、煤制天然气等新型煤化工产业提供强大的技术支撑。

“十一五”期间，华东理工大学、杭州林达化工技术工程有限公司、南京国昌化工科技有限公司等单位在甲醇大型合成塔设计方面从事大量的创新工作。我国自主开发的大型低压合成甲醇技术工艺和装备日臻完善，已经走向成熟。泽楷实业集团选用杭州林达公司拥有自主知识产权的大型卧式水冷甲醇合成反应器、均温高效节能甲醇合成技术以及煤制原料气甲醇合成工艺软件包，建设内蒙古赤峰 100 万 t/a 煤化工项目，标志着国产超大型甲醇合成技术装备已具备装备我国煤化工产业的信心与实力。

为支持国内煤制油、煤制烯烃等新兴产业的发展，中国第一重型机械集团全力推进加氢反应器等重型压力容器的研制攻关。2006 年，中国一重为神华煤制油工程研制出重达 2 000 多 t 的“巨无霸”加氢反应器，并成功在鄂尔多斯完成吊装。这台反应器的成功制造，标志着我国加氢反应器的材料开发、设备设计、制造工艺技术已经位于世界前列，为我国发展高端煤化工产业注入了强大动力。作为国内重型加氢反应器的主要承制单位，几十年来中国一重已为国内炼化、PTA等领域提供了数百台石化用加氢反应器。

2009年7月，华能集团主导推进的我国首座自主开发、设计、制造并建设的IGCC示范工程项目——华能天津“绿色煤电”IGCC示范电站，在天津临港工业区开工建设。上海电气集团是该电站IGCC机组主要设备的供应商。2010年9月30日，我国具有自主知识产权的首台2 000t/d干煤粉加压气化炉在上海电气集团上海锅炉厂有限公司制造完成，这是华能天津IGCC示范电站项目的关键设备。它的制造完成，标志着西安热工院开发的两段式干煤粉加压气化技术在大规模工业化的道路上又迈出了重要一步，为“绿色煤电”和新型煤化工产业的发展提供了可靠装备支持。

此外，以沈阳鼓风机集团有限公司、杭州制氧机集团有限公司、中核苏阀科技实业股份有限公司等为代表的国内通用设备制造骨干企业，以国家重大基础装备国产化为使命，在“十一五”期间为国内冶金、石化、航空航天、煤化工等重点装备领域研制了大批机、泵、阀产品及大型成套空气分离设备，有力地推动了重大石化和煤化工装备国产化的全面提升。

当前石化重大装备国产化的发展是不均衡的，有些行业进步快，有些行业进展慢。此外，国产重大装备如何产业化以及为业主单位和石化项目广泛接收和采用，已成为今后国产化走向深入要破解的关键课题。国产化是一个系统工程，重大装备只有最终实现产业化和广泛应用才有意义和价值。为此，需要政府部门、项目业主和设备制造企业三方同心合力，任何一方缺失都可能致使整个行动功亏一篑。

目前，世界石化装备制造业的发展方向是：装备日趋大型化；装备研制与工艺技术研发、设计紧密结合；装备机电一体化水平越来越高；发展高效节能、环保型装备成为主流；新材料、新设计和新技术不断得到应用。“十二五”期间，我国石化装备国产化的重点将是研制和大面积推广应用并举，石化装备制造业要瞄准高端，围绕促进石化产业转型升级、支撑战略性新兴产业发展这一主题，发挥科技创新的主导作用，加快提升高端装备制造能力，提高行业核心竞争能力和全球化经营能力，为我国石化工业走向世界提供强有力的技术装备支撑，力争跨入世界石化装备制造强国行列。

相关链接：

“十一五”石油和化工装备大事记

2006年1月8日，多喷嘴对置式水煤浆气化技术通过中国石油和化学工业协会组织的专家鉴定，首台多喷嘴对置式水煤浆气化炉也通过满负荷运行考核。

2006年6月28日，国务院发布《关于加快振兴装备制造业的若干意见》，提出将大型石化、大型煤化工、大型海洋石油工程等装备列为国产化攻关的重点。

2007年6月9日，中国石油化工股份有限公司、中国石油天然气集团公司参股沈鼓集团签字仪式在沈阳举行。这种大用户企业参股国有装备制造骨干企业的重组改制模式，在我国石油和化工行业尚属首次。

2007年11月，我国首台具有自主知识产权的12 000m特深井石油钻机，在中国石油宝鸡石油机械有限责任公司研制成功。

2009年5月12日，国务院全文公布了《装备制造业调整和振兴规划》，为石化装备制造业等应对国际金融危机指明了方向。

2009年11月，重庆蓬威石化公司60万t/a PTA装置一次投料开车成功。该项目的工艺空压机组、氧化反应器、精制反应器等关键设备均由国内研制，国产化率超过80%。

2009年12月25日，工业和信息化部等四部门联合印发《重大技术装备自主创新指导目录》。

2010年1月16日，我国第一个新建百万吨大乙烯项目——中国石化天津百万吨乙烯工程全面建成投产。该项目采用了首台国产化大型乙烯裂解气压缩机组。

〔撰稿人：中国化工报社　刘全昌〕

“十一五”我国石化通用机械行业取得的成就与“十二五”发展目标

“十一五”，党中央、国务院提出加快振兴装备制造业。国家加大了对装备制造业的支持力度，依托国家重点工程，支持企业技术改造和科技攻关，大力推进重大技术装备自主化步伐，为我国石化通用机械行业的发展提供了良好的机遇和市场空间。下面就石化通用机械行业“十一五”取得的成就与“十二五”发展目标作一论述。

一、“十一五”我国石化通用机械制造业快速发展

（一）整体规模进一步提高

石化通用机械一般分为动设备（通用机械）和静设备。动设备（通用机械）包括泵、风机、压缩机、空分设备、分离机、阀门等，静设备包括容器、换热器、反应器、塔器、石油钻采设备及其他各种专用设备。

“十一五”期间，我国石化通用机械制造业呈快速发展态势，截至2010年底，石化通用机械行业规模以上企业12 400家，其中，通用机械行业规模以上企业7 153家，是2005年的1.9倍。2010年石化通用机械行业完成工业总产值1.2万亿元。其中，2010年通用机械行业完成工业总产值6 213.21亿元，是2005年的3.64倍，“十一五”期间平均增速为29.5%；完成出口交货值767.93亿元，是2005年的2.77倍。石化通用机械行业大多数产品产量逐年递增，2006～2010年石化通用机械行业产品产量完成情况见表1。

表1　2006～2010年石化通用机械行业产品产量完成情况

产品名称	单位	2006年	2007年	2008年	2009年	2010年
炼化设备	t	364 694	448 113	589 013	925 881	1 265 403
泵	台	37 524 727	59 469 301	62 117 804	69 312 907	80 962 615
其中：真空泵	台				3 976 270	6 341 840
风机	台	2 639 675	4 323 047	4 527 837	9 304 910	13 768 826
其中：鼓风机	台				1 430 856	213 545
气体压缩机	台	18 410 485	30 932 955	30 871 379	101 640 163	159 333 025
其中：制冷用气体压缩机	台				88 988 051	139 678 074
制冷空调设备	台（套）	6 776 314	9 692 513	12 020 322		
分离机械	台	31 369	32 867	20 248		
阀门	t	2 057 544	2 603 220	3 267 770	4 583 936	5 390 395
气体分离液化设备	台				36 189	9 450
加氢反应器	台				5	10
石油钻井设备	台（套）					387 070
环保设备	台（套）	106 860	80 208	117 918	219 360	275 063
其中：大气防治	台	46 582	33 293	60 430	80 712	82 087
水质防治	台（套）	16 414	5 799	10 230	45 197	27 546
固弃物处理	台	2 566	4 707	5 242	22 150	11 358
噪声控制	台	649	734	1 143	7 513	6 477
印刷设备	t	91 007	106 704	96 659	105 412	135 712
造纸机械	台	37 156	52 361	39 250		
塑料加工设备	t	526 212	736 870	711 887	204 989	350 707

注：此表按原机械部石化通用局归口的行业统计的数据。

“十一五”期间，石化通用机械行业工业总产值、工业销售产值均以两位数增长；2006～2008 年上半年是行业进出口顺差的最好时期，2008 年下半年由于受国际金融危机的影响，进出口顺差减小，出现负增长；2010 年产品出口又呈现正增长。“十一五”期间石化通用机械行业工业总产值、工业销售产值、出口交货值见表 2。

表 2 “十一五”期间石化通用机械行业工业总产值、工业销售产值、出口交货值 （单位:亿元）

年份	行业	企业数（家）	工业总产值(当年价)		工业销售产值		其中出口交货值	
			完成	同比增长（%）	完成	同比增长（%）	完成	同比增长（%）
2006	石化通用行业	7 235	4 566.60	28.60				
	其中:通用机械行业	4 074	2 338.80	27.59	2 249.30	28.28	415	44.72
2007	石化通用行业	8 602	6 145.10	34.57				
	其中:通用机械行业	4 844	3 215.40	37.48	3 034.80	34.92	545	31.33
2008	石化通用行业	9 593	8 241	34.11	7 942.60	26.70	1 178.60	17.70
	其中:通用机械行业	5 372	4 311.20	34.08	3 993.60	31.59	620.60	13.87
2009	石化通用行业	11 919	9 648.10	17.07	9 350	17.72	1 017.90	-13.64
	其中:通用机械行业	6 675	4 788.30	11.07	4 616.60	15.60	5 96.30	-3.92
2010	石化通用行业	12 400	12 000	24.38				
	其中:通用机械行业	7 153	6 213.20	29.76	5 983.40	29.61	767.93	28.78

（二）“十一五”通用机械行业快速发展

按目前的行业划分，石化通用机械行业中的通用机械行业包括：泵、风机、压缩机、阀门、空分装置、分离机械、真空设备、干燥设备、气体净化设备、减变速机等 10 个分行业。“十一五”时期，通用机械行业各年产值均占石化通用机械行业总产值的 50%或以上。2005～2010 年通用机械行业工业总产值完成情况见图 1。

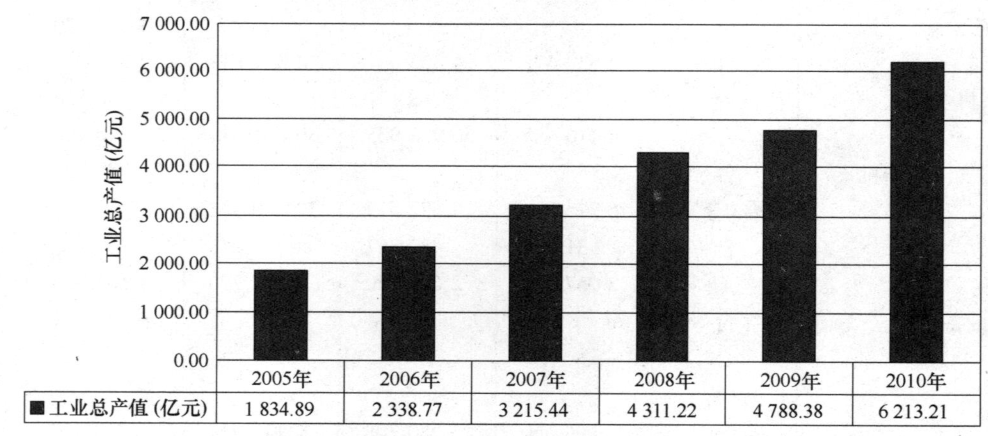

图 1 2005～2010 年通用机械行业工业总产值完成情况

注:2005～2009 年数据为年报数据,2010 年为月报数据

1. 通用机械行业产值快速增长

2011 年是“十二五”开局之年，通用机械行业上半年经济总量以两位数增长。1～5 月份通用机械行业完成工业总产值 2 632.28 亿元，同比增长 29.89%（比 1～4 月份增幅提高 0.97 个百分点）；完成工业销售产值 2 543.55 亿元，同比增长 31.13%（比 1～4 月份增幅提高 2.47 个百分点）；完成出口交货值 321.62 亿元，同比增长 22.75%

(比1~4月份增幅降低1.15个百分点)。2011年通用机械行业1~5月份主要经济指标完成情况见表3。

表3　2011年通用机械行业1~5月份主要经济指标完成情况　(单位:亿元)

行业指标	工业总产值		工业销售产值		出口交货值		产品销售率	
	完成	同比增长(%)	完成	同比增长(%)	完成	同比增长(%)	完成	同比增长(%)
全行业合计	2 632.28	29.89	2 543.55	31.13	321.62	22.75	96.63	0.96
泵及真空设备制造	557.51	32.48	536.68	33.22	73.22	25.37	96.26	0.56
风机、风扇制造	273.01	19.84	251.72	21.99	24.34	11.67	92.20	1.79
气体压缩机械制造	518.85	30.75	516.90	32.22	80.13	25.61	99.62	1.12
阀门和旋塞制造	672.77	27.90	650.65	28.44	105.79	21.84	96.71	0.43
气体、液体分离及纯净设备制造	249.84	29.68	242.18	30.43	19.51	35.58	96.93	0.58
其他通用设备制造	360.31	37.31	345.42	39.67	18.52	10.87	95.87	1.72

2. 主要产品产量呈两位数增长

2011年1~5月通用机械行业主要产品产量除风机外,泵、压缩机、阀门、气体分离设备、减速机五种产品产量保持两位数增长,风机首次微降0.07%。2011年通用机械行业1~5月份产品产量完成情况见表4。

表4　2011年通用机械行业1~5月份产品产量完成情况

产品名称	单　位	企业数(家)	完　成	去年同期	同比增长(%)
泵	台	635	37 251 329	29 414 332	26.64
其中:真空泵	台	75	2 703 595	2 335 938	15.74
风机	台	185	4 930 656	4 934 123	-0.07
其中:鼓风机	台	30	131 703	82 343	59.94
气体压缩机	台	160	90 365 680	78 852 987	14.60
其中:制冷设备用压缩机	台	58	72 738 770	68 486 443	6.21
阀门	t	790	2 061 135.37	1 686 493.9	22.21
气体分离及液化设备	台	35	11 950	9 707	23.11
减速机	台	169	2 120 116	1 653 956.8	28.18

2011年上半年,通用机械行业产品产量以两位数增长,主要得益于“十一五”项目的收尾。下半年,通用机械行业经济发展速度可能比上半年有所放缓。2011年是“十二五”的第一年,新建项目和技改项目处在等待审批或处于可行性研究阶段,将会造成下半年的订单和产品销售量下降。

(三)“十一五”石化通用机械行业发展特点

“十一五”期间,石化通用机械行业以平稳的态势发展,这为行业“十二五”发展奠定了良好的基础。“十一五”石化通用机械行业发展呈现以下三个特点:

1. 产品技术水平实现新突破

以加氢反应器、高压换热器、高压空冷器为代表的静设备,以及从钢水熔炼、大型锻件、焊接、不锈钢堆焊,到现场组装等技术,都已达到国际先进水平。其中第一重型集团制造的世界上最大吨位的2 020t加氢反应器,达到国际领先水平。但一些与流程密切相关的反应设备,由于反应器内件受国外工艺专利技术的限制，尚需与国外合作制造。

在动设备（通用机械）方面：离心式压缩机、轴流式压缩机和80～125吨级往复式活塞压缩机设计制造技术已接近或达到国际同类产品先进水平。

石油化工用泵30%的产品处于20世纪80年代国际水平，50%的产品达到和接近20世纪90年代国际水平，20%的产品已达到当代国际先进水平。一般工艺流程泵、耐腐蚀泵都能满足需求，但石化装置中的大型激冷水泵、激冷油泵、输油管线泵、小流量高扬程化工泵、耐强腐蚀及耐固体颗粒冲刷的料浆泵等与国际先进水平还有较大差距，仍需进口。

石化装置中应用的一般阀门，国产的与国外水平相当，其品种规格基本可满足需要。目前国内设计、制造高精度调节阀、安全阀和一些特殊材料、特殊结构的阀门还有困难。

与国外相比，石化装置中常用的国产过滤机、离心机还有一定差距，如：大型立式、卧式螺旋卸料离心机品种规格少，还不能完全满足石油化工生产的需求。

我国生产的烟气（石化尾气）回收透平的使用寿命、振动、噪声等关键性能指标均与国外机组相当，达到国际先进水平。

乙烯及深加工装置中的大型挤压造粒机长期依靠进口，国产20万t大型混炼挤压造粒机组已研制成功，打破了国外对我国大型造粒机组的技术和市场的垄断局面，为进一步研制30万t及以上烯烃装置用大型混炼挤压造粒机组打下了基础。

2. 国产化能力明显提高

重大技术装备国产化率有了明显提高。其中30万t合成氨、52万t尿素、1 000万t/a常减压蒸馏装置、350万t/a催化裂化装置、300万t/a加氢精制和加氢裂化装置、200万t/a渣油加氢脱硫装置、100万t/a延迟焦化装置和100万t/a连续重整装置等国产化率达到85%～90%；百万t/a乙烯装置、60万～100万t/a PTA装置国产化率达到75%～80%。百万千瓦核电站核级阀门国产化率已由6%提高到65%，核级泵国产化率已由4%提高到60%

一些高难度设备，如百万t乙烯装置中的裂解气、丙烯和乙烯离心压缩机，多股流低温冷箱；大化肥装置中的“四大压缩机组”、氨合成塔；加氢裂化和加氢精制装置用的加氢反应器、高压换热器、高压空冷器；加氢和重整装置用的离心式循环氢压缩机、80t及125t活塞力的往复式新氢压缩机；催化裂化和延迟焦化装置用的主风机、富氧压缩机、高效旋风分离器、外加热器、烟气回收透平以及重要的流程泵等都已实现国产化。

3. 通用机械行业龙头企业实现跨越式发展

“十一五”期间，通用机械行业龙头企业加快推进结构调整和增长方式转变，引领通用机械行业迈上新台阶。

沈阳鼓风机（集团）有限公司自2004年重组后进入快速发展阶段。2010年工业总产值突破100亿元，“十一五”期间，年均增速25.5%，百万吨乙烯装置国产化率已达80%以上，研制出100万t/a乙烯装置用裂解气压缩机和丙烯压缩机，5.2万m^3/h空分装置用离心压缩机，聚丙烯装置用单级循环气压缩机，天然气输送用长输管线压缩机，千万吨级炼油装置用大型压缩机和2D125大推力往复式压缩机。为核电领域百万千瓦级核电项目成功研制出余热排出泵、上充泵、安全壳喷淋泵、低压安柱泵、电动辅助给水泵等五种核电用泵，推进了我国核电核心装备自主化进程，达到世界级先进水平。

陕西鼓风机（集团）有限公司充分利用现有资源和优化资源配置，重构企业价值链，通过提供优质服务和战略合作，大力发展装备制造服务业，实现了由单一制造向成套服务的转变，从产品经营向品牌经营、资本运作转变。截至2010年，传统优势产品轴流压缩机订货数量成功突破1 000台，TRT达到500余台，空分装置压缩机组突破100台，硝酸机组突破50台套，公司进入里程碑式的快速发展模式。2010年完成工业总产值55亿元、实现利润6亿元。

杭州制氧机集团有限公司,2010年完成工业总产值42.6亿元,实现利润8.2亿元,全年空分设备生产总量达103m^3。2011年预计完成订货130万m^3任务。杭氧已承接伊朗12万m^3大型空分设备订单,16个月交货,将创造世界容量之最(林德、APCI最大容量10m^3)。同时投资建设11家气体制造公司,使产业链进一步延伸,实现从卖奶牛到卖牛奶的转型。

上海凯泉泵业(集团)有限公司于1990成立,经过20年的发展,已成为集设计生产销售为一体的国内泵产品销售额排名第一的企业。特别是在"十一五"期间,综合实力全面提高,实现了质的飞跃,2010年集团销售额达22亿元,同时公司在火电用主泵、核电用高压安注泵、南水北调用大型轴流泵和矿用潜水多级泵等产品方面也有重大突破。

景津压滤机集团有限公司1988年进入压滤机行业,23年来一直专注于压滤机的研发、制造和应用。公司拥有自主知识产权的产品,拥有压滤机行业世界领先的制造装备和加工工艺,采用世界最先进的5 000t注塑机,使隔膜滤片的厚薄均匀度误差小于0.5mm,是德国工艺标准的两倍,表面粗糙度达到德国最高水平。在压滤机13项关键技术指标中,景津已有8项达到了世界领先水平。从2003年开始,公司连续七年位居压滤机全球产销量第一。2010年实现销售收入23.3亿元,国内市场占有率达62.3%,在选煤、化工、污水处理等行业市场占有率达75%。产品远销123个国家和地区,在国际金融危机的影响下,出口创汇依然增长12%。"景津"商标在美国、英国、德国、日本等29个国家申请了马德里国际注册保护。目前景津压滤机已经进入世界压滤机一线品牌的行列,与世界顶级产品同台竞技。

无锡压缩机股份有限公司是国内压缩机行业产品门类齐全,技术含量较高的领军企业。"十一五"期间,通过自主开发调整产品结构,产品研发向大容量、高参数、无油方向发展,在性能上向多介质、高可靠性、节能环保方向发展,每年开发和改型的压缩机新产品达100多个,拥有12项发明专利和20项实用新型专利,是国内压缩机行业中拥有发明专利最多的企业。这些自主知识产权不仅提升了企业技术创新及核心竞争能力,而且对行业技术发展起到了引领和示范作用。产品在国际市场上与国外厂家同台竞技,实现了经济和社会效益同步发展,取得了企业与社会的双赢效应。

大连大高阀门有限公司成功研发出核一级止回阀、核一级截止阀和核一级闸阀等产品,22项新产品通过了国家鉴定,实现了核一级阀门国产化,取得了良好的经济效益。

中核苏阀组建了江苏省特种阀门工程技术研究中心,与高校建立了长期的战略合作关系。研制出核电用稳压器比例喷雾阀等核电站关键阀门。核一级快速启闭隔离阀、稳压器比例喷雾阀、高Cv值止回阀在技术上有较大突破。

江苏神通阀门股份有限公司研制开发了蝶阀、球阀、止回阀等20余项新产品,与中科华核电技术研究院合作开发的"百万千瓦级压水堆核电站地坑过滤器",实现了批量订货。

(四)"十一五"石化通用机械行业取得的主要成就

1. 15万t规模裂解炉已实现国产化,并批量生产。

2. 沈鼓集团分别为镇海石化、天津石化和抚顺石化百万t/a乙烯装置研制的裂解气压缩机、丙烯压缩机和乙烯压缩机已交付用户,实现了国产化。

3. 上海电气压缩机泵业公司自行研制的螺杆直径816mm螺杆压缩机已在中石化南化公司和青海昆仑碱业公司投入运行。

4. 沈鼓集团压缩机公司研制的全世界最大活塞推力的1 250kN往复式压缩机已成功应用于加氢装置。

5. 沈阳远大压缩机股份有限公司为大型乙烯成套装置成功研制了六列低温迷宫密封工艺压缩

机(32t 活塞力)。

6. 百万吨乙烯装置用的多股流低温冷箱由杭氧集团研制成功,并批量供货。

7. 由中国第一重型集团制造的全世界最大的 2 000t 加氢反应器在神华煤制油项目投产。

8. 国产首台 20 万 t/a 挤压造粒机已经过工业运行考核,为大型挤压造粒机全面实现国产化,打破国外公司长期垄断打下基础。

9. 天然气长输管线 101.6cm、116.84cm 大口径全焊接球阀研制成功。

10. 2 万 kW 电驱动管线压缩机组和 3 万 kW 燃气轮机驱动管线压缩机已在研制中。

11. 5 000m^3 高炉配套的轴流压缩机研制成功并出口国外。

12. 具有国际先进水平的 6 万 m^3/h 大型空分设备已批量生产。

13. 开发的 20 万 t/a 聚乙烯气相反应器;20 万 t/a 高压聚乙烯超高压管式反应器;30 万 t/a 聚丙烯环管反应器已投入正常运行,完全符合工艺流程的要求,改变了该类设备长期进口的局面。

14. 百万千瓦压水堆核电站上充泵、喷淋泵、余热排出泵、低压安注泵、水压试验泵等全部核二级泵和设备冷却泵、重要厂用水泵等全部核三级泵国产化取得重大进展,国产化率由 4% 提高到 60%。

15. 部分核一级阀门,大部分核二级和全部核三级阀门实现国产化,国产化率由 6% 提高到 65%。

16. 12 000m 深井钻机实现国产化,并进入国际市场。

二、"十二五"石化通用机械行业发展思路与目标

(一)发展思路

以国家产业政策为导向,瞄准国际国内两个市场,紧紧围绕石化、电力、新能源、新材料等工业对石化通用机械装备的需求,以及城市基础设施建设等国民经济发展的重点任务,不断提升企业的自主创新能力;加强重大新产品和节能产品的开发;通过联合重组,组建大型企业集团,在全国形成若干个区域性石化通用机械产业集群,提高行业集成成套能力和国际竞争力;实现大型石油化工、大型火电、大型核电、大型煤化工以及石油天然气集输等重大技术装备国产化。

(二)"十二五"石化通用机械行业发展目标

1. 到"十二五"末,在石化、核电、超超临界火电、天然气集输、天然气液化、煤化工等重点领域石化通用机械装备国产化率比"十一五"提高 5 ~ 10 个百分点;国内市场占有率达 85% 以上。

2. 加大高端和节能产品研发力度,到"十二五"末,开发 50 个新产品并形成系列,完成重大技术攻关 20 项,使大型空分装置、离心压缩机、轴流压缩机、容积式压缩机、化工流程泵、石化和电力设备各种阀门等高端产品的设计、制造关键单元技术达到国际先进水平,部分产品处于领先水平。产业和产品结构有明显优化升级,中高端产品的占比,由"十一五"的 25% 提高到 40%。

3. 到"十二五"末,石化通用机械行业产值达到 1.5 万 ~ 1.8 万亿元。其中通用机械行业形成产值过 100 亿元的企业 3 ~ 5 家,产值 50 亿 ~ 100 亿元的企业 5 ~ 10 家,产值 10 亿 ~ 50 亿元的企业 60 ~ 80 家。

4. "十二五"期间,在泵、风机、压缩机、阀门、空分装置五个重点行业分别建立工程研究中心和若干个企业战略同盟。开展由高校、研究院所和企业共同参加的产品联合设计。

5. "十二五"期间,重点培育沈阳鼓风机集团、陕西鼓风机集团、杭州制氧机集团、四川空分集团、开封空分集团等大型骨干企业由纯制造业向工程成套和现代服务业转变。

(三)产品发展、调整重点

"十二五"期间,石化通用机械行业主要产品发展、调整重点是紧紧围绕石化、核电、超超临界火电、天然气集输、天然气液化、煤化工等重点领域亟须的石化通用机械产品开展研发与制造,努力实现"十二五"的发展目标。

1. 百万 t/a 乙烯、千万 t/a 炼油装置的主要设备

15 万~20 万 t/a 裂解炉,500~1 000t 加氢反应器,废热锅炉,精馏塔,高温高压换热器,乙烯低温贮罐等,4 万~6 万 m^3 空分设备,50 000kW 以上裂解气压缩机组,7 500kW 以上乙烯压缩机组,30 000kW 以上丙烯压缩机组,10 000kW 以上二元制冷压缩机组或 60 000kW 三元制冷压缩机组,8MPa 大型高压乙烯冷箱,流量 3 500m^3/h、扬程 140m、功率1 700~2 000kW 的急冷油泵和急冷水泵,-80℃至 140℃的低温泵,特殊高速泵等。

2. 聚乙烯、聚丙烯、丁二烯、乙二醇等乙烯下游装置主要设备

超高压管式反应器、超高压冷却器、大直径流化床聚乙烯气相反应器、40 万 t/a 聚丙烯环管反应器、环氧乙烷(EO)反应器、功率 1 000kW 以上的大型迷宫式工艺气体压缩机、2 500kW 以上的大型工艺螺杆压缩机、30 万~40 万 t/a 的大型混炼造粒机组等。

3. 60 万~100 万 t/a PTA 装置主要设备

四合一大型空压机组,大流量高速泵机组,带过滤装置的溶解/加氢反应器,第一、第二氧化结晶器,大型真空过滤机,密闭特大型蒸汽管回转干燥机,母液冷却器,立式螺旋沉降式离心机等。

4. 煤化工装置主要设备

气化炉、气化塔、各种换热器、煤液化加氢反应器、5 000m^3 及以上的大型储罐、8 万 m^3/h 及以上大型空分装置、一氧化碳压缩机、二氧化碳压缩机、氢气压缩机、氧气压缩机、氨气压缩机、合成气压缩机、1 000~1 250kN 超大活塞力的工艺用往复活塞压缩机、高压煤浆泵、油煤浆进料泵、氧气阀、煤粉阀、渣水阀、锁斗阀、高压差调节阀等。

5. 天然气液化装置主要设备

低温泵、低温阀门、6 万~10 万 kW 制冷压缩机和气体分离、净化设备、低温储罐、配套燃气轮机、电机(变频)、大型缠绕管换热器和多股流换热器等。

此外,天然气和原油集输用的大型离心式压缩机、大型球阀和大型输油泵等。

6. 电力装置主要设备

百万千瓦核电核一、二、三级泵和阀门以及常规岛泵和核一、二、三级阀门等,百万千瓦超超临界火电泵和阀门等。

"十二五"期间,加强科技创新、增强自主创新能力将成为石化通用机械制造业转变发展方式的中心环节。力争突破核心技术和关键技术,加快形成自主技术、标准和品牌,推进石化通用机械产品智能化、高新技术产业化、产业集聚高度化,构建现代石化通用机械制造体系,使我国由石化通用机械制造大国向制造强国转变。

〔撰稿人:中国通用机械工业协会　钱家祥〕

"十二五"我国石油和石化装备产业发展展望

2010 年,我国石油和石化装备产业(以下简称石化装备产业)完成工业总产值达 5 000 多亿元,企业数量达到 7 000 多家。经过多年发展,我国石化装备产业已经形成门类较齐全、规模较大、具有一定技术水平的产业体系。但是,与发达国家相比,我国石化装备产业仍存在大型骨干企业较少、自主创新能力较弱、石油和石化工艺与装备开发脱节、产业结构不合理、产业集中度低、技术创新体系

有待完善等问题。

装备制造业尤其是石化装备产业水平是衡量一个国家经济发展实力的真实体现,也是各国重兵打造的产业。石化装备产业在“十二五”期间将面临金融危机后的重新洗牌。

“十二五”我国石化装备产业发展目标:积极发展高端设备,推进大型成套设备国产化,大力发展节能环保技术装备,提高自主创新能力等,带动石化装备产业实现由大向强的转变。

一、推动石化装备产业由大变强

为了适应“十二五”期间高端装备制造向智能装备制造方向发展、海洋工程装备向深水、大型化、机电一体化、自动化、智能化方向发展,我国石化装备产业应该从五个方面着手实现“由大变强”的转变。①以海洋工程装备、智能装备等高端装备制造产业为重点。“十二五”时期,我国海上油气田开发工程建设投资预计将达2 500亿~3 000亿元,石化装备产业要抓住这难得的历史机遇,重点研制海洋工程装备和智能装备。②围绕重点建设工程,以千万吨级炼油、百万吨级乙烯、大化肥、大型煤化工等成套设备为重点,推进重大石化装备国产化和自主化。③大力发展天然气管道输送和液化储运装备。④围绕节能减排,大力发展节能环保技术装备。⑤进一步完善技术创新体系,提高产业的自主创新能力,要在国家海洋油气装备、煤炭清洁转化装备等方面加快科研平台建设。

二、紧跟世界石油和化工装备制造业的发展趋势,进行产业结构调整

“十一五”期间,石化装备国产化率有了大幅提高。中国石油化工集团公司原国产化办公室主任王廷俊介绍说,经过5年的攻关,百万吨乙烯和百万吨PTA等石化重大装备国产化实现了重大突破,一些过去一直依赖国外进口的重大设备开始立足国内,并在大型石化项目上推广应用。“按照价值量计算,目前1 000万t/a炼油设备的国产化率已经达到90%以上,100万t/a乙烯设备的国产化率已达到75%以上”。

但是,石化成套设备中还有部分大型、高端设备未能实现国产化。这部分设备技术含量高,制造难度大,世界上只有少数工业发达国家可以制造,如大型反应器、超高压压缩机、超低温化工流程泵、高精度计量泵、大型隔膜泵等。

2015年国内规划的乙烯产能达到2 200万~2 300万t,“十二五”期间将新建乙烯装置700万~800万t,重点是继续提高百万吨乙烯装置成套设备的质量和运行稳定性,国产化率由目前的75%提高到90%。

目前,世界石油和化工装备制造业的发展出现了新的趋势,我国石油和化工装备行业应紧紧抓住这些趋势进行调整。

①石油和化工装备日趋大型化。为追求低投资、低成本、低消耗,提高项目竞争力,石油和石化工艺技术不断推陈出新,生产规模越来越大,从而促进了石油和化工装备日趋大型化。

②石油和化工装备研制与工艺技术研发、设计紧密结合。石油和化工生产工艺多与化工反应结合在一起,构成技术核心,与之配套的反应器几乎都是专利设备,因此工艺技术的每一进步都离不开与之配套的石油和化工装备作支撑。在石油和化工工艺技术快速发展的今天,为了不断适应石油和化工工艺技术对石油和化工装备的新要求,石油和化工装备的研制与石油和石化工艺技术的研发、设计结合日趋紧密,共同形成专有技术及专利技术,这已成为国外专利商的普遍做法和发展趋势。

③石油和化工装备机电一体化水平越来越高。未来石油和化工装备将是集高性能、高原料利用率、低能耗、低污染、环境舒适和可回收性于一体的智能化体系。该体系可使生产设备在一定程度上具有判断、推理、逻辑思维和自主决策能力,可以获取、处理和识别多种信号,自主完成传统装备不能完成的功能,实现工业生产的柔性化和自动化。

此外,新材料、新设计和新的制造技术不断得到应用。石油和化工装置的大型化,有力地推动了大型石油和化工装备的设计技术、制造技术、质量检验技术、运输技术、现场组装与热处理技术等的发展,以及高性能新材料的研发。由于大多数石油和化工装备在高温、高压和有腐蚀的工况下运行,新材料的应用可显著提高设备的力学性能、耐腐蚀性能,减轻设备的重量,降低造价,方便运输。

三、节能环保型石化装备必将走俏

推进节能减排是“十二五”规划的重要内容,并为此设定了约束性指标。石油和化工行业节能减排的潜力很大,发展节能环保这一战略性新兴产业具有很大空间。

据介绍,“十二五”期间我国节能环保产业投入将达3.1万亿元,规模比“十一五”的1.4万亿元增长一倍多。石化工业“十二五”期间将重点抓好炼油、乙烯、合成氨、纯碱、尿素、黄磷和电石等七个行业的节能减排工作。石化装备产业应积极开发和大力推广适合石油和石化工艺的高效节能设备。

“十二五”期间,我国石化装备制造业的一个重要任务,就是以新型、高效、节能减排的关键设备开发制造为突破口,以研制开发新型战略性产业所需的先进成套关键设备为发展目标,调整产业结构、产品结构和企业组织结构,使企业不断优化升级。为此,将大力开发和推广燃煤工业锅炉脱硫脱硝脱汞一体化设备、高浓度难降解化工废水处理技术装备、油田钻井废弃物处理处置技术与成套装备、废油再生基础油成套装备、二氧化碳生物转化清洁能源技术装备等节能环保装备。

四、当今陆上资源日渐枯竭,资源开发向海洋、尤其是深海进军已成为必然趋势

我国4 880km^{2}的海域中,深水海域约有1 500 km^2,主要位于南海。我国深海石油储量预测约100亿t、天然气约15万亿m^3,但目前进行勘探的面积仅约160km^2,可以说是刚刚起步。虽说只是开始,但中国海洋石油集团公司已在珠江口盆地区块的水深1 500m处的探井,探明天然气储量约有4亿~6亿m^3。制定了“深海石油战略”:拟对20万km^{2}的深水海域先期勘探,其中,除7万km^{2}对外合作以外,其余均自行勘探;并已投资150亿元建造深水油气勘探开发装备;还在青岛建设占地130万km^{2}的大型海洋工程装备生产场地,从事深水石油装备生产。

目前,深水找油气的热潮,正在全世界蓬勃兴起。从全世界在深海的油气钻井及完井的投资额来看,深海占海洋总投资的比例已从2002年的20%上升到2007年的31%;从石油产量来看,预计2010年以后,全球新增的海上原油产量可能均来自深海。

世界各国石油装备制造业现状及发展趋势如下:

①美国是石油装备最先进的生产国,自给率居世界各国之首,诸如石油钻井设备(含顶部驱动系统)、燃气透平发电设备、柴油发电机组、大型高压天然气压缩机组、油气分离处理设备、海洋工程结构、海底遥控作业船(ROV)等技术领先于世界各国。

②英国和挪威的钻采平台自给率达80%,但其平台上装备的钻井、井控、固控、测井、固井等设备及海底完井设备约90%来自美国。另外,这两个国家分别在动力定位技术、钻机顶部驱动技术方面具有领先优势。

③法国石油装备技术仅次于美国,与英国齐肩,其高压石油软管制造技术,半潜式、自升式平台建造技术,测井技术,LPG储运设备制造技术等全球著名。

④意大利的海上铺管技术、管线涂敷技术,瑞典的动力定位铺管技术,荷兰的大吨位海上浮吊技术装备及海底工程地质调查技术,德国的石油钻井设备制造技术、海上液压装备技术、大功率变频电力拖动技术及仪器仪表技术等处于世界领先地位。

⑤日本由于其造船、冶金、电子技术领先于世界,在平台建造、海洋工程结构和石油管材(含油气输送管线、钻杆、套管、油管),平台上配套的机、电、仪等产品方面具有较强的国际竞争力。

⑥韩国、新加坡的海洋石油钻采平台建造技术也在世界市场崭露头角。

⑦油气工程装备发展趋势是深水化、大型化、设计更优化,并采用高强度钢、配套设备更先进。

⑧“可燃冰”开发技术正成为研发的热点。南海北部的“可燃冰”储量达到我国陆上石油总量的一半左右。据测定,1m³“可燃冰”可释放出200m³甲烷气体,其能量密度是煤的10倍和常规天然气的2~5倍。对“可燃冰”的开发研究应及早进行。

五、2011年行业发展趋势预测和“十二五”展望

2010年12月召开的中央经济工作会议提出,2011年我国宏观经济政策的基本取向是积极稳健、审慎灵活。新取向凸显了2011年经济形势的复杂性,中央之所以提出这样的政策取向,主要是基于对2011年经济形势不确定性的基本判断。

从国际看,国际金融危机并未结束,世界主要发达国家复苏进程艰难曲折。从国内看,宏观经济运行面临复杂形势,一方面要维持一定的增长速度,另一方面要应对不断加大的物价上涨压力,同时要下大力气搞好结构调整。

2011年行业发展的有利环境因素分析

①从宏观发展环境分析,2011年是我国“十二五”规划的开局之年,各行业都将深入贯彻中央经济工作会议精神,落实科学发展观,总体经济运行环境较好。从中央经济工作会议提出的六项主要任务看,保持我国经济平稳健康发展是2011年的首要任务,所以国家宏观经济环境有利于行业的发展。

更为重要的是“十二五”规划和战略性新兴产业发展政策的实施,以及大力加强自主创新,切实抓好节能减排,转变增长方式,优化产业结构等,都更加需要高水平机械装备的支撑,从而为装备制造业提供了广阔的发展空间。

②“十二五”期间我国将加大对页岩油气藏等非常规资源勘探开发的政策支持力度,进一步保障国家石油能源安全。

虽然“十一五”期间我国已经在煤层气、页岩油勘探开发等方面取得了一定成果,但由于起步较晚,尚存理论不成熟、技术不适应等问题。同时,非常规资源勘探开发,包括资源评价识别、水平井和多分支结构井钻完井、复杂构造条件下的钻完井、不同储层压裂技术的改进等一系列技术,要求高、成本高。与发达国家相比,我国非常规油气资源勘探开发无论在技术、规模、水平,还是在发展速度上,都还有较大的差距。

据预测,“十二五”期间国家有关部门将出台相应的政策和措施,组织关键技术攻关,加大支持非常规资源勘探开发和理论研究的力度,研究适合我国资源状况的配套勘探开发技术。通过采取减免页岩油气资源税、财税补贴等方式支持企业加大科技投入,引进先进技术、研发特色技术、掌握关键技术、发展自有技术,推进非常规油气资源勘探开发,加快实现规模化发展,不断降低页岩油气藏、致密砂岩油气藏等非常规资源勘探开采成本。

③“十二五”期间,我国石油石化行业为了履行我国政府提出的2020年承诺,单位GDP碳排放在2005年基础上减排40%~45%的目标,将进一步加大资源节约和管理力度,积极转变发展思路,把发展的战略基点放在主要依靠科技进步、管理创新和人员素质提高上,不断提升生产运行和企业管理水平,提高综合商品率、轻质油收率,将原油“吃干榨净”,充分利用一次能源,积极推进节能减排工作,不断降低万元产值综合能耗和主要污染物排放量,努力达到“单位国内生产总值能耗和二氧化碳排放分别降低16%和17%,以及主要污染物排放总量减少8%至10%”的约束性指标。

我国将该目标纳入国民经济发展纲要,倾举国之力推动节能减排工作,走出一条“保发展、促减排”的绿色发展之路。

④预计2011年随着全球经济开始逐步回升,外贸市场将出现恢复性增长,总体形势不会差于2010年,但是从国际市场发展趋势来看,目前石油设备供应商已将业务渗透到石油工程技术服务之中,近年来这种业务在逐年增加。全球排名第一的石油装备制造商美国国民油井公司可以根据某个油田区块的地质状况提供一体化的技术及装备服

务，并提供石油钻井队的设备和物资的供应、运输。因此今后石油装备行业的发展趋势是装备制造和工程技术服务互相渗透，提供一体化的技术装备服务。

⑤以三大石油公司为代表的用户企业出于专业化的有效管理和降低人工成本考虑，将包含装备、仪器和工具在内的技术服务整体或部分承包出去，已经成为一种趋势，这对石油设备制造企业既是一个考验，也是一个机会。

例如，2011 年中国石油天然气集团公司要求对国内油田的工程技术服务进行一场革命，一些专业化的服务要从中国石油天然气集团公司内部分离出来。这对我国石油装备制造企业是一次转变业务模式的机会，可以发挥装备制造企业的专业特长，承接延伸服务业务。

⑥国家对节能、安全、环保的要求越来越高，提出了“十二五”期间，我国将加强低碳技术研发与应用。在钢铁、建材、有色、石油化工、机械装备等重点行业选择一批技术成熟、减排潜力大的低碳技术，实施低碳技术示范工程，推动传统产业的低碳化改造。石化装备制造业企业要把握发展方式转型的机遇，彻底摆脱“作坊式”生产模式，无论从管理功能还是制造过程的质量控制都要向绿色化、智能化方向转变，构建先进的现代企业制度。

2011 年行业发展的不利因素分析

①2010 年钢材价格相对较低，预计 2011 年主要原材料价格将重拾升势，从而将推高机械制造成本。

②人民币汇率总体呈上行趋势，低端机械产品的出口竞争力将进一步减弱。高端装备的自主创新困难将更大，预计 2011 年行业的经济运行速度也将因此而受到抑制。

③贸易摩擦加剧。主要表现为受经济不景气影响，各国的贸易保护主义抬头，利用各种贸易壁垒限制进口，如技术壁垒、绿色壁垒、各种标准等，产品出口难度增加。

预测 2011 年，在外部国际贸易环境不乐观，全球供需结构变化，世界经济复苏动力不足以及内部工业创新能力不强，结构性矛盾十分突出等不利因素的影响下，未来工业增速可能有所降低，需要谨慎对待。

“十二五”展望：

2011 年 3 月 14 日全国人大表决通过了关于国民经济和社会发展第十二个五年规划纲要的决议。纲要在综合判断国际国内形势的基础上提出我国发展仍处于可以大有作为的重要战略机遇期，既面临难得的历史机遇，也面对诸多可以预见和难以预见的风险挑战。石化装备产业要增强机遇意识和忧患意识，主动适应环境变化，深化改革开放，加快转变经济发展方式，开创科学发展新局面。

1. 按照上年国务院下发的《关于加快培育和发展战略性新兴产业的决定》，围绕节能环保，新一代信息技术，高端装备制造，新能源，新材料等战略性新兴产业的需求，石化装备产业面向国内外两个市场，瞄准世界先进水平，依靠科技创新推动产业升级；加快国家创新体系建议，推进创建产学研战略联盟。强化企业在技术创新中的主体地位，引导资金、人才、技术等创新资源向企业聚集；提升行业发展的核心竞争力，推动行业由装备制造向装备制造服务方向发展。

2. “十二五”期间，要坚持以经济结构战略性调整作为加快转变经济发展方式的主攻方向，加快发展节能环保，减排降耗的新产品、新技术、新材料、新工艺，提升行业的可持续发展能力。

3. “十二五”期间继续优化调整行业结构，陆上油气田勘探开发所需的沙漠、戈壁等特殊地区的技术装备，海上油气勘探开发所需的智能化、自动化高端石油和石化装备，非常规油气田勘探开发中所需的煤层气、油砂、油页岩等技术装备要取得突破，不断提高国产化水平，在保证产品技术性能、质量、使用寿命、可靠性方面狠下功夫，确保用户需要的勘探开发装备技术水平实现显著提升，加快形成行业发展新的经济增长点。

4. “十二五”期间行业结构调整中，应充分利用国内外两种资源，两个市场，加大开拓国际市场力度；在突破上述高端勘探开发技术装备的同时，大力拓展行业下游产业；加大国内需求量大的通用设备的开发力度，提高产品质量、性能和可靠性，满足用户要求；把握好在全球经济分工中的新定位，积极参与国际经济合作，创造竞争新优势；增强自主创新能力，增加研发投入，确保行业结构调整和转型升级取得重大进展，促进全行业平稳较快的可持续发展。

〔撰稿人：中国石油和石化设备工业协会　赵志明〕

中国石油石化设备工业年鉴 2011

海洋工程装备

介绍我国战略性新兴产业——海洋工程装备制造业的创新发展战略、规划思路以及国内外海洋工程装备制造业的发展现状、竞争态势、技术状况和应用情况。重点介绍我国海洋工程装备制造企业发展概况。

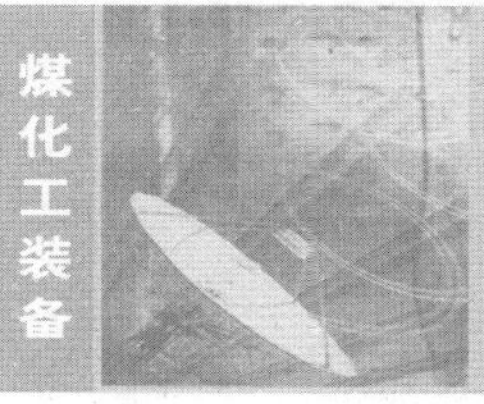

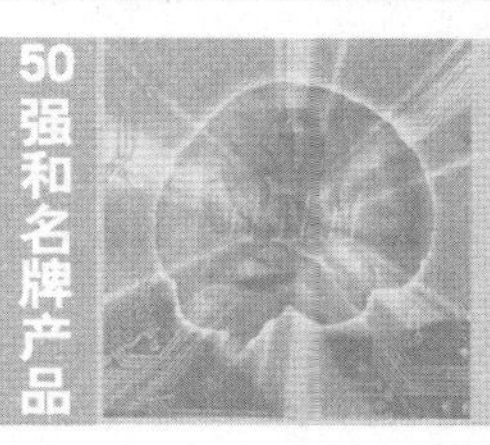

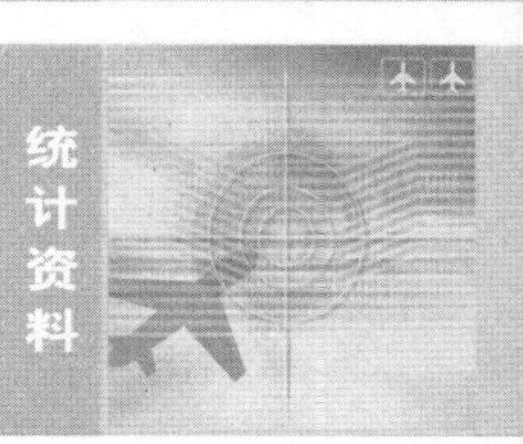

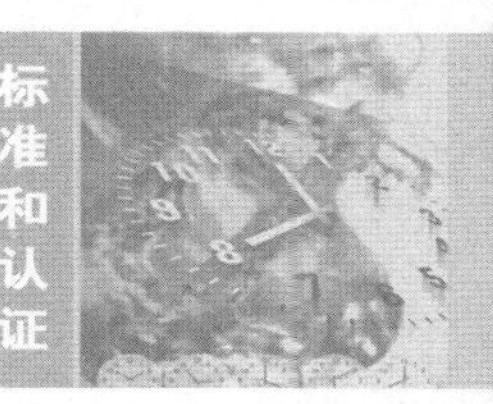

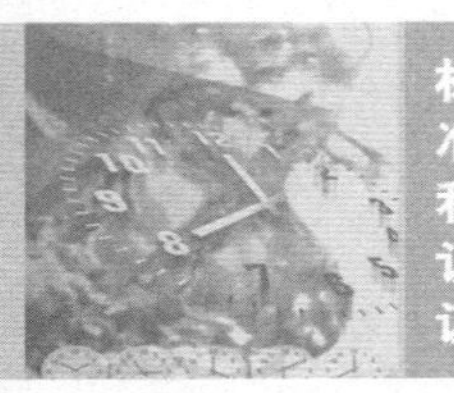

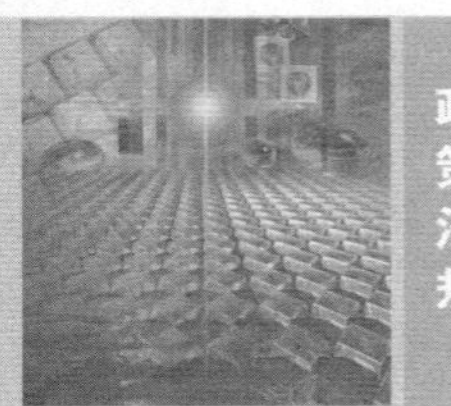

海洋工程装备

海工装备
今后10年甚至50年内，国际海洋经济形势将发生大的变化，海洋作为人类生存和发展的资源宝库，日益成为世界各国开展竞争的主要领域。
党的十七届五中全会把发展海洋经济提到了国家战略的高度，明确提出了提高海洋开发、控制和综合管理能力。《国务院关于加快培育和发展战略性新兴产业的决定》明确将海洋工程装备产业纳入重点培育和发展的战略性新兴产业。
大力发展海洋工程装备制造业，能够提高我国自主开发海洋资源的能力，为我国资源和能源的持续供应提供保障；能够带动相关产业的发展，推动我国经济结构调整和发展方式转变；能够促进海洋经济和相关海洋产业加快发展，对我国实现海洋强国战略目标具有重要意义。
• 南阳二机石油装备（集团）有限公司
• 中国石化集团江汉石油管理局第四机械厂
• 兰州兰石国民油井石油工程有限公司
• 黑龙江北方双佳钻采机具有限责任公司
• 布柯玛蓄能器（天津）有限公司
旅大5-2DPP平台

自主创新　推进油气装备国产化

——南阳二机石油装备（集团）有限公司

南阳二机石油装备（集团）有限公司（简称南阳二机集团）是国家创新型企业、国家火炬计划重点高新技术企业、我国石油钻采装备制造基地之一，是国家重大技术装备国产化基地、高新技术企业、重点新产品试制企业，国家火炬计划项目、国家科技成果重点推广计划项目、国家级重点新产品计划项目承担企业，中国石化集团公司石油轻便钻机国产化基地，中国石油钻采装备制造10强企业，中国石油和石油化工设备工业协会副理事长单位。

“十二五”期间，我国油气生产的重点将由陆地转向海洋，海洋石油装备将成为该领域内各商家竞争的主要焦点，石油钻机自动化、数字化、智能化及信息化水平将得以快速发展，钻机整体向着交流变频调速电驱动石油钻机方向发展。

南阳二机集团研发的海洋钻修井装备在该领域始终保持技术领先优势，创造了多个第一，产品占据国内一半以上的市场，并进入国际市场。1993年公司研制出国内首台海洋修井机，填补了国产海洋钻修井装备的研制空白，结束了我国海洋钻修井装备长期依赖进口的历史，并相继研制出国内第一台采用直流可控硅电驱动海洋修井机、第一台国产化小模块易拆装海洋修井机、第一台交流变频电驱动海洋修井机、第一台通过DNV设计认证的海洋修井机。2000年公司研制出国产化最大钩载225 t海洋修井机，使国产成套海洋装备首次进入深海领域；2006年出口4套具有世界先进水平的海洋修井机实现了国产海洋钻修井装备的首次出口。

煤层气钻机

南阳二机集团作为第一个研发出海洋修井装备的国内厂家，陆续开发出填补国内空白的600kN至2250kN海洋钻修井装备系列产品、具有3 000m、4 000m侧钻能力的HZJ30/XJ180、HZXJ225海洋钻修机、适合于固定平台和自升式钻井平台的5 000m交流变频电驱动HZJ50DB海洋钻机。2011年8月9日，南阳二机集团自主研发的国内首台5 000m海洋钻机HZJ50DB Ⅱ顺利下线，发往用户。此次研制的5 000m海上移动自升式多功能平台配套钻机，通过移动系统可实现钻机整体纵横移动，实现多井位作业。该钻机采用先进的交流变频全数字控制技术，智能化水平高，可通过电传动系统PLC和触摸屏及气、电、液、钻井仪表参数的一体化，实现智能化司钻控制。整个钻机为模块化设计，具有结构合理紧凑、占用空间小，安全可靠性、抗强风袭击和耐腐蚀性强等突出优点。它的成功研制，实现了该公司在大型海洋石油装备研制领域新的突破。这对于满足国内海洋油气开发需要，推进海洋设备国产化进程具有重要现实意义，同时，也为南阳二机集团进一步拓展海洋石油装备市场，进军深海钻井装备领域奠定了良好的基础。

近年来，南阳二机集团在紧抓传统石油装备研制的同时，利用技术生产优

势，以市场为导向，成功开发出了满足－45℃环境下作业要求的系列低温钻机、直升机吊装钻机、煤层气钻机和水井钻机等新产品。

煤层气是一种非常规清洁能源，也是目前世界各国纷纷进军的热点能源。作为煤层气资源居世界第三位的国家，我国从能源有效利用和减少煤矿安全隐患出发，将煤层气开采利用作为能源规划的一项重点，并推出了大力支持煤层气开发利用的相关产业政策。然而，目前国内的煤层气钻机产业仍然比较落后，远远不能满足我国“十二五”期间对专业煤层气钻机的需求。

南阳二机集团作为国家重大技术装备国产化基地，早在2009年就确定了研发具有自主知识产权的煤层气钻机这一思路。并且先后成功研制橇装模块煤层气钻机、双节套装直立无绷绳车装煤层气钻机，得到了国内专家和用户的认可。

2011年11月29日，南阳二机集团研制成功国内首台高集成全液压煤层气钻机。这台以“安全、智能、经济、高效”为设计理念的1 500m车载式煤层气钻机，泥浆泵、空压机、泡沫泵全部在一车集成，可实现泥浆钻进、空气钻进、泡沫钻进等多种钻井工艺，在国内尚属首创。该新型全液压煤层气钻机的诞生，将为国家大力倡导的非常规油气资源开采提供精良“武器”，并有利于提高我国油气钻采装备的国际竞争力。另外，还能在煤井、矿山抢险救援中发挥重要作用。

海洋钻机

中国石化集团江汉石油管理局第四机械厂

“十一五”中国石化集团江汉石油管理局第四机械厂（以下简称四机厂）在挑战中奋进，开创了国内国际市场新领域，生产经营呈现出新局面，综合实力全面提升。2010年是“十一五”的收官之年，四机厂围绕“十一五”目标和年初的工作部署和要求，扎实开展“爱四机、强责任、做贡献”、“比学赶帮超”等主题活动，各方面工作都取得了较好成绩，连续10年被评为江汉局“双文明模范单位”，踏歌而行送走丰收“十一五”。

一、品牌形象、营销能力稳步提升

参加CIPPE、OTC展览会，深入国内外重点市场举行“新产品推介会”、开展质量回访；坚持完善售后服务，继续实施油田重点设备整治，企业形象进一步提升。新增4家出口代理机构，与3家工程服务企业建立战略合作伙伴关系，营销渠道进一步拓宽；巩固国内传统市场，积极开拓国际市场、国内民营市场、配件与劳务市场，市场空间进一步拓展。

二、技术创新实力持续增强

开展国际技术合作，研制连续管、不压井作业装置，产品研制重心向基础应用领域延伸。欧亚SZJ50L钻机、2000型海洋酸压防砂橇组、煤层气钻机等11项新产品，2500型压裂机组、低温轮轨钻机等项目通过集团公司验收，“油气田超大功率数控压裂机组研制及产业化”等3个项目获湖北省科技进步一等奖，获得15项授权专利。

三、质量体系运行有效性进一步提升

持续深化“质量提升”活动，探索“集成制造”质量控制方式。“荆州市世纪派创石油机械检测中心”的正式运行，使质量控制、计量保障与试验检测能力进一步增强；钻机系列产品通过GOST认证；两项QC成果获国优奖；铆焊泵壳组、小件组分获“全国优秀质量管理小组”、“全国质量信得过班组”称号。

四、生产运作能力稳步增强

大型结构件、钻机总装车间相继建成投产，完善厂区建设规划；完善SAP系统基础数据，持续优化生产运作流程；推行策略采购、策略排产，导入并逐步推广项目管理，保证了重点产品的生产进度。中油海2000型压裂撬组、华北30大配套钻机等重难点项目的生产周期较正常大大缩短。

五、基础管理水平有效提升

开展首席工程师、责任工程师评聘，公开竞聘挂职干部，引进大学生，队伍结构进一步优化。邀请30多位行业专家、知名学者，来厂举办讲座，组织人员到先进企业考察学习，培训效果进一步显现。深入开展“我要安全”主题活动，夯实本质安全基础。持续优化ERP系统，建立网上采购平台，推进网上业务公开，工厂被授予“国家制造业信息化科技工程应用示范企业”称号。

六、主题活动效果逐步显现

以责任意识教育为核心，以抓质量与标准化、抓挖潜增效为“主题活动”落脚点，多种形式开展“比学赶帮超”、“投资成本大讨论”活动，改进了企业管理，提升了企业形象。工厂通过了“湖北省最佳文明单位”现场考核验收。社区和谐共建形成良好机制，社区继续保持和谐稳定。

【2010大事记】

[四机厂亮相央视荧屏]3月22～24日，四机厂在北京第十届中国国际石油石化技术装备展览会期间举办了“石油钻采装备技术创新与新产品研发”的专题报告，集中展示了高压管汇产品实物、BE钻机模型，低温钻机、海洋钻修设备、海洋固压设备、连续油管设备等特色新产品、新技术。央视连续两期播出的关于展会相关新闻中，四机厂产品和职工形象多次闪亮荧屏。

[四机厂设备担纲页岩气勘探开发主力]

5月，四机厂2500型压裂机组在贵州省完成我国第一口进入压裂施工阶段的页岩气井"方深1井"大型压裂作业。这口气井的压裂施工成功，标志着我国页岩气勘探开发工作迈出了实质性的重要一步。同时，中石化在安徽省宁国地区举行了第一口页岩气探井"宣页一井"的开钻仪式，四机厂ZJ30车载钻机承担该井钻探工作。

[四机厂QC成果八次荣获全国优秀奖] 6月，工厂QC课题《提高BE550钻机前连接座焊接一次合格率》在中国质量协会石油分会工作研讨会暨石油工业QC小组成果发表会上获石油工业QC小组活动成果一等奖，铆焊分厂小件组获"全国质量信得过班组"、"全国优秀质量管理小组"。这也是工厂QC小组连续八年获得"全国优秀质量管理小组"殊荣。

[我国首套2000型海洋酸化压裂橇组在四机厂问世]6月，四机厂举行了我国首套2000型海洋酸化压裂橇组交接仪式，填补了我国在海洋酸化压裂橇装设备研制方面的空白。2000型海洋酸化压裂橇组包括16种共25台设备，能够满足海洋酸化、压裂、防砂等各种工艺施工作业需要，为四机厂进一步开拓海洋装备市场，特别是为海洋压裂设备国产化提供了强有力支撑。

[四机厂承担国家科技重大专项] 7月，在国家能源局组织召开的国家科技重大专项启动会上，四机厂承担研制的"3000型成套压裂装备研制及应用示范工程"项目通过立项评审。《国家中长期科学和技术发展规划纲要(2006～2020年)》确定了包括载人航天与探月工程、大型飞机制造、大型油气田及煤层气开发等16个重大专项。"3000型成套压裂装备研制及应用示范工程"成为"大型油气田及煤层气开发"专项下设的示范工程项目。这是四机厂继国家"863"项目后，承担的又一国家级项目。

[计量检测中心通过CNAS国家实验室定期监审及扩项评审]7月，四机厂计量检测中心顺利通过CNAS国家实验室定期监审及扩项评审。至此，该中心的检测领域拓展到27类199项，校准领域包括长度、热学、力学、电学等26类65项，认可范围扩大到钻修井机产品试验、固压设备产品试验、金属材料的化学分析、力学性能、金相分析、无损检测、精密测量等。

[厂及社区10年间产生三个"国家友谊奖"] 四机赛瓦石油钻采设备有限公司美方总经理比尔·奈德，通过国家"友谊奖"评审委员会评审，获得2010年度国家"友谊奖"，在国庆期间应邀赴北京出席"友谊奖"颁奖大会，并参加中华人民共和国建国61周年庆祝活动。这是厂及社区10年来第三位获此殊荣的外国专家。

[21台"四机造"修井机落户土库曼斯坦] 四机厂与土库曼斯坦国家石油康采恩于2010年6月签订了21台修井设备供货合同，从10月份起陆续交付土库曼斯坦方用户，2011年底全部交付完毕。1999年至今，工厂通过自主竞标、代理出口等途径，已为土库曼斯坦国家石油康采恩生产了包括XJ350、XJ450、LZ250轮式作业机等型号在内的共39台设备。

[四机厂酸化装置获发明专利]11月，四机厂申请的"酸化物混合搅拌装置"获得国家发明专利证书。该发明专利是工厂为满足国内油田酸化压裂作业需要而专门研制的，采取多种最新技术手段，有效防止酸液和酸雾溢出，避免其操作人员的伤害和环境污染，提高了设备耐磨能力和使用寿命，为压裂酸化作业的安全性提供了有效保证。

[四机厂获得"国际质量信用5A等级"资质] 11月，四机厂被中国产品质量协会评为"全国第一批国际质量信用5A等级企业"，并获得"产品安全信用专项证书"。这是国家质量信誉评价的最高荣誉，标志着四机厂与国际标准接轨步伐进一步加快，在加强企业现代化管理方面达到了一个新的水平。

[四机厂获准设立博士后科研工作站] 经国家人力资源和社会保障部、全国博士后管理委员会批准，四机厂获准设立博士后科研工作站。这标志工厂在推进企业技术创新体系建设方面实现了实质性跨越，将为工厂培养更多适应现代装备制造业发展需要的高层次专业技术人才提供新的载体，提升整体科研实力。

打造一流的海洋工程装备制造商

——兰州兰石国民油井石油工程有限公司

兰州兰石国民油井石油工程有限公司（英文 LS—NOW）自 2001 年成立以来，应用一系列新技术和新设施，先后设计、制造了各类钻井设备，开发了系列交流变频电驱动钻机、直流电驱动钻机、机电复合型钻机和链条传动钻机。在钻机模块化、智能化、机械化等方面取得了新进展，使钻机的设计、制造、配套及整机质量达到或接近当前国际同类产品的先进水平。公司主要产品有 1000 ～ 9000m 系列石油钻机和修井机的设计开发、制造，以及与陆地、海洋石油工程有关的装备及工程应用，包括提供安装、维修、咨询和售后服务。

兰石国民油井公司作为中国海域海洋钻 / 修井模块工程及装备承包商，先后完成了番禺 4-2/5-1 钻井模块等十四项海洋钻 / 修井模块工程及主要钻机设备的研制，项目的工程设计和建造质量得到了业主和合作伙伴的高度赞誉。

1. 番禺 4-2/5-1 钻井模块工程

2001~2003 年，在中国海洋石油有限公司深圳分公司与丹文（Devon）能源中国有限公司联合投资的“番禺 4-2/5-1”油田开发项目钻井模块 EPC 工程总承包国际招标中，兰石国民油井公司在激烈的竞争中一举中标，并于 2003 年 3 月 23 日按期完成工程建造。其 EPC 工程总承包工作和服务范围包括：（1）工程设计；（2）设备及材料采办，钻机制造；（3）模块建造；（4）设备安装，工厂试验、陆上预调试和海上调试等。

国内首套钻井深度达 7 000m 的番禺 4-2/5-1 钻井模块，打破了国内没有能力设计、建造钻井模块的局面，开创了国内公司总承包钻井模块工程的先例。

番禺 4-2/5-1 钻井模块在使用过程中，钻井系统运行稳定，钻井效率高，未发生影响钻井作业的设备停机故障，投入使用后仅用 18 个月就完成 50 口井的钻井任务。2 座平台平均原油产量 31 315 桶 / 天，大幅提升了中海油深圳

番禺 4-2 和 5-1 钻井模块（海上作业）

西江 23-1 项目井架及提升系统（总装现场）

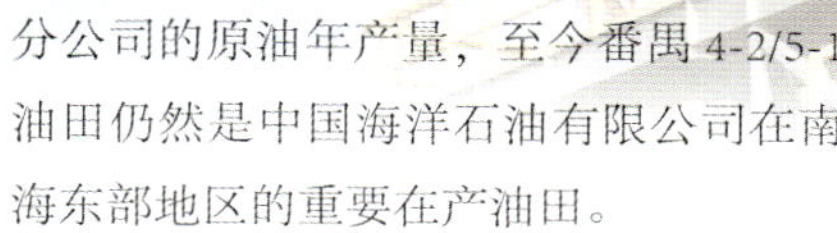

分公司的原油年产量，至今番禺 4-2/5-1 油田仍然是中国海洋石油有限公司在南海东部地区的重要在产油田。

2. 西江 23-1 模块钻机

2006~2007 年，在“西江 23-1”油田开发项目中，兰石国民油井公司中标并与中海油深圳分公司签订了钻机提升系统、泥浆泵合同，钻机提升系统包括交流变频绞车、井架和转盘等钻机主要设备。其中西江 23-1 钻机 JC50DB 交流变频钻井绞车，是在国内固定式钻井平台上应用的首台交流变频绞车，它的成功应用为海洋钻机广泛使用同类产品和其他交流变频设备积累了宝贵经验。西江 23-1 钻机自 2007 年 9 月 1 日开始投入使用后不到 1 年，就完成了全部 20 口井的钻井任务。至今设备状况良好，被用户誉为“精品钻机”。

3. DNS 项目 9 000m 塔形井架

2005~2006 年，在 DNS 项目中公司为中海油田服务有限公司（COSL）941 自升式钻井平台制造了国内首台海洋 9 000m 单斜瓶颈式塔形井架。

兰石国民油井公司积极引入美国国民油井公司（NOV）世界一流的先进技术和管理，制造过程广泛应用新型加工设备和先进的检测仪器，使公司的石油钻机技术水平跨入世界先进行列。公司奉行全球化经营理念，在引进先进技术的同时，加强自主开发和技术创新，竭诚为全球用户提供高技术、高质量的先进石油钻井设备和优质的服务，致力发展成为世界一流的钻井设备供应商。

DNS 项目海洋 941 钻井平台 9 000m 塔形井架（总装现场）

总经理：王洪波

WANG HONG BO

品质促进发展 创新成就未来

——写在黑龙江北方双佳钻采机具有限责任公司迁入北方工业园之际

2011年8月，黑龙江北方双佳钻采机具有限责任公司（以下简称北方双佳公司）由位于牡丹江市中心的老厂区，正式迁入阳明区北方工业园，工业园的竣工和整体搬迁的顺利完成，标志着北方双佳公司发展事业步入了崭新的历史阶段。

一、艰辛创业路，戮力谱华章

作为中国兵器装备集团公司黑龙江北方工具有限公司（121厂）控股的石油钻采机具专业制造企业，北方双佳公司的发展经历了艰苦创业、稳步发展、迅速壮大等三个历史发展阶段。在其发展的每个历史阶段，都取得了令人瞩目的发展业绩。

20世纪70年代中期，依托近邻大庆、吉林、辽河等油田的地理优势，组建了为油田提供钻井工具产品服务的牡丹江北方石油钻具总厂，成为牡丹江地区最早的石油钻井工具专业制造企业之一。成立之初，企业白手起家，一方面积极培养专业技术人员，学习石油钻具专业技术知识；另一方面积极同大庆、吉林的辽河油田建立合作关系，在很短的时间内就具备了石油钻井工具的生产加工能力，并迅速占领了大庆、辽河、吉林等油田市场，迈出了艰辛扎实的第一步。

1985年更名为牡丹江北方石油钻具公司，企业产品研发和市场拓展方面都初具规模，企业产品滚轮铰孔器、整体螺旋稳定器、金刚石取芯钻头、扩孔钻头、自动送钻水力加压减震器等六种产品通过石油部、地矿部石油局和相关油田专家鉴定，其中扩孔钻头填补了国家空白，获1984年原石油工业部科技成果一等奖。产品覆盖范围也逐步扩展到胜利、中原、新疆、塔里木、四川、长庆、江苏、华北等油田市场，基本实现了国内各大油田的全覆盖。年产值由成立之初的不足200万元，猛增到1986年的1 500余万元。

20世纪90年代初，公司组建了完备的新产品研发机构——牡丹江北方石油钻采工具研究所，公司技术研发水平得到有效提升，使双佳公司成为牡丹江地区最具影响力的石油井下工具专业制造企业，带动了牡丹江地区石油工具产业的发展。

进入21世纪，在黑龙江北方工具有限公司的主导下，企业实施改制重组，将牡丹江北方石油钻具公司、牡丹江北方石油钻采工具研究所、牡丹江钻采工具制造厂等三家法人实体整合成为黑龙江北方双佳钻采机具有限责任公司，自此，双佳公司步入了快速发展的新轨道。

二、发挥战略牵引作用，绘制科学发展蓝图

改组后的双佳公司十分重视企业发展目标和发展战略规划工作，结合宏观经济形势和能源产业发展状况，进行深入细致的调查分析，明确了企业发展目标，制定并逐渐完善了企业发展战略。

2003年双佳公司在中国兵器装备集团公司“六年两步走翻两番”的“622”战略目标下，确定了双佳公司未来6年战略发展规划，

黑龙江省省长王宪魁（前中）考察北方工业园并听取建设情况汇报

明确提出，双佳公司“致力于开发、研制、生产、销售石油钻具产品及配件，努力成为行业内最具创新能力的卓越企业”。并且公司退出了其他经营板块，专注于石油井下工具产品的研制开发和生产服务，在突出产品技术和质量特色方面下功夫，做到“人无我有，人有我优”，培育企业的核心竞争力，实现陆地油田、海洋油田和外贸市场的均衡发展。

在公司发展战略的牵引下，公司产品研发、质量保证和市场服务等方面的能力不断提高。在研发方面，紧盯国际钻井工具前沿，同中国海洋石油总公司有关单位合作开展了替代进口的产品研发，先后完成了 BZ 型随钻震击器、顶驱 IBOP 系统、套管水力割刀、PDC 稳定器、套管清管器、PDC 可钻式浮箍、浮鞋、胶塞等一系列替代进口产品的研制，广泛应用于海洋和陆地油田，推进了海洋油田井下工具国产化进程，极大地提升了公司研发能力和市场影响力；同辽河油田相关单位合作研发了新型顶驱 IBOP 系统和顶驱下套管装置，实现了批量配套和市场推广，市场空间得到进一步拓展。先后取得 6 项国家专利，其中 BZ 型随钻震击器产品被评为黑龙江省高新技术产品，双佳公司被评为国家级高新技术企业。在质量保证方面，双佳公司不断丰富和完善管理手段，十分重视产品加工过程控制，从原材料入厂到产品出厂的整个生产加工过程，处于有效的质量监控之下，以精益求精、严谨高效的工作态度，保持质量管理体系的持续有效运转、并逐步完善。公司先后取得 ISO9001 质量体系认证，API spec7、spec7-1、spec7k、spec5CT、spec5DP 的审核认证，取得了 API 会标使用权。公司产品以其优良的品质、良好稳定的性能、超长的使用寿命，赢得了国内外用户的深切信赖和广泛好评。公司生产的钻具稳定器、方钻杆旋塞产品也被评为中国石油石化装备名牌产品，“双佳”品牌已成为中国石油钻采工具行业最具竞争力和影响力的知名品牌之一。

在市场服务方面，不断调整完善市场布局，宏观上强调“陆地、海洋和国际市场并重发展”，在巩固国内陆地和海洋市场的基础上，加大了国际市场开拓力度，组建了国际市场部，产品远销到欧洲、南北美、非洲、中东、南亚等数十个国家和地区，国际影响力得到有效彰显。微观上，合理划分了市场区域，明确了市场分工，国内国际市场实现了均衡的发展态势。同时组建了售后服务中心，定期开展客户走访和现场技术支持服务，及时了解掌握产品使用状况，帮助客户解决产品实际使用中遇到的问题，并根据客户需求进行设计制造，积极寻求同客户开展研发合作，努力把双方合作提升到战略发展的高度，全面提高和深化合作关系。通过一系列的努力，使产品推广和售后服务水平进一步完善提高，客户关系得到进一步夯实和巩固。

北方双佳公司始终秉持“创造最佳产品、提供最佳服务”的经营宗旨，积极践行“品质促进发展、创新成就未来”的发展追求，在国内和国际市场的影响力和美誉度迅速扩大和飙升。2009 年公司被评为国家级高新技术企业，2009 ～ 2011 年被中国石油和石油化工设备工业协会连续两次评为中国石油石化装备制造业 50 强企业，“双佳牌”钻具稳定器、方钻杆旋塞阀产品荣获“中国石油石化装备名牌产品”称号。

三、登上崭新平台，迈向辉煌未来

随着经营规模的逐步扩大和市场影响力的不断提升，原有的企业基础设施条件已满足不了公司快速发展的需要。依托于中国兵器装备集团的央企背景和产业布局调整的需要，在黑龙江省和牡丹江市两级政府的支持下，北方工业园区的建设便提上了议事日程。2010 年 3 月坐落于牡丹江市阳明区兴业路 9 号的北方工业园工程奠基，仅仅用了一年半的时间，便完成了投资十余亿元的北方工业园区建设，创造了牡丹江园区建设的奇迹，被省、市领导誉为“北方速度”。2011 年 8 月北方双佳公司整体搬迁完成，从此踏上更广阔的发展舞台。

北方双佳公司的新厂区位于园区西部，总建筑面积 20 000m^2，改变了以往厂区分散、管理效率低、物流周转成本高、生产流程复杂的状况。为了适应新的企业发展需要，北方双佳公司先后投资 1 000 余万元，购置数控加工中心、数控车床、大型龙门铣床、珩磨机床、液压拆装架、数显镗床、线切割、热处理成套设备等 50 余台 / 套，改善和提升设备保障能力，极大地提高了产能，使新产品试制条件和产品质量得到进一步改善和强化。同时，公司积极开展生产组织形式变革，实施了生产流程再造，将原有的四个机加分厂和一个热处理车间，调整组合成为生产准备和粗加工分厂、热处理分厂、精加工和装配分厂三个上下游关系的专业生产分厂，打破了原有的数个独立生产体系，形成一个完整的生产组织流程，使资源得到有效整合和共享，企业生产效率和管理水平显著提升。

同时，北方双佳公司以现代化企业标准，营造良好的工作环境和企业文化氛围，处处彰显“以人为本”的经营管理理念，不断强化企业文化建设和提高现场管理水平，厂区面貌和现场环境得到有效改善。为了顺应时代发展、唱响和谐主旋律，不断提高企业综合管理水平，双佳公司全面开展了 HSE（健康、安全、环境）管理体系建设活动，聘请相关专家进行咨询指导，并顺利通过了中石油审核部门的严格审核，取得了 HSE 认证证书。

目前，北方双佳公司已被列为大庆油田和牡丹江战略合作框架中重要合作单位之一。在北方工业园区的建设过程中，黑龙江省委省政府领导、牡丹江市党政领导、中国兵器装备集团公司领导均亲临现场进行指导，并对工程建设给予了极大支持和帮助，显示了对双佳公司跨越式发展的极大关注和重视。

站在崭新的发展平台上，以王洪波总经理为首的北方双佳公司管理团队，有信心带领全体员工，在“十二五”期间，实现新一轮的跨越式发展，昂首步入国际知名石油专用工具制造服务商的行列。

中国石油天然气集团公司副总经理兼大庆油田总经理王永春（左二）在双佳公司考察（右一为牡丹江市市长林宽海、左一为北方工具有限公司总经理张跃华、右二为双佳公司总经理王洪波）

BUCCMA

董事长兼总经理　马雅丽

以"创新、质量和服务，争创一流"

——访布柯玛蓄能器（天津）有限公司

布柯玛蓄能器（天津）有限公司位于天津市津南经济开发区内，成立于1997年，是专门生产液压蓄能器及液压元件及控制系统的合资企业。是中国石油和石油化工设备工业协会理事单位，中国液压气动密封件工业协会会员单位，中国风能协会会员单位和中国金属学会液压润滑专业分会会员单位。

公司现有员工130人（其中专业工程技术人员78人），生产面积5 000 m^2，拥有先进生产线和较齐全的检验检测设备。拥有一批具有博士、硕士学位的高级工程师和一批经验丰富的技术工人。2010年被认定为天津市津南区"科技型中小企业"。2011年我公司的技术中心被津南区经委认定为区级技术中心。

公司产品包括：囊式蓄能器、活塞式蓄能器、隔膜式(包括焊接式)蓄能器、蓄能器胶囊、芯棒石墨润滑装置和喷硼砂抗氧化装置以及液压站及液压控制系统，国内领先。

公司为我国A1类压力容器制造许可单位，同时拥有压力容器(高压蓄能器)设计资格。公司目前拥有压力容器设计和制造两个许可证书、ASME证书(持有U钢印)、PED证书（CE标志）、DNV证书、NB注册（美国）、加拿大注册共7个证书，产品销往世界20多个国家。有一个可以针对不同国家和地区设计和认证的技术团队，能够最大限度地满足顾客的要求。在欧洲和美国建立公司的分部，直接负责产品的区域营销。

一、以"创新、质量和服务，争创一流"为战略发展目标

公司自成立以来，坚持以"创新、质量和服务，争创一流"为目标，不断建立健全技术创新竞争和激励制度，坚持以技术创新和制度创新并重服务用户。

公司主导产品已在国内外市场上形成较强的竞争力和规模优势，国内市场覆盖率超过10%。产品的双认证，特种材料的胶囊（包括耐低温、耐高温、适应多种介质）、芯棒石墨润滑系统和喷硼砂抗氧化系统及各种特殊用途的蓄能器均成为公司特有的技术。是国内唯一能生产适应世界各国规范的蓄能器的企业。特别是在国内外石油装备、冶金装备、航空航天、矿山设备、电力、军工、特种车辆、农业机械、化学工业等行业占有一定的市场份额。公司先后为北京石油机械厂、上海神开石油机械厂、广州石油机械厂等厂家石油井口防井喷液压控制系统的API认证提供了美国ASME标准的胶囊式蓄能器，并成为部分厂家的蓄能器长期主要供应商。可以这样说，在国内各大油田的设备上、各大露天煤矿露天铁矿的工程机械上、以及水电站风电场火力发电厂、无缝钢管厂的生产线上以及煤矿设备上均可看到布柯玛的产品。同时，公司产品也成为美国、加拿大、意大利、德国、荷兰

等国的矿山、工程机械制造业等厂商的配套厂家。成为国际蓄能器生产企业中佼佼者。公司的 BUCCMA 商标已逐渐成为国际知名品牌。

为提高保养和维护人员专业水平，企业多次组织专家到天津大无缝、柳州钢铁公司等企业交流学习。还逐一为部份企业液压站的蓄能器建立了档案，定期督促企业进行保养检查和维护，既为企业进行了无偿的服务同时也宣传了公司的产品和技术，大大地提高了公司的知名度。

二、建立竞争和激励制度，不断引进高端人才

为了激励科技人员创新，形成良好的创新氛围，公司制定了“布柯玛蓄能器（天津）有限公司技术中心科技创新奖励办法”，规定了科技人员技术创新

的激励细则和奖励办法，严格按照创新贡献大小对科技人员进行奖励。这些制度和办法是企业技术创新工作的指导性文件，促进了公司技术创新环境的规范化、科学化管理，确保了公司技术制定良性、健康发展。

公司先后聘请了多名大学教授为公司的技术顾问。与广州工业大学、燕山大学建立了产学研合作关系，每年都有新的科研课题；先后招聘了 6 名包括液压、高分子化工、材料、机械、硕士研究生和多名本科、专科等不同专业技术人员。公司的总工程师和技术部长均为年轻的液压专业的硕士，在新产品研发的过程中发挥了非常重要的作用。

三、坚持技术创新与制度创新并重，不断健全技术创新环境

布柯玛公司建设始终坚持技术创新与制度创新并重，引入了现代企业管理制度、项目管理制度等先进的管理模式，建立了健全的技术创新组织结构体系，建立了完善的规章制度、人才引进机制和绩效考核等激励机制和管理办法。公司科研经费的年增长幅度超过 5%，占销售收入的比例不低于 5%，力争 3 ～ 5 年内超过 10%。使公司基础设施条件达到国家先进水平。

公司的无缝钢管厂生产线芯棒石墨润滑系统装置 2006 年获年国家专利；2007 年获得了国家科技部中小型科技企业创新基金的立项同时，获得了科技部、天津市科委、津南区科委项目资金 100 万元的资助；2010 年通过了项目验收；该项目在国内市场占有率达 90% 以上；完全替代了进口产品，解决了同类国外产品的缺陷，大大降低了设备采购成本。并且先后为印度和沙特等三条生产线配套。

公司的企业标准 Q/BA04-2009《液压活塞式蓄能器》通过了全国锅炉压力容器标准化委员会锅容标委函（2009）66 号文件的批复。填补了活塞式蓄能器行业标准经全国容标委批准的空白。从而成为国内活塞式蓄能器唯一受控检验能打 CS 钢印的产品。完全能够替代进口同类产品，价格是进口产品的 50%，也降低了用户的采购成本；国内的活塞式蓄能器市场占有率逐年扩大。

公司和广州工业大学开发出蓄能器选型软件填补了我国的空白。给众多的液压设计人员和相关工程技术人员解决了蓄能器选型的难题。公司生产的蓄能器胶囊利用独特的配方在零下 40 度的环境中连续 2 年经受了考验，在国内是首屈一指的。

四、不断引进试验装备，确保技术水平稳步提升

公司技术中心拥有实验仪器设备数量 50 余台套。近年来技术中心申报国家发明专利 3 件，获得多项实用新型专利，一项成果实现产业化，创造经济效益近 2 000 万元。

五、扩大生产规模，力争 3~5 年内成为我国最大、最先进的蓄能器生产基地之一

根据布柯玛公司发展战略规划，公司将依托天津滨海新区地理优势和政策优势和京津冀产业密集区的区位优势，以“提高企业自主创新能力、增强产业核心竞争力”为目标，力争在 3 ～ 5 年内将技术中心建设成为国内规模最大，设施最先进，综合实力最强的蓄能器生产和研发基地之一。使蓄能器实现数字化、质量轻、压力高、容量大耐低温、耐高温、耐腐蚀的目标。

海洋工程装备是典型的高技术、高附加值产品，处于海洋产业价值链的核心。海洋工程装备制造业具有先导性、成长性、带动性的鲜明特征，以及技术门槛高、资金密集度高、国际化程度高的基本特点，是高端制造业的典型代表。谁掌握了相关的装备和技术，谁就能够在未来世界海洋开发的竞争中占据优势。

当前，我国海洋工程装备制造业正在由“打基础时期”向“快速成长期”迈进，既面临着世界海洋资源开发装备需求增加的机遇，也面临着国际市场竞争日趋激烈的挑战。充分利用我国船舶工业和石油装备制造业已经形成的较为完备的技术体系、制造体系和配套供应体系，抓住全球海洋资源勘探开发日益增长的装备需求契机，加强技术创新能力建设，加大科研开发投入力度，大幅度提升管理水平，推动我国海洋工程装备制造业实现跨越式发展，加快提高我国海洋工程装备制造业的国际竞争力，完全有可能实现我国海洋工程装备产业的跨越发展。

海洋工程装备制造业规划思路研究

（征求意见第二稿）

海洋工程装备是人类在开发、利用和保护海洋所进行的生产和服务活动中使用的各类装备，核心是海洋资源开发装备，主要指用于海洋资源勘探、开采、加工、储运、管理及后勤服务等方面的大型工程装备和辅助性装备。在众多的海洋资源中，海洋油气资源的勘探开发技术最为成熟，装备种类多，数量规模大，是未来5~10年海洋工程装备制造业最主要的产品。

海洋工程装备制造业是国家战略性新兴产业的重要组成部分，具有先导性、成长性、带动性的鲜明特征，以及技术门槛高、资金密集度高、国际化程度高的基本特点，是高端制造业的典型代表。大力发展海洋工程装备制造业，能够提高我国自主开发海洋资源的能力，为我国资源和能源的持续供应提供保障；能够带动相关产业的发展，推动我国经济结构调整和发展方式转变；能够促进海洋经济和相关海洋产业加快发展，对我国实现海洋强国战略目标具有重要意义。

一、发展现状和存在的问题

（一）产业发展的基本状况

我国海洋工程装备制造业发展起步于20世纪七八十年代，但是受国际石油危机和国内外市场需求减少的影响，90年代发展步伐明显放缓。21世纪以来，我国海洋工程装备制造业抓住国内外市场机遇，取得了长足进步。

一是产业规模不断扩大，区域布局初具雏形。2009年我国海洋工程装备制造业的年产值250亿元，世界市场份额约为7%。在渤海湾地区、黄海沿海地区、长三角地区、珠三角地区，初步形成了具有一定产业聚集度的区域布局：涌现出中国船舶工业集团、中国船舶重工集团、烟台中集来福士海洋工程有限公司、中远船务工程集团、海洋石油工程有限公司等一批具有较强竞争力的企业集团。

二是产品制造取得明显突破。2000年以来，累计建造导管架平台100余座、各类钻井平台40余座、浅水FPSO近20艘、各类海洋工程船400余艘，80%以上的浅水海洋工程装备实现了国产化，海洋工程作业船和辅助船国际市场份额达32%以上，并且承接了多个具有较大国际影响力的订单，如3 000m深水半潜式钻井平台、30万t FPSO、世界首座圆筒形深水钻探储油平台等，部分产品已初步具备总承包能力。

三是研发设计和自主创新能力不断提高。我国积累了较为丰富的浅水油气开发装备建造经验，已基本掌握相关装备的自主研发设计能力，在承接建造任务的基础上，初步具备了半潜式钻井平台、钻井船等深水油气开发装备的研发设计能力，在部分优势产品领域，如自升式钻井平台以及三用工作船、半潜式自航工程船等海洋工程作业船和辅助船，我国正在积极打造自主品牌产品。

（二）产业发展面临的形势

1. 海洋开发及其装备产业将成为未来世界各国争夺的焦点

今后10年甚至50年内，国际海洋经济形势将发生大的变化，海洋作为人类生存和发展的资源宝库，日益成为世界各国开展竞争的主要领域。美国指出，海洋是地球上待开发的“最后疆域”，未来50年要从外层空间转向海洋；日本全面推进海洋强国战略，利用科技加速海洋开发和提高国际竞争力；俄罗斯强调要恢复海洋强国地位，依托科技打造海洋军事和航运强国。此外，加拿大、欧盟、越南、印度、韩国等经济体纷纷推出了雄心勃勃的海洋发展战略。

海洋工程装备是典型的高技术、高附加值产品,处于海洋产业价值链的核心。谁掌握了相关的装备和技术,谁就能够在未来世界海洋开发的竞争中占据优势。为抢占未来竞争制高点,目前除美国、法国、挪威、澳大利亚等老牌发达国家外,韩国、新加坡等次发达国家也在大力发展海洋工程装备制造业,利用其在造修船领域的优势在相关装备的设计建造方面发展迅速,韩国提出要成为世界海洋工程装备的建造中心。此外,巴西、俄罗斯等新兴经济体和资源大国,通过国家政策支持,如国产化比例要求等,依托本国海洋油气开采业的发展,也在积极发展海洋工程装备制造业。

2. 加快实施我国海洋资源开发战略对发展海洋工程装备提出紧迫需求

我国是世界资源消费大国,资源供应紧张已成为近年来制约我国经济发展最为突出的问题。我国原油产量已在1.8亿t徘徊多年,石油的对外依存度超过50%。未来随着经济发展和现代化步伐加快,我国资源消费需求仍将处于增长较快的历史阶段,资源约束将是我国经济建设过程中需要面对的长期矛盾,另一方面,我国海洋资源种类繁多,石油天然气、固体矿产、可再生能源、海洋生物等资源储量丰富。据统计,我国海洋石油资源量约为240万亿t,天然气资源量约为15万亿m^3;滨海砂矿资源储量31亿t;可再生能源理论蕴藏量63亿kW;海洋生物2万多种,海洋鱼类3 000多种。此外,我国还在国际海底区域拥有75万km^2的多金属结核矿区。参考世界主要沿海国家普遍采取的发展策略,深入挖掘海洋这个“蓝色聚宝盆”的巨大潜力,是一条切实可行的道路。为此,需要大力发展海洋工程装备,以支撑国家海洋资源开发战略的实施。

3. 海洋工程装备市场前景广阔

当前,海洋已成为保障世界油气供应的重要领域,2009年海洋油气产量约占世界油气总产量的1/3,未来该比重还将进一步上升。海洋油气开发装备作为世界海洋工程装备制造业的主要产品,年均市场规模约为500亿~600亿美元,预计“十二五”期间将进一步增至800亿美元左右。目前,我国海洋油气生产仍主要局限在浅水海域,未来开发重点将逐渐转向深水,“十二五”期间中国海洋石油总公司将投资2 000亿元,建设近百座平台、40余套水下井口、3艘PPSO,以实现新增5 000万t油气产能的目标。

随着开发技术的不断成熟,海洋可再生能源和海底矿产资源的开发也将逐渐可行,目前海上风电装备市场的发展速度非常快,已经处于规模化、产业化发展的前期,其他海洋资源尽管仍处于科研调查和试开采阶段,但已被部分发达国家提上日程,正在开展相关装备的研发。例如,日本2010年推出了“海底资辑能源确保战略”,力争要在2020年实现海底稀有金属的商业化、产业化开采。

4. 海洋油气开发向深水和极地进军将加快海工装备和技术的升级换代

经过数十年的发展,浅海油气资源的勘探开发前景已开始下降,深水油气资源成为全球油气开发的新热点。据统计,2000~2007年间,全球共发现海洋油气田434个,其中有70%处于深水海域;在2008年十大海洋油气发现中,有8个为深水油气田,其中6个水深超过1 000m;此外,由于北极地区拥有潜力巨大的油气资源储量,美国、加拿大、挪威、俄罗斯等国已经或正在计划大规模进行勘探开发。

在此背景下,传统的浅水导管架平台和重力式平台正逐步被深水浮式平台和水下生产系统所代替。目前,世界海洋油气勘探钻井的水深记录已达3 051m,水下钻井深度可达11 000m,海洋油气生产的水深记录接近3 000m。预计,未来海洋油气开发的作业水深还将进一步加大,对开发装备的技术性能和可靠性提出了更高的要求。

5. 世界海洋油气开发装备制造初步形成三大阵营,国际竞争日趋激烈

面对这一不断成长的新兴市场,世界各国都在积极争夺。美国和西欧诸国目前处于第一阵营,基

本上垄断了海洋油气开发装备的研发、前期设计和工程总包,以及核心关键配套设备的供应,具有很强的研发和设计能力,而且仍在从事部分深水高技术装备的建造。第二阵营是韩国和新加坡,主要从事大型海洋油气开发装备的总装建造、大型模块建造以及关键核心设备的安装调试,已具备工程总包能力,正在向深水高技术装备的研发、设计领域发展。第三阵营是中国、阿拉伯联合酋长国、部分东南亚国家,主要从事中、浅水油气开发装备的建造,开始进入深水高技术装备的建造领域,但总装集成能力、大型模块的设计建造能力、自主研发能力和总承包能力仍然比较薄弱。此外,巴西、俄罗斯等资源大国,依托本国海洋油气开采业的发展,通过提高国产化比例要求等支持政策,也在积极发展海洋工程装备制造业。

在海上风电等可再生能源以及海底矿产资源开发方面,美国、日本、英国、法国、德国、澳大利亚等发达国家已经开展了多年研究,掌握了大量的基础调查资料,在装备的研发方面也处于世界领先地位。

(三)产业发展存在的主要问题

虽然近年来我国海洋工程装备制造能力提升较快,在部分产品领域取得了突破,但是产业发展的基础仍然比较薄弱,产业体系尚不完善,与国外先进水平相比仍存在较大差距。其主要表现为:

一是企业专业化制造能力有待提高。目前多数国内企业发展海洋工程装备的专业化程度较低,在装备制造、项目管理以及总承包能力等方面有较大差距,尚未形成高层次的专业化人才队伍,难以满足参与国际竞争的需要。而目前韩国和新加坡的企业,已经在部分海工装备总装建造领域形成了品牌效应。例如,韩国三大造船企业(现代重工、三星重工、大宇造船)在钻井船、浮式生产平台的新建领域排名世界第一;新加坡两大集团(吉宝集团和胜科海事集团)在各类钻井平台、FPSO 的改装升级方面位居世界领先。韩国、新加坡目前的世界海工市场份额都在20%左右,远高于我国的7%。

二是研发设计和自主创新能力薄弱。多数国内企业只从事装备建造业务,具备一定的生产加工设计能力,仅有少数大型企业集团拥有详细设计和基本设计能力,但装备的原创设计主要来自国外,更不掌握核心关键技术。2000 年以来,国内建造的各型钻井平台,基本上都采用了美国 F&G、荷兰 Gusto MSC 等专业设计公司的品牌设计。我国企业虽然在自升式钻井平台领域拥有自主设计,但尚未承接国际市场订单,未获得国际市场的认可。目前,全球海洋油气开发装备的前期设计和工程总包,以及核心关键配套设备的供应,基本上都被美国、挪威、荷兰等国的大型工程公司(如 Technip、Aker Solution、Saipem、KBR 等)、专业设计公司所掌握;韩国和新加坡企业通过引进消化吸收再创新,在部分领域也拥有了自己的品牌设计。与之相比,我国还有相当大的差距。

三是国内配套设备发展严重滞后。我国生产的主要海工配套产品通常是附加值较低的通用型设备,如普通的推进装置、电力电气设备、甲板机械等,石油行业专用设备仅在部分浅水装备上实现了配套。目前,大多数配套设备依赖国外进口,部分关键系统已被国外供应商垄断。配套设备中的关键配套率只有5%。例如,FPSO 的单点系泊系统,其专利技术掌握在全球4家国外公司手中(SBM、MODEC、BW Offshore、Prosafe),这些设备只能高价进口。国内建造的半潜式钻井平台,国产设备在数量上占8%,在价值上占不到3%;国内出口的 FPSO,能够实现本土化配套的仅是门、灯具等简单的舾装件,价值占比不足5%。

二、指导思想、发展原则和发展目标

当前,我国海洋工程装备制造业正在由"打基础时期"向"快速成长期"迈进,既面临着世界海洋资源开发装备需求增加的机遇,也面临着国际市场竞争日趋激烈的挑战。为推动我国海洋工程装备制造业实现跨越式发展,加快提高我国海洋工程装备制造业的国际竞争力,满足国家海洋资源开发战略的需要,提出以下指导思想、发展原则和目标。

（一）指导思想

立足国内需求，面向国际市场，以产业技术成熟度较高、市场需求量大的海洋油气开发装备，特别是深水技术装备为发展重点，系统提升装备的自主研发设计能力、专业化制造能力、项目管理和总承包能力以及核心配套能力，打造国际一流的海洋工程装备产业集聚区，培育一批具有较强国际竞争力的品牌企业和品牌产品，形成相对完整的产业体系；迅速提升国际市场地位，同时，着眼长远，开展海洋可再生能源、海洋矿产资源等装备的前期研究，加强技术储备，推动产业可持续发展，努力建设世界海洋工程装备制造大国和强国，为我国海洋开发战略的实施提供有力支撑。

（二）发展原则

1. 面向需求，突出重点：加强海洋工程装备能力建设的统筹规划，优化产业区域布局，高度重视海洋工程配套设备的发展，促进总装制造业与相关配套业同步协调发展。

2. 总包牵引，专业发展：以市场需求量大的海洋工程装备作为主导产品，坚持技术引进与自主研发相结合，突破核心关键技术，快速扩大产业规模。

3. 合理布局，完善体系：走专业化道路，努力提升研发、设计、制造、营销、管理、配套等方面的专业能力，在研发设计、总装建造、模块制造、设备供应、技术服务等领域培育一批专业化企业，完善产业体系。

4. 依托骨干，树立品牌：依托现有骨干企业培育一批技术实力雄厚、综合竞争力强的品牌企业，打造一批技术性能优越、具有较强国际竞争力的品牌产品。

5. 着眼长远，增强储备：以巩固长期发展基础和增强技术储备为目标，立足国家海洋资源开发战略需要，有选择地开展相关装备的前期研究，抢占未来竞争制高点。

（三）发展目标

1.“十二五”总体目标

到2015年，我国海洋工程装备制造业的综合实力大幅提升，国际竞争力显著提高，初步形成集科研开发、总装建造、模块建造、设备供应、技术服务等为一体的产业体系，基本满足国家海洋资源开发的战略需要，成为世界主要的海洋工程装备制造大国。

2.“十二五”重点领域目标

（1）产业规模跃上新台阶。“十二五”末，海洋油气开发装备的国际市场份额达到20%，海洋工程装备制造业年销售收入比2010年翻三番，超过2 000亿元，工业增加值超过20%，国际市场份额超过20%，形成4个年销售收入超过300亿元的产业聚集区。

（2）企业专业化程度和国际竞争力显著提高。形成5～6个年产值在150亿元以上、具有较强国际竞争力的总承包商，在模块设计制造、配套设备供应、装备安装调试、技术咨询服务等领域，形成一批专业化分包商。

（3）研发设计和自主创新能力显著增强。基本具备海洋油气勘探、开发、生产等阶段主要工程装备和辅助装备的自主设计建造能力，在部分优势领域形成自主品牌产品，海洋可再生能源利用装备及部分海洋矿产资源开发装备的研发能力和技术储备明显增强。

（4）本土配套能力显著提升。配套设备国产化率大幅提升，具备海洋钻井系统、动力定位系统、深海锚泊系统、自升式平台升降系统、大功率海洋平台电站、大型海洋平台吊机、水下生产系统等重点设备和系统的配套能力，核心关键设备的本土化配套率达到25%以上。

3. 2020年目标

到2020年，我国海洋工程装备制造业年销售收入比2015年再翻一番，达到4 000亿元以上，工业增加值超过30%。海洋油气开发装备研制能力居世界前列，国际市场份额达到35%以上，本土化配套率达到50%以上，海洋工程装备制造产业集群形成规模，产业体系更加完备，综合实力大幅提升，使我国成为世界主要的海洋工程装备制造大国和强国。

三、产品发展方向

重点发展市场需求量大的海洋油气开发装备，特别是深水装备，使之成为我国海洋工程装备制造业的主导产品。同时，以巩固长期发展基础和增强技术储备为目标，开展新型海洋工程装备的关键技术研究，有选择地开展海洋可再生能源利用装备、海底矿产资源开发装备的前期研究。

（一）调查与勘测装备

重点发展海洋科学考察船、海洋调查船、水文测量船、物探船、工程勘察船等装备。

（二）钻探与开发装备

重点发展自升式钻井平台、半潜式钻井平台、钻井船、起重铺管船、铺缆船、半潜式自航工程船等装备。

（三）生产与加工装备

重点发展浮式生产储卸装置（FPSO）、半潜式生产平台、浮式液化天然气生产储卸装置（LNG－FPSO）边际油田自安装采油平台（MOPU）、边际油田型 FPSO 等装备，开展立柱式平台（SPAR）、张力腿式平台（TLP）、浮式钻井生产储卸装置（FDPSO）等装备的关键技术研究。

（四）储存与运输装备

重点发展浮式储卸装置（FSO）、浮式液化天然气储存及再气化装置（LNG－FSRU）、穿梭油船、穿梭 LNG 船等装备，开展可燃冰运输船等装备的前期研究。

（五）辅助与服务装备

重点发展三用工作船、平台供应船、潜水作业支持船、ROV 作业支持船、多功能动力定位船、生活支持平台（船）、修井平台（船）、平台守护船、多功能工作船、环保/救援船等装备。

（六）海上工程装备与大型浮式结构物

重点发展大型起重船/浮吊、海上风电场工程船等装备、开展大型海上浮式石油储备基地、海上风波能综合利用浮式结构物的关键技术研究，开展海上机场、海上后勤补给基地、海上卫星发射场的前期研究。

（七）特种海洋资源开发装备

开展海底锰结核开发装备、海底热液矿床开发装备、海底富钴结壳开发装备、海底天然气水合物开发装备、潮流能发电装置、波浪能发电装置等装备的前期研究。

（八）关键系统与配套设备

重点发展深海锚泊系统、FPSO 单点系泊系统、动力定位系统、大型海洋平台甲板机械、大型海洋平台电站、海洋钻/修井系统、大型油气加工处理系统、自升式平台升降系统等设备，开展深水铺管系统水下立管系统、水下生产系统、海洋物探专业设备、ROV/AUV 和多功能水下机械手等作业设备的关键技术研究，开展海底矿石采集装置（系统）、水力提升采矿系统、空气提升采矿系统、水面支持系统等深海矿产资源开采系统的前期研究。

四、主要任务

（一）提升产业规模和能力

1. 大力推进产业聚集发展。结合我国海洋油气资源的分布情况和已有造船基地的布局，在以大连－天津－烟台为主的渤海湾地区，以青岛为主的黄海沿海地区、以上海－南通为主的长江口地区、以深圳－广州－珠海为主的珠江口地区，重点打造 4 个年产值在 200 亿元以上的海洋工程装备制造基地，具备大型海洋工程装备的总装制造和修理改装能力，以总装建造和总承包为牵引，汇集一批专业化分包商，形成规模化、专业化发展的产业聚集区。

2. 提高总承包能力和专业分包能力。主要依托现有大型骨干企业（集团），重点提高大型海洋工程装备的总装集成能力，培育 5～6 个年产值在 150 亿元以上的总装制造企业（集团），具备较强的国际竞争力和 EPC 总承包能力。结合海洋工程装备制造基地建设，鼓励和引导一批中小型企业走专业化、特色化发展道路，在工程设计、模块制造、配套设备供应、技术咨询服务等领域，逐步发展成为具备较强国际竞争力的专业化分包商。

3. 鼓励企业开展兼并重组和技术改造。引导企业利用现有造船设施发展海洋工程装备，主要通过设施、设备的技术改造等手段完成能力建设。

（二）加快产业技术进步

1. 加快重点产品的研究和发展。

2. 掌握深水油气开发装备的关键设计技术。结合海洋油气开发装备的技术发展趋势，在巩固提高浅水油气开发装备设计能力的基础上，逐步具备深水油气开发装备的自主设计能力，特别是要提高装备的前端工程设计（FEBD）和基本设计的能力，掌握大型油气生产功能模块的设计技术，全面提升大型海洋工程装备的详细设计能力。

3. 提高建造技术和项目管理能力。结合工程项目实际需要，有针对性地开展建造技术研究和海洋工程项目管理技术研究，掌握海洋工程装备特有建造技术，建立与海洋工程装备项目特点相适应的、与国际接轨的现代工程管理模式。

4. 夯实产业发展的技术基础。以满足工程项目实际需要为目标，系统开展深水浮式结构物水动力性能和载荷预报、深水设施结构动力响应和疲劳强度分析、深水设施长效防腐、可靠性与安全评估等基础技术的研究，加强海洋可再生能源开发装备、海洋矿产资源开发装备的前期研究，为增强自主创新能力奠定基础，满足产业可持续发展的需要。针对我国标准发展现状，大力引进消化吸收国外先进标准，提前启动相关标准、规范的制订，提高我国发展海洋工程装备的基础。主要依托国内已有的科研力量，大力引进国外高层次科研人才，完善海洋工程装备的科研试验设施，在装备总体、功能模块、核心配套设备等领域，打造若干产品研发和技术创新平台。

（三）提高本土配套能力

1. 打造海工配套生产基地。主要依托造船行业和石油行业的骨干配套企业，结合已有基础，新建和扩建一批优势产品生产能力。围绕四大产业聚集区，在沿江、沿海地区打造动力定位系统、深海锚泊系统、自升式平台升降系统、大功率海洋平台电站、大型海洋平台甲板机械等产品的生产基地。在陆上石油装备已有能力的基础上，积极发展海上石油装备，重点在中西部地区打造海上钻井系统、水下立管系统、水下生产系统、水下防喷器、水下井口、水下井控系统、大型油气加工处理设备等产品的生产基地。

2. 推进海工配套设备国产化。通过引进动力定位系统、单点系泊系统、水下生产系统等领域的国外专利技术，加强与世界知名公司的技术合作，选择品牌厂商合资办厂，或者通过收购和参股相关领域国外研发设计机构、拥有核心关键技术的制造企业等方式，加快推进重点海工配套设备的国产化。在海洋平台甲板机械、海洋平台电站等具备较好发展基础的领域，加强产业上下游合作，积极推进产学研相结合，开展自主研发，打造自主品牌。

（四）实施重大创新工程——深水工程装备自主创新工程

1. 工程目标：到2015年，掌握主要的深水（300～1 500m）油气开发装备的自主设计建造能力，并在部分优势领域推出自主品牌产品，初步具备部分超深水（1 500～3 000m）油气开发装备的自主设计建造能力，为我国形成深水油气田自主开发能力提供有力支撑；到2020年，掌握主要的超深水海洋油气开发装备的设计建造能力，并在部分优势领域推出自主品牌产品，为我国形成超深水油气田自主开发能力提供有力支撑。

2. 主要内容：结合深水和超深水油气田不同开发阶段的装备需求，重点开展高性能物探船、深水工程勘察船、半潜式钻井平台、钻井船的研发，推出适应深水勘探、钻井要求的系列化自主品牌产品；重点开展深水FPSO、深水半潜式生产平台、浮式液化天然气生产储卸装（LNG FPSO）的研发，掌握包括结构总体和上部功能模块在内的主要深水生产系统的关键技术；重点开展大功率三用工作船、大功率平台供应船、潜水作业支持船、大型自航半潜船、深水半潜式起重铺管船等装备的研发，掌握深水辅助装备关键设计建造技术。同时开展以上装备的核心设备/系统的研发，突破关键技术，提高自主配套能力；开展相关的基础技术、工业标准研究，巩固提升产业技术基础。

3. 组织方式：将产品开发、关键技术攻关、基础技术研究、工业标准研究等结合起来，组织产业上下游的科研力量，产学研相结合，用户全程参与，充分利用国内外各种科技资源，开展联合攻关，一揽子解决相关技术难题，突破产业发展的技术瓶颈，加速推进产业化进程。

五、政策建议

（一）扩大内需和加强市场培育

国家制定中长期海洋资源开发战略，出台相关鼓励政策，加快海洋资源开发，在提高国内资源保障能力的同时，为我国海洋工程装备制造业提供发展空间。

（二）鼓励使用国产装备

继续实行增值税退税政策，对能满足需求的配套设备不予免税进口。国内使用的深水装备及水下设施，必须在国内建造检验。建立海洋风险基金，对首台套的用户和研制单位予以奖励；鼓励国内用户为国内制造企业提供市场机会和工业试验条件，建立国家级水下装备试验基地和检测中心。鼓励国内油气开采企业在国外的项目中优先采用国产装备，带动出口。

（三）加大对企业的金融支持

加大对海洋工程装备制造企业的流动资金贷款和出口信贷融资的支持力度，对信誉良好的企业要及时开具付款和还款保函。加强银企合作，对在建装备实行抵押融资。设立国家海洋工程装备发展基金，鼓励社会资金开展融资租赁业务。支持符合条件的能源开发企业、海洋工程装备制造企业上市融资和发行债券。支持国内保险公司开展首台套装备的保险业务。

（四）加强研发创新和技术改造

支持海洋工程装备制造企业（集团）组建海洋工程装备研发设计机构，高等院校、科研机构建立海洋工程装备研究中心，支持有一定基础的中小企业共建研发平台和共性技术平台。建立技术创新联盟，开展自主创新，促进重大科技成果产业化。倡导产学研用相结合，鼓励用户全程参与，加强成果转化。在新增中央投资中安排产业振兴和技术改造专项，支持两化融合，完善科研试验设施。

（五）完善企业兼并重组政策

制定出台鼓励企业兼并重组的政策措施，妥善解决富余人员安置、企业资产划转、债务合并与处置、财税利益分配等问题。采取资本金注入、融资信贷等方式支持大型海洋工程制造企业（集团）实施兼并重组。支持骨干企业（集团）开展跨地区兼并重组，优先核准其技术改造项目，鼓励进行产品结构调整和升级。

（六）支持企业开展国内外合作

支持海洋工程装备制造企业、石油石化企业、电力企业、相关配套企业，广泛开展合作，建立战略联盟，联合研发，联合投标，开拓市场特别是巴西、西非市场。支持有实力的企业“走出去”，到境外设立公司，吸收当地人才，或兼并、参股国外海洋工程装备制造企业和研发机构。通过外交渠道，帮助企业在国外重点地区开拓市场。

（七）加强海洋工程人才队伍建设

鼓励企业积极创造条件，营造良好的人才发展环境，引进研发设计、经营管理方面的境外高层次人才。优化人才培养和使用机制，加强创新型研发人才、高级管理人才、高级技能人才等专业人才队伍的建设和培养，培育国家级专家，扩大高端人才队伍。相关大专院校要调整专业设置，加快人才的培养步伐。

海洋工程装备制造产业发展路线图见表1，海洋工程装备体系见表2，海洋工程装备技术体系见表3。

表1　海洋工程装备制造业产业发展路线图

时间节点	2015年	2020年
发展目标	产业规模:年销售收入比2010年翻三番,达到2 000亿元以上,国际市场份额达到20%,工业增加值超过20% 产业能力:初步形成集科研开发、总装建造、模块建造、设备供应、技术服务等为一体的产业体系,形成4个年销售收入在300亿元以上的总装制造基地,5～6个年销售收入在150亿元以上、具有国际影响力的总承包商,海洋工程装备本土化配套率达到25%以上,基本满足我国海洋资源开发的战略需要,成为世界海洋工程装备制造大国 创新能力:基本具备海洋油气勘探、开发、生产等阶段主要工程装备和辅助装备的自主设计建造能力,在部分优势领域形成一批自主知识产权产品	产业规模:年销售收入比2015年翻一番,达到4 000亿元以上,国际市场份额达到35%以上,工业增加值超过30% 产业能力:产业集群形成规模,产业体系更加完备,海洋工程装备的研发制造能力位居世界前列,形成5～6个年产值在300亿元以上的总承包商,海洋工程装备本土化配套率达到50%以上,产业综合竞争力显著提高,成为世界海洋工程装备制造大国和强国 创新能力:掌握主要的深海油气发装备的自主设计建造能力,在若干领域形成一批品牌产品;在海洋可再生能源利用装备及部分海洋矿产资源开发装备等方面具备产业化技术基础
重大行动	产业化专项:实施海洋工程装备创新发展工程,面向我国南海油气资源开发,围绕深水油气田开发的装备需求,重点开展深水油气资源开发装备及其核心设备和系统的研发,形成自主研发设计能力,摆脱对国外技术的依赖,以创新推动产业发展,初步形成我国自主开发深水油气资源的装备体系 创新行动:顺应世界海洋油气资源、海底矿产资源的开发趋势,坚持原始创新与集成创新相结合,根据全水下开发模式的装备需求,积极开展深海空间站、水面支持系统、水下作业与保障装备、海洋监测与观测设备的研发	
重大政策	制定国家中长期海洋资源开发战略 设立国家深海资源勘探专项基金 组建国家级海洋科学与技术研究中心 出台鼓励使用国产装备的财税政策 建立产业技术创新联盟 加大对企业的金融支持	

表2　海洋工程装备体系

装备种类	主要装备	发展重点/高端产品方向
勘探与开发装备	海洋科学考察船、海洋调查船、水文测量船、物探船、工程勘察船、自升式钻井平台、半潜式钻井平台、钻井船、起重铺管船、铺缆船、半潜自航工程船等	物探船、自升式钻井平台、半潜式钻井平台、钻井船、起重铺管船、半潜自航工程船
生产与加工装备	浮式生产储卸装置(FPSO)、半潜式生产平台、大型固定式平台、边际油田自安装采油平台(MOPU)、边际油田型FPSO、立柱式平台(SPAR)、张力腿式平台(TLP)、浮式钻井生产储卸装置(FDPSO)等	浮式生产储卸装置(FPSO)、大型固定式平台、半潜式生产平台、浮式液化天然气生产储卸装置(LNG－FPSO)
储存与运输装备	浮式储卸装置(FSO)、浮式液化天然气储存及再气化装置(LNG－FSRU)、穿梭油船、穿梭LNG船、可燃冰运输船、海底管道等	浮式储卸装置(FSO),浮式液化天然气储存及再气化装置(LNG－FSRU)

（续）

装备种类	主要装备	发展重点/高端产品方向
海上作业与辅助服务装备	大型起重船/浮吊、海上风电场工程船、三用工作船、平台供应船、潜水作业支持船、ROV作业支持船、多功能动力定位船、生活支持平台（船）、修井平台（船）、平台守护船、多功能工作船、环保/救援船等	海上风电场工程船、三用工作船、平台供应船、平台守护船、潜水作业支持船、ROV作业支持船、环保/救援
特种资源开发装备	海水淡化设备、海底锰结核开发装备、海底热液矿床开发装备、海底富钴结壳开发装备、海底天然气水合物开发装备、潮流能发电装置、波浪能发电装置等	海水淡化设备
大型海上浮式结构物	海上浮式石油储备基地、海上风波能综合利用浮式结构物、海上机场、海上后勤补给基地、海上卫星发射场等	
水下系统和作业装备	钻井/生产隔水管、水下采油树、水下防喷器、水下基盘、水下管汇、水下分离器、水下控制系统、水下设施应急维修设备、ROV/AUV和多功能水下机械手、载人深潜器、海底管线焊接设备等，以及海底矿石采集装置（系统）、水力提升采矿系统、空气提升采矿系统等	钻井/生产隔水管、水下采油树、水下防喷器、水下基盘、水下管汇、水下控制系统、水下设施应急维修设备、ROV和AUV
关键配套设备与系统	深海锚泊系统、FPSO单点系泊系统、动力定位系统、大型海洋平台甲板机械、大型海洋平台电站、海洋钻/修井/固井系统、三维测井系统、大型油气加工处理系统、大功率发电用内燃机/双燃料燃气轮机/天然气压缩机、自升式平台升降系统、深水铺管系统、海洋物探专业设备、深海通用基础件、海洋观测和监测设备等	深海锚泊系统、FPSO单点系泊系统、动力定位系统、大型海洋平台甲板机械、大型海洋平台电站、海洋钻/修井/固井系统、大型油气加工处理系统、自升式平台升降系统、深海通用基础件、海洋观测和监测设备

表3　海洋工程装备技术体系

技术分类		主要技术	核心技术
海洋探测技术	海洋浮标技术	锚泊浮标技术、漂流浮标技术、潜标技术等	
	海洋遥感技术	地面遥感技术、飞机遥感技术、卫星遥感技术等	地面遥感技术
	水声探测技术	声呐技术、动态定位和井口重入技术、水声通信技术、海洋声层析技术等	动态定位和井口重入技术
	海洋观测仪器技术	测温技术、测盐技术、测波技术、测流技术、重力和磁力测量技术、底质探测技术、浮游生物与底栖生物探测技术等	
海洋资源开发技术	海洋油气资源开发技术	海洋油气勘探技术、海洋油气钻井技术、海洋油气开采技术、海洋油气储运技术、可燃冰开采、储运技术等	海洋油气勘探技术、海洋油气钻井技术、海洋油气开采技术
	海洋矿产资源开发技术	海洋锰结核开采技术、海洋热液矿床开采技术等、海洋煤矿开采技术等	海洋热液矿床开采技术
	海洋能源开发技术	潮汐能发电技术、波浪能发电技术、海洋温差发电技术、海流发电技术、海洋风能发电技术等	潮汐能发电技术、波浪能发电技术
	海洋生物资源开发技术	海洋渔业资源调查技术、深海捕捞技术、海水养殖技术、海洋生物工程技术等	

（续）

技术分类		主要技术	核心技术
海洋空间利用技术	海洋运输空间利用技术	海港码头技术、远洋运输船舶技术、海底隧道技术、海上机场技术、海底通信电缆技术等	海底隧道技术
	生活与生产空间利用技术	人工岛技术、海上工厂技术、海上娱乐设施技术等	
	储藏和倾废空间利用技术	海洋储藏基地技术、海洋倾废场技术等	
	海洋军事基地技术	军用浮岛技术、海底军用基地技术等	
	海洋潜器技术	载人深潜器技术、无人潜航器技术、海洋救捞技术等	
海洋装备技术	海洋油气钻采平台技术	自升式、半潜式、TLP、SPAR等海洋油气钻采平台技术	TLP、SPAR
	海洋开发船舶技术	海洋调查船技术、海洋资源开发船技术、海洋能源开发船技术、海洋生物资源开发船技术、海洋工作艇技术等	
	远洋作战舰艇技术	航空母舰技术、巡洋舰技术、驱逐舰技术、护卫舰技术、两栖战舰技术等	航空母舰技术
海洋环境保护	海洋预报技术	经验统计预报技术、数值计算预报技术等	
	海洋污染调查与监测技术	人工采样分析技术、现场水质分析技术、海洋污染的遥感技术等	
	海洋污染防治技术	海上溢油控制和清除技术、重金属污染防治技术、有机污水防治技术等	海上溢油控制和清除技术

工业和信息化部

2010年10月

海洋工程装备产业创新发展战略

（2011～2020）

为贯彻落实《国务院关于加快培育和发展战略性新兴产业的决定》（国发〔2010〕32号）精神，增强海洋工程装备产业的创新能力和国际竞争力，推动海洋资源开发和海洋工程装备产业创新、持续、协调发展，特制定本战略。战略实施期为2011～2020年。

一、战略意义

海洋工程装备产业是开发利用海洋资源的物质和技术基础，是我国当前加快培育和发展的战略性新兴产业，是船舶工业调整和振兴的重要方向。

海洋工程装备主要指海洋资源（特别是海洋油气资源）勘探、开采、加工、储运、管理、后勤服务等方面的大型工程装备和辅助装备，具有高技术、高投入、高产出、高附加值、高风险的特点，是先进制造、信息、新材料等高新技术的综合体，产业辐射能力强，对国民经济带动作用大。

党的十七届五中全会把发展海洋经济提到了国家战略的高度，明确提出了提高海洋开发、控制、综合管理能力。《国务院关于加快培育和发展战略性新兴产业的决定》明确将海洋工程装备产业纳入重点培育和发展的战略性新兴产业。

近年来，我国海洋工程装备产业发展具备了一定基础，已成功设计和建造了浮式生产储卸装置（FPSO）、自升式钻井平台、半潜式钻井平台以及多种海洋工程船舶，在基础设施、技术、人才等方面初步形成了海洋工程装备产业的基本形态，但在高端新型装备设计、建造、配套、工程总承包能力等方面尚明显落后于发达国家，难以满足国内海洋开发和参与国际竞争的需要。

未来十年，是我国海洋工程装备产业快速发展的关键时期。充分利用我国船舶工业和石油装备制造业已经形成的较为完备的技术体系、制造体系和配套供应体系，抓住全球海洋资源勘探开发日益增长的装备需求契机，加强技术创新能力建设，加大科研开发投入力度，大幅度提升管理水平，完全有可能实现我国海洋工程装备产业跨越发展。

二、指导思想和战略目标

（一）指导思想

坚持以邓小平理论和“三个代表”重要思想为指导，深入贯彻落实科学发展观，面向国内国际两个市场，以需求为导向，立足科技创新，完善支撑体系，充分发挥企业的市场主体作用和政府的引导推动作用，重点突破海洋深水勘探装备、钻井装备、生产装备、工程船舶的设计制造核心技术，全面提升自主研发设计、专业化制造及设备配套能力，提高核心竞争力，实现海洋工程装备产业跨越发展。

（二）战略目标

到 2015 年，基本形成海洋工程装备产业的设计制造体系，初步掌握主力海洋工程装备的自主设计和总包建造技术、部分新型海洋工程装备的制造技术以及关键配套设备和系统的核心技术，基本满足国家海洋资源开发的战略需要。

到 2020 年，形成完整的科研开发、总装制造、设备供应、技术服务产业体系，打造若干知名海洋工程装备企业，基本掌握主力海洋工程装备的研发制造技术，具备新型海洋工程装备的自主设计建造能力，产业创新体系完备，创新能力跻身世界前列。

三、总体部署

“十二五”期间，按照“市场为牵引、创新为驱动、总装为龙头、配套为骨干”的发展思路，在现有基础上加强对主力装备技术的引进消化吸收再创新，掌握总体设计技术和建造技术，启动一批主力装备、新型装备和关键配套设备的核心技术研发和产业化项目，加强创新能力建设，健全和完善技术创新体系，建设符合海洋工程装备产业创新发展要求的科研开发协作机制，推动自主研发设计能力快速提高。

“十三五”期间，着力开展集成创新，注重培育原始创新能力，进一步提高主力海洋工程装备的设计制造能力，掌握关键共性技术，加快发展新型海洋工程装备，开展前瞻性海洋工程装备技术研究，推动我国海洋工程装备产业由低端制造向高端集成方向发展。

四、战略重点

（一）主力海洋工程装备

指量大面广、占市场总量 80% 以上的海洋工程装备，主要包括：物探船、工程勘察船、自升式钻井平台、自升式修井作业平台、半潜式钻井平台、半潜式生产平台、半潜式支持平台、钻井船、浮式生产储卸装置（FPSO）、半潜运输船、起重铺管船、风车安装船、多用途工作船、平台供应船等。重点突破自主开发设计的关键核心技术，具备概念设计、基本设计和详细设计能力。

（二）新型海洋工程装备

指近年来国际上新发展起来的、我国目前尚处于空白状态的、有广阔市场前景的海洋工程装备，其主要包括：液化天然气浮式生产储卸装置（LNG－FPSO）、深吃水立柱式平台（SPAR）、张力腿平台（TLP）、浮式钻井生产储卸装置（FDPSO）、自升式生产储卸油平台、深海水下应急作业装备及系统，以及其他新型装备。重点突破总装建造技术，逐步提升集成设计能力，填补国内空白。

（三）前瞻性海洋工程装备

指代表当今国际海洋工程装备新兴技术，可能改变当前海洋资源开发模式的新装备，其主要包括：多金属结核、天然气水合物等开采装备，波浪能、潮流能等海洋可再生能源开发装备，海水提锂等海洋化学资源开发装备，以及其他新型装备。重点开展概念性技术研究，提高前瞻性技术开发能力，为未来装备发展做好技术储备。

（四）关键配套设备和系统

指海洋工程平台和作业船的配套系统和设备，以及水下采油、施工、检测、维修等设备，其主要包括：自升式平台升降系统、深海锚泊系统、动力定位系统、FPSO单点系泊系统、大型海洋平台电站、燃气动力模块、自动化控制系统、大型海洋平台吊机、水下生产设备和系统、水下设备安装及维护系统、物探设备、测井/录井/固井系统及设备、铺管/铺缆设备、钻修井设备及系统、安全防护及监测检测系统，以及其他重大配套设备。重点突破系统集成设计技术、系统成套试验和检测技术、关键设备和系统的设计制造技术等。

（五）关键共性技术

指制约我国海洋工程装备自主创新能力的关键技术和共性技术，其主要包括：设计建造标准体系研究、海工工程管理技术、深海设施运动性能及载荷分析预报技术、深海设施动力响应及强度分析技术、深海锚索/立管等柔性构件的动力特性分析技术、深海海洋工程装备风险控制技术、深海设施长效防腐及防护技术、深水浮式结构物恶劣海况下安全性评估技术、海上构筑物寿命评估及弃置技术等。

五、战略实施途径

（一）支持创新驱动，实施产业创新发展工程

将海洋工程装备发展战略纳入国家加快培育和发展战略性新兴产业的总体部署，组织实施海洋工程装备产业创新发展工程，突破核心装备设计制造技术，完善标准体系，全面提升自主研发设计、专业化制造及关键配套技术水平，加快引进消化吸收再创新，大力开展集成创新，积极培育原始创新能力，加速创新成果转化。加强创新能力建设，整合现有资源，依托现有条件，建设若干具有世界先进水平的国家工程研究中心、国家工程实验室、国家重点实验室、国家工程技术研究中心、企业技术中心等，并大力完善以企业为主体的技术创新体系。

（二）以需求为牵引，形成产业联盟

面向国际国内两个市场，促进应用和供给的融合，遵循海洋油气开发规律和程序要求，充分发挥企业的市场主体作用。积极培育油气企业海上油气田规划、施工建设、设备制造、安装和维护能力，以及油气开采技术开发能力。支持船舶工业企业提高装备设计、建造和总包能力，推动产业结构调整升级。鼓励船用设备配套企业积极开展关键配套设备及系统研制。支持设立由大型骨干企业主导，科研机构、高校、专业技术服务公司等参与的产业联盟，推进产、学、研、用密切结合。

（三）加强国际合作，打造一流人才队伍

鼓励优势企业走出去，积极参与境外相关产业的合资合作，充分利用各种有利的国际资源，提高企业的国际竞争力。改革和完善企业分配和激励机制，积极营造人才发展良好环境，创造条件吸引海外有专长的工程技术专家、学者来国内工作。依托创新平台的建设和重大科研项目的实施，积极培养具有跨专业学科研发能力的领军人才。

（四）加强政策引导，完善产业结构

加强产业统筹规划和政策导向，对产能建设、行业协作、产业布局、创新发展等重要领域和关键环节，发挥政府宏观引导和协调作用，统筹现有设施和新建能力，坚持设计、制造、总装和配套同步发展。

六、保障措施

（一）加大国家支持力度

以提高设计制造能力、加速产业发展为目标，针对战略发展重点，依托优势企业，统筹工程化技

术开发、标准制定、关键装备及配套设备产业化和创新能力建设等环节，加大国家投入力度，推动要素整合和技术集成，努力实现海洋工程装备产业核心技术重大突破。结合海洋工程装备产业特点，进一步落实相关税收支持政策。

（二）鼓励研究开发和创新

鼓励企业、科研机构、高校对重点项目和重大工程进行联合攻关。鼓励企业加大对海洋工程装备的研发投入和创新成果产业化的投入，按照企业所得税法律法规和有关政策规定，落实企业开发新技术、新产品、新工艺发生的研究开发费用在计算应纳税所得额时加计扣除的优惠政策。鼓励国内企业开展海外并购，与有实力的国际设计公司合资合作。推动国际海洋工程装备技术转移，鼓励境外企业和研究开发、设计机构在我国设立合资、合作研发机构。推动建立由项目业主、装备制造企业和保险公司风险共担、利益共享的重大技术装备保险机制。

（三）改进和完善金融服务

鼓励和支持金融机构加快金融产品和服务方式创新，有效拓宽海洋工程装备制造企业融资渠道。鼓励金融机构灵活运用票据贴现、押汇贷款、保函等多种方式，支持信誉良好、产品有市场、有效益的海洋工程装备企业加快发展。按照有关政策规定，进一步探索改进适合海洋工程装备产业特点的信贷担保方式，拓宽抵押担保物范围。积极开展海洋工程装备的融资租赁业务。支持符合条件的海洋工程装备制造企业上市融资和发行债券。

（四）做好组织和协调

有关部门应加强对海洋工程装备产业创新发展的总体规划和协调，制定和落实相关政策，组织实施海洋工程装备创新研发及产业化专项工程，推进关键设备和系统的示范应用，协调科技、金融、财税等各方关系，引导和推动全社会力量，将海洋工程装备产业创新发展战略落到实处。

国家发展和改革委员会

科技部

工业和信息化部

国家能源局

2011 年 8 月 5 日

国内外海洋工程装备制造业发展现状

一、世界海洋工程装备制造业总体格局

世界海洋工程装备产业基本形成了“欧美设计及关键配套 + 亚洲总装制造”的产业格局。欧美公司垄断着海洋工程总包、装备研发设计、平台上部模块和少量高端装备总装建造以及通用和专用关键配套设备集成供货等领域，同时还垄断了海洋工程装备运输与安装、水下生产系统安装、深水铺管作业市场，处于整个海洋工程产业价值链的高端。

亚洲是目前世界海洋工程装备总装建造基地，韩国、新加坡、我国和阿拉伯联合酋长国是主要建造国。此外，巴西、俄罗斯等国依托本国海洋油气开发需要，积极进入海洋工程装备建造领域。总体来看，在海洋工程装备总装建造领域，已经形成以韩国为第一梯队，新加坡和我国为第二梯队，阿拉伯联合酋长国和巴西等国为第三梯队的产业格局。

（一）韩国海洋工程装备制造业

韩国稳居第一梯队，其产品占据世界海洋工程装备总装市场50%以上的份额，除了承接近海油气田开发所需的浅海生产平台总包建造合同外，其核心产品为浮式钻井装备（半潜式钻井平台和钻井

船)和生产装备(FPSO、FLNG、LNG－FSRU)总包建造,除了半潜式钻井平台外,基本垄断了钻井船和高端生产装备总包建造市场。在海洋工程船舶方面,韩国船厂主要建造三用工作船(AHTS)、多用途船(MPP)、多功能供应船(MSV)和起重铺管船。

韩国海洋工程装备产业高度集中,除了少数几家造船企业从事海洋工程船舶建造外,其他海洋油气钻采装备建造几乎都集中在现代重工、三星重工、大宇造船(全称大宇造船与海洋工程公司)和STX造船(全称STX海洋工程与造船公司)四大造船企业。

(二)新加坡海洋工程装备制造业

新加坡处于第二梯队,产品占据世界海洋工程装备建造市场20%以上份额。新加坡海洋工程装备产业的主体是胜科海事集团和吉宝岸外海事集团两大造修船企业,其核心产品及业务领域是半潜式钻井平台、自升式钻井平台及FPSO升级与改装,市场份额居于世界领先地位。

(三)我国海洋工程装备制造业

我国与新加坡同处第二梯队,但产业竞争力弱于新加坡。目前,我国海洋工程装备制造行业占国际市场份额的10%,具备较强竞争力的产品是自升式钻井平台、半潜式钻井平台、改装FPSO和中低端海洋工程船舶。目前已基本具备浅海油气开发装备自主设计能力,半潜式钻井平台等深水装备主要是进行后期生产设计,而深水装备的概念设计多来自国外。当前,制约我国海工装备发展的主要问题是自主创新能力不强,核心技术研发能力较弱,配套能力十分薄弱,在深海油气装备建造方面仍存在较多空白领域。

我国海洋工程装备产业主要由造船及配套企业、石油系统企业和机械制造企业三类企业构成,其中中央企业居于主导地位。在产业布局上形成了依托大型造修船基地和新建专业海洋工程装备产业基地共同发展的局面。我国海洋工程装备制造业格局见表1。

表1　我国海洋工程装备制造业格局

企业类型	典型企业	业务类型	主要特点
造船及配套企业	中船重工、中船工业、中远船务、江苏熔盛等	装备建造(海洋平台及海洋工程船舶+通用配套设备)	建造能力、设施设备、工艺流程和配套产品相近,具备先天优势
石油系统企业	中海油、中石油、中石化等	装备建造(平台+专用配套设备)、海洋工程服务	熟悉海洋油气开发程序,在油气处理模块及相关系统的设计建造、海上安装作业和承接订单方面具备优势
机械制造企业	中交股份(振华重工)、中集集团(烟台莱福士)	装备建造(海洋平台及海洋工程船舶)	行业跨度较大,技术上不占优势,但在资本运作、企业管理、市场营销方面实力较强

(四)其他国家海洋工程装备制造业

阿拉伯联合酋长国(以下简称"阿联酋")和巴西等新兴国家处于海洋工程装备制造业第三梯队。阿拉伯联合酋长国依托中东地区海洋油气开发的需要,从船舶修理起家,逐渐在浅海自升式钻井平台建造、FPSO改装和更新、小型海洋工程船舶建造领域占据一定市场地位。巴西、俄罗斯依托本国海洋油气开发的需要,通过积极推行本土化制造战略和市场换技术战略,成为世界海洋工程装备建造的新兴国家,也是未来市场竞争的重要力量。

二、2010年世界海洋工程装备建造市场

(一)世界海工装备建造市场总体情况

随着油气需求恢复增长及油价回升到较高水平,2010年世界海洋油气资源开发活动开始增加,海洋油气开发投资恢复增长,各类海洋工程装备建造订单总量比2009年明显增加,世界海洋工程装备市场整体呈现良好复苏势头。2007～2010年三大类海洋工程装备订单数量见图1。

海工装备订单总价值量较大。2010年世界海洋钻井装备、生产装备和海洋工程船舶三大类海洋

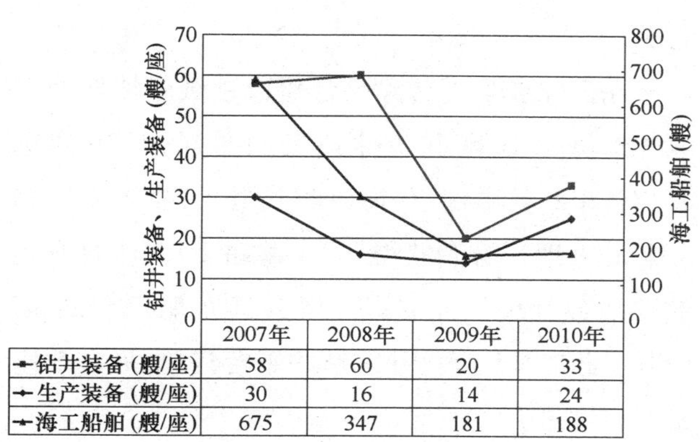

	2007年	2008年	2009年	2010年
钻井装备(艘/座)	58	60	20	33
生产装备(艘/座)	30	16	14	24
海工船舶(艘/座)	675	347	181	188

图1　2007～2010年三大类海洋工程装备订单数量

(资料来源:中船重工经济研究中心)

工程装备订单总价值约286亿美元(不含固定式平台和水下生产系统),超过同期世界新造船市场订单价值(760亿美元①)的1/3。另外,列入统计范围的海洋工程装备修理、升级、模块建造和工程服务的订单金额为9.64亿美元。2010年三大类海洋工程装备订单价值见图2。

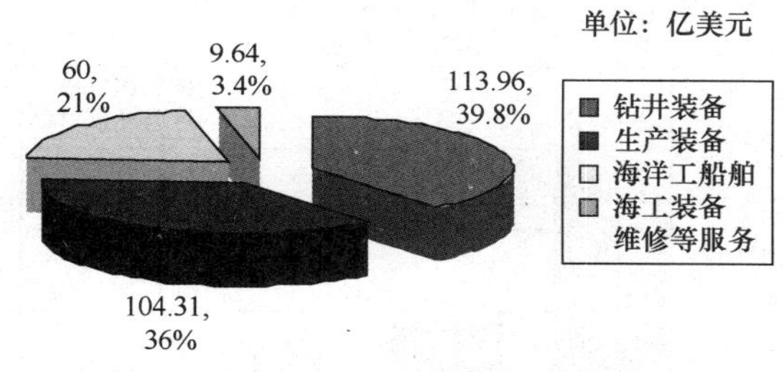

图2　2010年三大类海洋工程装备订单价值

(资料来源:中船重工经济研究中心)

全年订单基本呈现前低后高走势。2010年上半年订单较少,其中钻井装备成交6座/艘,浮式生产装备成交8座/艘。下半年,钻井装备和生产装备均放量成交,其中钻井装备成交27座/艘,浮式生产装备共成交16座/艘。这种前低后高的走势表明海工装备市场正从低迷状态中走出,呈现快速复苏态势。

高价值海工装备订单不断涌现。2010年,韩国现代重工、大宇造船和三星重工均获得了价值超过10亿美元的海工装备订单。其中,现代重工获得挪威船东1艘价值12亿美元的圆筒式FPSO订单,大宇造船分别获得1艘价值18亿美元的FPSO和1座13亿美元的固定式天然气生产平台,三星重工则获得了1艘LNG－FPSO订单。

(二)世界海洋油气钻井装备建造市场

2010年,海洋油气钻井装备建造市场十分活跃,各主要类型钻井装备均有订单产生,共成交各类新建订单33座/艘,订单总额超过100亿美元;另有26座/艘选择权订单。其中,自升式钻井平台订单最多,共24座,占钻井装备订单总量(含选择权订单)的73%。与往年相比,钻井船也有较多的订单,全球共成交7艘,另有3艘选择权订单。半潜式钻井平台成交量依旧较低,仅有2座新建订单产生。

除上述订单外,市场还成交了CCS型钻井船和钻井驳船各1艘,另有少量改装、升级或维修合同。Dryships公司与韩国一家船厂达成了建造4艘超深水钻井船的意向协议,预计在2011年内协议陆续生效,船价约为6亿美元/艘。2007～2010年全球主要类型钻井装备订单数见图3。

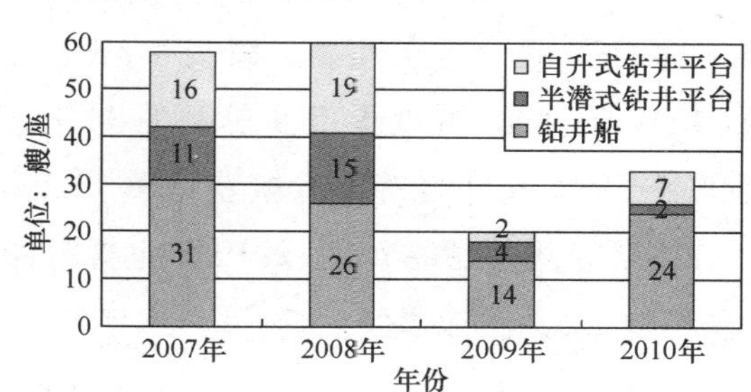

图3　2007～2010年全球主要类型钻井装备订单数

(资料来源:中船重工经济研究中心)

(三)世界海洋油气生产装备建造市场

2010年,全球共成交各类浮式生产装备24座/艘,与2004～2008年的年均成交量基本持平,不仅成交量大幅增加,成交类型多样,几乎各类生产装备均有成交。在新建装备订单中,共成交11艘FPSO,2座TLP,1艘FPU、1艘LNG－FPSO。浮式生产装备市场恢复主要源于巴西、美国墨西哥湾和西非所构成的"金三角"需求的增加,其中巴西又是最大的推动力,巴西国家石油公司一举签订8艘FPSO船体建造合同,使2010年新建浮式生产装备订

① 数据来源:Clarksons. World Shipyard Monitor,2011,No. 2,p11

单大幅增加至17艘，远高于往年水平。另外，北海和东南亚地区也有少量的需求。2010年世界浮式生产装备订单结构见图4。

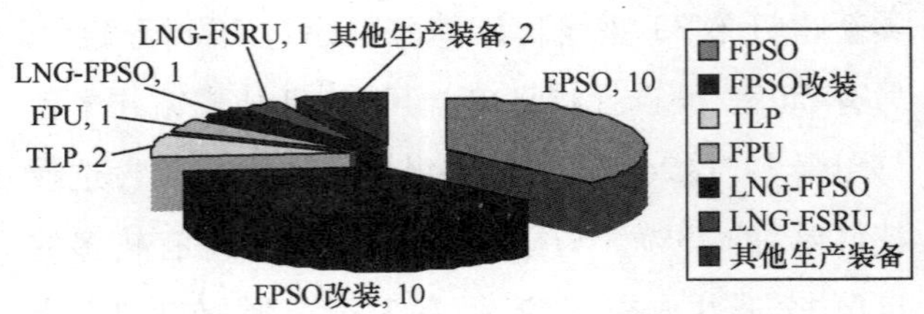

图4　2010年世界浮式生产装备订单结构

（资料来源：中船重工经济研究中心）

三、2010年世界海洋工程制造业竞争格局

（一）海洋工程制造业总体竞争格局

2010年，世界海洋钻井装备和生产装备订单总价值约227亿美元，其中，韩国接单总额约112.31亿美元，占世界市场份额49%；新加坡接单总额约42.93亿美元，占世界市场份额19%；巴西接单总额约34.6亿美元，占世界市场份额15%；我国接单总额24.04亿美元，占世界市场份额的11%。另外，阿联酋、日本和印度等国共接获订单12.96亿美元，占世界市场份额的6%。2010年世界海洋工程装备建造市场格局见图5。

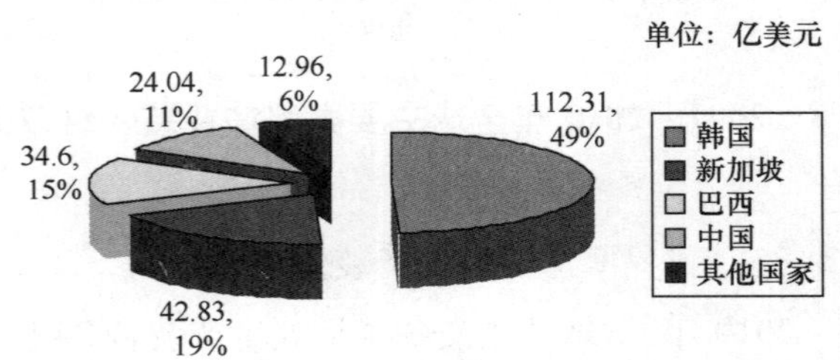

图5　2010年世界海洋工程装备建造市场格局

（资料来源：中船重工经济研究中心）

（二）钻井装备制造业竞争格局

韩国在深水钻井装备和生产装备市场处于垄断地位。深水钻井装备方面，韩国船企实力超群，一举获得6艘钻井船中的5艘。其中三星重工独占3艘，STX造船和大宇造船与海洋工程公司各获得1艘。此外，大宇造船与海洋工程公司还接获1艘半潜式钻井平台。我国船厂也有所斩获，中远船务获得1艘钻井船订单和1座半潜式钻井平台订单。

在全球自升式钻井平台建造领域新加坡处于领先地位，2010年共获得13座订单，另有16座选择权订单。其中，胜科海事收获最大，旗下裕廊船厂和PPL船厂分别获得6+8座和2+3座自升式钻井平台订单。吉宝岸外海事远东船厂（Keppel FELS）也获得5座自升式钻井平台订单，另有5座选择权订单。

我国在自升式钻井平台建造领域表现不俗，大连船舶重工海洋工程公司接获美国POD公司2+3座和挪威Seadrill公司2+2座自升式钻井平台订单，接获宝鸡石油1座自升式钻井平台订单；中集来福士接获土库曼斯坦Dragon Oil集团1座自升式钻井平台订单。

此外，阿联酋Lamprell船厂和印度ABG船厂也获得自升式钻井平台订单。2010年世界自升式钻井平台市场格局见图6。

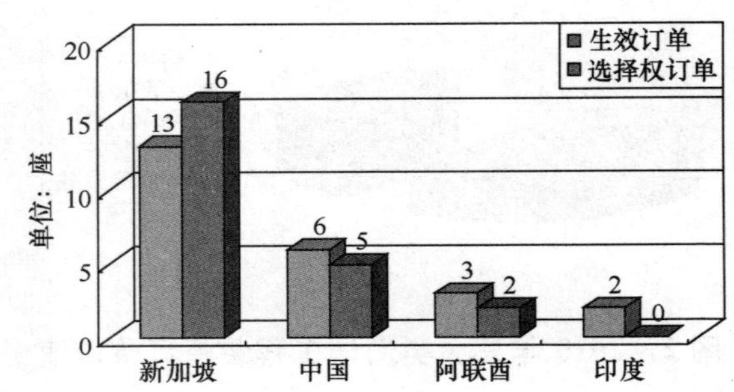

图6　2010年世界自升式钻井平台市场格局

（资料来源：中船重工经济研究中心）

（三）生产装备制造业竞争格局

浮式生产装备新建方面，韩国船厂继续占据垄断地位，FPSO、FPU、TLP和LNG－FPSO均有订单入账，展现其超强而全面的竞争实力。大宇造船与海洋工程公司（DSME）赢得美国雪弗龙石油公司1座张力腿平台（TLP）、1座浮式生产平台和1座固定天然气生产平台合同，获得法国道达尔公司（Total）1艘FPSO工程总包项目，上述订单合同总额高达38.31亿美元。三星重工则获得1艘FPU订单和1座张力腿平台（TLP），全球唯一的1艘LNG－FPSO订单（来自壳牌公司）也被三星重工接获。现代重工赢得挪威埃尼公司1艘价值11亿美元FPSO总包订单，现代重工全面负责项目的工程、采购、施工、调试及陆上运输。此FPSO具有圆柱形船体和封闭式上部结构，日产原油能力超过10万桶，天然气3.9万m^3，可存储原油100万桶，将成为世界最大规模的圆柱形FPSO。2010年世界浮式生产装备新建订单分布见图7。

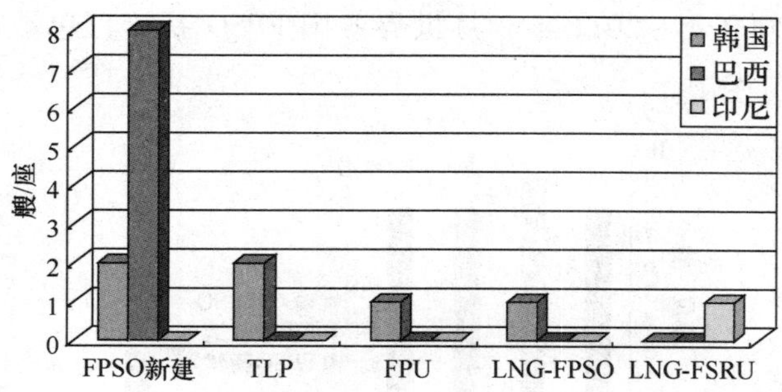

图7　2010年世界浮式生产装备新建订单分布

（资料来源：中船重工经济研究中心）

FPSO改装领域，新加坡和我国分享了2010年的订单。新加坡延续其垄断地位，接获7艘FPSO改装订单，其中，新加坡胜科海事集团所属裕廊船厂和胜宝旺船厂分别获得3艘和2艘，吉宝岸外海事集团获得另外2艘。中国中远船务接获了2艘FPSO改装订单，阿联酋干船坞世界接获了另外1艘FPSO改装与修理订单。2010年世界FPSO改装订单分布见图8。

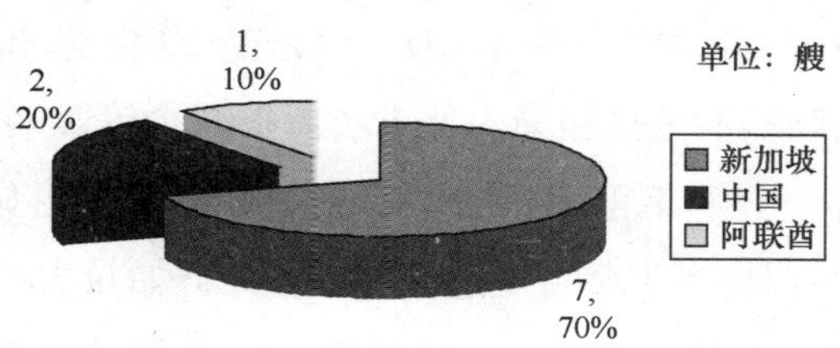

图8　2010年世界FPSO改装订单分布

（资料来源：中船重工经济研究中心）

〔撰稿人：中船重工经济研究中心　赵泽华〕

海洋工程装备——机械工业企业大有可为

21世纪是海洋的世纪，世界范围多层次海洋开发活动正在展开。海洋资源，特别是海洋油气资源已经成为海洋开发利用的最主要任务之一。我国政府已经明确提出“建设海洋强国”，我国海洋油气资源开发将进入一个崭新的阶段。

海洋工程装备（下简称海工装备）是海洋油气开发不可或缺的“利器”。海工装备主要是指用于开发利用海洋油气资源的装备，包括钻井和生产两类主装备和辅助装备。钻井装备主要包括自升式钻井平台、半潜式钻井平台和钻井船等。自升式钻井平台主要用于浅海，作业水深在150m以下；半潜式钻井平台和钻井船可用于从数百米到三千米左右的深海。海洋油气生产装备主要是指浮式生产储存卸货装置（FPSO，Floating Production Storage & Offloading）以及用于天然气生产的LNG－FPSO等。FPSO可抽取原油，对其进行净化处理，并具备相当的储运功能，一般由油轮改建。海洋工程辅助装备主要包括铺管船、多用途工作船等，为海洋平台的安装和作业提供支持。海洋多用途工作船可以拖带海上石油钻井平台，并向其输送人员和物资。另外，近来随着风力发电的兴起，用于安装海上风力发电机的风电设备安装船也成为海工企业广泛关注的一种海工装备。

加快海工装备制造业的发展，对工业结构调整、提高我国装备制造业的整体水平具有较强的带动作用，对我国能源战略及海洋开发战略的实施具有重大意义。同时，海工装备既是高端制造业的组成部分，也是海洋产业发展的重要引擎和必备手段，加快发展海工装备制造业，并将其纳入战略性新兴产业范畴，有利于推动装备制造业产业结构调整升级和经济发展方式转变，加快实现海洋强国的战略目标。

一、我国海工装备行业现状分析

我国海工装备制造起步并不晚，1972 年，建成第一座自升式钻井平台；1974 年，建成第一艘双体浮式钻井船；1984 年，建成第一座半潜式钻井平台；1989 年，建成第一艘 FPSO。但是受 20 世纪 80 年代国际石油危机和国内外市场需求减少等影响，在随后的十多年里，我国海工装备发展步伐明显放慢，与国外海工装备制造领域的差距开始拉大。

进入 21 世纪以来，我国海工装备制造业抓住了市场需求旺盛的有利机遇，发展步伐逐渐加快，逐步进入快速成长期，海工装备制造业的产业规模和区域布局不断扩大，初步形成了渤海湾、黄海、长三角、珠三角等产业集聚区，并且逐步建成了海洋石油工程有限公司、中国船舶工业集团、中国船舶重工集团等一批具有较强竞争力的海工装备制造企业。2009 年，我国海工装备总装的制造企业年产值接近 300 亿元，约占世界市场份额的 7%。

近年来，我国在海工装备设计建造方面取得了一些新突破。我国成功建造了 30 万吨级浮式生产储存卸货装置（FPSO）和当代先进的自升式钻井平台；自主设计建造了国内水深最大的近海导管架固定式平台；完成了国外第六代半潜式钻井平台的改装建造；承接了国内 3 000m 水深半潜式钻井平台和起重铺管船的订单，具备了快速提升技术能力的基础，在国内外产生较大影响。包括上海外高桥造船公司、大连船舶重工、中远集团、振华重工、烟台来福士、江苏熔盛重工、南阳二机石油装备（集团）公司、宝鸡石油机械公司等一批企业在发展中积累了较为丰富的经验和取得了显赫业绩，总装集成制造能力逐步增强，个别企业开始承担国际大型海工装备的 EPC 项目。

1. 我国海工装备产业市场地位不断提升

2010 年，我国共交付各类海洋平台 16 座，新承接自升式钻井平台 5 座、海洋平台模块 10 座，拥有全球海工装备市场 15% 的份额。截至 2010 年底，我国半潜式钻井平台手持订单量已超过韩国，仅位于新加坡之后。从 2009 年至 2011 年 2 月，我国企业已承接 8 艘 FPSO 改造订单，订单水平接近韩国、新加坡。但相对而言，我国企业的订单主要是 FPSO 改造，而韩国和新加坡则有较多新建订单。2009 年 ~2011 年 2 月世界各国 FPSO 新接订单数见图 1。

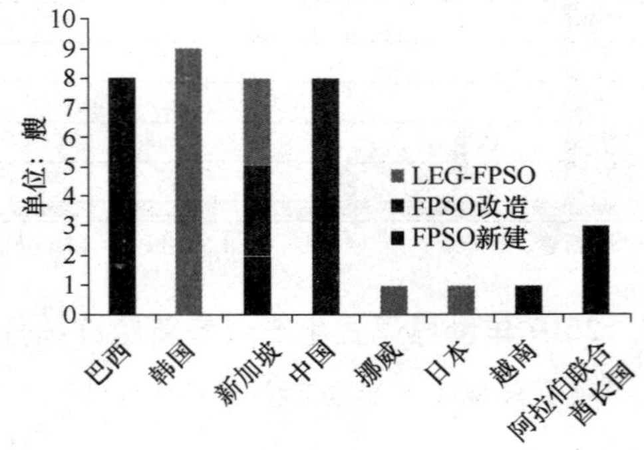

图 1　2009 年 ~2011 年 2 月世界各国 FPSO 新接订单数

2. 技术水平和制造能力快速提升，已经能够建造多项具备国际领先水平的海工装备

在钻井平台领域，2010 年，我国首座自主设计、代表当今世界 3 000m 深水半潜式钻井平台最高水平的第六代半潜式钻井平台"海洋石油 981"已经顺利出坞。该平台具有勘探、钻井、完井与修井作业等多种功能，最大作业水深 3 000m，钻井深度 10 000m。

在钻井船领域，2010 年 8 月中远船务开始建造目前世界上在建的最大的超深水钻井船"大连开拓者号"。该船可以在水深 3 050m 海域进行钻井作业，钻井深度 12 000m，可储油 100 万桶。但也有部分技术含量和附加值更高的产品我国企业还未取得突破，比如 LNG－FPSO。LNG－FPSO 造价约 18 亿美元，而国内最先进半潜式钻井平台造价仅为 7 亿美元左右。

另外，我国在发展海工装备方面也具有一些独特的优势。在基础设施方面，我国拥有漫长的海岸线和众多优秀的港口，形成海工装备生产基地，能够建设众多船舶。在劳动力方面，我国普通劳动力资源丰富、成本更低，海洋学科领域的众多科研院所和高校也提供了较多的技术人才。海洋工程专业在我国仍属新兴学科，近年来每年毕业学生约2 000人，但招生数在3 000人以上，未来此类人才将会进一步增多。造船产业近年来的快速发展也为我国发展海工装备产业积累了经验，奠定了规模优势。

3. 与国外海洋工程装备先进水平相比存在的差距

总体来看，我国目前已经构筑了比较全面的海工装备产业链，但设计和核心配套设备薄弱仍是竞争力的短板。我国海工装备的发展基础仍然比较薄弱，专业化体系还未形成，产业链尚未完善，技术水平和研发能力还远不能适应国内外深海油气开发的需要，与国外先进水平相比仍存在较大差距，突出表现在：

①主流装备的自主设计能力不足

我国多数已建和在建的海工装备设计方案来自欧美的设计公司，自主设计建造的海工装备则主要用于浅海开发，还没有进入国际主流产品市场。目前我国只能自主设计用于浅海油气田开发的装备，尚不具备100m以上水深自升式钻井平台、深水半潜式平台、深水FPSO等装备以及具有国际市场竞争力的深海海洋工程辅助船的自主设计能力。而深水海工装备的前端设计还是空白，主要开展生产设计工作。专业设计机构少、专业设计人员少，目前仅有中船重工民船设计中心、天津修船所、中船工业708所、海油工程设计公司、上海船舶设计院和山东胜利油田钻井研究院等6~7家设计单位从事海工装备设计。

②新型高端装备的设计建造仍属空白

在SPAR平台、LNG-FPSO、多功能自升式平台等新型海工装备领域，我国缺乏设计建造经验，更不具备自主研发能力，至今未曾涉及。

③基础共性技术整体薄弱

在海工装备的水动力性能分析、结构性能分析、工程管理技术、总装建造技术等方面，我国研究水平与国外存在明显差距，影响了我国海工装备技术水平的进一步提升。

④配套设备发展明显滞后

我国在海工装备配套领域尚处于起步阶段，大多数配套设备依赖国外进口，国内生产的配套产品技术指标相对较低，单点系泊系统等高附加值海洋工程配套设备均属空白。据统计，每年大约有70%以上的海洋工程配套设备需要进口，国产配套产品主要为附加值较低的通用设备，关键设备不足5%。

二、我国海工装备行业面临的发展机遇

高端装备制造业是我国政府近期确立的七大战略性新兴产业之一，而其中的海工装备产业更是被明确为发展的重点之一。能源价格的持续上升使能源行业对海工装备的需求逐渐复苏。我国政府的政策支持以及未来能源行业的发展规划也为我国海工装备产业提供了发展动力。同时，凭借良好的基础设施、成本优势，我国已经具备承接国际海工装备产业转移的条件。因此，我国海工装备产业面临良好的发展机遇。

1. 海工装备需求前景广阔

能源开发由浅海到深海成为全球趋势，将激活国际海工装备市场。石油和天然气仍是未来很长一段时间内全世界消费的主要能源，而陆地和近海的油气资源已过度开发，加之石油价格的不断上涨也使得海油开发变得有利可图，这将推动各国转向深海寻找油气资源。世界石油价格从2001年的每桶24.46美元上涨到2010年的每桶79.61美元，相当于十年前价格的3.25倍。近期，由于中东地区局势动荡，国际油价每桶已经突破100美元。据剑桥能源咨询公司统计，2009年海洋石油和天然气产量分别占全球总产量的33%和31%，预计到2020年这一比例将分别升至35%和41%。全球海上能源开发的扩大将催生对海工装备的大量投资。据Douglas-Westwood预计，2010~2014年全球深海油气勘探开发的新增设备投资将达到1 670亿美元,与上一个五年相比增幅达 37%。海上风电设备安装、"可燃冰"勘探开发、海水淡化等有望成为海工装备的新领域。

我国将大力开发海上油气资源,从而带动海工装备的国内需求。我国 70% 海洋油气资源藏于深海,而深海油气储量探明率远低于世界平均水平。据统计,我国海洋原油和天然气的发现率分别仅为 12.3% 和 10.9%,而世界平均探明率为 73% 和 60.5%。初步勘测结果显示,仅南海北部的天然气水合物储量就已达到我国陆上石油储量的一半左右。渤海、南海等海域的近海油气田的开发已具一定规模,包括绥中油田、秦皇岛油田、东方气田、崖城气田等,而深海油田基本还处于未勘探阶段。

我国目前油气需求的一半左右来自进口,从能源安全的角度出发,"十二五"期间必然加大开发海洋油气资源,从而增加对深海装备的需求。以中国海洋石油总公司为例,"十二五"期间计划投入 300 亿元,建造深水海工装备。

2. 国家政策鼓励海工装备产业发展

目前,政府将海工装备产业确定为战略性新兴产业,将大力培育和发展。2009 年 6 月,工业和信息化部发布的《船舶工业调整和振兴规划》指出,要大力发展海工装备,培育新的经济增长点,为建设造船强国和实施海洋战略奠定坚实基础。海工装备被当做能够优化国内造船企业产品结构的高技术含量和高附加值产品。2010 年 10 月,政府颁布的《国务院关于加快培育和发展战略性新兴产业的决定》,将包含海工装备的高端装备制造产业列为国民经济的支柱产业,未来 10 年将给予大力扶持。作为战略性新兴产业,海工装备产业将获得比传统产业更大力度的税收和金融方面的政策扶持。2010 年以来,工业和信息化部一直在加紧制定《"十二五"期间海工装备发展规划》,海工装备产业将迎来历史性发展大机遇。预计"十二五"期间,我国近海大陆架和大陆坡建设将加快,带动的海工装备总投资预计为 2 500 亿~3 000 亿元,年均 500 亿元以上。

3. 国际海工装备产业向亚洲转移,我国有望崛起

国际海工装备产业从设计到生产过程已经高度分工,出现了从欧美向日本、韩国、新加坡等亚洲国家转移的趋势。欧美企业以研发、建造深水、超深水高技术平台装备为核心,垄断着高端海工装备的开发、设计、工程总包及关键配套设备的生产。新加坡和韩国则以建造技术较为成熟的中、浅水域平台为主,在总装建造领域占据领先地位。新加坡的胜科海事、吉宝在钻井平台制造和各类装备维修、升级方面占有优势。韩国的现代重工、三星重工和大宇造船等则在 FPSO、钻井船制造方面领先市场。

过去,我国总体处在制造低端海工装备产品的第三梯队,以赚取加工费用为主,现在,已经具备承接海工装备产业的条件,有望在近年内崛起。与国际造船产业转移的趋势相似,由于我国在基础设施、劳动力成本等方面的优势,国际海工装备产业也呈现从欧美转移到日本、韩国,再转移到我国的态势。目前,我国海工装备制造企业研发实力提升,海工装备基地不断建成,订单增多,未来有能力承接世界海工装备产业的转移。中集来福士、大连船舶重工、中远船务和外高桥造船等在钻井平台、FPSO、海工辅助船制造方面开始崭露头角。在大连、青岛、烟台、南通、上海等地也形成了多个海工装备产业基地。

三、机械工业企业进军海工装备领域分析

海工装备产业的主体,似乎首先看重"海洋"二字,从而联想到船舶企业。按照一般理解,海工装备是在海上作业的,如海上钻井平台,要常年接受海浪和海风的冲击,其产品结构在设计和制造上应该和船舶有关,于是船舶企业从事海工装备研发和生产则是比较顺理成章的。

诚然,海工装备产业是从传统的船舶工业基础上发展起来的。目前我国海工装备产业的中坚力量以中国船舶、中船重工、熔盛重工等造船企业为主。国家在 2009 年初出台的《船舶产业调整和振

兴规划》中，也明确指出“支持造船企业研究开发新型自升式钻井平台等海工装备，鼓励研究开发海洋工程动力及传动系统等海洋工程关键系统和配套设备”，发展海工装备产业成为船舶行业应对国际金融危机、实现产业结构优化升级的重要途径。

但是，海工装备产业的发展需要油气、船舶、机械、钢铁、电子信息等多行业企业的共同努力。海工装备行业涉及油气资源勘探开发技术、矿产资源勘探开发技术、船舶及海洋结构物设计技术、海洋环境保护技术、海洋探测技术等多个技术门类、多学科交叉，是集信息技术、新材料技术、新能源技术于一体的高新技术应用的重要领域，需要跨行业跨部门的协作和努力。

其中，机械工业是海工装备产业发展中不可或缺的重要力量。大量的海工装备产品属于机械产品领域，或是从传统机械产品派生而成；部分机械工业企业的典型代表，已经在海工装备产业领域初露锋芒。

1. 主要机械工业企业

部分机械工业企业已经早早抓住机遇，大力挺进海工装备产业。在这些企业中，表现最为突出的是振华重工（原振华港机）和中集集团。发展海工装备成为这些企业应对国际金融危机、实现产业优化升级、获得可持续发展的重要动力。

振华重工是世界上最大的港口机械生产商，其集装箱起重机在全球市场占有率接近80%。受世界金融危机影响，2009年振华重工传统港口机械业务订单明显下降。为摆脱传统业务下降的不利影响，振华重工全力挺进海工装备新领域，培育新的经济增长点。2009年，成立了上海振华海洋工程设计研究院，加快在海工装备领域的技术储备，此外振华重工还获得了100亿美元的融资额度，主要用于海工装备项目的投资。同年，该企业获得了西班牙ADHK公司总价值22亿美元的海工装备订单，是我国接到的最大一个海工装备出口订单。目前，海工装备产值已接近振华重工总产值的1/3。振华重工通过进军海工装备新领域，实现了完美的转型升级。

中集集团是全球最大的集装箱生产企业，自1996年以来，集装箱产销量一直保持世界第一的市场份额，占全球集装箱市场份额的一半以上。受国际金融危机影响，2008年10月，中集集团的集装箱业务出现停产，全年集装箱业务销售收入290.98亿元，同比下降14.54%；2009年，该业务收入更是同比下滑80%，仅剩55.74亿元。在此严峻形势下，中集集团果断进军海工装备领域，通过并购全国最大、全球第三大的半潜式海工装备制造企业——烟台来福士，以及收购全球海洋工程移动式钻井平台领先设计商——美国F&G公司，全力打造中集集团的又一核心业务。通过在海工装备这一战略性产业领域的快速发展，中集集团有望实现脱胎换骨式的新生。

机械工业发展海工装备的企业还有很多。例如，宝鸡石油机械公司目前已为中国石油海洋工程公司累计提供了10套海洋钻井系统装备。该公司为全球最大的坐底式海洋钻井平台——中油海33号平台提供的钻井系统装备最大钻井深度可达7000m；南阳二机石油装备（集团）公司的海洋钻修井机等主导产品占有国内60%的市场份额；江苏宝胜电缆等电线电缆企业已经开发海洋工程用电线电缆产品。我国海洋工程装备主要制造企业见表1。

表1　我国海洋工程装备主要制造企业

序号	企业名称		主要产品	主要客户
1	中船重工	大连重工	自升式钻井平台、半潜式钻井平台、FPSO	中海油服务公司、海洋工程、Noble钻井公司、挪威海洋钻井公司
		青岛北海重工	浅海自升式平台、FPSO、导管架半潜驳	中国石油天然气集团公司、渤海石油
		山海关船舶重工	浅海座底式平台、FPSO改装	中国石油天然气集团公司、渤海石油
		天津新港船舶重工	海洋工程模块	中国石油天然气集团公司

（续）

序号	企业名称		主要产品	主要客户
		武昌造船厂	海洋工程辅助船舶	中国石油天然气集团公司、希腊TOISA公司、挪威
2	中国海洋石油公司	海洋石油工程股份公司(4个基地)	导管架平台、上部模块、海底管线/电缆	中国海洋石油公司
3	中远	南通中远船务	FPSO、FSO、半潜式平台、圆筒形钻井平台	新加坡
		连云港中远船坞	FPSO改装	
4	中船工业	上海外高桥	半潜式钻井平台	美国
		上海船厂船舶公司	自升式钻井平台、钻井船	渤海石油公司
5	地方企业	烟台来福士	半潜式钻井平台、FPSO、铺管起重船	中国海洋石油公司、新加坡、美国Dockwise公司
		蓬莱巨涛海工公司	导管架、钢桩、生活模块等	中国海洋石油公司

2. 机械工业企业发展海洋工程装备的重点

海工装备是典型的高技术、高附加值产品，是装备制造业的高端产品。一座3 000m深水半潜式钻井平台的价格达到5～6亿美元，相当于2架波音747的价格。海工装备产业具有良好的市场潜力和发展前景。

海工装备主要包括用于海洋资源勘探、开采、加工、储运、管理及后勤服务等方面的大型工程装备和辅助性装备。国际上通常将海洋工程技术装备分为三大类：海洋油气资源开发装备、其他海洋资源开发装备、海洋浮体结构物。其中，海洋油气资源开发装备是目前海工装备的主体，包括各类钻井平台、生产平台、浮式生产储油船、卸油船、起重船、铺管船、海底挖沟埋管船、潜水作业船等。我国海洋工程装备发展重点见表2。

有条件的机械工业企业可充分结合自身的产业基础，积极发展海工装备。如原有的陆上油气钻采设备生产企业，可将产品发展重点积极转向海洋油气钻采设备，尤其是深海油气钻采设备，包括钻机、顶部驱动装置、泥浆泵、采油树、防喷器、钻头钻杆等产品；传统电线电缆企业可以进军海工装备用电线电缆产品。

表2　我国海洋工程装备发展重点

产品类别	具体产品
主体产品	新型自升式钻井平台
	深水半潜式钻井平台和生产平台
	浮式生产储卸装置(FPSO)
	海洋工程作业船及大型模块
	综合性一体化组块
关键系统和配套设备	海洋工程动力及传动系统
	单点系泊系统
	动力定位系统
	深潜水装备
	甲板机械
	油污水处理及海水淡化系统
深海油气钻采装备	钻机
	顶部驱动装置
	泥浆泵
	采油树
	防喷器
	钻头钻杆

实力较强的机械工业企业可加强技术引进和技术合作，联合油气资源企业、工程作业单位和科研院所，着眼于我国南海油气开发的现实紧迫需求和提高国际市场占有率，瞄准主流产品，将各种钻井平台等海工装备主体产品作为产品发展重点。

部分机械工业企业还可以将关键配套设备为重点，积极研制海洋工程动力及传动系统、甲板机械等海工装备关键系统和配套设备。

四、加快发展我国海工装备制造业的思考

温家宝总理在2010年政府工作报告中就大力培育战略性新兴产业时强调指出，“要大力发展新能源、新材料、节能环保、生物医药、信息网络和高端制造产业。”海工装备制造业是高端装备制造业的重要组成部分，加快发展海工装备制造业对打破国外少数国家的垄断，抢占未来竞争制高点，促进船舶工业由大变强具有战略性意义。

工业和信息化部在关于高端装备制造业发展的思路里提到面向海洋资源开发，大力发展海工装备；积极发展以数字化、柔性化技术及系统集成技术为核心的高端智能与基础制造装备等。

因此，推进我国海工装备制造业的发展主要从以下几方面考虑：

第一，要立足国情，努力实现重点领域的跨越发展。发展海工装备制造业，要坚持“有所为，有所不为”的原则，要依据我国国情和产业发展阶段，结合国内外市场需求，明确重点领域，找准切入点。当前应重点发展市场需求量大的海洋油气开发装备，特别是深水装备，使之成为我国海工装备制造业的主导产品。

同时，以巩固长期发展基础和增强储备基础为目标，加强新型海洋油气开发装备、海洋可再生能源装备、海底矿产资源装备等技术装备的研发，不断拓展产品发展的新方向，扩大产业发展的新领域。未来我国海工装备产业重点发展的方向应包括调查与勘测装备、钻探与开发装备、生产与加工装备、储存与运输装备、辅助与服务装备、海洋工程作业装备与大型浮式结构物及特种海洋资源开发装备七类主要装备，以及这些装备的关键系统与配套设备。

第二，要强化自主创新，掌握发展主动权。目前国家确定的战略性新兴产业大致可以分为两类，一类产业在国际上也是新兴产业，国外也刚刚起步，我国与国外差距并不大，如新能源汽车。另一类新兴产业则是国外已经发展到一定阶段，技术相对比较成熟，但我国还处于起步阶段仍属新兴产业，比如海工装备产业。但是无论哪类新兴产业，不搞自主创新，不掌握核心关键技术，可持续发展都会受制于人，也不可能抢占到未来竞争的制高点。

培育和发展海工装备制造业，必须强化自主创新，实施重点产业创新发展工程，绝不能仅仅依赖技术引进，即使要引进技术，也要在消化吸收再创新上做足功课，绝不能陷入引进、落后再引进的恶性循环。依据我国海工装备制造业的现状，未来一段时期应重点提升海洋油气开发装备的自主设计能力，特别是提高装备的前端工程设计和基本设计能力。同时，要结合工程项目的实际需要，提高专业化建造技术和工程项目的管理水平，不断强化基础技术和相关标准的研究。对一些已经具备较好基础的领域，要积极开发自主知识产权产品，形成一批自主品牌。通过系统提升海工装备的自主研发能力，力争到“十二五”末，基本具备海洋油气勘探、开发、生产等阶段主要工程装备的自主设计建造能力。

第三，要打造一批海工装备制造基地，形成海工装备全产业链。从国际经验和我国目前发展的一些情况来看，专业化生产对于做大做强海工装备制造业非常重要。初步考虑，通过规划建设若干具有较强国际竞争力的专业化产业基地，实现战略性新兴产业在地域、资金、科技资源、人力资源等方面的有效集中，产生聚集效应，获得快速发展。结合我国海工装备制造业已经初步形成的产业布局，以及我国海洋油气资源的分布情况，重点在渤海湾地区、黄海沿海地区、长江口、珠江口等地区，打造若干个销售收入在200亿元以上的海工装备总装制造基地，具备大型海工装备总装制造和修造的能力。力争到“十二五”末，我国海洋油气开发装备占有国际市场的份额从当前的7%提高到20%；海工装备制造业的年销售收入达到1 000亿元以上，同时主要依托现有的大型骨干企业，重点提高大型海工装备的总装集成能力；形成五六个年销售收入在100亿元以上，国际知名度高，技术实力雄厚，综合竞争力强，具有总包能力的品牌企业；努力引导一批中小型企业走专业化、特色化发展道路，逐步构建工程设计、模块制造、配套设备、功能技术咨询、服务等领域的专业化队伍。

第四，要统筹发展，积极培育专业化的海工装备配套供应商。对战略性新兴产业，各种系统和配套设备往往是最能体现高技术、高附加值的部分。发展海工装备也要重视相关配套技术的系统发展，重点依托造船行业和石油行业的骨干配套企业，结合已有的基础，新建和扩建一批优势产品生产能力，围绕示范产业聚集区，在沿江、沿海地区打造动力定位系统、深海锚泊系统、支撑平台升降系统、大功率海岸平台电站、大型海洋平台甲板基建等产品生产基地。在陆上石油装备已有能力的基础上，积极发展海上石油装备，重点支持中西部地区的石油装备制造骨干企业，打造海上钻井修井系统、水下防喷器、水下井口、水下井控系统、大型油气加工处理设备等产品的研发基地，并结合总装制造基地的区域布局，通过兼并重组改造等方式，建设海洋石油专用配套设备的沿海沿江制造基地。

〔撰稿人：中国银河证券　机械行业研究员　王华君〕

海洋石油装备的低碳化

发展低碳经济是当今世界经济的一场深刻变革，也是今后世界经济发展的一个新增长点。发展低碳经济就要发展低碳产业、创新低碳技术、使用低碳能源、实现低碳消费。因而，发展低碳经济既是我国未来经济发展的一个制高点，又是保证国家能源安全的重要途径。显然，从前瞻性的战略来看，我国石油与石油化工设备行业应尽早地参与研发低碳技术及其装备。

我国已将能源安全和发展低碳经济作为一个战略课题，提上了重要议事日程。胡锦涛主席在联合国气候变化峰会上明确表明：“大力发展绿色经济，积极发展低碳经济和循环经济，研发和推广气候友好技术”。我国政府已经向国际社会郑重承诺：“到2020年单位国内生产总值二氧化碳排放量将比2005年下降40% ~45%”，其任务十分艰巨。

我国工业排放的碳占碳总排放量的70%以上，石油和石化工业等8大工业部门又占了工业碳排放总量的80%，其中，石油工业占比相当大。我国在用的主要机电产品的能耗总量约占全国能源总消耗量的70%，而节约1kW · h电、节约1t煤、节约1L汽油、节约1L柴油就分别相当于减排二氧化碳0.997kg、1.781kg、2.3kg和2.63kg。显见，石油和石化工业节能减排潜力相当大。

本文中提出的“装备低碳化”概念，是指在装备的设计、制造、使用和维修整个系统过程中，都要千方百计使装备尽量向低碳排放方向转化。因篇幅所限，本文拟以海洋石油装备为例，对实现低碳化的措施，加以说明。

一、装备设计理念的低碳化

在装备设计过程中，以低碳化理念为指导至为重要。对于海洋石油装备，设计人员至少要树立以下三个“低碳化”理念。

1. 尽量节约材料的设计理念

以原材料中的钢铁为例，据测算，每生产1t钢将产生2.5t二氧化碳、3.08kg二氧化硫以及50kg粉尘，污染环境严重。以海洋石油装备为例，海洋石油平台（船）是用钢的“大户”，例如我国建造一艘QHD32－6海上油田用的生产储油轮（FPSO），就消耗钢材约2 000t，二氧化碳的排放量就相当可观。但是，若以“低碳化”理念进行设计，则可大大节约钢材。如中国海洋石油总公司设计的多井槽井口平台，是在一座4腿井口平台，其上布置了35口井；而传统的一座井口平台上只安排1～6口井槽，这就大大降低了钢材消耗，从而间接减少了二氧化碳排放量，实现了低碳化。

2. 采用清洁能源的设计理念

据测算，原油的二氧化碳排放量大约是煤炭的1/40，而天然气的二氧化碳排放量又是原油的1/10，因此，在进行装备设计时，要树立采用清洁能源的理念。能用天然气作燃料，就尽量不用或少用油作燃料；当然，能用其他更清洁的能源更好，如风能资源就比天然气更清洁。2010年，中国海洋石油总公司自主设计、建造的海上风力发电站，已于离岸70km的渤海绥中36－1油田的中心平台上建成。它是一台1.5MW的永磁直驱风力发电机组，最大功率输出为1 500kW，单机年发电量可达440万kW·h。采用这种清洁能源，可减少油田柴油消耗量1 100t/a，减排二氧化碳3 500t/a，减排二氧化硫11t/a，“低碳化”效果明显。我国近海风能资源丰富，据预测，近海10m、20m、30m水深处，其风能资源分别为1亿kW、3亿kW及4.9亿kW，合计是陆地风能资源的两倍，资源潜力相当可观。因此，只要在设计海洋石油装备所需的能源时，树立起“低碳化”理念，则减排的目标一定会实现。

3. 努力降低能耗的设计理念

以海洋石油装备为例，如注气用的压气机，若设计时配备智能节电器，则可大大降低能耗；海上大量使用的起重吊机，若设计时配备变频器，也可显著降低能耗。再如，设计海洋石油平台的生活区时，若采用中央热水系统，就可以不断地吸收空气或自然环境中难以利用的低品位热能，从而取得明显的节能效果，其效能比（COP）平均可达到5倍以上。还有，在设计海洋石油平台上的电、热站时，无论是以油或气为燃料，均可装设节能环保助燃器。它可促进油（气）充分燃烧，降低尾气排放，防止发动机中硫等杂质沉淀，有助于实现节能减排环保。

二、装备制造工艺的低碳化

在装备制造工艺方面可以考虑对以下几道工序进行革新，以实现低碳化。

1. 下料工序

下料是装备制造过程中必不可少的一道工序，而且工作量很大。但是，对这道工序进行技术革新有助于实现低碳化。例如，金属切割下料时，传统工艺均采用乙炔气作为切割气体，切割气体消耗量十分巨大，不仅造成高能耗、高污染，而且还存在安全隐患。但是，我国中远船务工程集团有限公司研究试验成功一种液态亚普天然气。亚普天然气是对金属切割工序中所用切割气体的一种技术革新，它在普通的天然气中添加一种特殊的火焰增温添加剂，大大提高了火焰温度，而且气体密度小，爆炸范围窄，比乙炔气更安全；并且，它的扩散速度还比乙炔气快30%。它与传统的乙炔气相比，具有明显的安全、节能、减排、环保和高效等优点。仅其下属舟山船务工程有限公司一年之内，采用亚普天然气切割金属就节约13 964t标准煤，减少二氧化碳排放13 922.10kg，减少硫化氢排放3.2t，减少磷化物排放80.7t。目前，液态亚普天然气已被列入我国第二批节能减排示范项目，进行推广。在建造海洋平台及船舶等海上结构物过程中，金属切割的工作量很大，如果尽早以亚普天然气取代乙炔气，就可以实现下料低碳化。

2. 焊接工序

焊接工序是装备制造过程中常用的工序，尤其是海洋石油平台等海上结构物的建造，其焊接工序是工作量最大的工序。众所周知，焊接工序要使用大量电焊机，是用电的大户，其节能减排的潜力很大。我国浙江造船公司在电焊机上安装了一种新型节能装置，可以有效地减少设备空载运行浪费的电能。经测试,在1台交直流电焊机的每个头都安装这种装置,每年可节约用电3 525.6kW·h,而该公司共有1 500多个电焊机的头,这样,一年就可以节省用电约500多万kW·h,节能的效果十分明显,是焊接工序中实现低碳化的一项有效的技术革新。

3. 组装工序

组装工序是装备制造过程中最后的关键工序,它在整个装备制造总工作量中占比很大。因此,若对组装方法进行创新,则会大大减少工作量,实现节能减排、低碳化。例如,我国烟台的一家海洋工程公司创造性地开发出一种更安全、更高效的建造海洋平台的组装方法,他们将之称为“泰山合拢法”,即采用滑道建造、驳船下水与“泰山”起重机合拢相结合的组装方法。这种组装工序是基于“平地造船”的思想,先将上甲板滑移到半潜驳船上,再将下船体漂浮下水,最后利用桥式起重机“泰山”号,完成平台上甲板与下船体整体合拢的一种新的组装模式。2008年11月,他们首次利用“泰山合拢”法,成功实施了“中海油服”1.4万t半潜式钻井平台上甲板模块与下船体的合拢工程。此后,又完成了3个超过1万t海洋平台甲板模块的吊装与合拢作业。这些工程实践表明,“泰山合拢法”可以使单个海洋石油平台的建造时间平均缩短约200万个工时,建造周期也平均缩短30%以上。由此可见,装备组装工序中实现低碳化的潜力也很大。

三、装备使用期间的低碳化

一套装备的使用期限很长,常常有几十年,采取措施对服役装备实现低碳化,是大有可为的。以海洋石油装备为例,至少可以从以下几个方面考虑,实现低碳化挖潜。

1. 安装改进方面

以海洋石油平台为例,平台安装是平台开始使用的第一步,其海上施工的工作量很大,可以说是耗能的“大户”。因此,海洋石油平台使用期间的低碳化,首先就要从安装的节能减排入手。国外已经使用多年并且行之有效的平台安装浮托法,就可以借鉴用来作为实现平台安装低碳化的途径之一。通常,大多数浮托法安装都是采用单浮托方法,即用一条驳船托住平台的上部组块,然后再与下部导管架对接的安装方法。到目前为止,我国已完成渤海的旅大、锦州和金县三个海上油田中的4座平台的单浮托法安装,其中旅大27-2/32-2油田的生产储油平台的浮托重量已达到11 500t,为亚洲之最。我国还进行了南海深水油田用平台的浮托法安装设计,即荔湾深水气田项目。它是一座大型深水固定平台,设计水深197m,组块重量2.7万t,加上组块支撑结构5 000t,浮托总重量接近3.2万多t。这是中国海洋石油总公司有史以来最重的浮托纪录,其重量可列世界前列。预计,这样一个具有重量大、作业水深大、环境条件恶劣的浮托法安装设计的实施,必将对海洋石油平台使用过程中实现低碳化做出贡献。

2. 能源改造方面

对一套装备原有配备的动力机组的能源进行改造,也是装备在使用过程中实现低碳化的一个重要方面。因此,在成套装备的使用期间,要千方百计地将原配备动力机组的能源改造成为清洁能源,尽量减少碳排放。这里,以2010年我国首次在渤海的埕北油田A采油平台上应用的1 000kW纯天然气发电机组为例,油田将原来配备的燃油发电机组(3台发电机)改造成为用纯天然气发电机组,这样,既可“就地取材”,将平台上的废气“变废为宝”;而且可大量减少CO_2排放。燃油发电机组和纯天然发电机组CO_2排放率对比见图1。从图1中可看出,它们在逐步自1台、2台以至3台发电机改用天然气作燃料的过程中,发电机组中三台全以纯天然气为燃料(图1中2010.08)与三台(图1中2009.08)和两台(图1中2010.01)发电机以油为燃料的减排的对比。显见,发电机组中三台发电机全以纯天然气为燃料,其CO_2排放率要小得多。这一成果充分表明,采油平台在使用过程中应“因地制宜”,将原配备的能源改造成为清洁能源是实现低碳化的一个重要途径。

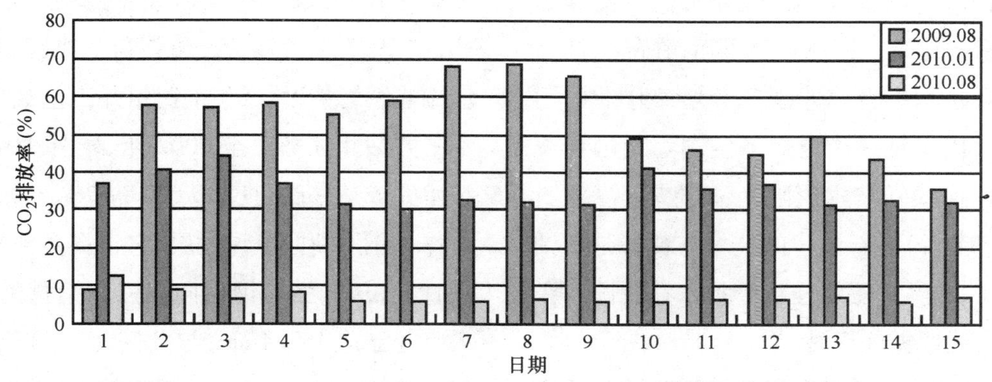

图1　燃油发电机组和纯天然发电机组排放率对比

3. 设备更新方面

我国古语说："工欲善其事，必先利其器"。因此，在装备使用期间，对装备系统中的一些设备及时更新，也是实现装备低碳化的重要措施之一。这里，以对"渤海12"号钻井平台一些设备及时更新，从而实现低碳化为例，中海油天津分公司钻井部与渤海石油实业公司于2009年，联合研制成出我国第一台海上石油钻井岩屑回收处理设备。"渤海12"号钻井平台，及时将其投入使用，通过对钻井液和钻井岩屑的回收填埋，在国内首次实现了钻井液及钻井岩屑的零排放、零污染，解决了长期困扰海洋钻井作业的环保问题，为海上钻井装备的低碳化做出了重要贡献。

4. 流程改善方面

在成套装备系统中，常常有很多流程。因此，在成套装备使用期间，将装备系统中的有些流程适当改进，是实现成套装备使用过程低碳化的一项有效措施。这里，以海上钻井过程中，通过改进油基泥浆钻屑处理流程，从而减少碳排放为例。通常，海上钻井平台在使用油基泥浆钻井时，都是将随同油基泥浆自井底返回到平台上的钻屑，用船运回陆地进行处理。这种流程不仅对环境污染严重，而且能耗很大。英国TWMA公司在海上钻井时，改变了原来对钻屑处理的流程，采取"就地解决"的方法，以热处理技术对油基泥浆钻屑就地分离出油、水和固体。分离出的油和水，都可以"变废为宝"，作为燃料、泥浆原料和注水井用水等，就地重复使用。结果，不仅可以减少排碳为原流程的1/400，而且显著节约时间、资源和利于保护环境。这一结果充分表明，通过改善流程，也可实现装备系统使用期间的低碳化。

〔撰稿人：中国石油大学(北京)　方华灿〕

连续管技术在我国海洋石油开采中的应用

连续油管(Coiled Tubing 简称 CT)又称连续管，它是缠绕在大直径卷筒上，由若干段钢带斜接在一起，经轧制成形，再焊接在一起的无接头连续管。它通过作业机，自卷筒上下入井内，即可进行各种作业。由于连续管技术自动化程度高，机动性能好，作业更加安全、高效，且有利于环境保护，因而近20年来，连续管在全球越来越多地应用于油田钻井、完井、压裂、酸化、排液、试油、采油、采气、修井以及集输管线的铺设等作业领域。我国作为井下作业技术的补充，自2000年以后，在陆上油田中应用连续管技术进行修井及部分增产作业的逐渐增多，但是，用于钻井作业尚属空白。我国在海洋石油中应用连续管技术较陆上油田少。海洋石油是高技术产业，海洋石油中的技术与装备是石油工业中的精华，本文将围绕连续管技术在我国海洋石油中的应用问题做些探讨。

一、连续管技术已成功在国外海陆石油开采中应用

连续管技术已经走过40多年的发展历程，但是，20世纪90年代后，国外才在更多的油气开发领域推广应用。直至现在，国外连续管技术已进入快速发展时期，可以说是“黄金时代”已然开启。以连续管作业机为例，20世纪70年代全球只有200多台，及至1993年数量就翻了一番多，达到561台，到2010年其数量迅速跃升到1 776台。因此，通过大量实践，国外已积累不少连续管技术与装备实用先进经验，可供我国海洋石油开采借鉴。

在陆上油气田方面来看：连续管技术在国外经过大量实践，已积累了丰富经验。1992年在加拿大和美国安装的连续管就已经达到700多条，仅美国的鲁拉德霍湾油田的西部作业区，每年使用连续管作业就超过了1 000次，其中，主要作业是：清洗、打捞、安装封割器和桥塞，挤注水泥、测井、注氮举升和喷射泵操作等作业。至2009年底，全球在役的连续油管作业机已增至1 778套，这些不同等级钢材和不同尺寸的连续油管，仅在近五年内，就完成了50 000多次作业。从20世纪90年代，连续管技术才逐渐应用于钻井作业，至1993年，全世界应用连续管技术已钻出37口试验井，其中，41%为侧钻水平井，32%为新钻井，27%为垂直加深井。例如，美国威德福公司着眼于提高效率、减少成本、降低风险，在阿拉斯加 North Slope 油田，采用连续管开窗侧钻作业，既创造了开窗位置达4 948m的最深世界纪录，同时仅用不到6h，就完成了直径96.52mm的磨铣开窗作业，节省了大量时间和成本。此后，又采用连续管技术进行欠平衡钻井作业，如1995年 Ensco 公司在荷兰东部 Dalen 油田，应用连续管技术，以欠平衡钻井工艺成功地完成了水平井钻井任务。至2007年，国外采用连续油管技术完成钻井已超过10 000口。近年来，国外连续管作业正不断向纵深发展，它正在实现从小直径向大直径，从低强度钢材向高强度钢材的转变，其最大管径已达152.4mm；与此同时，随着水平井和大斜度井的发展，连续管已成为油田作业中运送井下工具和水平井测井的理想装备。

在海上油气田方面看：由于连续管装备具有占地面积小的优势，特别适用于海上作业，在海上油田作业中得到迅速的发展，取得了不少有益的经验。以海上采油作业为例，挪威在北海的 Ekofisk 海上油田的15个产层(座封深度3 810～4 809m)，分别应用连续管技术进行增产作业，仅耗时26h，下入一趟连续管，就成功地对1～15号单层实现了增产作业，不仅节省了大量时间，而且油井产量比预期产量高出3 000桶/d。再以海上钻井作业为例，威德福公司在英国北海进行了连续管欠平衡钻井作业，它在直径3.175～101.6mm的井内，穿过三个砂岩油层，钻深达到4 503m，同时评价了欠平衡钻井对油层的影响，并用连续管下入筛管完井，最大限度地减少了对油藏的损害，提高了产量，大大节省了钻井的时间与费用，效益显著。

二、国内已具备在陆上应用连续管技术的条件

我国应用连续管技术起步较晚，但是，却是较早引进连续管装备的国家之一。1978年，四川石油管理局从美国波恩公司引进了我国第一台连续管作业机。虽然引进装备较早，但利用率不高，没有形成规模生产力，只是作为井下作业的补充，如进行酸化、排液、冲砂、清蜡等井下作业。2000年以后，我国应用连续管技术进行修井及部分增产作业逐渐增多，大庆、大港、中原、辽河、华北、四川、吉林、吐哈、塔里木、长庆以及胜利等油气田，均开始将连续管技术应用于冲砂洗井、钻桥塞、气举、注液氮、清蜡、排液、挤酸和配合测试等项作业中，其中尤以冲砂堵、气举排液和清蜡作业应用得较多，约占作业总量的95%。近年来，我国在陆上油气田中应用连续管技术范围迅速扩大，已拥有连续管作业机50余台，完成400次以上钻井以外的作业，积累了不少实践经验。目前，国内使用的连续管的直径已由25.4mm发展到9.525～50.8mm；连续管最大下入深度也达到6 010m；防喷器最高工作压力已由35MPa提高到103.4MPa；注入头的最大连续提升力已高达36.3t。但是，我国尚未将连续管技术应用到钻井作业中，这方面的实践尚属空白。

在采用连续管技术方面，我国一些陆上油田也取得很多成功经验。2010年，川庆油田使用连续管作业就超过100井次，在连续管拖动酸化施工、连续管速度管柱施工、使用钻磨技术钻除64.5m水泥塞施工、实施三层压裂施工、完成注水泥封堵作业、打捞水平井段钻柱内的放射源、完成存储式测井作业、在井口高压情况下输送油管内防砂筛管工具入井，以及水平井传输射孔等作业方面均取得了成功经验，其中有些还是国内首次实践。如2010年，他们曾两次在合川油田的五口井共计33层，率先完成了带底封套管的分级压裂作业。

我国还有其他一些陆上油田成功进行了连续管技术的实践，如辽河油田主要用于高凝油及稠油油井的清蜡、解堵和冲砂等作业；长庆油田已初步掌握了冲砂、排液、酸化、清蜡、解堵以及井下打捞等特色技术；新疆吐哈油田除常用于垂直井内比较简单作业之外，还在水平井解堵作业方面取得了成功，尤其是对高压、高产气井，解决了常规方法无法压井的难题，成功地完成了压井作业；华北油田在我国首次采用不压井技术，完成了水平井试气作业，他们还创下了国内水平井超长水平段在无泥浆循环情况下的压力起爆钻杆切割施工记录；吉林油田在进行井温测试方面，取得了良好测试结果；长城钻探测井公司自主攻关，在伊朗油田首次完成了射孔作业；青海油田在水平井中，采用多氢酸可自生气体、有利返排处理技术，成功地进行了拖动酸化作业。总之，除钻井作业尚属空白之外，我国陆上油田应用连续管技术的成功经验，均可为我国海上油田借鉴。

我国海上石油开采应用连续管技术虽然不多，但是也有不少成功实践。例如，连续管过油管射孔（CTCP）技术曾在渤海油田得到了成功应用。因此，借鉴我国陆上油田应用连续管技术的成功经验，再加上海上油日的应用实践，坚信连续管技术在我国海上油田一定会大展宏图。

三、连续管装备国产化的条件已经具备

自我国引进第一台连续管作业机以来，连续管本体及其作业装备长时期完全依赖进口，甚至于连续管生产作业所需要的相关工具和工艺技术，也都是赖于引进。随着油气田应用连续管技术的逐渐增多，我国在连续管装备研制方面有了迅速进展。

首先，从连续管作业机来看，我国已有中石油江汉机械研究所等6家单位，研制出连续管作业机，为我国连续管装备国产化提供了技术支撑。中石油江汉机械研究所是我国较早研制连续管作业机的一个单位，自2005年起，已先后研制成功7种型号11台（套）的系列化连续管作业机，其配套的连续管规格分别为：ϕ9.525mm × 4 200m，ϕ19.05mm×3 200m，ϕ25.4mm×2 000m，ϕ38.1mm×3 500m，ϕ38.1mm×4 500m，ϕ38.1mm×5 000m，ϕ60.3mm×4 500m。其装载形式有：橇装、一车装、两车装（其中一车为拖挂车）；注入头最大拉力为：30kN、40kN、50kN、180kN、270kN、360kN。因而，中石油已将江汉机械研究所确定为“连续油管作业机制造基地”。

江汉油田第四石油机械厂在2009年研制出拥有自主知识产权的LGC230连续管作业车，其注入头最大提升力达227kN，连续管规格尺寸为ϕ38.1mm×4 500m，采用主辅车两车布置方式。2009年9月4～6日LGC130连续管作业车已成功地应用于新疆油田的水平井作业，其最大拉力127kN、最大强行下入能力63.5kN、最大速度60m/min（高档）和30m/min（低档）、连续管规格尺寸为ϕ25.4mm×4 000m和ϕ6.35～25.4mm×3 000m、

工作压力69MPa、最高测井温度270℃。

此外，还有4个单位近年也研制成功连续管作业机，且各具特色。如烟台杰端公司通过引进国外技术与部件组装，开发出目前国内作业能力最大的连续管作业机。它采用拖挂布置方式。此种LGT450型连续管作业机注入头的最大提升力为360kN，连续管规格尺寸为ϕ(9.525～50.8)mm×3 500m，它可使用ϕ50.8mm×6 500m的连续管进行钻井、压裂、修井等作业，最高工作压力为15 000psi。再如，四川宏华集团公司研制成的ZJ3/1350CT型复合连续管钻机，其特色是将常规钻机与连续管作业机相结合，既可采用连续管钻井，也可使用常规钻杆钻井。该复合连续管钻机的最大钩载重量为135t，其注入头采用液压驱动，最大提升力为27t，连续管最大起下速度为48m/min，使用ϕ12.7～76.2mm连续管时，钻井深度可达2 000m。

还有，胜利高原公司研制成功的连续管作业车，是自走式的。它是通过引进荷兰技术、散件，进行组装生产的，其特色是具有自走式底盘，能满足复杂工况及道路运输的要求，它的注入头最大提升力为360kN，连续管规格尺寸为ϕ50.8mm×4 200m。另外，辽河石油装备制造公司也研制成功LXZ－5000型连续管作业机。它的注入头最大提升力为210～250kN，连续管最大起升速度为60m/min，最大注入深度5 000m(ϕ6.35～25.4mm)、4 000m(ϕ12.7～25.4mm)，最大工作压力35MPa，整个连续管作业车的总重量为41.5t。

其次，从连续管本体来看，我国目前已有宝鸡石油钢管公司和胜利油田孚瑞特公司等企业，研制成功连续管本体。2005年4月宝鸡石油钢管公司正式立项并成立连续管研制项目组；2007年8月，研制成功连续管疲劳试验机和连续管卷板对接焊缝形变热处理装置；2009年6月国产首盘具有自主知识产权的7 600m长CT80钢级连续管成功下线，使宝鸡石油钢管公司成为全球第3家能够生产连续管的企业；2009年11月23日，宝鸡石油钢管公司生产的CT80钢级连续管在四川气田的首次下井试验获得成功，标志着连续管的国产化时代已经开始。宝鸡石油钢管公司生产的连续管外径为25.4～88.9mm，产品钢级为CT55～CT110，长度最大为8 000m，执行标准为API Spec 5ST，年生产量达1.5万t。胜利油田孚瑞特公司生产的连续管产品的技术规格与性能见表1。

表1　胜利油田孚瑞特公司生产的连续管的技术规格与性能

钢级	外径(mm)	壁厚(mm)	名义重量(kg/m)	屈服强度(MPa)	抗拉强度(MPa)	硬度(HRC)
CT70	31.75	3.18	2.23	≥483	≥586	≤22
CT80	31.75	3.18	2.23	≥551	≥654	≤22

总之，无论是连续管作业机，还是连续管本体，我国均已能够自己生产。尽管我国在连续管技术的配套工具方面还需要进一步研发，例如用于连续管钻井作业的驱动马达、接头、测量工具、造斜工具，以及压裂作业用的封割器、水力喷射器、滑套、接头等均需进一步进行自主研制开发，但是，从总体上来讲，我国已具备连续管技术装备国产化的有利条件。在海洋石油中应用与推广连续管技术，其所需的主要装备完全可以由国内厂商生产供应。

〔撰稿人：中国石油大学(北京)　方华灿〕

国际深水钻井技术装备现状及发展趋势

地球表面积约为5.11亿km^2,海洋占70.9%,占据人类生活和活动面积与空间的2/3以上。海洋平均深度为3 730m,海深3 000~6 000m的面积占海洋总面积的73.83%,大陆架水深为0~200m,其面积占海洋总面积的7.49%。不难看出,向深海要石油,研制深水域海洋石油钻井采油装备,是今后较长时间的必然发展趋势。由于固定式采油平台工作水深超过100m之后,造价越来越昂贵,其允许经济极限工作水深大约小于450m,所以发展移动式,特别是浮式钻井采油平台显得特别重要;加上某些边际油田的开发,也需要发展移动式采油平台,使之能重复使用,不仅解决了边际油田开采的经济性与可行性问题,同时也节省了建造昂贵的固定式采油平台的投资。这也是世界上移动式采油平台得到迅速发展的重要原因之一。

一、国外深水钻井技术发展现状

1. 深水双梯度钻井技术

在深水、超深水钻井中,由于破裂压力梯度和地层孔隙压力梯度之间的窗口较窄,如果采用常规钻井技术易发生井漏、井涌、井塌、卡钻和涌漏同层等井下故障,采用双梯度钻井技术可以从根本上解决这些问题。双梯度钻井技术大体以海底泥线为分界线,在井筒和隔水管之间使用不同的压力梯度,从而扩宽井底压力和破裂压力之间的钻井液密度窗口,减少套管层次,进而有效实施钻进作业,可节约材料,并大幅度缩短建井周期。目前主要通过两种方式实现双梯度钻井:一种是钻井液通过安置在海底的钻井泵和小直径返回管线回到钻井平台,在这种设计中,如果使用隔水管,则在隔水管内充满海水。另一种方式是钻井液通过隔水管返回钻井平台,此时为了降低隔水管环空内返回流体的密度,使之与海水相当,需在隔水管中注入低密度介质(空心微球、低密度流体、气体)。双梯度钻井能够以较大的井眼钻至目的层,从而可以采用更有效的完井方式完井,同时可以有效控制井眼环空压力、井底压力,以及解决深水钻井中遇到的窄安全密度窗口问题,可满足深水钻井快速、安全、经济的要求。

2. 深水浅层钻井技术

为了避免钻井过程中因井内钻井液压力不足以平衡高压含水地层的压力引发浅层流导致的各种问题,常规做法是先预钻小井眼释放地层压力,然后再进入正常钻进程序。即使如此,钻进中也可能发生浅层流导致的井涌或井喷。为此,国外开发出一种动态压井钻井技术,该技术是利用大排量钻井液循环产生的流动压耗和混配的加重钻井液两者产生的压力来平衡浅层高压,实现浅层窄安全密度窗口地层的正常钻进。该技术节省了加重钻井液的时间,真正实现了边钻进边加重的动态压井钻井作业,提高了钻井效率,缩短了钻井周期。

3. 深水钻井水合物预测及抑制技术

海底为低温高压环境,深水钻井中极易出现天然气水合物在井筒、井口管线和防喷器内形成气体水合物,造成堵塞;同时也会对钻井液的流变性产生直接影响,给正常钻进和井控造成严重隐患。因此在深水钻井过程中既要预防天然气水合物的形成,还要预测水合物生成的量和生成位置,以便为抑制水合物形成提供依据。目前因井下条件复杂,对井筒中水合物生成量的预测还不能做到十分精确,但可以通过建立井筒的温度压力场,并结合天然气水合物生成的温度压力条件,来判断水合物是否形成及其形成的具体部位,以达到预测水合物生成区域的目的。

水合物抑制技术就是以破坏水合物生成条件，防止水合物的生成。目前预防和抑制水合物生成的措施有：除水法、加热法、降压控制法、添加热力学抑制剂法、添加动力学抑制剂法。而添加热力学抑制剂法是目前应用最广的水合物抑制方法。

4. 深水钻井液及固井水泥浆技术

深水钻井液应具有的特性包括：(1)良好的页岩抑制性；(2)在低温下的良好流动性；(3)良好的悬浮和携岩能力，对于大位移井、大直径井眼更为重要；(4)良好的水合物抑制能力；(5)滤失量低，与地层配伍性好。除了以上特性，深水钻井液还要满足保护油气层和海洋环境的要求，因此油基钻井液在深水钻井中的应用受到限制。目前深水钻井中最常用的钻井液体系有高盐/PHPA(部分水解聚丙烯酰胺)聚合+聚合醇水基钻井液体系和合成基钻井液体系。水基钻井液由于其优良的性能和较低的成本，已被广泛用于深水钻井作业中。但由于典型水基钻井液体系的塑性黏度、热膨胀性和压缩性均比合成基钻井液体系低，因此合成基钻井液也是国外深水区域常用的钻井液体系之一。

表层套管固井是深水固井的难点和关键点。海底低温是最主要的影响因素；破裂压力梯度常常要求使用低密度水泥浆。深水钻井设备费用高又要求水泥浆能在较短的时间内具有较高的强度。因此，深水水泥浆应具有以下基本性能：密度低，在低温下过渡时间较短，抗压性能优良；失水低，与套管、地层密封和胶结的长期性能好；顶替效率高。目前国外深水固井水泥浆体系有低密度填料水泥浆体系、低温快凝水泥浆体系、泡沫水泥浆体系、最优粒径分布水泥浆体系和超低密度水泥浆体系等。

二、深水钻井关键装备发展现状

深水钻井中，钻井装备应能承受风浪流的反复冲击、特殊海区海冰的作用、强热带风暴的作用以及海洋环境对设备的腐蚀破坏，因此，深水钻井装置面临的最大挑战是保证平台在恶劣海况下的安全性和可靠性。目前已开发出两种比较成熟的适合于深水钻井的设备：一类是深水钻井船，一类是深水半潜式钻井平台。

1. 深水钻井船

深水钻井船主要包括船体、锚泊或动力定位系统和自航行系统。它自航能力强，具有良好的机动性，移动灵活，停泊简单，适用水深范围大。其中，自航行运移性能好，是浮式钻井船的一个显著特点，所以浮式钻井船可在水深3 657m的深水区作业。其缺点是甲板使用面积小，作业受海洋环境因素影响大。

2. 半潜式钻井平台

半潜式钻井平台由坐底式平台发展而来，由上层工作甲板、下层浮体结构、中间立柱或桁架3部分组成。半潜式钻井平台具有抗风浪能力强、运动性能优良、甲板面积和装载容量巨大及作业效率高等特点，在深海能源开采中具有其他形式平台无法比拟的优势。浮体提供半潜式钻井平台的大部分浮力；立柱用于连接工作平台和浮体，支撑工作平台；工作甲板用于布置钻井设备、钻井器材、起吊设备及安全救生、人员生活设施和动力、通信、导航等设备。钻井作业时在浮体中注入压载水，使平台大部分沉没于水面以下(半潜状态)，以减小波浪的扰动力。作业结束时，排出浮体内的水，上浮至拖航吃水线，即可收锚移位。

半潜式钻井平台自20世纪60年代出现，已经历从1代到6代的发展历程。第6代半潜式钻井平台出现于21世纪初，采用动力定位，船体结构更为优化，质量更小，配备有自动控制系统，可变载荷更大，作业水深为3 048~3 812m，最大钻井深度达12 000m，其井架承载能力达到11 340kN，钻井绞车功率达到5 292kW，钻井、顶驱和钻井泵的驱动方式为交流变频驱动或静液驱动。第6代平台的先进性在于采用双井口作业方式，即该平台钻机具有双井架、双井口和双提升系统。

3. 超深水钻井平台

超深水钻井平台采用高强度钢，经过优化设计，可变载荷与总排水量的比值可超过0.18，总排水量与自身质量的比值可超过4.0;甲板可变载荷大(≥9.0×10^4kN)、甲板空间大;平台大多为正方形或矩形,多为4~6个立柱、矩形截面、无斜撑、少节点的简单外形结构,可减少建造费用,降低整体结构产生的意外事故,具有良好的安全性;抗风暴能力强,具有全球全天候的工作能力和长时间的自持能力。钻井船将排水量与船总用钢量的比值进一步提高,主体尺寸大于等于250m(长)×38m(宽)×18m(型深),不但具有超深水钻井平台的各种优点,而且甲板可变载荷大于等于2.0×10^5kN,船主机功率大于等于3.7×10^7W。不管是平台还是钻井船,装备更先进,动力定位系统的精度更高,工作水深更深。如都装备有交流变频驱动或静液驱动的大功率UDD钻机,单套钻机主绞车功率为$(3.73 \sim 5.37) \times 10^6$W,乃至更大;钻井深度达10 668~12 200m,乃至更深。预计在未来20年,钻井深度将突破15 000m。

三、深水钻机系统

为了适应深水、超深水钻井的需要,传统石油钻机向大功率交流变频方向发展。美国National-oilwell公司生产的交流变频钻机,其绞车最大功率可达到5.37×10^6W;C-Emsco公司生产的交流变频钻机绞车最大功率可达到3.73×10^6W;Varco公司和德国Wirth公司生产的交流变频钻机其绞车最大功率可达到4.47×10^6W。除了向大功率发展外,带有主动钻柱运动补偿器的数控变频驱动钻机绞车也逐渐得到发展,如美国National-oilwell公司生产的AHD型钻机,其数控变频驱动钻机绞车最大功率达到5.15×10^6W。无绞车、液缸升降型新型Ram钻机得到了长足发展。Ram钻机采用升降液缸替代庞大笨重的绞车,也可替代浮式钻井庞大的钻柱运动补偿器,显著减少了井场占用的面积与空间,可降低成本约30%,已经装备2艘半潜式钻井平台和2艘钻井船,钻深能力达10 660m。小井眼钻机因其造价低(可降低约40%)、运费低(可减少50%)、占地面积小(可减少40%)、钻井成本低(可降低50%)及操作自动化程度高等优点,将在海上油田得到进一步推广使用。此外,为了进一步降低深水钻井成本,套管钻井石油钻机在深水的应用前景也十分广阔。

四、动力定位系统

船舶动力定位是深海开发的关键技术之一,随着海上油气生产向深海发展,动力定位系统越来越广泛地应用于海上深水作业船舶(海洋考察船、半潜船等)、海上平台(海洋钻井平台等)和水下潜器等。动力定位系统一般由位置测量系统、控制系统和推力系统三部分构成。动力定位系统的核心是控制技术,至今已经经历三代,三代动力定位系统分别应用了经典控制理论、现代控制理论和智能控制理论。船舶动力定位是先进的海上定位技术,它与传统的锚泊方式相比,具有不受水深限制、投入撤离迅速、定位精确和机动性强等优点,对于海洋深水开发具有重要意义。

五、隔水管系统

在深水钻井中,传统隔水管通过法兰连接,为了减少隔水管自身质量施加于钻井船的负荷,在隔水管外部装有浮力块。浮力块是用塑料等材料制成,内部充满空气。在隔水管外部还有直径为50.8~101.6mm的4根管柱,这些管柱固定在浮力块内,用来操作下部海洋立管组件(LMRP)和完成特定的作业任务,使用这种传统隔水管能达到的最大水深约为2 200m。由于深水钻井船的平均费用很高,提高下隔水管的速度便成为提高钻井效率和降低成本的关键。

随着水深和钻井日平均费用的逐渐增加,传统隔水管已不能满足深水钻井的需要,因此开发适应深水、超深水钻井的新型隔水管成为隔水管发展的方向。目前,国外已经有几家公司开发出新型深水钻井隔水管,这些隔水管有着各自的特点。ABBVetcogray公司开发的隔水管采用快速连接方式,利用MR26E隔水管接头及专用液压上紧装置,不需要操作人员手动对接就能上扣及夹紧隔水管,显著提高了下隔水管的速度,提高了钻井效率和节约了钻井成本;且隔水管采用轻质合金材料,因此不需要提高现有钻井船的承载能力就能在更深的水域进行作业。ABBVetcogray公司的隔水管考虑了深水钻井作业中的天然气水合物生成问题,专门开发了井口连接器,设计了水合物抑制剂乙二醇注入口,通过该注入口注入抑制剂可以抑制水合物生成,从而提高钻井安全性。俄罗斯ZAO公司虽然也采用铝合金作为制造隔水管的材料,但是由于采用法兰连接,因此下隔水管时效低,不能有效提高钻井效率。法国IFP和Framatome公司的CLIP隔水管配备能够提供快速和安全连接的隔水管接头,满足了大直径、超深水钻井所需的高压压井和节流管线的连接需要;其主要特点是隔水管接头可快速上扣,能够显著提高下隔水管的效率,缩短钻井时间,节约钻井成本。Cameron公司的LoadKing隔水管系统属于传统的钢制法兰式连接隔水管系统,其连接强度大,主要用来满足水深在3 048m或更深超深水钻井的需求。该系统包括钻井隔水管、张力环以及伸缩接头锁紧系统,可以和工业应用的最高载荷等级的卡盘、万向节和送入工具配套使用。

随着水深从百米以内逐渐递增到几千米,传统的钢制隔水管随着长度的增加,质量不断增大,钻井船已经不能负载,而更新钻井船会导致钻井成本的增加;另外随着水深的增加,也会增加采用传统法兰连接式隔水管的作业时间,增大钻井成本。所以,传统的隔水管已经不能满足深水钻井的需要,为了更好、更快、更安全地满足深水钻井的要求,未来深水钻井隔水管必须具备以下特点:(1)采用轻质高强度合金材料,降低隔水管质量,减轻钻井船负载,增大隔水管下入长度;(2)采用快速连接方式,减少下隔水管的作业时间,降低钻井成本;(3)增加单根隔水管长度,将单根隔水管长度从现在的22.86m增至27.43m;(4)安装抑制天然气水合物形成的装置,抑制天然气水合物的形成,防止钻井事故的发生。

六、水下井口和防喷器组合

1. 水下井口

目前常用的水下井口包括5个主要部分,从上到下依次为井口防腐帽、高压井口头、导管头、永久导向基座、临时导向基座。高压井口头直径尺寸一般为476.3mm,由各种尺寸套管悬挂器(φ340.0mm、φ244.5mm、φ177.8mm和φ177.8mm及密封防腐组件等。导管头直径尺寸一般为762.0mm。最先下入的是临时导向基座,用于定井位,安装在海底泥线上;随后下入永久导向基座,将其安装在临时导向基座之上,并通过连接在导向柱上的导向绳引导后续工具的入井及设备的安装;导管头悬挂导管坐落在永久导向基座内,用专用下入工具随永久导向基座同时下入;高压井口头下部连接表层套管,坐在导管头内,通过液压连接器连接水下防喷器;各层技术套管通过套管悬挂器和密封总成悬挂在高压井口头内。

由于深水钻井时,套管层序、套管尺寸和连接方式、抗弯曲能力、压力级别、可悬挂的最大套管质量等与浅水和陆地钻井有很大区别,因此深水条件下选择水下井口时要分析海况条件下井口可能承受的隔水管、防喷器组上部质量以及可能的轴向力和弯曲力矩,尤其当钻井平台采用动力定位、钻井船偏离井口或紧急情况下进行紧急解脱时,防喷器组和水下井口头可能会承受很大的弯曲力矩。一般来说,要根据地层压力情况选择井口头的压力级别,其压力级别应与所用防喷器的压力级别一致。现有水下井口压力级别有69MPa或103MPa,特殊情况下也可选用压力级别为138MPa的水下井口,其抗弯曲能力2 710~9 484kN·m,而常规水下井口的抗弯曲能力为3 387~4 065kN·m。

2. 深水防喷器

(1)深水防喷器组

水下防喷器是海洋石油钻采过程中用于防止井喷的专用设备,上部连接隔水管装置,下部连接海底井口装置。随着安全环保意识的不断提高,海洋防喷器向大通径、高封井压力和高剪切力方向发展。此外,根据作业水深、海底至目的层深度以及油气层压力的不同,深水防喷器组通常有不同的配置,例如封井压力可分为69MPa、103MPa和

138MPa 3 个级别。一般来说,深水防喷器组配备 5 个闸板防喷器和 2 个万能防喷器,第 5 个闸板位于盲板下部,可以剪断套管,并在剪断套管后可以关井,通常在紧急情况下用到。2 个万能防喷器是冗余设计的需要,上部万能防喷器作为井控的主要手段。随着海上欠平衡钻井的发展,井口防喷器组合还要配置高压旋转防喷器,即随钻压力控制系统 PCWD(Pressure Control While Drilling)。

(2)深水防喷器组控制系统

深水水下防喷器组控制系统主要包括地面控制和水下控制两个部分,采用液压控制系统或电控系统实现闸板的开关和锁紧,从而实现对油井的快速封闭,防止井喷的发生。液控系统的控制管线通过卡箍卡在隔水管上,随隔水管一同下入;而电控系统的控制管线是通过隔水管外辅助管中的控制管线,在 LMRP(下部隔水管总成)底部与防喷器连接。此外,从安全角度出发,深水钻井的水下防喷器控制系统都会有一个备用系统。在选择控制系统时,主要应考虑深水浮式钻井平台的定位方式、作业水深、海况以及对井控的要求。在井控要求中,控制系统的响应时间是一个较为关键的选择因素,由于电控系统在控制响应时间上较液控系统具有明显的优势,因此出于对响应时间的考虑,在深水钻井作业中,尤其是在 1 500m 以上超深水钻井作业时,更多地选用电控系统。

七、海洋石油钻井平台的技术发展趋势

世界范围内的海洋石油钻井平台已有上百年的发展历史,深海石油钻井平台研发热潮兴起于 20 世纪 80 年代末,虽然至今仅有 20 多年历史,但技术创新层出不穷,深水海洋油气开发的水深取得突飞猛进的发展。

1. 自升式平台载荷不断增大

自升式平台发展特点和趋势是:采用高强度钢以提高平台可变载荷与平台自重比,提高平台排水量与平台自重比以及提高平台工作水深与平台自重比;提高甲板的可变载荷,甲板空间和作业的安全可靠性以及全天候工作能力和较长的自持能力;采用悬臂式钻井和先进的桩腿升降设备、钻井设备和发电设备。

2. 多功能半潜式平台集成能力增强

为适应多海底井和卫星井的采油需要多功能半潜式平台除具有钻井和修井能力外,还具有宽阔的甲板空间,平台上配置有油、气、水生产处理装置以及相应的立管系统、动力系统、辅助生产系统及生产控制中心等。

3. FPSO 向大型化、深水及极区发展

海上油田的开发愈来愈多地采用 FPSO 装置,该装置主要面向大型化、深水及极区发展。FPSO 在甲板上密布了各种生产设备和管路,并与井口平台的管线连接,配置有特殊的系泊系统、火炬塔等复杂设备,整船技术复杂,价格远远高出同吨位油船。它除了具有很强的抗风浪能力、投资低、见效快和可以转移重复使用等优点外,还具有储油能力大,可以将采集的油气进行油水气分离以及处理含油污水、发电、供热和原油产品的储存和外输等功能,被誉为“海上加工厂”,已成为当今海上石油开发的主流装置。

4. 更大提升能力和钻深能力的钻机有待研发

由于钻井工作向深水推移,有的需在海底以下 5 000 ~6 000m 或更深的地层打钻。为了节约钻采平台的建造安装费用,就需要以平台为中心进行钻采,并将其作业半径从通常的 3 000m 扩大至 4 000 ~5 000m,乃至更远;还有的需要提升大直径钻杆(168. 3mm)、深水大型隔水管和大型深孔管等,因此开发更大提升能力的海洋石油钻机将成为未来发展趋势。

〔撰稿人:上海宏华海洋油气装备有限公司　冯琦　陈艳　郭培军〕

中国石油石化设备工业年鉴2011

市场概况

对石油测井设备、储运离心泵、“三抽”产品、智能完井技术及炼油化工等的市场进行分析，并提出对这些装备的需求分析

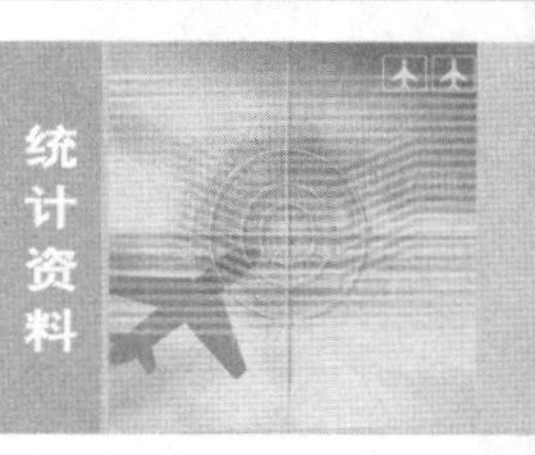

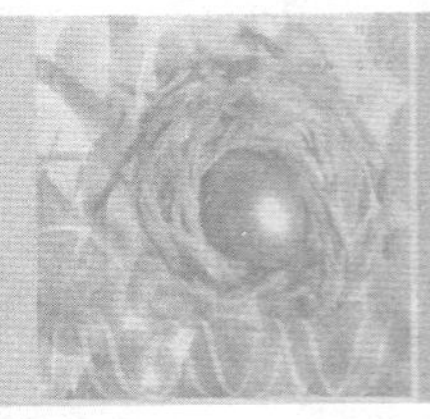

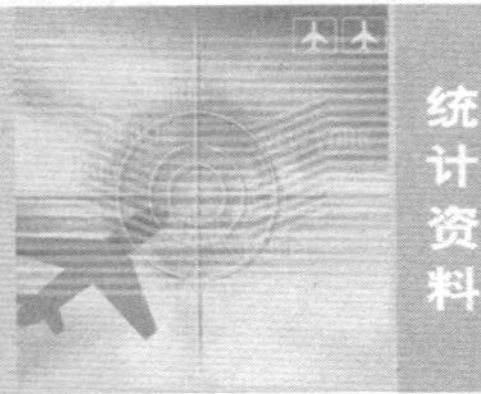

市场概况

我国石油储运离心泵市场分析

石油储运离心泵是指在石油工业领域中，为液态原料、半成品和成品油输送提供压力流量的离心泵，主要包括管线泵和管道泵两种泵型。其中，管线泵适用于成品油、原油的长距离管道密闭输送，主要应用于输油管道系统；管道泵适用于输送清洁或含少量固体物的石油或具有低腐蚀性的化工介质，主要应用于储油库系统。

一、我国石油和化工行业发展现状

总体来看，我国石油和化工行业经济总量保持了长期稳定快速增长态势，2006～2008 年连续 3 年工业总产值增长率都保持在 20% 以上，远高于我国 GDP 的增长率。2009 年在世界金融危机影响下，全行业经济进入短暂的低谷阶段，但在我国“保增长、扩内需、调结构”宏观政策推动下，从 2009 年下半年开始，行业景气度开始逐渐回升，2010 年实现工业总产值 8.88 万亿元，较上年增长 33.9%。我国石油和化工行业经济总量的快速增长，为下游石油储运泵市场的发展提供了强大的动力。2006～2010 年我国石油和化工行业工业总产值及增长率见表 1。

表 1　2006～2010 年我国石油和化工行业工业总产值及增长率

（单位：万亿元）

年　度	2006	2007	2008	2009	2010
工业总产值	4.26	5.19	6.61	6.63	8.88
增长率（%）	26.20	21.80	27.40	0.30	33.90

资料来源：工信部。

二、我国输油气管道建设情况

截至 2009 年底，我国输油气管道总里程已达 7.5 万 km，其中原泊管道 2 万 km，成品油管道 1.7 万 km，天然气管道 3.8 万 km，初步形成了全国性的原油和成品油管网供应格局。总体来看，在我国石油和化工行业快速发展的大背景下，2006～2010 年我国输油气管道里程年均增速近 15%，未来这种增长趋势仍将得到延续。2006～2010 年我国输油气管道总里程及增长情况见图 1。

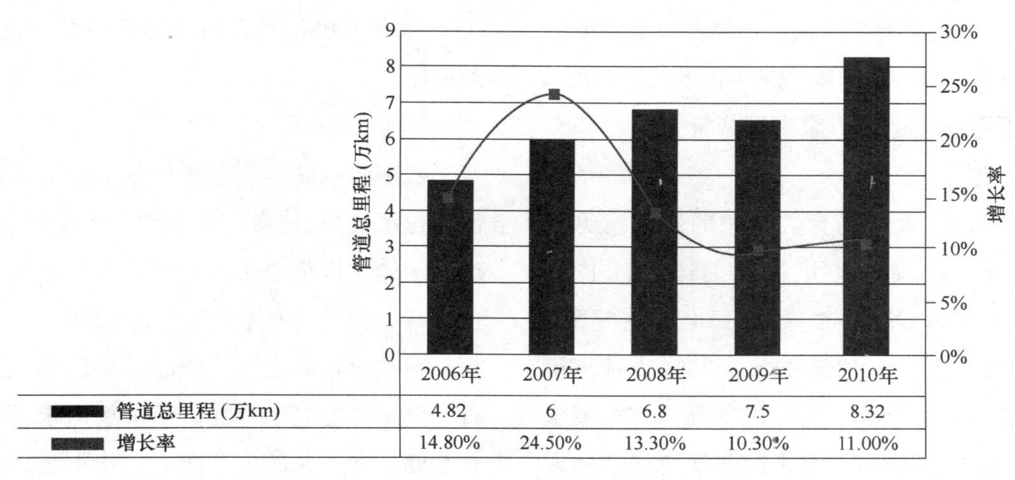

图 1　2006～2010 年我国输油气管道总里程及增长情况

三、我国石油储备情况

1. 石油战略储备

我国石油战略储备基地的规划总体上分三期进行：第一期战略库存的原油储备能力为1 640万m^3，主要分布在镇海、舟山、黄岛和大连四处；2004年开始建设位于镇海的首个工程，一期的四处工程在2008年底已经全部竣工。第二期战略库存总容量为2 680万m^3，倾向于靠近大炼油厂、快速反应的内陆地区，计划于2012～2013年完成。第三期战略库存仍在规划中，规模与二期相同，也为2 680万m^3。我国石油战略储备基地概况见表2。

表2　我国石油战略储备基地概况

石油战略储备基地规划	储量设计（万m^3）	建设周期	建设基地
第一期	1 640	2004～2008年	大连、黄岛、镇海和舟山
第二期	2 680	2009～2013年	八大基地已规划完毕
第三期	2 680	规划中	规划中

资料来源：人民网。

2. 石油商业储备

为了响应政府关于加强能源安全的号召，在建设战略库存的同时，各石油公司也在加紧商业库存的建设。石油商业库存分为原油商业库存和成品油商业库存两部分。

2007年，中国石油天然气集团公司和中国石油化工集团两大集团商业石油储备相继获得批准，2008年末两大集团的第一个商业原油储备设施相继建成，2010年和2012年我国两大集团原油商业储备的库容分别达到4 950万m^3和7 270万m^3。

另外，为应对近年来不断发生的油荒以及未来国内炼油能力的增加，2009年出台的石化行业调整和振兴规划中明确提出“要落实成品油储备”。截至2009年，我国成品油储备库容已达到5 300万m^3。根据中国石油规划总院的预测，2015年我国成品油库的容量有望达到7 800万m^3，较2009年增加近50%。

四、我国石油储运离心泵市场分析

1. 市场规模

根据中国石油管道局有关专家的咨询意见和对一些相关泵厂的调研表明：在输油管道上，国内一般每80～400km设置一个泵站，每个泵站配置3～4台泵，由于站距要按管道的水力和热力计算确定，并根据输油工艺、地质、建设规划等多方面要求选择和布置中间站地点，因此不同输油管线泵站设置都不太一样。而且不同输油管道上泵站的输油泵规格相差较大，输油泵的价格在几十万至几百万元不等。根据调研结果，同时参照各位专家的意见，按照每百公里石油输运管道上管线泵的平均投入单价和每万立方米储油库上管道泵的平均投入单价进行各自市场规模的推算，可分别得出我国管道泵和管线泵的市场规模，两项相加可进一步得出我国石油储运离心泵的市场规模。

2010年，我国石油储运离心泵的市场规模7亿～8亿元，其中，管线泵市场规模为4～5亿元，较上年增长10%左右；管道泵市场规模为3亿元左右，较上年增长15%左右。

为保持我国宏观经济的稳定发展，我国输油管线的大规模建设仍会延续，原油和成品油的战略和商业储备库容也会继续扩大，预计未来几年我国石油储运离心泵的需求复合增长率仍将保持两位数，2006～2015年我国石油储运离心泵市场规模及预测见图2。

2. 供求分析

我国石油储运离心泵行业市场需求稳定增长，发展速度较快，使得一些其他泵的生产企业转行生产石油储运用离心泵。同时，一些原有的生产企业也进行一定的产能扩张，使得总供给已大于需求。而从石油储运离心泵的产品供给结构来看，中小型石油储运离心泵的产能大于市场需求，而大型高效石油储运离心泵的生产能力仍然不足，每年都有一定数量的输油管线泵要依赖进口。2006～2015年我国石油储运离心泵供求及预测见图3。

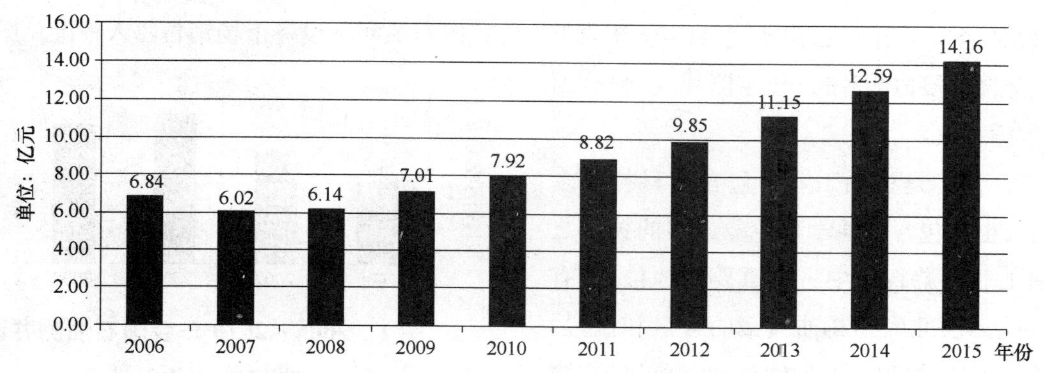

图 2　2006～2015 年我国石油储运离心泵市场规模及预测

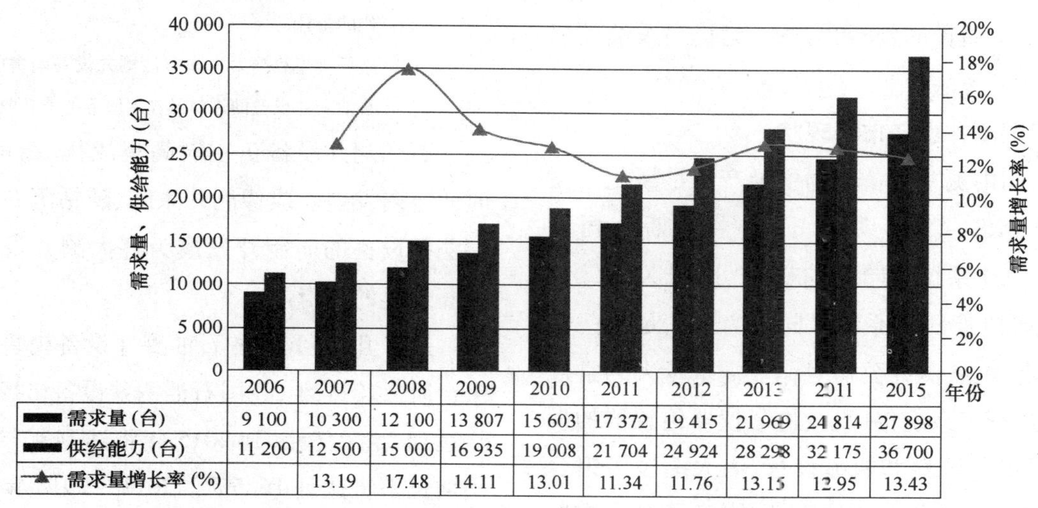

	2006	2007	2008	2009	2010	2011	2012	2013	2011	2015
需求量(台)	9 100	10 300	12 100	13 807	15 603	17 372	19 415	21 969	24 814	27 898
供给能力(台)	11 200	12 500	15 000	16 935	19 008	21 704	24 924	28 298	32 175	36 700
需求量增长率(%)		13.19	17.48	14.11	13.01	11.34	11.76	13.15	12.95	13.43

图 3　2006～2015 年我国石油储运离心泵供求及预测

3. 市场竞争格局

我国石油储运离心泵的市场竞争格局，国内主要生产企业有浙江佳力科技股份有限公司、沈阳鼓风机集团水泵公司、嘉利特荏原泵业有限公司和辽宁恒星泵业有限公司等。我国石油储运离心泵特别是长距离输油管线泵长期以来依赖进口，目前大型高效输油管线泵仍存在较大比例的进口，瑞士苏尔寿泵业有限公司、美国 FLOWSERVE 公司和德国蒂森鲁尔泵有限公司等外国泵生产企业产品在国内长输油泵市场占据了较大的份额。随着我国石油储运离心泵国产化进程的加速，长期依赖进口石油储运离心泵的局面有望逐渐改变。

〔撰稿人：中国石油和石油化工设备工业协会高洪志整理〕

我国石油测井设备行业市场分析

一、石油测井技术概述

石油测井技术在国外始于 1927 年，在油井中第一次测量地层电阻率获得成功。我国石油测井技术始于 1939 年。随着科学技术的发展和进步，我国测井设备经历了五次更新换代,即:半自动模拟测井仪、全自动模拟测井仪、数字测井仪、数控测井仪和成像测井仪。

现代测井技术是石油工业中包含高科技最多的技术之一,也是包含普通学科专业最多的技术之一,在石油工业上游行业中占有重要的地位;没有测井技术,就无法准确判断油气藏的含量和位置,就无法进行工程定位和实施后续作业。可以说,测井本身就是一种对未知地质条件的探索和描述,是对钻探井工程质量的判断和评价,是提高采油效率的不可或缺的方法。

二、我国测井设备市场现状

目前,国内测井设备市场主导产品是斯伦贝谢公司的 MAXIS - 500 系统、贝克 - 休斯公司的 ECLIPS - 5700 系统及哈里伯顿公司的 EXCELL - 2000 系统等成像测井系统。同时为了满足一些特殊的测井需求,各测井公司对作业需求量大的常规测井系列进行了系统集成,改进了仪器传感器的设计,优化了电子线路和机械设计,大大缩短了组合仪器串长度,增强了仪器稳定性,提高了测量准确度,开发出集成快速测井平台系统,如斯伦贝谢公司的 INSITE 仪器系列,贝克 - 休斯公司的 FOCUS 组合测井系统。这些测井系统可为客户提供高性能、高可靠性、低成本的测井服务,这类服务正逐步取代原有的常规测井服务。

在国内,较有特点的成像测井地面设备有胜利油田测井公司研制的 SL - 6000 型高分辨率多任务成像测井地面系统,中国石油集团测井有限公司研制的 EILog - 05 快速成像测井系统,北京吉艾博然科技有限公司研制的 GILEE 成像测井系统等。

近几年,我国石油测井设备需求广泛,但占领高端市场的进口设备普遍价格较高。我国的生产企业也纷纷研制出多款测井仪器设备,未来市场前景看好。据统计,2007 年规模以上企业测井设备的销售收入达到 15. 3 亿元(不包括测井设备技术及服务等收入),2008 年增至 20. 3 亿元,2009 年降至 18. 7 亿元,2010 年达到 21. 9 亿元。2006 ~ 2010 年我国石油测井设备市场销售收入情况见图 1。

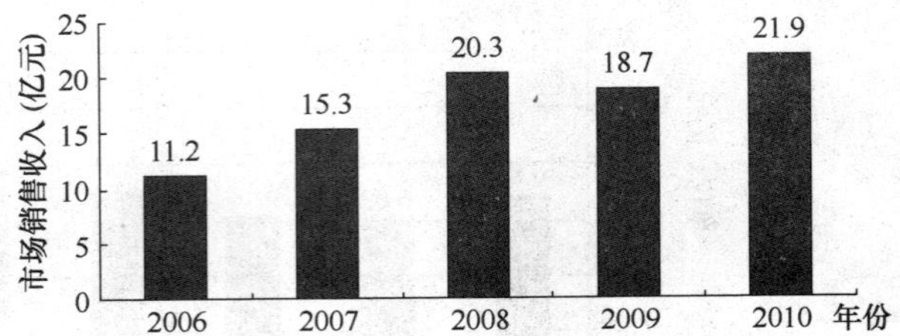

图 1 2006 ~ 2010 年我国石油测井设备市场销售收入情况

注:1. 以上数据为对裸眼井测井设备制造业规模以上企业所作的统计。

2. 市场规模数据为中国石油测井设备销售收入,不包括石油测井设备的进口及技术服务的营业收入。

石油测井设备正在向高集成化、高可靠性、高时效方向发展。成像测井系统、随钻测井系统等高端测井设备的研制开发成为各大测井设备生产开发商追逐的焦点。

未来几年,我国的石油测井设备销售将再上一个台阶。2011 年,我国石油测井设备市场销售收入将达到 25. 7 亿元,到 2015 年将达到 47. 4 亿元,年均增长率将达到 16. 5% 。2011 ~ 2015 年我国石油测井设备市场销售收入预测见图 2。

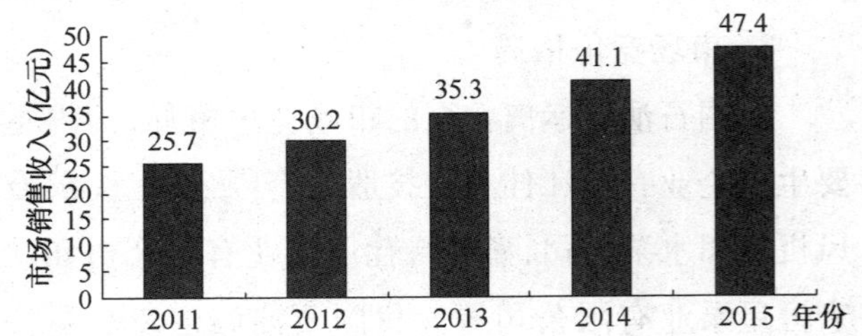

图 2 2011 ~ 2015 年我国石油测井设备市场销售收入预测

注:1. 以上数据为对裸眼井测井设备制造业规模以上企业所作的统计;

2. 市场规模数据为中国石油测井设备销售收入,不包括石油测井设备的进口及技术服务的营业收入。

三、测井设备市场竞争现状分析

石油测井技术是利用声、电、核、磁等学科原理,大量应用现代新材料、新工艺、微电子和计算机技术,在高温、高压的井筒环境对地层进行测量的高科技工程技术,是精确了解地层构造和地层组分,寻找油气资源并对其进行评价的重要手段。发现油气层是石油测井的本质。

我国测井技术和装备多年来主要走的是引进、消化、吸收的技术路线，从引进模拟测井到数控测井，再到成像测井装备，从国产 JD581 到各种国产数控测井设备，基本满足了我国石油勘探开发的各个时期生产实际的需要。

经过多年的探索，我国测井技术已取得较大进步。20 世纪 90 年代以来，相继推出了自主研发的多种型号的数控测井系统。近年来，又进一步加大科技攻关力度，推出了一批新型的测井装备，如 EILog－05、SL－6000、ELIS、GILEE 等成套测井设备。在成像测井研究方面，微电阻率成像测井、阵列感应测井、均匀场核磁共振测井、超声成像测井等部分关键技术已取得突破。在激发极化测井、脉冲中子测井等方面形成了特色技术，为成像测井装备的研发奠定了基础。

此外，还形成了多种适应我国地质特点的测井解释评价技术，开发了 LEAD、FORWORD、START 等一批具有自主知识产权的测井解释软件；形成了包括动态监测测井、工程测井和地层参数测井的具有中国特色的生产测井技术。

虽然我国测井技术已经取得长足的进步，并在此基础上形成了一定的测井装备制造能力，但是我国测井技术和测井装备的研究水平和制造水平与国际测井公司相比仍有较大差距。

国内装备需要更新换代，尤其需要先进的成像测井装备。据统计，目前国内现有测井装备约 1 000套，其中成像测井装备约占 25%。随着勘探开发的扩展和海外市场的扩大，成像测井装备的需求将进一步增加，预计“十二五”期间我国石油测井企业需要成像测井装备 400 余套。

四、我国主要测井设备制造企业

我国石油测井技术长期落后于国外，如果按照测井方法、测井设备、测井作业、测井应用几个大的方面来分，我国与西方国家差距最大的是测井仪器或测井设备。

国内主要的测井设备制造商主要包括北京环鼎科技有限责任公司、中国石油集团测井有限公司、山东胜利伟业石油工程技术服务有限公司、中国电子科技集团公司第二十二研究所、北京吉艾博然科技有限公司等。

五、存在的问题

我国石油测井设备虽然取得了较快的发展，但和国际发达国家相比还有较大差距，国外著名的测井设备生产供应商，如斯伦贝谢、哈里波顿、阿特拉斯等著名公司在石油测井设备，尤其是在高端设备的研制生产方面，总体水平领先我国。贝克休斯的 5700 测井系统，斯伦贝谢的 MAX－500 测井系统，哈里伯顿的 EXCELL－2000 测井系统都具备成像测井功能，占据了测井设备的高端市场，是我国测井设备研制生产企业赶超的对象。

在国内，尽管近两年来，有些油田推出了一些测井设备，但由于机制原因，各测井公司各自研发，除个别油田测井设备外，其他油田的测井设备水平不高，系统可靠性差和兼容性低是其共性缺点。

目前，石油井下测井设备种类繁多，但是国内众多厂家生产的井下石油测井设备和国外几大公司的同类测井设备的信号区别较大，这给地面石油测井设备的研制造成了一定的困难。一方面地面测井仪器最好能与多种类型的井下石油测井设备兼容使用，使用户能够在井下石油测井设备方面有更大的自主选择性；另一方面，要注意解决石油测井设备间的兼容性问题，同时还要控制其体积，体积庞大的石油测井设备会增加生产成本和降低可靠性。由于目前国内运用的井下测井设备品种繁多，在业界还没有比较一致的行业标准，而一般的地面设备也是针对井下测井设备的专用设备，这样大大地限制了地面设备的通用性。

〔撰稿人：中国石油和石油化工设备工业协会高洪志整理〕

“三抽”产品技术现状及发展方向

有杆泵采油是石油工业传统的采油举升方式，也是迄今为止在采油工程中一直占主导地位的人工举升方式，截至2010年，中国石油天然气集团公司共有16.1万口油井，大约有87%的油井采用抽油机有杆泵机械采油系统。但目前国内各油田不同程度地存在抽油机耗能大、抽油泵泵效低、抽油杆断脱率高、机采系统效率较低等问题，所以加强“三抽”产品的研究和应用是各采油装备制造企业和油田的共同任务。下面主要介绍常见的“三抽”设备应用情况和发展方向。

一、抽油机技术现状及发展方向

抽油机是油田有杆泵采油的主要设备，是三抽系统的地面驱动装置，也是油田最受关注的设备之一，目前主要有游梁式抽油机和无游梁抽油机两大类。其工作原理非常简单，已经有近百年的应用历史，油田现场使用经验和管理经验丰富。从使用环境上看，抽油机需要在野外24h连续运转，且载荷重、载荷波动大、变化复杂，所以对抽油机的可靠性和适应性要求非常高。

游梁式抽油机是最早应用于油田现场的抽油机，主要分为常规游梁式抽油机、双驴头抽油机、弯游梁抽油机、下偏杠铃抽油机、异相曲柄抽油机、复合平衡抽油机、前置式抽油机等形式，具有结构简单、坚固可靠、维修操作方便等优点。

目前，国内各油田均大力推广长冲程、低冲次采油工艺，但游梁式抽油机实现长冲程（大于6m）、低冲次（小于2次）比较困难，许多厂家先后开发了多种塔架式无游梁抽油机，可实现长冲程、低冲次，且节能效果显著。

各油田现场应用的无游梁抽油机种类繁多，主体结构为塔架式或单管式，增加冲程只需加高抽油机机架和提高机架强度，驱动电动机有三相异步电动机、永磁同步电动机、开关磁阻电动机、直线电动机等，换向方式分为机械换向和电机换向，机械换向抽油机无法调节冲程，电机换向抽油机一般可无级调节冲程、冲次，但需配备变频器等控制设备。

（一）抽油机应用中存在的问题和改进意见

1. 应用中发现的问题

①抽油机及其辅助设备老化严重。各油田在用抽油机服役期超过15年的约占在用抽油机总量的20%。这些长期超期服役的抽油机虽然经过现场维修和保养尚可维持使用，但相比之下缺陷多、隐患多、故障率高。

②抽油机的主体和减速箱故障率高。从抽油机各类故障统计来看，抽油机主体方面的故障主要反映在曲柄销、中尾轴和刹车组等，其故障约占抽油机总故障的23%；抽油机减速箱方面存在的故障是输入轴、输出轴和上下箱体接合面的漏油，以及串轴和打齿等，其故障约占抽油机总故障的42.7%。其中尤其以减速箱的漏油最为普遍。

③部分抽油机的设计、制造质量存在缺陷。在抽油机的现场使用效果和制造工艺过程控制等方面，部分新型抽油机设计和制造存在缺陷，致使设备投入使用不到半年就出现串轴、打齿以及游梁、支架、驴头焊接部位开裂等问题，导致整机使用寿命短。

④各油田在抽油机的使用和维护方面都做了大量具体工作，基本能按照抽油机维护与保养制度进行保养和调整，多数油田能做到抽油机减速箱润滑油的定期更换或按质更换，但也有少数油田由于资金紧缺等原因未能完全按标准进行维护和保养，加剧了设备使用过程中的损耗。

2. 油田用户对抽油机的期望

①可靠性高,故障率低,安全性好。抽油机需常年在无人值守的野外环境连续工作,因此要求其必须具有高可靠性、高耐候性,不能危及操作维护人员及周围人畜的安全。因抽油机日常维护、更换易损件、故障处理等事宜,每年至少需要停机 3 天。目前正在试用的一些新型抽油机,年累计维护时间不少于 10 天,一些抽油机的防护装置不符合油田安全管理规定,所以,某些机型将被逐渐淘汰。

②操作维护方便、运行成本低,运行效率高。目前,常规抽油机及游梁式节能抽油机每年维修成本一般在 2 000 元左右,维修时间因各种机型有所不同,且对维修人员素质要求较高。

(二)抽油机技术发展建议

我国抽油机类型多样化,但在制造技术和规模化生产方面存在一定不足,游梁式抽油机仍处于主导地位,高效节能型抽油机为主要发展类型。近年来,抽油机自动化、智能化控制技术的发展是抽油机技术进步的一个显著特点,是成熟技术和高新技术集成化应用的具体体现,也是未来国内外大力发展的技术。从国内的发展情况看,这方面还存在一定差距,建议加强这方面的技术研究和应用。

1. 应重点发展各种类型的长冲程抽油机。长冲程抽油机具有冲程损失小、系统效率高,以及可延长机杆泵的使用寿命、减少故障及提高整机运行质量等优点。因此,发展长冲程抽油机具有重要的现实意义。在适当发展游梁式长冲程抽油机的同时,应加速发展各类无游梁长冲程抽油机。

2. 加速发展节能型抽油机。游梁式抽油机是石油生产的主要设备,也是主要耗能设备。游梁式抽油机的运行效率比较低,因此,有必要改造现有常规游梁式抽油机,并大力推广节能型抽油机和节能型抽油机拖动装置。

3. 新型抽油机要向结构美观方向发展。一直以来,抽油机是油田的象征,应运用工业造型设计和人机工程学等相关知识理念,摆脱传统抽油机傻、大、笨、粗的形象,向艺术性和美观性方向发展,不仅满足工作需要,而且给人以美的感受。

二、抽油杆技术现状及发展趋势

目前我国抽油杆年生产能力 8 000 万 ~9 000 万 m,已经成为世界抽油杆生产大国,但是“大”并不等于“强”,国内企业与国际知名大型抽油杆制造企业相比,生产技术还比较落后,主要差距为:生产线自动化、智能化程度低,生产效率低,试验检测手段不足,检测技术落后,对产品质量的监控有待提高。因此国内的抽油杆市场一方面是普通的低端产品供大于求,导致多数生产企业产能过剩;另一方面是性能优良、质量稳定的高端产品供不应求。

(一)抽油杆应用中的主要问题

1. 偏磨严重。由于水平井、大斜度井数量的增加和油井含水量的提高,抽油杆偏磨严重。

2. 腐蚀严重。由于油井含水量的增加,回注污水腐蚀介质浓度提高,含腐蚀性介质原油的开采力度加大,常规抽油杆在使用过程中腐蚀断脱严重。

3. 疲劳断脱。由于抽油杆生产工艺和设备的问题,造成抽油杆疲劳寿命低,另外,抽油杆超期服役、新旧杆混合使用、泊井杆柱的设计和工作制度不合理也是造成抽油杆断脱的主要原因。

(二)抽油杆发展趋势

近年来,为了满足各种高难度油井采油的需要,减少抽油杆的事故,国内外都对抽油杆开展了深入研究,并把许多新材料、新技术、新工艺、新设备应用于抽油杆的研制中,各种高强度、耐腐蚀的新型抽油杆相继问世,大大提高了抽油杆的适应性、经济性、可靠性和先进性,取得了较好的经济和社会效益。

目前,世界抽油杆技术的发展趋势是,抽油杆向新结构(焊接抽油杆、空心抽油杆)、新工艺(喷涂抽油杆、综合强化抽油杆)、高强度、连续性、耐腐蚀及耐磨损等方向发展。

(三)抽油杆发展建议

1. 应加大抽油杆防偏磨机理研究和防偏磨抽油杆接箍、扶正器的研制及推广应用力度,减少因偏磨造成的抽油杆断脱。

2. 加大抽油杆腐蚀机理研究和防腐抽油杆的开发应用力度，提高抽油杆抗腐蚀性能，减少因腐蚀造成的抽油杆断脱。

3. 应用先进的生产设备，优化抽油杆生产工艺。如采用先进的锻造设备、箱式炉整体热处理、100%无损探伤、抛丸强化处理，进一步提高抽油杆的产品质量。

4. 与油田用户加强沟通交流，推行长冲程低冲次工作制度，优化杆柱组合，加强抽油杆现场管理，减少抽油杆断脱率。

5. 开发应用适合特殊油藏和井况的抽油杆产品。应针对不同井况和油藏特性采用不同的抽油杆产品，如在稠油、高凝油油井中采用电加热抽油杆或注入热载体装置的空心杆，在超深油井中采用高强度抽油杆、连续抽油杆、玻璃钢抽油杆等，在腐蚀严重的油井中采用防腐抽油杆等。

三、抽油泵

抽油泵是抽油系统中的主要设备，是决定抽油装置工作技术经济指标的关键部件。抽油泵主要由泵筒、固定阀和带有游动阀的柱塞组成。通过抽油机、抽油杆传递的动力实现油井内液体的举升。

（一）抽油泵存在的主要问题

抽油泵在使用过程中的主要问题是：凡尔漏失、泵筒柱塞磨损、柱塞卡阻、腐蚀、结垢、柱塞上阀罩断裂等，其中凡尔漏失是主要失效原因。

（二）抽油泵的发展方向

从国内外抽油泵研究情况来看，我国抽油泵的品种、质量、加工工艺已经接近国际水平，而且已经大量出口。近年来，针对特殊井的特殊泵研发和应用势头较猛，效果较好。但还应该加大对抽油泵材料和热处理工艺的研究力度，努力提高抽油泵的使用寿命。随着油田的深入开发，国内外用户对产品的综合性能价格比提出了更高的要求，提高抽油泵的可靠性、稳定性、适应油井变化的能力是一项永久的课题。

因此，通过选择材料和各种表面处理工艺提高泵筒、柱塞和阀件的寿命，同时加强抽油泵零部件的研究和辅助设施的研究，研究泵筒材料与柱塞材料匹配、阀球与阀座材料匹配技术，以保证组件材料与油井条件相匹配，从而提高抽油泵对各种开采条件的适应性。

（三）针对抽油泵产品存在的问题提出如下技术建议

1. 开展抽油泵失效形式的分析研究，不断提高抽油泵的可靠性；

2. 开发特殊井况需求的特种抽油泵产品，提高抽油泵泵效，如防腐泵、大斜度抽油泵、防砂抽油泵等；

3. 研究高效、节能、低成本的泵筒、柱塞硬化处理方法以及合理匹配方式。

四、有杆泵机械采收油系统效率现状

截至2010年，中国石油天然气集团公司共有油井总数16.1万口，其中抽油机井14万口，2010年中油股份公司勘探与生产总耗电量为192亿kW·h，其中采油系统耗电量85亿kW·h，占总耗电量的44.3%。2008年中国石油天然气集团公司对内部企业的57 266口抽油机开采稀油井机采效率进行了测试，系统效率平均为22.94%。国外先进国家的有杆泵机采效率在30%以上，可见我国机采井系统效率与国外先进国家水平对比，还有很大的差距。因此，研究如何提高我国有杆泵机械采收系统效率（以下简称机采效率）意义非常重大。

（一）机采效率的影响因素

抽油机系统效率是指地面电能传递给井下液体，将液体举升到地面的有效做功能量与系统输入能量之比。以光杆悬绳器为界，可分解为地面效率和井下效率。

1. 地面效率的影响因素有电动机效率（η_1），皮带传动效率（η_2），减速箱传动效率（η_3）和四连杆机构传动效率（η_4）4个。

电动机效率（η_1）：最大效率可达95%，一般电机效率可达92%，但由于抽油机载荷的不均匀和负载率较低，以及电动机功率因数较低等原因造成抽油系统的电动机效率最大只能达到80%左右。

皮带传动效率(η_2):一般V型带传动效率为95%左右,考虑到抽油机工况恶劣和选用的传动比较大等因素,其传动效率为93%左右。

减速箱传动效率(η_3):齿轮传动效率最大为98%(3副),轴承传动效率最大为99%(3副),因此减速箱传动效率的最大值为 $\eta_3=(98\%)^3\times(99\%)^3=91\%$ 左右。

四连杆机构传动效率(η_4):四杆换向机构的效率损失主要是轴承效率损失、钢丝绳效率损失等。抽油机四杆换向机构轴承传递的载荷是变化的,考虑到轴承摩擦会造成实际驱动力矩的增加,四杆换向机构的理想平均效率为95%左右,钢丝绳的最大效率为98%左右,因此四连杆机构传动效率的平均最大值为 $\eta_4=95\%\times98\%=93\%$ 左右。

因此,三抽设备地面效率的最大目标值:$\eta_s=\eta_1\times\eta_2\times\eta_3\times\eta_4=63\%$。

所以,提高地面效率的主要措施是推广应用节能电机、节能抽油机、节能控制柜等。

2. 井下效率的影响因素有以下4种:

盘根盒传动效率(η_5):最大效率可达90%,井电光杆与盘根间摩擦力的大小除受光杆光洁度的影响外,还受盘根压紧程度的影响。

抽油泵传动效率(η_6):深井泵效率主要受三方面因素的影响,即机械摩擦的影响、漏失影响以及水利损失影响,综合其最大效率可达80%。

抽油杆传动效率(η_7):最大效率为90%。

油管传动效率(η_8):最大效率可达95%,管柱效率是抽油系统的有效功率与抽油泵输出功率之比,其损失主要有油管漏失损失、液体与油管内壁的摩擦损失、油管弹性伸缩损失等,其中油管漏失损失可以通过提高作业质量和油管产品质量来解决,油管弹性伸缩损失可以通过油管锚定等措施减少,所以油管锚定和提高作业质量是提升抽油系统效率的有效措施。

因此,井下效率(η_w)的最大目标值

$\eta_w=\eta_5\times\eta_6\times\eta_7\times\eta_8=90\%\times80\%\times90\%\times95\%=62\%$。

提高井下效率的主要措施是强化杆、管、泵的优化设计,采用高效盘根、高效气锚、高效抽油泵,并采取有效措施减少杆管偏磨,加强油管锚定技术的应用。

由上可以看出,对于通常的抽油机、抽油杆、抽油泵组成的三抽系统,系统效率的最大目标值为 $\eta=\eta_s\times\eta_w=39.06\%$。所以说,系统效率是有一定界限的,并不是可以无限制地提高。

从上面分析还可以看出:在游梁式抽油机系统中,影响系统效率的主要部分是驱动电动机和井下抽油泵,其次是抽油杆、盘根、减速箱、皮带等部分。可见,要提升三抽系统的效率,提升驱动电动机和抽油泵的效率最为关键,其次为提升通用传动件的效率、合理地配置井下系统和合理地使用盘根。

当然,如采用无游梁节能抽油机并采取长冲程、低冲次工作方式,系统效率的最大理论目标值要大于游梁式抽油机系统,可以达到40%以上。

(二)节能增效提高机采效率的措施

1. 优化杆柱设计

根据油井油藏特性,采用科学的优化设计软件,对油井开采方案及杆柱进行优化设计,如泵挂深度、泵径、泵型、抽油杆组合方式、抽油杆扶正器位置和数量、油管柱组合方式、气锚及油管锚的选用、抽油机型号和工作制度等进行科学合理的优化设计,既要满足油井开采需求,又要达到节能高效、延长检泵周期、低投入的目的。

2. 选用节能装置

(1)节能抽油机主要用于新建产能和设备更新上,根据石油井工况选用节能型游梁式抽油机或节能型塔架式抽油机,对于老井主要是对抽油机进行节能技术改造,如将常规游梁式抽油机改造为下偏杠铃抽油机等。

(2)节能电机和节能控制系统是通过提高电动机效率和负荷率,从而提高运行效率和功率因数,或者是从系统考虑,改变电动机的机械特性,使抽油机、抽油杆、抽油泵整体系统达到较佳配合,提高

系统效率，目前常用的节能电机主要有稀土永磁同步电机、高转差电机、超高转差电机、开关磁阻电机、永磁伺服电机等，应根据不同井况和抽油机形式合理选配节能电机。

(3)节能控制柜

节能控制柜主要有变频调速控制柜、△－Y转换控制柜、调压控制柜间歇供电控制柜和无功功率补偿控制柜，动液面智能监测控制系统等，近年来抽油机远程监控系统也已大范围应用于各大油田，成为建设数字化油田的主要装备。

3. 提高现场管理水平

要根据油井工况变化情况及时调整抽油机的平衡度、防冲距等，并加强油井动液面监测力度，根据油井动液面及时调整抽油机工作制度，使抽油泵沉没度保持在合理的范围内，及时调整和更换皮带、盘根等，通过科学合理的现场管理达到增产节能的目的。

油井工况远程监控在线计量分析系统是由采油工程技术、通信技术和计算机技术相结合的系统，具有油井自动监测和控制、实时示功图、压力、电参数等数据采集、油井液量计量、油井工况诊断、系统效率优化设计等功能，目前已在各大油田广泛应用，成为建设数字化油田的主要技术装备，为油田管理者提供及时高效的数据支持，提高油田现场管理水平。油井工况远程监控示意见图1，油井工况远程监控界面见图2。

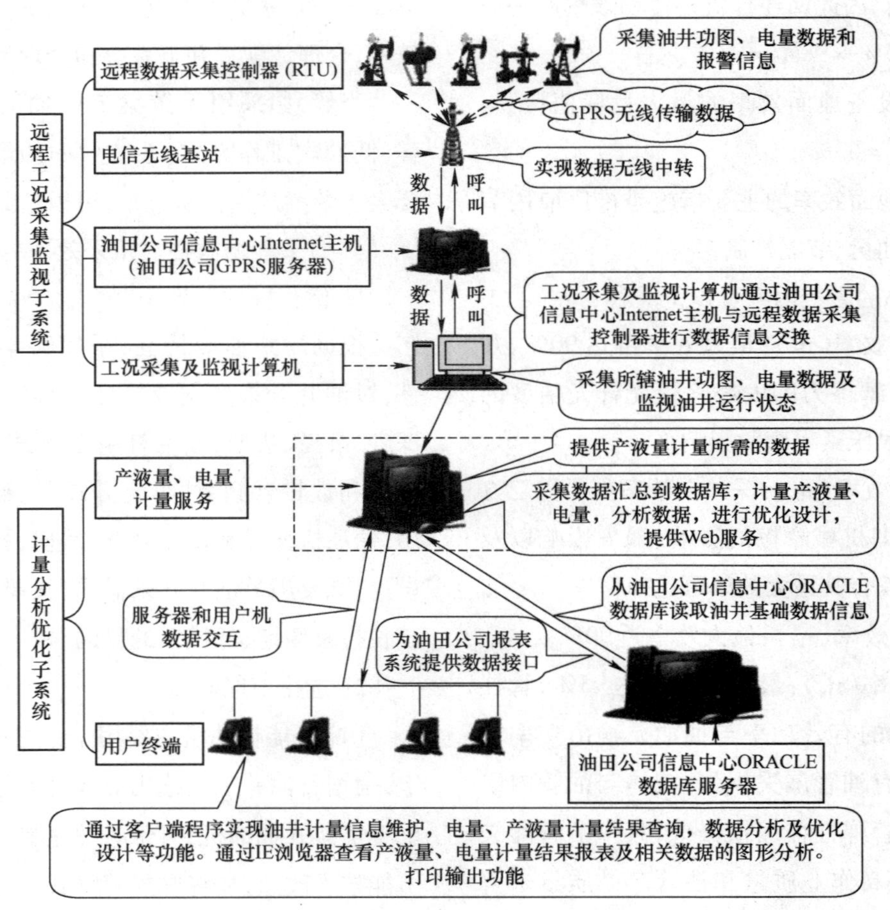

图1　油井工况远程监控示意

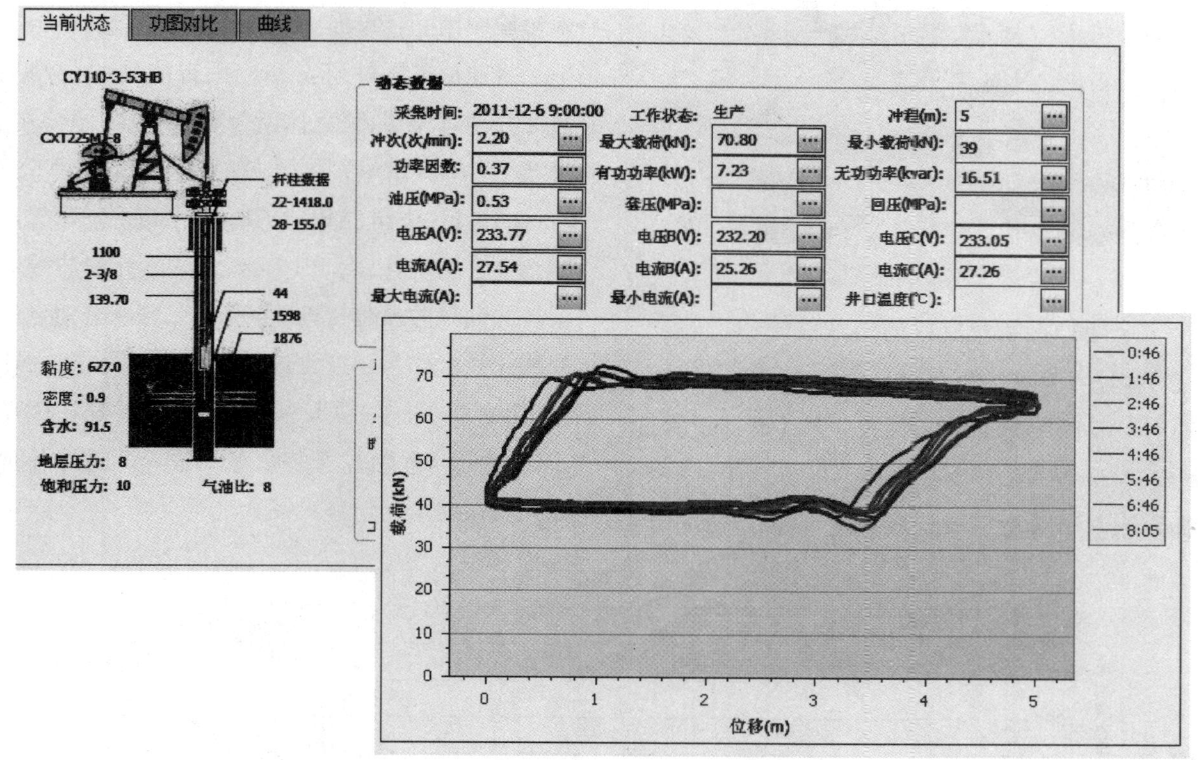

图 2　油井工况远程监控界面

影响油井机采系统效率的原因差异较大，各油田为提升油田的系统效率均采取了许多措施，但各种节能方法都有一定的局限性，通过对各种节能抽油机上进行节能产品叠加试验，要涉及到油藏工程、采油工程、采油机械、地面工程、管理等多个专业领域，需要进行更加深入和全面的研究，才能全面提升采油系统的效率，推动油田开发向长期经济、高效开发发展。

〔撰稿人：渤海石油装备新世纪机械制造公司采油装备研究所所长　邹祥城

渤海石油装备新世纪机械制造公司总工程师　王志明

渤海石油装备新世纪机械制造公司采油装备研究所　王泽香

大港油田公司采油工程院　李伯芬〕

智能完井技术现状及发展建议

一、智能完井系统概述

1. 智能完井系统

智能完井系统（Intelligent Well System，简称IWS）也称作智能井，是一种在多层段、多分支油气井中，由永久安装在井下的温度、压力、流量、微地震仪等传感器组和井下可遥控元器件组所组成的，可从地面实时监测、分析、控制、管理油井的完井系统。该系统可以在不进行各项修井作业工作的情况下，实现生产的连续监测和实时分层控制。该系统最初被称为新的井下工厂概念，追求在尽可能接近油藏的地方进行控制和操作。智能完井的指导思想见图 1。

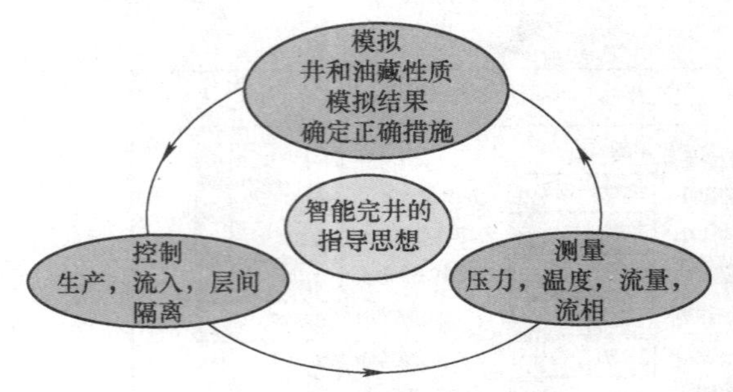

图1　智能完井的指导思想

2. 智能井系统发展历史

1997年8月，Saga Petroleum公司第一次在北海挪威的Snorre油田井下安装了世界上第一套智能井系统，从此开创了现代高新技术在石油完井技术领域应用的新局面。

目前从事国外研发和应用智能井的公司主要有油井动态公司、贝克休斯公司、斯伦贝谢公司、威德福（Weatherford）公司、森萨公司、壳牌公司、Norsk Hydro公司、ABB Ofshore System公司等。据威德福公司统计，到2010年，全球累计安装智能井系统的油气井总数接近1 400口。壳牌公司已经把智能井技术作为一项常规技术用于生产，要求在其每口油气井上必须安装动态监测系统。1997～2010年全球智能井安装数量见图2。国外各智能完井公司的市场份额见图3。

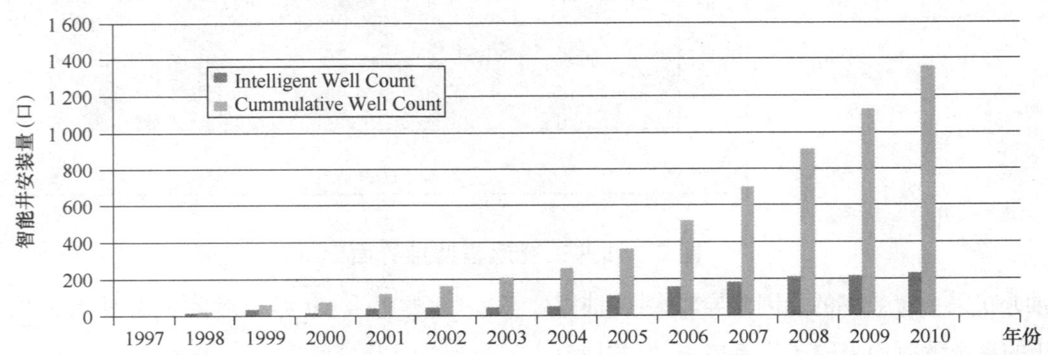

图2　1997～2010年全球智能井安装数量（指集监测、控制、优化于一体的完整意义上的智能井系统）

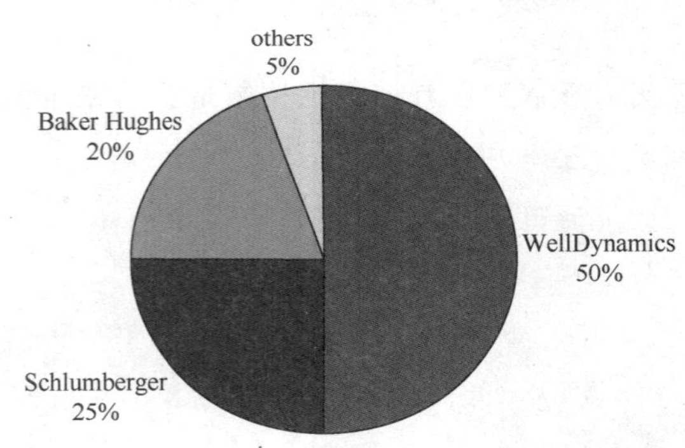

图3　国外各智能完井公司的市场份额
（SFG估计）

3. 智能完井工作原理

当油井完井以后，人们从地面通过各种物理手段（电、声、光纤等）进行井下流体测量（流量、流体组分、流体黏度）、油藏压力和温度的测量、井下油藏可视化等工作，通过对测量数据的采集、筛选、分析和研究，进一步遥控安装在井下油层的智能测量和控制设备（操作阀或滑套开关、井下油水分离器等），根据油井/注水井/注采井情况和生产需要灵活控制各油层流量、注入水流量、井下生产处理设备等，以达到优化生产和最终提高采收率的目的。智能完井工作原理见图4。

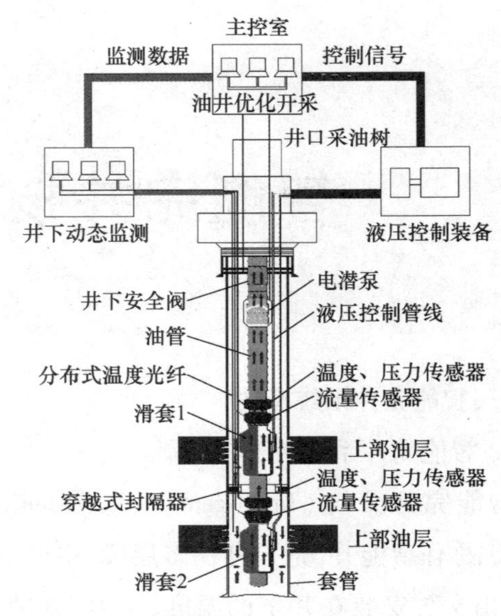

图4　智能完井工作原理

4. 智能井系统的组成

智能井系统的组成见图5。

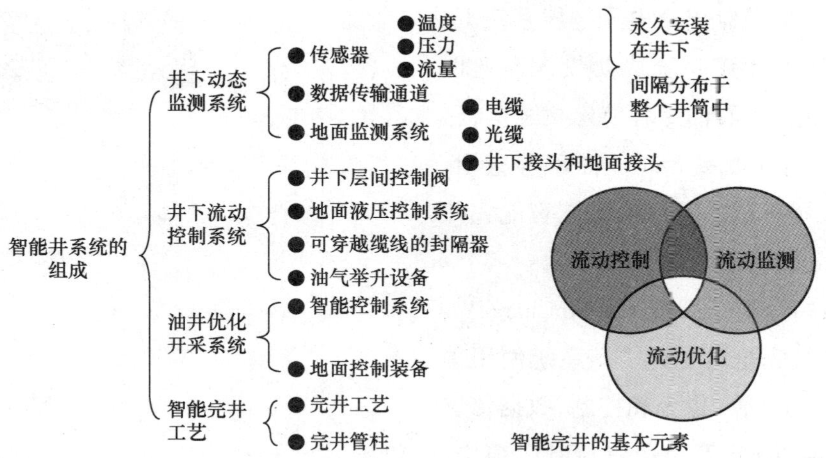

图5 智能井系统的组成

5. 智能井系统的特点和优势

(1)通过对井下温度和压力检测及井筒温度分布监测,以及采用井下地震传感器用于油气层成像及监测,实现井下动态实时监测。

(2)通过井身结构的随时任意调整,分采与合采多油气层段,分配注入流量,调节独立油气层段的流量,控制水气推进,抑制出水量和远程控制油气井生产,实现实时井筒控制。

(3)减少测试及修井费用。

6. 智能井系统的主要用途

主要用于多层段高产量、高可靠性、高价值、油气井的分层段开采与控制;水平井和气井的生产测试;注水井的注入分配;水层自驱,控制油气井的出水;减少作业次数和修井费用以及优化油气井生产和油气藏生产管理,实行数字化油田工艺管理。

7. 智能井的经济效益

智能井的经济效益可以通过与传统完井和修井技术比较来体现。智能井的经济效益见图6。

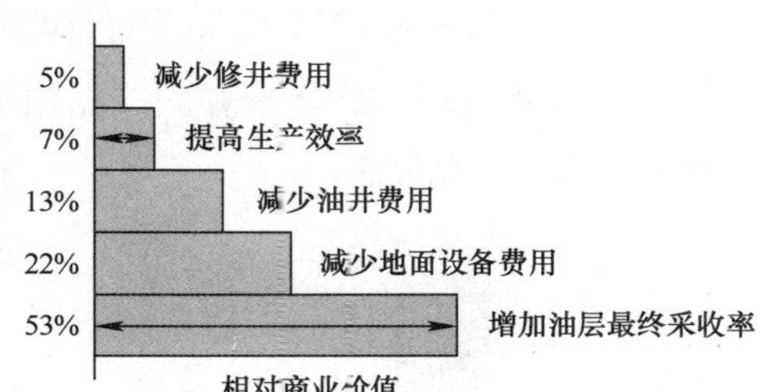

图6 智能井的经济效益

二、国外智能完井公司的发展现状

1. 威德福公司(Weatherford)公司是全球智能井领域的佼佼者,尤其在井下传感器安装方面具有丰富的经验和得天独厚的优势。截至2010年,其已经在全球范围内安装了3 000多套井下动态监测系统。2002年8月,威德福公司在北海挪威海域完成了业内第一口光学传感器智能井,在井内安装了多光纤压力计/温度计、分布式温度传感(DTS)光纤。威德福公司的Simply Intelligent™智能井系统将永久井中的光纤监测与水力流动控制结合起来,实时优化采油工艺及油藏管理。

井下动态监测系统有电子传感器系统和光学传感器系统两种。电子传感器系统的稳定性、技术指标及性能等比光学传感器系统低,但光学传感器系统造价较高。

到目前为止,威德福公司已经安装了200多套光栅系统,包括1 000多支传感器,总计完成900万h操作时间,43.2万h无故障时间。

威德福公司井下流动控制系统以液压控制方式为主,主要包括过电缆封隔器、可膨胀封隔器、各种井下可遥控控制阀、液压寻址分配单元、过滤器短节、接合短节、控制管线、地面控制装置等装备。

2. 贝克休斯(Baker-Hughes)公司。其旗下的贝克石油工具(Bake oil tools)公司在智能井领域起步较早,是无修井技术的先行者,1995年开始研制无需修井干预的智能流动控制技术。1997 年和斯伦贝谢组成联合体共同研制出全电子智能系统 InCharge™。2000 年下半年该系统成功投入商业性应用，并于 2002 年获世界石油工程特殊贡献奖，已在巴西 Roncador 油田和挪威 Snorre 油田等应用。1999 年贝克休斯公司研制的第一台液压智能完井系统 InForce 投入商业应用。

贝克休斯公司的全电子智能系统 InCharge™，机构简单实现了系统完全电子化。该系统使用单穿越控制线，即将动力传输、指令和控制、数据传递等汇合在一根 1/4in（1in = 25.4mm）控制电缆中，既简化系统又不影响功能。用这根控制线，操作者可以监测和控制一口井内 12 个层次，一套地面 InCharge™控制系统可以监控 12 口井。贝克休斯公司的全电子智能系统见图 7。

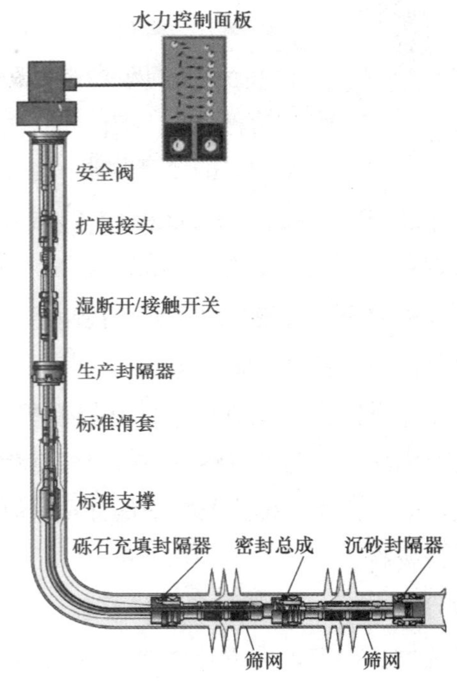

图 7　贝克休斯公司的全电子智能系统

贝克休斯公司的井下液压控制系统 InForce™，由 HCMTM 遥控液压启动滑套、层段封隔器和井下永久流量监测仪表组成，在变化的井下环境，可以遥控液压启动滑套、层段封隔器和井下监测仪表，达到遥控流量、缩短监测和反应时间的目的。贝克休斯公司的井下液压控制系统见图 8。

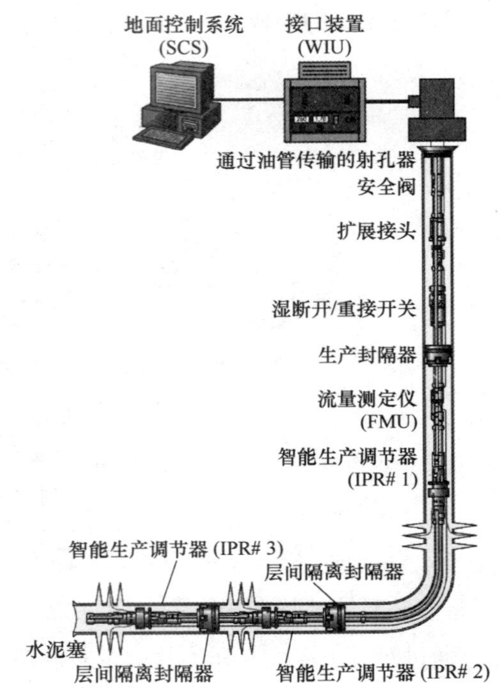

图 8　贝克休斯公司的井下液压控制系统

3. 油井动态公司（WellDynamics）是哈里伯顿公司和壳牌国际勘探开发公司专门从事研发智能井系统的合资公司。该公司结合二者优势推出了 SmartWell®智能井系统，很快成为智能井领域的领头羊。

SmartWell®智能井系统包括：

①地面控制系统，能手动或自动监测和控制多口井的计算机系统，如 SDACS 井控制器；②控制系统，控制和从井下设备获得信息，包括 Direct HyrdaulicsTM，Digital HydraulicsTM，Mini HydraulicsTM 和 SCRAMS®系统；③井下设备，包括间隔控制阀（ICVs）、封隔器和传感器。据统计，到 2005 年底，WellDynamics 公司已安装 190 多套 Smartwell®智能井系统。Smartwell®智能井系统见图 9。

三、我国智能井的现状

我国目前对智能完井技术的研究刚刚起步，实时动态监测技术有少量应用，国产的光纤动态监测系统已经面世，但其可靠性和适应性还有待验证和提高。井下的多级流量控制技术尚属空白，分层开采与混合开采手段效率较低。国内陆地油田尚没有使用智能井系统。

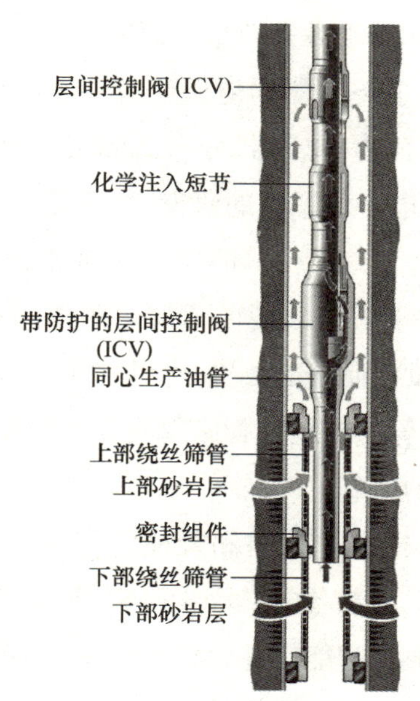

图 9 Smartwell®智能井系统

中国石油勘探开发研究院装备研究所研制的国内第一套智能完井系统装置,2011 年 9 月 10 日在辽河油田高升采油厂雷 64－34－22 井顺利下井并开展测试,10 月 14 日进行了油井的热洗试验,智能井系统的动态监测系统和分布式测温光纤、井下可遥控控制阀等得到较好验证,取得满意效果。测试中所取得的井下各项数据,对指导优化举升系统参数、稠油井热洗工艺等具有重要的指导意义。

中国石油勘探院装备所研制的智能完井技术,借助由引进国外的 mPOD2＋电子监测系统及选用国产的光纤动态监测系统组成的井下动态监测系统,自主研制出远程液压控制滑套、管缆穿越式封隔器、液压控制站等井下流动控制设备和油井优化开采系统。

2010 年在大庆油田完成了国产光纤动态监测系统的下井安装,设备目前运行平稳。

目前国内还有多种井下 ICV 开关控制阀投入井下应用,可以实现多油层段的分采与合采,但是需要停产,下入干预工具进行调整。

2002 年中国海洋石油有限公司与斯伦贝谢公司成功设计并实施了 TAML 第 6 级分支井的智能完井。

四、我国智能井的发展策略与建议

1. 全球智能完井技术的发展趋势

全电动井筒控制/通信,无线监测与控制,油藏仿真、监测、控制与管理,水下智能井监测,井下海量数据的处理,智能井技术的模块化与行业标准等技术,其应用范围已由单井或井组向整个油田区块转变。

2. 生产需求分析

(1)我国油气公司的海上业务和海外业务高速发展,以及高风险、高难度、高价值的海上油气开发对智能完井的需求非常迫切。

智能完井技术具有安全可靠、控制方便、修井次数少特点,近年来全球在浅海及海上新开发的油气井绝大部分采用智能完井方式。中国海洋石油总公司的湛江、深圳分公司进口了 10 套以上井下动态监测系统用于对海上油气井进行监测。

(2)水平井和高压气井等高产油气井的井下测试难度大,费用高,急需发展可靠的井下动态监测技术;储气库的生产管理也需要先进的监测与控制技术。诸如:

目前很多水平井难以取得完整的测井资料,甚至没有任何测试资料。一次简单的陆上水平井测试就需要花费 30 万元,而海上的测试费用更加昂贵。

高压气井的井口压力高,作业工序复杂,井口泄漏危险性大。使用常规测井手段测试静压需要采取压井作业,井口防喷等措施,不仅作业费用高,还要中断正常生产,并且有可能压死气井。据统计,一口深层气井的压恢测试费用大约需要 27 万元。

储气库井必须承受很高的注入压力,其采出速度一般是常规气藏生产井的 5～10 倍,需要准确确定地层性质,对储气和供气能力进行模拟。

(3)浅海(冀东南堡、辽河葵东区块等)油井和高压油气井(塔里木)的修井费用高昂,且严重影响生产。

浅海油井的作业经费动辄在百万元以上,塔里木油田克拉 2 和迪那 2、四川的龙岗气田是典型的高温高压气田,气井常规完井方式的缺点是不能实施分段控制与开采、易窜层、后期采收率低等。采用智能完井技术则可以很轻松地解决这些难题。

(4)油气井尤其是水平井的出水量如果不能有效地控制,将严重影响开采效果。

如果有价廉物美的智能井系统,就能很方便地通过调节控制滑套,延长和控制水平井出水。2005年塔里木油田因水平井高含水而关井17口,在生产的水平井中,含水率大于90%的有20口。轮南、塔中等油田水平井综合含水率也超过70%。天然气井筒积液限制了气井产量,但低压井中的积液会将气井压死。

(5)多油层段油气井和复杂结构井缺乏先进的完井技术与生产控制技术;缺乏有效的分层段开采控制手段。

现有的多油层油气井开采方式有两种:①同时开采,不同压力系统的油层层间干扰较为严重,油水关系复杂,油井出水时不能确定来自哪一个层段,需要进行频繁的找水和堵水作业;②地面配好管柱下入井中,在调层作业时会造成时间和经费的浪费,同时影响生产。

(6)智能井技术的发展对数字化油田的建设有很大的推动作用。

智能完井技术是数字化油田的基础和重要组成部分,可实现远程实时动态监测和控制油气井的生产。

3. 我国智能井需要解决的关键技术和问题

(1)井下永久性传感器的稳定性和可靠性。

(2)井下信号与动力的传输技术。

(3)井下流量控制装备的遥控技术。

(4)匹配的完井工艺技术。

(5)数据分析与处理技术。

(6)智能井技术与其他技术的综合应用。

(7)昂贵的费用问题。

4. 我国智能井需要重点研究的内容

(1)井下传感器的应用研究。主要包括:井下光纤温度、压力传感器、分布式测温光纤的研制与应用;井下电子传感器的研究;井下流量、微地震传感器以及井下信息传输的可靠性和稳定性的研究。

(2)井下关键装备的研制。主要包括:液压式可遥控流量控制阀的改进;电动式可遥控流量控制阀的研制;管缆穿越自膨胀封隔器的研制和智能井配套工具的研制。

(3)智能完井工艺和管柱研究。主要包括:智能完井工具与装备的模块化研究;智能完井工艺与管柱的研究和智能完井管柱力学分析系统研究。

(4)智能井与相关技术(多分支井、电潜泵举升、水平井开采等)的综合应用研究。

(5)井下信号与动力的传输技术。主要是井下电源的可靠性研究,井下无线通信技术的探索。

(6)油井优化开采/油藏的控制与管理的研究。

(7)适合我国油气井现状的智能井系统技术的开发。

(8)智能井技术在注水开发上的应用。

智能完井技术是一项前沿技术、引领性技术,也是一项综合性系统工程,涉及的学科种类多,专业面广。就装备而言,涉及机、电、液、仪等诸多方面;就技术而言,涉及地质工程、钻井工程、油藏工程、采油工程等各个专业,需要多学科专业、多部门共同研究开发。特别要着力加强光纤传感器、井下高可靠性电源、耐高温高压的井下电子元器件、高可靠性无线通信、井下可遥控装备等基础性技术的研究和攻关,从基础性层面架构智能完井技术体系,同时推动建立和完善产业链,加快智能井和数字化油田的发展步伐。

〔撰稿人:中国石油勘探开发研究院采油采气装备研究所　高向前　沈泽俊　张伟光〕

我国炼油化工工业的发展及其对装备需求的分析

在石化产品生产的总成本之中，与工程投资有关的成本约占1/3；而加工装备的投资在石化产业工程投资中占比又最大，大体上炼油加工装备的投资占工程总投资的40%左右；化工产品加工装备的投资占比更高达50%～60%。因此炼油化工装备的国产化是减少投资、提高投资效益最切实可行的重要途径。

在石化装备方面，目前国外产品在技术上占优势，而国内产品则在成本上占优势，国内外产品的价格相差1/2～2/3。

1）2004年建成投产的山东华鲁恒升30万t/a化肥项目坚持使用国产装备，投资仅用14亿元，若采用引进设备则需投资40亿元。

2）上海石化70万t/a乙烯改造采用国产压缩机组，节省投资4 000万美元。

3）乙烯装置的裂解炉投资约占总设备投资的35%、压缩机约占30%，气相法LLDPE装置的反应器占近1/4。这类核心重大设备的国产化对减少投资和避免受制于人都具有至关重要的作用。

4）由于我国实现了炼油加工装备加氢反应器和压缩机等设备的国产化，迫使其国际价格大幅度下降。

一、我国石化装备国产化现状

（一）石化装备国产化进展情况

1. 国家出台鼓励政策措施

1983年国务院下发了《关于抓紧研制重大技术装备的决定》，设立了专门领导机构，国家财政每年都拿出资金支持装备国产化，装备国产化工作开始有计划有步骤地实施。石化装备行业依托石化重点基本建设和技术改造项目，采取自行开发或引进技术、技贸结合，合作设计、合作制造等多种方式，对重大装备进行攻关。

2. 总体发展情况

经过二十余年的发展，我国石化装备制造业总体规模位于世界第4～5位。石化重大装备国产化已经取得显著成绩：

一是掌握了一批具有自主知识产权的石化装备设计制造核心技术。

二是部分研制成果达到或接近国际先进水平。

三是我国石化装备制造业的产值以年均17.6%的高速增长，带动了装备制造业的发展和产品结构调整。

四是“十五”末，按价值量计算，我国炼油装备国产化率达到90%以上，乙烯装备国产化率达到70%。

五是“十一五”期间，大型石化装备百万吨级乙烯及其深加工成套设备的国产化率达到75%。

3. 炼油化工关键设备的国产化历程

近20年，我国炼油关键设备实现国产化共计1 456台，其中重点是催化裂化装置和加氢装置的关键设备。先后研制成功催化裂化装置的主风机、富气压缩机和烟气轮机等设备，以及加氢裂化装置的反应器、压缩机、高压换热器和高压进料泵等设备。

（1）催化裂化装置设备的国产化

2005年我国自行设计制造的350万t/a重油催化裂化装置在大连石化试车成功，其反应器、主风机、烟气轮机等关键设备均由国内制造，其中，主风机是目前国内石化装置中最大的轴流压缩机，流量达到300 000N·m^3/h，功率达到40 000kW。我国开发的YL33000A和YL35000A烟气轮机设计和制造水平与国外相当。我国拥有自主知识产权的催化裂化成套技术，可满足世界级大型催化裂化装置的工程设计、制造和建设要求。

（2）加氢装置设备的国产化

加氢反应器是炼厂压力容器中质量要求最高、制造最复杂和制造工序最长的设备。

①我国自行开发的第一套 80 万 t/a 加氢裂化装置于 1993 年在镇海炼化投产。其 560t 和 400t 锻焊结构加氢反应器、螺纹锁紧式高压换热器、高压空冷器、加氢进料泵、高温油泵和氢压缩机等设计制造技术已在辽化等企业成功应用。

②齐鲁石化 140 万 t/a 加氢裂化装置，是中国第一重型集团与中国石化北京设计院合作研制成功的我国首台千吨级加氢反应器，其直径 8m，切线长度 27m、质量 937t，标志我国已跻身国际上少数可以制造大型反应器的国家行列。

③我国高压加氢反应器设计制造技术基本与国外同步。

④我国为煤化工行业研制的锻焊加氢反应器，其外径达 5 500mm，壁厚达 340mm，质量达 2 040t，是世界上最重的加氢反应器。世界上最重的加氢反应器见图 1。

图 1　世界上最重的加氢反应器

4. 乙烯装置关键设备的国产化历程

乙烯装置是石化生产中最复杂、投资最大的装置，一直是世界各国技术开发的主要目标。我国乙烯工程经多年的发展，走了一条从全盘引进到合资建设，然后实现全面自主建设的过程。从 1976 年我国引进第一套 30 万 t/a 乙烯装置开始，其装备从成套引进到只引进关键设备，用了 20 年时间。但真正实现 30 万 t/a 乙烯关键设备国产化只是近 10 年的事情，而实现百万吨乙烯关键设备国产化则是在“十一五”规划期间完成的。

（1）裂解炉的国产化

①自 20 世纪 80 年代以来，我国先后开发出 SH－1 型及 CBL－Ⅰ、Ⅱ、Ⅲ、Ⅳ型裂解炉，其技术经济指标达到同期国际水平。1988 年在中石油辽化分公司建成了我国第一台自主开发的单台乙烯生产能力达 2 万 t/a 的工业炉 CBL－Ⅰ，其后陆续建成 4 万 t/a 的 CBL－Ⅱ，4 万 t/a 的 CBL－Ⅲ和 6 万 t/a 的 CBL－Ⅳ型炉。CBL 系列裂解炉在我国第一轮乙烯改建和扩建中得到了普遍应用，改变了我国乙烯装置裂解炉完全依靠进口的局面。

②“十一五”期间，中国石油化工集团公司与 ABB Lummus 公司合作开发了 10 万 t/a SL 型裂解炉。SL 型裂解炉适用原料范围宽，乙烯采收率及热效率等技术指标均达到国际先进水平，而投资费用比引进同类裂解炉降低 10% 以上。该设备在我国第二轮乙烯改建扩建工程中已得到普遍应用，这是目前我国单炉生产能力最大的乙烯裂解炉。单炉生产能力达 15 万～20 万 t/a 或更大的新型 SL 裂解炉，在建或正在设计的超过 60 台，总生产能力超过 700 万 t/a。

（2）乙烯“三机”的国产化

乙烯“三机”，即裂解气压缩机、丙烯压缩机、乙烯压缩机。它们是乙烯装置的“心脏”设备。沈阳鼓风机集团经过二十多年的消化吸收和不断创新，在压缩机气体动力学、转子动力学和传热学等方面取得了重大突破，已研制成功几种不同规格的“三机”，用于第二轮乙烯改扩建工程中，使转动设备的国产化上了一个新台阶。

1999 年大庆石化 48 万 t/a 乙烯改扩建项目投产，揭开了我国乙烯“三机”国产化的序幕。在此基础上，沈阳鼓风机集团成功为上海金山石化和扬子石化乙烯改扩建工程提供的乙烯“三机”，均一次开车成功，打破了该产品长期被国外垄断的局面。

“十一五”期间，我国首次实现“核心三机”国产化。

①抚顺石化 80 万 t/a 乙烯装置采用的乙烯压缩机组是由沈阳鼓风机集团提供的,这是我国自主研制的首台(首套)百万吨乙烯装置用乙烯压缩机组。沈阳鼓风机集团继为天津石化成功研制裂解气压缩机、为镇海炼化成功研制丙烯制冷压缩机后,又承接了为抚顺石化自主研制乙烯压缩机的合同,确立了沈阳鼓风机集团在独立研制百万吨“乙烯三机”的行业主导地位。

②天津石化百万吨乙烯工程除少部分装置引进国外专利使用权和技术工艺包外,大部分采用国内研发或合作开发的技术。其中,作为核心装备的裂解气压缩机和冷箱设备首次由国内厂家制造,乙烯装备的国产化率达到 78%。

③镇海炼化百万吨乙烯工程实现了三大核心机组之一丙烯制冷压缩机的首台国产化。整个工程有 13 台(套)大型设备被列为国家重大设备国产化攻关和重点推广应用项目,所有的国产化攻关项目均实现了自主设计、自主制造、自主安装,有力地促进了我国装备制造业水平的提升。

④2006 年沈阳鼓风机集团为茂名石化 64 万 t/a 乙烯配套的裂解气压缩机组,是我国自主开发的功率最大的裂解气压缩机,比引进设备节约投资 30% 以上。

(3)乙烯冷箱设备的国产化

我国已经确定杭州制氧机集团为大型乙烯冷箱的国产化基地。杭州制氧机集团在引进美国 S-W 公司技术和关键加工设备——大型真空钎焊炉基础上,研发成功乙烯冷箱,因而具备了制造 80 万~100 万 t/a 大型乙烯冷箱的技术条件,其设计技术、制造能力基本达到国际先进水平。

①杭州制氧机集团制造的冷箱广泛应用于第二轮乙烯改扩建工程中。首先在燕山石化 66 万 t/a 乙烯改扩项目实现了冷箱国产化,后又在扬子石化、上海石化、天津石化、广州石化、齐鲁石化等乙烯改扩建项目中应用。

②杭州制氧机集团为茂名石化 100 万 t/a 乙烯改扩工程制造的乙烯冷箱,最高压力达到 3.96MPa,是目前世界上最大的采用三元制冷流程的乙烯冷箱。

③杭州制氧机集团为福建炼化新建 80 万 t/a 乙烯装置制造的冷箱,采用美国 ABB Lummus 公司二元冷剂制冷技术,最高压力达到 5.4MPa,外形尺寸为 6 250mm × 4 000mm × 30 000mm,总质量约 280t,可满足 14 股流体同时换热。

5. 石化技术自主开发取得显著成绩

与 Lummus 公司合作开发的新型乙烯回收技术已在新建的 64 万 t/a 乙烯装置中成功应用;自主开发的前脱丙烷前加氢流程已在新建的 80 万 t/a 乙烯装置中应用。

与之配套的裂解汽油加氢、芳烃抽提、丁二烯抽提等单元技术已在国内改造或新建装置中大面积推广;碳二、碳三馏份加氢催化剂已在国内大面积应用,并出口国外。

目前,我国石油化工生产需要的催化剂 85% 由国内生产,我国的催化剂技术已经出口到美国;我国开发的顺丁橡胶技术、SBS 技术、聚酯技术等都接近或者是达到了国际先进水平。

此外,我国 MTO/MTP、C4 烯烃催化裂解、丁烯与乙烯歧化制丙烯(OMT)等工艺技术的示范工程也取得一系列成果。

(二)我国石化装备国产化中存在的问题

1. 我国部分石化装备仍需要进口

据统计,我国从 1985 年开始引进国外石化设备,直至 2000 年我国石化装备国产化能力才有所提高,但是目前仍有部分设备从国外进口。

而日本石化工业起步虽然比美国晚 30 年,但从 1957 年引进技术到 1973 年在我国承包石化工程并提供主要装备仅仅用了 15 年时间。

2. 目前还有相当数量的关键石化设备不能自主制造

低密度聚乙烯装置的超高压往复式压缩机,虽然国内制造的 25 万 t/a 级别的聚乙烯气相反应器已在上海和扬子 70 万 t/a 乙烯改造项目中应用,但目前国内在设计方面还存在难度。

我国曾与国外合作制造过若干台7万t/a级挤压造粒机，但“十一五”期间对于世界规模的聚烯烃装置所需的大型挤压造粒机组还需要继续引进，其进口价格非常昂贵，每套约500万～700万美元，因此还需要继续攻关或者合作制造。

3. 与先进国家技术水平相比，我国石化装备制造业还有很大差距

一是我国石化装备制造业是“大而不强”，大型骨干企业较少；其工业总产值仅相当于美国的1/5，日本的1/4，德国的1/3。

二是装备技术的开发跟不上石化工艺技术发展的速度。

三是重大设备的软件技术开发基本上停留于模仿国际技术，消化吸收再创新力度不够，原始创新和集成创新更加缺乏，具有自主知识产权的专有技术很少。

四是设备开发还达不到专业化、标准化和系列化。随着装置的大型化，一些已经攻关成功的装备必须重新提出新的攻关目标。

五是设备的可靠性和稳定性还有待进一步提高。

二、我国炼化化工行业现状和发展趋势

（一）我国炼油行业现状

2010年全国炼油总产能达到5.08亿t/a，同比增长6.4%。

2010年炼油行业为满足轻质油需求，增加了和汽车排放法规匹配的要求，为提高油品质量，二次炼油能力的增加幅度则更大。

炼油能力和产业集中度进一步提高。2010年，我国新增炼油能力约3 850万t。随着广西钦州（1 000万t），以及吉林石化、齐鲁、庆阳等改扩建和地炼等项目的相继竣工和投产，截至2010年末，我国千万吨以上炼油基地已达19个，合计产能约占我国炼油能力的46%。大型炼化基地的建成与规模的扩大，为国民经济平稳较快发展提供了有力保障。

（二）我国炼油行业发展趋势

我国炼油行业发展趋势是按优化布局、集中发展原则，以资源为基础、市场为导向，加强大型炼油基地建设，优化产业布局。靠近油品消费中心和原油资源供给便利地区，有计划地改造或建设重点原油加工基地，使炼油产区布局更加合理。

（三）我国乙烯行业现状

我国乙烯生产能力持续增长，2010年我国乙烯生产能力达到1 448万t/a，比2005年生产的773万t提高675万t，5年产能净增是前十个五年计划产能总和的87%；乙烯生产能力在世界的排名已由2005年的第三位上升到2010年的第二位，仅次于美国。“十一五”期间我国乙烯产能增长情况见表1。

表1 “十一五”期间我国乙烯产能增长情况

（万t/a）

年份	2005年	2006年	2007年	2008年	2009年	2010年
产能	773	990.5	998.5	998.5	1 221.5	1 448

（四）我国乙烯行业发展趋势

通过持续推进规模化发展，实现乙烯工业由大变强。坚持基地化、一体化、园区化的发展原则，优化战略布局，通过武汉分公司、抚顺石化、大庆石化、扬巴、上海石化等项目及煤化工示范项目的建成投产，使我国乙烯产能在2015年达到2 160万t。

三、我国炼油化工行业的发展对装备需求的分析

（一）我国炼化能力持续增长，装备市场看好

我国工业化、城市化持续发展，内需潜力大，经济将保持较快增长。2010～2015年，我国GDP仍将保持年均8%左右的增速。预计2015年国内成品油需求将达到3.02亿t，炼油能力将达到6亿t。预计2015年我国乙烯产能将达到2 160万t；乙烯自给率将由2008年的47.5%提高到2015年的75%。

（二）大型化、集成化的发展对化工装备提出更高的要求

乙烯装置将向大型化、规模化和集成化的方向

发展。乙烯装置最大的生产能力将超过100万t/a。预计在我国西北地区及长三角地区将建设大型乙烯装置，形成一批世界级乙烯生产基地。

（三）加工劣质原油需要配备适应的设备

2009年，来自中东地区的高硫原油进口量增长17.4%，达到8 326万t，占原油进口总量的比例由2008年的39.6%提高到40.9%，而10年前该比例仅为21.5%。

另外，从世界原油品质变化看，原油重质化、高硫化和高酸化趋势明显。据预测，世界原油平均API度将从2000年的32.5下降到2010年32.4、2015年32.3，含硫量比例将由2000年的1.14%增加到2010年1.19%、2015年1.25%。炼油化工企业选择多加工劣质原油方案，须增加投资，提高装备对加工劣质原油的适应性。

（四）节能环保需要清洁装备

①2020年二氧化碳排放将比2005年下降40%～45%。为达到上述目标，需要对二氧化碳等先进减排技术进行研发与应用，加快对催化再生烟气脱硫、加热炉烟气、工艺排气及电站排气中二氧化硫和氮氧化物处理技术的创新和应用。

②形成具有国际竞争力的大型炼厂成套技术。我国政府大力推动的两化融合，以信息化带动工业化发展的方针，为我国石化产业广泛应用信息技术，把产业结构调整、产业升级与信息化相结合，全面提升我国炼油工业企业的国际竞争力提供了政策支撑。

四、2011年全球炼油工业分析

据《2011年全球炼油工业展望报告》，2011年尽管全球经济复苏正在带动油品需求增长，但新一轮炼油产能的扩张仍难以消除全球炼油企业对赢利前景的堪忧。未来几年美洲、亚洲和中东地区都将新增炼油能力。

在美洲，主要的炼油产业投资发生在拉美国家，仅巴西，2020年前就将新增逾120万桶/d的炼油能力。同时美国海湾沿岸炼油厂也正在增加蒸馏能力。

在亚洲，中国和印度将继续大幅增加炼油能力。为满足国内对道路燃料和石化原料强劲增长的需求，中国将继续扩大炼油产能，这对于全球原油市场而言将是一个主要的增长动力，但对于全球成品油市场的影响较为有限，因为中国新增炼油能力主要用于满足国内需求。印度国有和私有炼油商也将继续推进炼油投资计划，这将使该国的炼油能力始终处于一种富裕的状态，因此印度炼油商更加急切地关注亚洲其他国家和亚洲以外地区油品市场动向。

在中东地区，炼油商也正在扩建增加炼油能力，新增炼油能力将超过该地区的新增需求。据预测，2016年之前，沙特阿拉伯和阿拉伯联合酋长国将新增160万桶/d的炼油能力，而阿拉伯半岛的其他国家（包括也门、卡塔尔、阿曼、巴林和科威特）也将合计新增逾100万桶/d的炼油能力。伊朗和伊拉克将继续投入巨资发展炼油工业，不过这两个国家的地缘政治现状令当地的新增炼油能力没有一个清晰的时间表。中东炼油商炼油能力的过剩将加大对亚洲炼油商的竞争压力，因为中东炼油商与亚洲炼油的油品主要出口市场都是在亚洲和欧洲。

〔撰稿人：中石油规划总院副总工程师　张福琴
中国石油和石油化工设备工业协会何正补充修改〕

煤化工装备

重点介绍我国煤化工装备行业的有关政策、目前存在的问题、发展趋势及煤化工装备制造企业的发展情况。

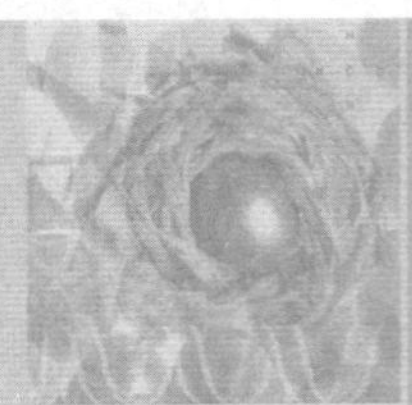

煤化工装备

国家发展和改革委员会关于规范煤化工产业有序发展的通知

发改产业[2011]635号

各省、自治区、直辖市发展改革委：

我国煤炭资源虽然相对丰富，但人均资源占有量也仅占世界平均水平的60%左右。科学合理开发、高效加工转化和最大限度地利用煤炭资源是一项长期艰巨的任务。2009年，针对一些地区出现的不顾资源和环境承载能力，盲目规划、违规建设、无序发展煤化工问题，国务院及时下发了《国务院批转发展改革委等部门关于抑制部分行业产能过剩和重复建设引导产业健康发展若干意见的通知》（国发[2009]38号），加强宏观调控和引导，对抑制煤化工产业的盲目发展发挥了积极作用。大部分地区已严格按照国务院文件要求，严格煤炭资源管理，严格项目审核，科学规范煤化工发展；但有些地方仍存在不顾条件大上煤化工的问题，且引发的不良后果已经开始显现。为了全面贯彻落实国务院通知精神和“十二五”规划纲要的要求，进一步规范煤化工产业有序发展，现就有关问题通知如下：

一、高度重视煤化工盲目发展带来的问题

一是加大产业风险。由于一些地区片面强调煤炭转化比例，部分项目重复引进未经验证的技术，致使建成后不能正常生产，巨额资金投入不能发挥效益；有的项目盲目上马，产品缺乏竞争力，市场开发滞后，目前全国甲醇装置开工率只有50%左右，二甲醚装置也大量闲置，相当一部分企业面临破产倒闭；还有的项目不核算煤炭资源完全成本，不落实节能减排责任，不分析煤炭的全过程转化效率，只强调加工工序的效率和效益；还有的企业以发展煤化工为名，行圈占煤炭资源之实，项目盲目布局，造成大量重复建设。

二是加剧煤炭供需矛盾。据不完全统计，目前全国在建和已批待建煤化工项目新增用煤已超过亿吨，各地规划拟建项目新增用煤总量还有几亿吨。尤其值得关注的是，一些煤炭净调入地区在现有火电厂供煤已十分紧张的情况下，还在积极发展煤化工产业。煤化工盲目建设和过度发展不仅加剧了煤炭供需矛盾，也直接影响到全国合理控制能源消费总量。

三是增加节能减排工作难度。煤化工属高耗能、高排放产业，受技术制约，煤炭在整体产业链中的能源转换效率不高，能源消耗和二氧化碳排放强度均高出全国平均水平的10倍以上。煤化工的无序发展必将直接影响节能减排目标的实现。

四是引发区域水资源供需失衡。我国煤炭资源与水资源呈逆向分布，主要蕴藏在水资源短缺地区。大部分煤化工属高耗水产品，发展规模必须量水而行。但一些地区不顾水资源供给约束发展煤化工；一些企业片面强调经济效益，节水意识淡薄，继续采用高耗水技术装备，严重浪费水资源，这将对区域水资源平衡和生态环境保护造成难以估量的后果。

二、切实加强煤化工产业的调控和引导

各地要进一步贯彻落实国务院国发[2009]38号文件精神，加大对贯彻落实情况的督促检查，加强对煤化工产业发展的宏观调控和引导，现就有关政策重申如下：

（一）严格产业准入政策。在国家相关规划出台之前，暂停审批单纯扩大产能的焦炭、电石项目，禁止建设不符合准入条件的焦炭、电石项目，加快淘汰焦炭、电石落后产能；对合成氨和甲醇实施上大压小、产能置换等方式，提高竞争力。煤化工示范项目要建立科学、严格的准入门槛。

（二）加强项目审批管理。各级发展改革部门要严格遵守国家对建设项目的相关管理规定和审批程序，进一步加强煤化工项目审批管理，不得下

放审批权限,严禁化整为零,违规审批。在新的核准目录出台之前,禁止建设以下项目:

年产50万t及以下煤经甲醇制烯烃项目,年产100万t及以下煤制甲醇项目,年产100万t及以下煤制二甲醚项目,年产100万t及以下煤制油项目,年产20亿m^3及以下煤制天然气项目,年产20万t及以下煤制乙二醇项目。上述标准以上的大型煤炭加工转化项目,须报经国家发展改革委核准。

(三)强化要素资源配置。进一步加强煤化工生产要素资源配置,要积极推动区域产业规划的环境影响评价和节能评估,严格项目环境评价审核和节能审查,对主要污染物排放总量超标和节能评估审查不合格的地区,暂停审批新增主要污染物的煤化工项目;煤炭供应要优先满足群众生活和发电需要,严禁挤占生活、生态和农业用水发展煤化工,对取水量已达到或超过控制指标的地区,暂停审批煤化工项目新增取水;对不符合产业政策等规定的煤化工项目,一律不批准用地,不得发放贷款,不得通过资本市场融资,严格防止财政性资金流向产能过剩的煤化工项目。

(四)落实行政问责制。各有关部门及金融机构要按照国发[2009]38号文相关要求,认真履行职责,依法依规把好土地、节能、环保、信贷、产业政策和项目审批关,坚决遏制煤化工盲目发展的势头。对违反国家土地、节能、环保法律法规和信贷、产业政策规定,工作严重失职或失误造成重大损失或恶劣影响的行为要进行问责,严肃处理。

三、统筹规划,做好试点示范工作

国家发展改革委、国家能源局正在组织编制《煤炭深加工示范项目规划》和《煤化工产业政策》,经批准后将尽快组织实施。其政策取向:

一是贯彻落实科学发展观和党的十七届五中全会精神,按照“十二五”规划纲要的要求,统筹国内外两种资源,在科学发展石油化工的同时,合理开发和利用好宝贵的煤炭资源,走高效率、低排放、清洁加工转化利用的现代煤化工发展之路;按照可持续发展的循环经济理念,统筹规划、合理布局,科学引导产业有序发展,使我国现代煤化工技术走在世界前沿。“十二五”重点组织实施好现代煤化工产业的升级示范项目建设。

二是加强煤化工产业规划与国民经济社会发展总体规划及相关产业规划衔接,认真落实总体规划对产业发展在节能减排等方面的要求,积极推动煤化工与煤炭、电力、石油化工等产业协调发展,努力做好煤炭供需平衡。切实落实中发[2011]1号文件精神,加强水资源和水源地保护,严格控制缺水地区高耗水煤化工项目的建设。

三是煤炭净调入地区要严格控制煤化工产业,煤炭净调出地区要科学规划、有序发展,做好总量控制。新上示范项目要与淘汰传统落后的煤化工产能相结合,尽可能不增加新的煤炭消费量。推行煤炭资源分类使用和优化配置政策,炼焦煤(包括气煤、肥煤、焦煤、瘦煤)优先用于煤焦化工业。

四是提高转换效率。新上示范项目必须核算从煤炭开发到终端使用全周期的能源转换效率,并与其他转换加工方式进行科学比选和评估,全周期煤炭转换效率应明显高于行业现有水平,煤炭资源价格必须按市场价格测算,特别是对二氧化碳排放及捕捉要有明确的责任,新上示范项目应具有大幅减少二氧化碳排放的能力。

五是严格产业准入标准,确保项目科学、高效率、高效益。示范项目建设要按照石化产业的布局原则,实现园区化,建在煤炭和水资源条件具备的地区;项目业主应同时具有资本、技术和资源方面的优势,工程建设方案和市场开发方案必须做到资源利用合理、竞争能力强,并经过充分比选论证。

六是示范项目的实施主要为了探索和开发出科学高效的煤化工技术,培育具有知识产权和竞争能力的市场主体。因此,原则上,一个企业承担一个示范项目,有条件发展煤化工的地区在产品和示范项目上也有严格的数量限制。工程建成后要严格考核验收,及时总结。

国家发展改革委

二〇一一年三月二十三日

“十二五”我国煤化工产业发展趋势及设备需求分析

煤化工是典型的投资驱动型产业。基于我国“富煤、贫油、少气”的基本能源结构，从目前各省区“十二五”期间煤化工投资来看，“十二五”期间我国煤化工计划投资总额超过 2 万亿元。由于煤化工设备生产企业众多，行业生产集中度较低，要准确统计企业订单份额十分困难。但由于国家产业政策限制小型煤化工的发展，现有的煤化工项目基本以大型项目为主，煤化工设备的上游——煤化工工程设计行业集中度很高。大型煤化工的工程设计基本依赖中国化学、东华科技等原化工部所属设计院，其中中国化学、东华科技两家企业几乎垄断了国内的煤化工项目设计及工程总承包市场。因此，工程设计企业的订单是煤化工设备产业预估煤化工投资额更为可靠的先行指标，煤化工设备订单正在从工程设计企业传递到设备制造企业。

煤化工设备种类繁多，主要可分为静设备、动设备两大类。其中，加氢反应器、气化炉、还原炉、换热器、储运容器等压力容器和管道、阀门等设备属于静设备，泵、风机、压缩机、空分设备等设备属于动设备。其中，气化炉是煤化工最为关键的设备之一，大部分煤化工项目都需要经历煤炭经气化炉转换为合成气(一氧化碳 + 氢气)这一环节，技术门槛很高。气化炉、加氢反应器、换热器等关键设备代表着煤化工企业核心设备的制造水平。空分设备也是煤化工的关键设备之一，具有较高的技术壁垒。煤气化及煤液化均需使用大量的高纯度氧气，利用煤气化技术合成油，每 100 万 t 合成油的年生产能力需配备的空气分离设备的制氧能力约为 $300\ 000m^3/h$；利用煤气化生产合成天然气，每1 000万 m^3/d 的生产能力需配备的空气分离设备的制氧能力约为 $240\ 000m^3/h$。

因此，煤化工设备行业的核心设备制造企业将是“十二五”煤化工投资的最大受益者。煤化工设备行业主要潜在受益企业见表 1。

表 1　煤化工设备行业主要潜在受益企业

煤化工设备	主委产品	上市公司(潜在受益考)	其他企业
静设备	气化炉	张化机、太原重工、中困一重	大连金重、南化机、兰石集团、西安 524 厂
	加氮反应器	中国一重、二重重装、张化机	兰石集团、大连金重、南化机
	换热器	张化机、蓝私高新、科新机电	瑞典阿法拉伐、森松中国、核西化机、
	其他非标压力容器		西安 524 厂、抚顺机试、南京宝色
	储运容器	富瑞特装	中集安瑞科、圣汇化机、四川空分设备
	空冷器	哈空调、蓝科高新、隆华传热、双良节能	德国 GEA，美国 SPX
	阀门		美国 Flowserve、美国泰科、苏州组成阀门、江南阀门、大连大高阀门、上海阀门厂、开封高压阀门、自贡高压阀门
动设备	泵	南方泵业、利欧股份、新界泵业	瑞典 ITT，美国 Flowserve，德国 KSB、上海凯泉泵业、丰球集团
	风机、压缩机	吹鼓动力、全通灵、南风股份、山东章鼓	德国曼透平、沈鼓集团
	空分设备	杭氧股份	法液空、德国林德、四川空分设备、开封空分集团

资料来源：中国银河证券研究部。

一、“十二五”煤化工产业投资预计

根据各地方政府“十二五”规划和相关互联网资料，“十二五”期间，西北五省区煤化工计划投资总额超过2万亿元。其中，新疆维吾尔自治区和内蒙古自治区有望成为“十二五”期间新型煤化工产业发展最快、规模最大的地区。

《新疆维吾尔自治区国民经济和社会发展第十二个五年规划纲要》明确指出，将现代煤化工产业作为新疆的特色优势产业做大做强。具体措施和目标为：“依托优质煤炭资源，以伊犁、准东煤炭基地为重点，大力发展现代煤化工，提升传统煤化工，提高技术含量和深加工程度，形成煤制合成氨、煤制二甲醚、煤制气、煤制烯烃、煤制乙二醇、煤焦化产业链，尽快建成一定规模的现代煤化工产业集群。到2015年，建成煤制尿素260万t、煤制二甲醚80万t、煤制天然气600亿m^3、煤制油360万t、煤制烯烃100万t、煤制乙二醇100万t；“十二五”期间新增煤焦化生产能力800万t。”《内蒙古自治区国民经济和社会发展第十二个五年规划纲要》明确指出，要把新型煤化工发展为新的支柱产业。具体措施和目标为：“按照统筹规划、合理布局、水煤组合的要求，加快煤制油、煤制气、煤制烯烃、煤制二甲醚、煤制乙二醇等五大国家示范工程产业化和二代煤化工示范建设，大力推进煤化工产品深加工，构建煤气化、液化、焦化等延伸加工循环产业链，建设国家新型煤化工产业基地。”“十二五”期间西北五省区煤化工计划见表2。

表2 “十二五”期间西北五省区煤化工计划

省份	“十二五”煤化工产业发展规划
山西	“十二五”期间拟投资8 000亿元发展煤化工(“十一五”煤化工投资额为870亿元)，拟在晋北(忻州、朔州、大同)、晋东南(晋城长治地区)、吕梁这三大地区布局现代煤化工基地重点发展吕梁交城、临汾洪洞、晋中介休灵石等特色化工图区
陕西	“十二五”期间拟规划投资5 557亿元建设27个现代煤化工重大项目。“十二五”期间陕西将打造4条现代煤化工产业链。现代煤化工产值将占该省石油和化工行业的半壁江山，成为石化行业最重要的经济增长点。
宁夏	“十二五”期间拟规划投资超过4 000亿元发展煤化工，将重点实施神华宁煤年产200万t烯烃，中国中化集团公司年产合成氨200万t、尿素320万t等87个煤化工项目。计划到2020年拥有2 000万t煤化工产品的综合生产能力，建成国家煤化工产业基地。
内蒙古	“十二五”期间，内蒙将新型煤化工作为地方支柱产业。规划建设国家新型煤化工产业基地，按照规划，到“十二五”末。内蒙古煤制油生产能力达1 000万t；煤制天然气生产能力300亿m^3；煤制烯烃生产能力达200万t(截至2010年底，内蒙古煤制油产能140万t，煤制天然气不足100亿m^3，煤制烯烃为106万t。
新疆	以伊犁、准东煤炭基地为重点，大力发展现代煤化工、提升传统煤化工、提高技术含量和深加工程度，形成煤制合成氨、煤制二甲醚、煤制气、煤制烯烃、煤制乙二醉、煤焦化产业链，尽快建成一定规模的现代煤化工产业集群。到2015年，建成煤制尿素260万t、煤制二甲醚80万t、煤制天然气600亿m^3、煤制油360万t、煤制烯烃100万t、煤制乙二醇100万t生产规模；“十二五”期间新增煤焦化生产能力800万t。

资料来源：地方政府“十二五”规划、互联网资料、中国银河证券研究部。

(一)新型煤化工发展的条件

1. “富煤、贫油、少气”的资源结构是新型煤化工发展的客观因素

与西方国家以石油作为最主要的能源来源不同，长期以来我国石油、天然气资源匮乏，煤炭是我国最重要的能源来源，一直占我国能源消费的70%左右。根据国家统计局统计，2010年我国能源消费总量已达32.5亿t标准煤，是2000年的2.23倍，年均复合增长率达到8.35%。其中2010年煤炭消费总量达到22.7亿t标准煤，是2000年的2.25倍，年均复合增长率达到8.45%，高于能源消费总量增速。

“十二五”期间，我国经济结构将继续延续重化工业发展的态势，国内以煤炭为主的能源消费格局短期难以改变。国民经济对能源的需求仍将保持平稳增长，煤炭消费与国民经济将基本保持同步增长。

发展新型煤化工可以部分代替石化产品，对于保障国家能源安全具有重要的战略意义。目前，我国石油、天然气对外依存度日益提高，石油进口比例已经超过50%，国家能源安全问题日益突出。国内化工行业出现了向煤化工倾斜的趋势。

2. 西北地区经济相对落后，发展煤化工成为发展经济的重要手段

西北地区煤炭资源丰富，也是我国经济相对落后的地区。在我国现行政治制度下，地方政府为提升政绩，在做大做强 GDP 方面具有很强的动力。附加值较高的新型煤化工则成为发展经济的重要手段。

据专家计算，如果将煤炭直接运走卖掉，每吨煤炭可以为地方政府贡献的产品附加值为 1 个单位的话，煤电转化产生的经济效益则几乎是 2 倍于煤炭直接外运，而煤化工则可以贡献 8 倍左右的产品附加值，这不仅有助于做大地方 GDP，同时对于优化地方经济产业结构，改善低层次简单依赖资源输出的发展方式，以及实现地方经济可持续发展具有重要意义。

3. 各地煤化工项目如雨后春笋

受资源结构限制和地方政府发展地方经济政策的驱动，各地煤化工项目如雨后春笋。各地“十二五期间部分煤化工计划项目（煤制烯烃）见表 3。各地“十二五”期间部分煤化工计划项目（煤制天然气）见表 4。各地“十二五”期间部分煤化工计划项目（煤制乙二醇）见表 5。

表 3　各地“十二五”期间部分煤化工计划项目（煤制烯烃）

序　号	项　目	规模（万 t）
1	神华包头（内蒙古）	60
2	大唐多伦（内蒙古）	48
3	神华宁煤（宁夏）	50
4	宁波禾元（浙江）	60
5	大连大化福佳（辽宁）	60
6	浙江兴兴新能源科技（浙江）	60
7	江苏仪征化纤（江苏）	60
8	中原石化（河南）	60
9	河南鹤壁（河南）	60
10	正大能源（辽宁）	60
11	河南濮阳中原石化（河南）	60
12	贵州毕节织金（贵州）	120
13	山西晋城兰花煤炭/中石化南化（山西）	60
14	山西潞安（山西）	60
15	江苏连云港（江苏）	60
16	华能满洲里（内蒙古）	20
17	陕西浦城（陕西）	67
18	延长石油集团延安能化公司（陕西）	60
19	中国中煤能源股份有限公司、中石化股份有限公司等（新疆）	140
20	道达尔集团与中国电力投资集团（内蒙古）	100
21	神华陶氏榆林（陕西）	122
22	华能伊敏煤电公司（内蒙古）	120
23	中国华能集团控股公司/华亭中煦煤化工有限责任公司（甘肃）	20
	“十二五”预计	2 000

资料来源：互联网、《现代煤化工新技术》、中国银河证券研究部整理

表4　各地"十二五"期间部分煤化工计划项目(煤制天然气)

序　号	项　目	规模(亿 m^3)
1	大唐赤峰(发改委核准时间2009年8月)(内蒙古)	40
2	大唐阜新(发改委核准时间2010年3月)(辽宁)	40
3	内蒙汇能(发改委核准时间2009年12月)(内蒙古)	16
4	新疆伊犁庆华(新疆)	55
5	华能伊敏煤电公司(内蒙古)	40
6	榆林-北京控股集团(陕西)	80
7	呼和浩特市-北京控股集团(内蒙古)	40
8	贵州毕节中国石化(贵州)	40
9	山西大同中海油(山西)	40
10	内蒙中海油(内蒙古)	40
11	开滦集团内蒙古准格尔旗(内蒙古)	40
12	安徽能源集团(安徽)	40
13	吉林省国电兴安(吉林)	100
14	华电呼伦贝尔(内蒙古)	40
15	开滦集团新疆准东(新疆)	40
16	陕西煤业化工集团(陕西)	30
17	山西朔州,国际电力集团与惠生工程(中国)	40
18	中能万源化工有限公司新疆玛纳斯(新疆)	20
19	徐矿集团新疆塔城(新疆)	40
	"十二五"预计	1 500

资料来源:互联网、《现代煤化工新技术》、中国银河证券研究部整理。

表5　各地"十二五"期间部分煤化工计划项目(煤制乙二醇)

序号	项　目	规模(万 t)
1	内蒙通辽(内蒙古)	120
2	河南洛阳孟津(河南)	20
3	河南商丘永城(河南)	20
4	河南新乡获嘉(河南)	20
5	河南濮阳(河南)	20
6	河南安阳(河南)	20
7	宁波禾元(浙江)	50
8	开滦集团在内蒙古准格尔旗(内蒙古)	40
9	山西吕梁信义工业园区(山西)	40
10	东方希望集团鄂尔多斯(内蒙古)	60
11	华电呼伦贝尔(内蒙古)	40
12	内蒙博源(内蒙古)	20
	十二五预计	400

资料来源:互联网、《现代煤化工新技术》、中国银河证券研究部整理。

(二)地方政府的煤化工投资计划

1. 内蒙古鄂尔多斯近期煤化工项目计划总投资超过6 000亿元

内蒙古是我国煤化工产业发展最快的地区之一,部分煤化工技术走在全国前列。目前,神华108万t直接法煤制油项目、伊泰16万t间接法煤制油项目、乌兰察布新奥50万 m^3 甲烷无井地下采煤气化项目、神华包头60万t煤制烯烃项目、通辽金煤20万t煤制乙二醇项目、久泰准格尔100万t煤制甲醇和10万t煤制二甲醚等项目均已建成投产。克什克腾大唐40亿 m^3 和鄂尔多斯汇能16亿 m^3 煤制气项目已得到国家核准并开工建设。

据报道,2011年鄂尔多斯市预计开工建设煤化工项目有157项,已开工146项(其中,续建复工88项、新建58项),总投资达6 014.95亿元。内蒙古鄂尔多斯市计划到2015年,煤制油产能达到1 000万吨、煤制甲醇产能达到780万t、煤制甲烷气产能达到100亿 m^3、煤制烯烃产能达到140万t、煤制二甲醚产能达到300万t、煤制乙二醇产能达到100万t。2011年7月,8家大型煤化工项目落户内蒙古兴安盟。来自兴安盟相关部门的统计,全盟仅今年4月份开工、投资亿元以上的项目就有45个,总投资533亿元;预计全年将有86个亿元以上的项目开工建设，总投资620亿元。

2. 新疆伊犁煤化工投资计划高达几千亿元

新疆是新型煤化工产业发展“特区”。近期国家发改委收紧煤化工产业政策，但之前国家工信部在促进新疆工业通信业发展的政策意见中，允许新疆适度发展现代煤化工。工信部根据新疆实际，制定了《关于促进新疆工业通信业和信息化发展的若干政策意见》（工信部产业［2010］617号，下称《政策意见》），对新疆部分地区和行业实行差别化政策支持。《政策意见》明确指出，允许新疆适度发展现代煤化工等产业，优先在伊犁、准东等煤炭主产地发展煤制烯烃、煤制乙二醇等现代煤化工项目。

“十二五”时期，新疆将建成国家大型煤化工基地。目前新疆煤炭资源预测储量达2.19万亿t，占全国预测储量的40%。新疆规划的四大煤炭基地包括准东、吐哈、伊犁和库拜四大煤田。其中，伊犁是新疆地区最为适合发展煤化工产业的地区之一。

伊犁河谷有丰富的煤炭资源和水资源。伊犁具有建设大型煤炭基地和发展煤化工产业的天然优势。煤炭资源预测储量达到6 250亿t。伊犁是新疆的丰水区，伊犁河流域地表水年径流量167亿m^3，占新疆地表水资源总量的20.3%，人均占有水量为全国人均的4倍。地下水总补给量36.81亿m^3/a，可开采量14.72亿m^3/a。年径流大于4亿m^3的河流水能蕴藏量706.2万kW，约占全疆的18.5%。

“十二五”期间，伊犁州政府已经把发展煤化工产业作为“一号工程”。伊犁州政府的目标是：到2015年，形成年产200亿m^3煤制天然气、360万t煤制油、240万t煤制烯烃、500万t煤焦化、170万t煤制化肥、100万t煤制乙二醇、50万t煤制PVC生产能力，同时形成年产1亿t以上煤炭产能。伊犁州政府“十二五”投资建设煤化工项目计划见表6。伊犁新型煤化工项目计划见表7。

表6 伊犁州政府“十二五”投资建设煤化工项目计划

项目	具体内容
煤制天然气	加快庆华集团年产55亿m^3煤制气项目建设，确保一期3.75亿m^3煤制气项目2011年10月建成投产。同时启动建设二、三、四期工程，到2013年全部建成投产，扎实做好第二个年产55亿m^3煤制气项目前期工作，确保2013年开工，2015年建成，达到年产110亿m^3煤制气规模，2011年要完成投资55.5亿元
	加快中电投霍城、察布查尔两个年产60亿m^3煤制气一期项目建设。2011年分别完成投资22亿元和31亿元，为争2014年全部建成投产
煤制油	抓好新汶集团巩年产100亿m^3煤制气一期60亿m^3项目建设，2011年完成投资25亿元，力争2013年建成投产，同时开工建设二期年产40亿m^3煤制气项目
	抓好国电平煤集团年产100亿m^3、中煤集团年产40亿m^3、国投宣集团产40亿m^3、伊泰集团年产180亿m^3、开滦集团年产40亿m^3、路安集团年产40亿m^3、质安集团年产40亿m^3等煤制气项目前期工作，方争取得突破
	率先推进伊泰集团年产540万t煤制油项目前期工作，2011年确保一期年产360万t煤制油项目开工建设，完成投资25亿元，力争2013年建成投产
	积极争取国家、自治区将伊犁列为煤制油项目建设示范区，争取再有几家企业参与煤制油项目建设
煤制烯烃	加快推进庆华集团年产600万t甲醇转制200万t烯烃、中煤集团年产180万t甲醇转制60万t烯烃，国电平煤集团年产60万t煤制烯烃、新沈集团年产180万t甲醇转制的万吨烯烃、国投公司年产60万t煤制烯烃、大唐集团年产140万t甲醇转制46万t烯烃项目前期工作，2011年力争开工建设2～3个项目
	全力做好河南煤化集团年产100万t煤制乙二醇项目前期工作，力争一期30万t项目早日开工建设

（续）

项　　目	具体内容
煤制乙二醇	积极推进开滦集团年产20万t煤制乙二醇以及国电集团年产30万t煤制乙二醇及煤基多联产项目前期工作，创造条件在“十二五”期间开工建设
煤制化肥、PVC和煤焦化	继续推进潞安集团“3052”项目和国投宝地年产95万t煤焦化项目建设、争取锦疆集团“4070”项目2012年7月建成投产，力争开工建设年产2×150万t煤制尿素升级项目。确保瑞祥年产90万t煤焦化第二组焦炉建成、伊力特年产95万t煤焦化第一组焦炉、永宁南岗化工一期年产12万t PVC项目投产 加大河南煤化集团年产50万t PVC、伊泰集团年产98万t煤焦化项目前期工作力度、力争早日开工建设
煤矿	围绕煤化工产业发展，加快新汶、开滦、庆华、潞安、国投、永宁煤业、中煤、伊泰等一批煤矿项目建设，力争“十二五”形成年产1亿t以上煤炭产能

资料来源：伊犁州、中国银河证券研究部。

表7　伊犁新型煤化工项目计划

序号	项目名称	备　注
1	新汶集团100亿m^3煤制气项目（一期工程年产10亿m^3，投资约100亿元）	2009年开建
2	中电投新疆能源公司察布查尔3×20亿m^3煤制天然气项目（由中电投资与新汶集团伊犁能源公司合作开发，投资270亿元）	2010年开建
3	中电投总投资263.4亿元的霍城县3×20亿m^3煤制天然气项目一期工程	2010年开建
4	庆华集团总投资277亿元的年产55亿m^3煤制天然气项目（一期工程年产13.75亿m^3）	2010年开建
5	伊泰集团总投资636亿元的年产540万t煤制油项目（一期工程130万t	2011年5月开建
6	中煤集团年产180万t甲醇转制60万t烯烃项目（总投资约211亿元）	2011年6月开工
7	庆华集团年产600万t甲醇转制200万t烯烃、国电平煤集团年产60万t煤制烯烃、新汶集团年产180万t甲醇转制60万t烯烃、国投公司年产60万t煤制烯烃、大唐集团年产140万t甲醇转制46万t烯烃项目	2011年有望开工1～2个
8	国电平煤集团年产100亿m^3、中煤集团年产40亿m^3、国投宝地年产40亿m^3、伊泰集团年产180亿m^3、开滦集团年产40亿m^3、潞安集团年产40亿m^3、盾安集团年产40亿m^3等煤制气项目	正开展前期工作
9	河南煤化集团年产100万t煤制乙二醇项目（一期0万t）	正开展前期工作
10	开滦集团年产20万t煤制乙二醇以及国电集团年产30万t煤制乙二醇及煤基多联产项目	正开展前期工作

资料来源：伊犁州、中国银河证券研究部。

（三）大型国有企业和民营企业加大对煤化工的投资力度

新型煤化工项目属于资源密集、资本密集、技术密集型产业，巨额投资使得只有大型央企、地方大型国企和大型民营企业才能涉足。

1. 神华集团规划建设七大煤化工基地，计划投资4 000亿元

神华集团作为国内最大的煤炭企业，凭借丰富的煤炭资源优势，规划在内蒙古、宁夏、新疆、陕西、山西等地建设七大煤化工基地，总投资超过4 000亿元，主要发展煤直接液化制油、煤间接液化制油、煤制甲醇及经甲醇制烯烃和煤制天然气等。规划到2020年形成油品和化学品生产能力3 000万t左右，转化煤炭量超过1亿t。

神华集团目前已经实施鄂尔多斯百万吨煤直接液化示范项目、神华宁煤年产52万t煤制聚丙烯项目和包头年产60万t煤制烯烃示范项目。

2. 大唐集团已经累计投资约1 000亿元

大唐集团作为国内最大的发电企业之一，很早就进军煤化工产业，正努力打造煤电化综合生产企

业。未来大唐将运用收购、兼并等方式，大力布局七大煤炭基地，依托蒙东、蒙西、陕北、山西、新疆五大产煤区发展煤化工。大唐能源化工成立两年来，累计投资约千亿元，重点发展煤化工产业。

大唐集团已基本建成及在建、拟建的主要项目包括：全球首个内蒙古大唐国际锡林郭勒盟46万t/a煤制烯烃工业化示范项目；国内首个经国家发改委核准的内蒙古大唐国际克什克腾40亿m^3/a煤制天然气项目；辽宁大唐国际阜新40亿m^3/a煤制天然气项目；国内首个内蒙古大唐国际再生资源利用高铝粉煤灰提取20万t/a氧化铝及14万t/a铝硅钛合金综合利用项目；内蒙古鄂尔多斯利用高铝粉煤灰提取50万t/a氧化铝及28万t/a铝硅钛合金综合利用项目。这些均为我国政府鼓励发展的具有战略意义的新型能源化工和循环经济项目，总投资规模约1 000亿元。

3. 伊泰集团计划投资近2 000亿元

伊泰集团是内蒙古最大的民营企业，伊泰集团下属的中科合成油技术有限公司是伊泰集团斥资2.27亿元控股，携手中科院技术团队及5家企业联合组建成立的，是中国煤制油领域最为重要的科研力量之一。伊泰集团计划投资近2 000亿元发展煤化工。公司已在内蒙古鄂尔多斯投资21.76亿元建设了16万t煤制油项目（间接法），作为国家示范项目，目前运行良好，实现了安、稳、长、满、优的运行目标。

在新疆伊犁，伊泰集团总投资636亿元的年产540万t煤制油项目中的一期工程180万t煤制油项目已经于2011年5月开工建设。公司还计划“十二五”期间在鄂尔多斯建成两个年产540万t煤制油化工基地。

（四）工程公司的先行订单

1. 中国化学：2011年上半年新签合同额590亿元，同比增长209%，已超过2010年全年的新签合同额。2011年上半年签约行业中煤化工和化工两类合约的签约额突出，其中新签煤化工合同283亿元，同比增速超过200%，占签约合同总额的48%。2011年上半年中国化学签约的重大煤化工项目见表8。

表8　2011年上半年中国化学签约的重大煤化工项目

业　主　方	项 目 名 称	金额（亿元）	公 告 日 期	工期（月）
宁夏宝丰能源集团有限公司	150万t/a甲醇项目			
陕西延长中煤榆林能源化工公司	靖边能源化工综合利用启动项目	68.3	2011-6-25	未公告
中煤鄂尔多斯能源化工有限公司	200万t/a合成氨、350万t/a尿素项目（一期工程）、氨合成/尿素装备项目	20.8	2011-6-16	未公告
中煤鄂尔多斯能源化工有限公司	200万t/a合成氨、350万t/a尿素项目（一期工程），气化、净化标段项目	53.2	2011-6-15	未公告
内蒙古东源科技有限公司	广远化工72万t/a电石项目	27.3	2011-5-31	未公告
	广远热电4X5万KW背压机组项目			
唐山中浩化工有限公司	15万t/a己二酸项目			
新疆中泰化学阜康能源有限公司	一期40万t/a聚氯乙烯树脂、30万t/a离子膜烧碱循环经济项目装置区建安工程项目			
华油天然气股份有限公司	乌海市焦炉煤气综合利用节能减排项目	14.7	2011-3-2	18
内蒙古博大实地化学有限公司	年产100万t合成氨、100万t尿素、120万t联碱项目	13.8	2011-2-22	33
	内蒙博大合成氨、尿素、联碱工程		2011-2-22	33
伊犁新天煤化工有限责任公司	伊犁新天年产20亿m^3煤制天然气项目	82.87	2011-1-20	36
内蒙古乌海千里山公司	乌海千里山LNG项目	8	2011-1-13	48

资料来源：中国化学公司公告、中国银河证券研究部整理。

2. 东华科技:2011 年上半年新签合同总额创历史新高

2011 年上半年该公司公告的重大合同项目均为煤化工项目。2011 年上半年,东华科技新签订合同额56.62 亿元,其中,工程总承包项目新签订合同额54.16 亿元;工程设计、咨询项目新签订合同额2.46 亿元,新签合同总额和单个签约项目规模均创出历史新高,为公司主营业务收入和经营业绩的稳步增长奠定了基础。2011 年上半年东华科技公告的重大合同项目(煤化工项目)见表9。

表9　2011 年上半年东华科技公告的重大合同项目(煤化工项目)

业　主　方	项 目 名 称	合同金额(万元)	签 约 日 期	工期(月)
中煤鄂尔多斯能源化工有限公司	200 万 t/a 合成氨、350 万 t/a 尿素项目(一期工程)、公用装置 EPC(设计、采购、施工)总承包合同	104 224	2011 -9 -13	21
中电投新疆能源有限公司	中电投伊南 3 ×20 亿 Nm^3/a 煤制天然气项目一期 20 亿 Nm^3/a 工程总体及气化基础设计合同	3 315	2011 -7 -26	36
沧州正元化肥有限公司	沧州正元年产 60 万 t 合成氨、60 万 t 尿素项目工程	3 000	2011 -6 -28	15
内蒙古蒙大新能源化工基地开发有限公司	蒙大 120 万 t/a 二甲醚项目一期工程、60 万 t 煤制甲醇项目	90 600	2011 -6 -7	25
锡林郭勒苏尼特碱业有限公司	苏尼特碱业节能降耗技术改造项目一期 10 万 t 乙二醇项目	2 700	2011 -5 -24	13
山西襄矿泓通煤化工有限公司	30 万 t/a 煤制乙二醇项目	6 200	2011 -5 -19	16
伊犁新天煤化工有限责任公司	伊犁新天年产 20 亿 m^3 煤制天然气项目空分装置、污水处理及回用装置的工程	141 482	2011 -1 -27	29
黔西县黔希煤化工投资有限公司	30 万 t/a 乙二醇项目	304 710	2011 -1 -14	26
合计		656 231		

资料来源:东华科技公司公告、中国银河证券研究部整理。

二、煤化工行业投资增长成因分析

(一)产业政策。目前,国家收紧传统煤化工产业政策,而区别对待新型煤化工。2006 ~2011 年国家发布的相关煤化工政策见表10。

表10　2006 ~2011 年国家发布的相关煤化工政策

时　　间	发 布 单 位	政 策 文 件	具 体 内 容	政 策 点 评
2006 年 12 月	国家发改委	《煤化工产业中长期发展规划》征求意见稿	2006 年至 2020 年,中国煤化工总计投资 1 万多亿元,其中装备费用将占 50%。到 2020 年,中国煤制油规模将发展到年产 3 000 万 t,煤制二甲醚规模将发展到 2 000 万 t,煤制烯烃规模将发展到 800 万 t,煤制甲醇规模将发展到 6 600 万 t。	由于种种原因,目前该规划仍未正式出台
2009 年 5 月	国务院	石化产业调整和振兴规划	(1)今后三年停止审批单纯扩大产能的焦炭、电石等煤化工项目,原则上不再安排新的煤化工试点项目。 (2)重点抓好现有煤制油、煤制烯烃、煤制二甲醚、煤制甲烷气、煤制乙二醇等五类示范工程。	抑制传统煤化工发展,以示范工程形式重点发展 5 类新型煤化工

（续）

时　　间	发布单位	政策文件	具体内容	政策点评
2009年9月	国务院	国务院批转发展改革委等部门关于抑制部分行业产能过剩和重复建设引导产业健康发展若干意见的通知	(1)要严格执行煤化工产业政策，遏制传统煤化工盲目发展，今后三年停止审批单纯扩大产能的焦炭、电石项目。 (2)对焦炭和电石实施等量替代方式，淘汰不符合准入条件的落后产能。对合成氨和甲醇实施上大压小、产能置换等方式。 (3)稳步开展现代煤化工示范工程建设，今后三年原则上不再安排新的现代煤化工试点项目。	进一步抑制传统煤化工，淘汰落后产能；客观上促进合成氨和甲醇向大型化发展；保障现有新型煤化工示范工程的稳步开展
2010年6月	国家发改委	国家发展改革委关于规范煤制天然气产业发展有关事项的通知	(1)煤制天然气产业的发展思路是：综合考虑资源承载、能源消耗、环境容量、天然气管网、区域市场容量等配套条件，合理布局煤制天然气气源点，尤先安排煤炭调出区煤制天然气项目。 (2)鼓励采用自主知识产权技术和国产化设备项目。 (3)在国家出台明确的产业政策之前，煤制天然气及配套项目由国家发展改革委统一核准。	加强国家发改委在煤制天然气项目上的主导权
2010年12月	国家工信部	关于促进新疆工业通信业和信息化发展的若干政策意见	(1)允许新疆适度发展钢铁、水泥、平板玻璃、现代煤化工、多晶硅、风电设备、电解铝等产业。 (2)优先在伊犁、准东等煤炭主产地发展煤制烯烃、乙二醇等现代煤化工项目。	在新疆地区放开现代煤化工产业
2011年3月	国家发改委	产业结构调整指导目录(2011年本) 《关于规范煤化工产业有序发展的通知》	限制类：100万t/a以下煤制甲醇生产装备(综合利用除外) (1)在国家相关规划出台之前，暂停审批单纯扩大产能的焦炭、电石项目； (2)禁止建设年产50万t及以下煤经甲醇制烯烃项目、年产100万t及以下煤制甲醇项目、年产100万t及以下煤制二甲醚项目。	限制小型煤制甲醇项目，鼓励综合利用，提高门槛，使得煤化工向大型化发展；利好已具备规模、资源与技术优势的煤化工企业
2012年1月	国家发改委	《煤炭深加工示范项目规划》	以技术创新为手段，通过对煤炭加工转化多种单项技术的耦合、集成，联合生产多种清洁燃料、化工原材料以及热能、电力等产品，有序开展煤炭深加工升级示范工作，以提高煤炭的整体转化效率，实现煤炭的高效、清洁和综合利用。	

资料来源：中国银河证券研究部。

(二)技术逐渐成熟，为“十二五”新型煤化工发展提供保障

煤化工可分为传统煤化工和新型煤化工两种。传统煤化工主要是指煤焦化、煤电石、煤合成氨(化肥)，新型煤化工通常指煤制油、煤制烯烃、煤制二甲醚、煤制甲烷气、煤制乙二醇五种。

“十一五”期间，我国传统煤化工产品如电石、合成氨的产量都跃居世界第一，期间也带动了一批煤化工设备企业的发展。国家通过示范项目支持新型煤化工的发展，重点支持煤制油、煤制烯烃、煤

制二甲醚、煤制甲烷气、煤制乙二醇等五类示范工程。“十一五”期间国家发改委核准的10大煤化工示范项目见表11。

表11 “十一五”期间国家发改委核准的10大煤化工示范项目

序号	企 业	类 型	规模(年)	投资(亿元)	投产日期	备 注
1	神华集团(鄂尔多斯)	煤制油(直接液化)	108万t	123	2008-12-30	2008年12月30日投料试车,至2010年8月24日,装置累计投煤时间超过5 578h,累计生产油品52.36万t,煤转化率达90.94%。蒸馏油收率56%~57%。 2011上半年连续运行时间已超过3 700h,生产油品46.7万t,实现利税8亿元。
2	内蒙古伊泰集团(鄂尔多斯民营企业)	煤制油(直接液化)	16万t	22	2009-3-20	自投产至2011年5月1日,已累计运行509d,12 236h,加工原煤80.52万t,生产成品油16.16万t,其中:柴油10.34万t,石脑油4.8万t,液化气0.89万t,实现营业收入8.75亿元。实现了安、稳、长、满、优的运行目标。
3	内蒙古新奥集团	煤制二甲醚	40万t	25	2009-9	2009年9月投产成功,当月生产负荷已达到70%以上。
4	内蒙古金煤公司(通辽)	煤制乙二醇	20万t	18	2009-12	2009年12月投产成功,项目总投资100亿元,首期产能20万t。
5	神华集团(包头)	煤制烯烃	60万t	27	2010-8-8	2010年8月全流程投料试车、全年总计生产MTO组长甲醇39万t,聚烯烃8.1万t。
6	大唐集团(内蒙古赤峰)	煤制天然气	40亿m^3	77	在建	建设中(31%),2009年8月获得国家发改委核准,有望成为中国第一个投产的煤制天然气项目,分三期建设,预计2012年全部投产。
7	大唐集团(辽宁阜新)	煤制天然气	40亿m^3	66	在建	建设中(4%)。2010年三月获得核准,项目投产时间2013年。
8	内蒙古汇德公司(鄂尔多斯民营企业)	煤制天然气	16亿m^3	88.7	在建	建设中。2009年12月获得国家发改委核准。
9	内蒙古中天合创(乌审旗)	煤制二甲醚	300万t	210	在建	建设中。由于配套的水资源量巨大,当地正在采取节约农业用水,压小上大的办法为该项目上马创造条件,目前项目配套的水资源量已经落实,环境影响评价已经获得通过。
10	庆华集团(新疆伊犁伊宁县)	煤制天然气	55亿m^3(一期1.75亿m^3)	278	在建	建设中。有望于2001年前投产。

资料来源:中国银河证券研究部。

目前,我国在煤制烯烃、煤制二甲醚领域技术相对较为成熟,而煤制乙二醇、煤制天然气、煤制油技术成熟度相对较低。其中,在煤制油中,目前间接法示范项目的效果较好。而煤制天然气目前还尚未有示范项目成功投产，新疆第一个获国家核准的煤制天然气项目——庆华集团55亿m^3煤制天然气项目计划于2011年底之前成功投产。

同时也应看到，从示范厂到商业化推广依采用技术的不同，需要经历的时间有长有短。以壳牌公司（Shell）煤气化技术为例，从技术研究到商业化推广用了29年。新型煤化工如煤制油、煤制天然气的大规模推广仍需一定的时间。但是，由于基数很低，在这一逐步推广的过程中，预计相对“十一五”期间煤化工设备的订单仍然增长迅猛，煤化工设备发展前景看好。“十二五”期间，我国限制发展传统煤化工。鉴于新型煤化工技术的逐步成熟，新型煤化工有望迎来历史性发展机遇。壳牌公司用于发电的Shell煤气化技术推广经历见图1。

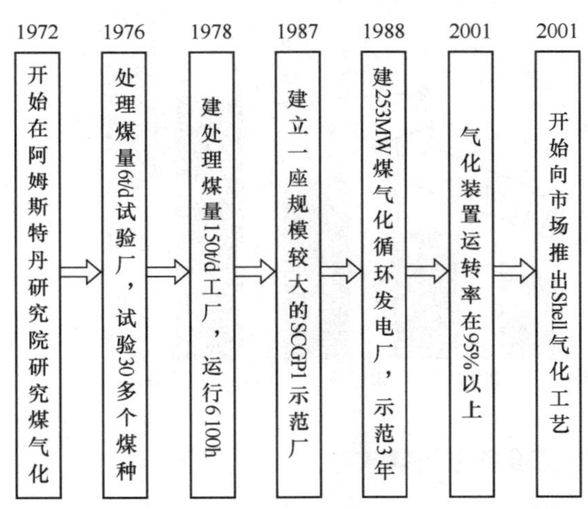

图1　壳牌公司用于发电的Shell煤气化技术推广经历

资料来源：《现代煤化工新技术》，中国银河证券研究部。

（三）相对石油化工，煤化工更有优势

据专家测算，如果煤炭价格维持在400元/t，按照20年固定资产折旧和7%的利息成本测算，煤制油的出厂成本对应油价大概在60美元/桶。当煤炭价格上涨到600元/t，煤制油成本将上升到74美元/桶。煤制烯烃在达到最合理工艺时成本相当于35美元的油价，通常油价在40～50美元时煤制烯烃即存在优势；化学流程相对长的煤制乙二醇则需油价达到70美元时才能具备成本优势。

2011年，国际原油现货价格大致维持在100美元/桶以上，而9月30日新疆哈密和内蒙古鄂尔多斯的动力煤价才为188元/t和360元/t。煤化工用的褐煤等煤种价格要低于动力煤，在新疆、内蒙等地区煤炭价格低廉，发展煤化工具有明显的成本优势。

（四）由于资源与环境约束，部分地区可保障较好发展

煤化工的发展不仅耗煤，最大的问题是耗水，同时排放大量的二氧化碳。为此，发展煤化工产业需要配套丰富的煤炭和水资源。煤化工耗水量，平均t原煤消耗水3t左右。煤化工产品销往东南沿海，实际上是“北水东调”项目，把稀缺的水资源送到沿海，如果过度发展煤化工，将使西北的生态更加恶化。受制于水资源，西北地区计划投资超过2万亿元的大量煤化工项目不可能全部落实。新疆伊犁和内蒙古鄂尔多斯煤炭和水资源相对较为丰富，较为适合发展煤化工。

此外，煤化工碳排放量很大，煤化工行业过去重点解决硫的排放问题，现在已经认识到解决二氧化碳的排放问题也极其重要。煤化工装置中，原料和燃料煤中的碳大约有70%变成二氧化碳排入大气。因此，一些大型企业，已经有大规模的植树造林计划，也有企业开展将二氧化碳深埋地下的试验。

三、“十二五”煤化工设备需求预测

（一）煤化工设备的需求规模有望超5 000亿元

“十二五”期间西北五省区煤化工计划总投资额超过2万亿元。保守测算，如果这些规划投资到位50%，即使不考虑全国其他地区煤化工产业发展，煤化工产业“十二五”期间总投资也将超过1万亿元。根据《煤化工产业中长期发展规划》征求意见稿，装备费用占煤化工项目总投资的50%计算，“十二五”期间煤化工设备需求将超过5 000亿元。煤化工设备购置费占项目总投资的比例见图2。压力容器在煤化工设备购置费中占比见图3。

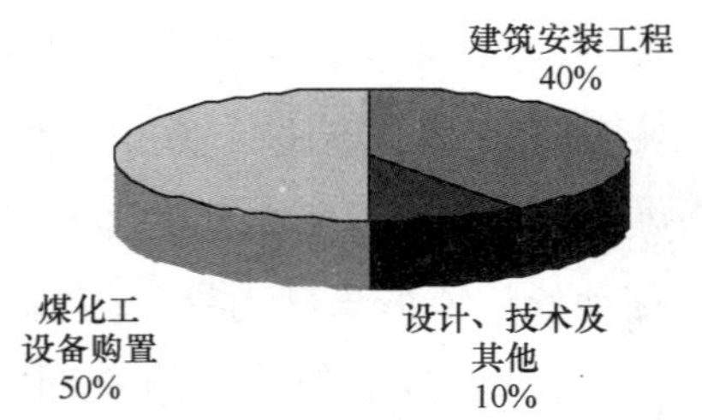

图2　煤化工设备购置费占项目总投资的比例

资料来源:中国银河证券研究部。

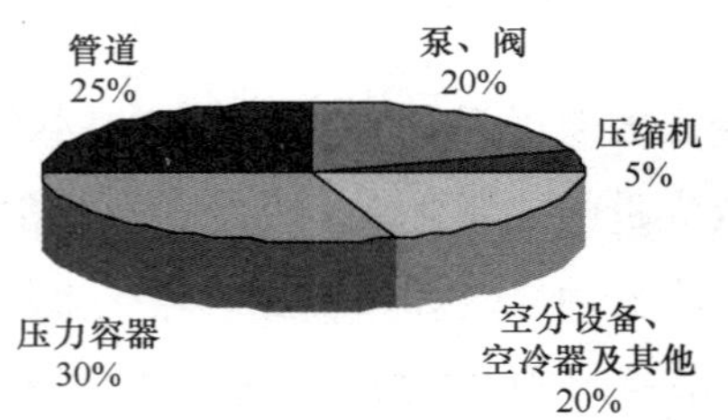

图3　压力容器在煤化工设备购置费中占比

资料来源:中国银河证券研究部。

(二)煤化工非标压力容器"十二五"需求有望年均增长43%

按照经验值计算,非标压力容器通常占煤化工设备费用的25% ~30%,那么"十二五"期间煤化工非标压力容器需求将达到1 250亿~1 500亿元,平均每年250亿~300亿元。根据中国机械工业联合会《2009年中国非标压力容器行业研究报告》的分析,2007年、2008年、2009年我国煤化工非标压力容器市场规模为38亿、54亿、65亿元。预计"十二五"煤化工压力容器设备需求年均增长40%以上。十二五"煤化工压力容器设备市场需求见图4。

以一座规模40亿 m^3/a 的煤制天然气工厂为例,其所需要的设备数量见表12。

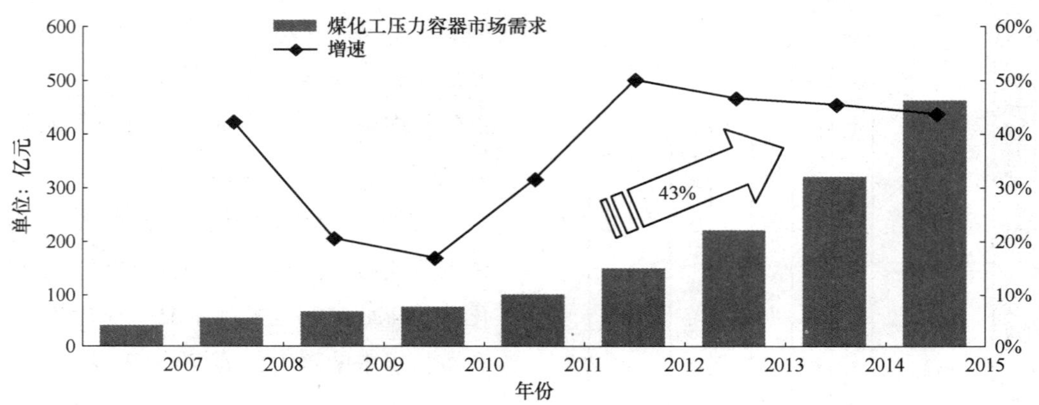

图4　"十二五"煤化工压力容器设备市场需求

资料来源:中国机械工业联合会,中国银河证券研究部。

表12　40亿 m^3/a 的煤制天然气工厂所需的煤化工设备数量

序号	主要装备	数量
1	ϕ3800Mark－Ⅳ型碎煤加压气化炉(鲁奇炉)	48套
2	或者 ϕ3 200/ϕ3 800航天气化炉	18套
3	中温耐油耐硫变换装置	4~6套
4	低温甲醇洗净化装置	4~6套
5	甲烷化及加压干燥装置	4~6套
6	配套的煤气水分离及酚氨回收装置	1套
7	配套的冷冻及硫回收装置	1套
8	45 000 m^3/h 以上的大型空分装置	4~6套
9	500t/h以上的锅炉及发电装置	4~6套
10	配套的全厂供水及循环水装置	1套
11	配套的污水生化处理及中水回用装置	1套
12	配套的全厂总变及供配电装置	1套

资料来源:中国银河证券研究部。

目前,国内煤化工压力容器生产企业主要有张化机、大连金重、南化机、中国一重、西安524厂、锦西化机。国内非标压力容器行业的竞争格局见表13。

(三)核心设备企业受益大

气化炉是煤化工最为关键的设备之一,大部分煤化工项目都需要经历煤炭经气化炉转换为合成气(一氧化碳+氢气)这一环节,技术门槛很高。气化炉、加氢反应器、换热器等关键设备代表着企业煤化工核心设备的制造水平。

表13　国内非标压力容器行业的竞争格局

企　业	石油化工	煤化工	多晶硅	有色	海洋工程	核电	其他
中国一重	炼油用煅焊结构热壁加氢反应器	煤液化反应器的加氢裂化反应器				核反应压力容器	
森松中国	PTA、醋酸用不锈钢、钛材、锆材等特殊材质压力容器			温法冶金用压力容器	海洋石油平台管道及压大容器		制药用不锈钢、钛材、锆材等特殊材质压力容器
兰州兰石	炼油用高压加氢反应器，四合一连续重整反应器，冷热高压分离器		三氯氢硅反应器、氯化氢反应器				
强化机	离子膜烧碱浓缩蒸发站等总包项目、石油化工用反应器和塔器	航天气化炉、煤化工塔器（C3 分离塔）、反应器、换热器	多晶硅硅料生产线总包项目（多晶硅还原炉、反应炉）	氧化铝用蒸发器	海水淡化、海洋钻井平台用压力容器		
锦西化机	PVC 聚合釜	甲醇合成塔					
大连金重	尿素成套装置	煤气化设备（壳牌气化炉，鲁奇气化炉）					
南化机	炼油化工用加氢反应器，冷（热）高压分离器，化纤、化肥装置	气化炉，甲醇反应器					
西安524厂	醋酐设备（哈氏合金蒸发器、锆换热器、锆反应器）	煤化工设备（低温甲醇洗涤塔，低温吸收塔等	多晶硅还原炉				核一级设备稳压器、安全注射箱、硼注箱等
抚顺机械	乙烯同大型管壳式换热器、大型板焊结构加氢反应器等						
南京宝色	TTA 氧化反应器、醋酸硝酸特材装备			温法冶金特材装备			

资料来源：中国银河证券研究部。

目前煤气化技术主要有德士古（Texaco）水煤浆加压气化、壳牌（Shell）粉煤气化、GSP 粉煤气化、鲁奇（Lurgi）固定床加压气化等几种，航天炉（HT－L）脱胎于原民主德国的 GSP 粉煤气化技术（与 GSP 炉类似），吸收了国外几种炉型的优点。国外四种煤气化炉的特点见图5。

其中，德士古（Texaco）技术相当成熟，但它对煤种要求较高，适用于烟煤、无烟煤，而我国优质煤不多，难以在行业内大范围推广；壳牌（Shell）原用于发电，在化工领域应用经验不足，我国引进的23台壳牌炉有一半左右无法正常运行；GSP 粉煤气化技术使用煤种较广；航天炉相当于 GSP 炉的中国版，有成为主流炉型的潜力，发展前景看好。

如果按照“十二五”时期上马 1 500 亿 m^3 产能的煤制天然气项目计算，则需要 $75 \times 9 = 675$ 套航天炉。如果每套航天炉以 1 500 万元计算，则“十二五”期间仅在煤制天然气市场上航天炉的需求空间就超过 100 亿元，市场空间十分广阔。

煤化工的基础是煤气化，煤气化是以氧气作为氧化剂，与固体煤反应，生成一氧化碳、氢气等的合成气，合成气可用于生产合成氨、甲醇、合成天然气等多种化工产品，是目前煤化工的主要技术。在煤气化中，德士古炉(Texaco)、鲁奇炉(Lurgi)、壳牌炉(Shell)都要用到大 型空分设备。空分设备则是以空气为原料，通过压缩循环深度冷冻的方法把空气变成液态，再经过精馏从液态空气中逐步分离生产出氧气，以及氮气及氩气等惰性气体的设备。煤化工对大型空分设备需求见表14。

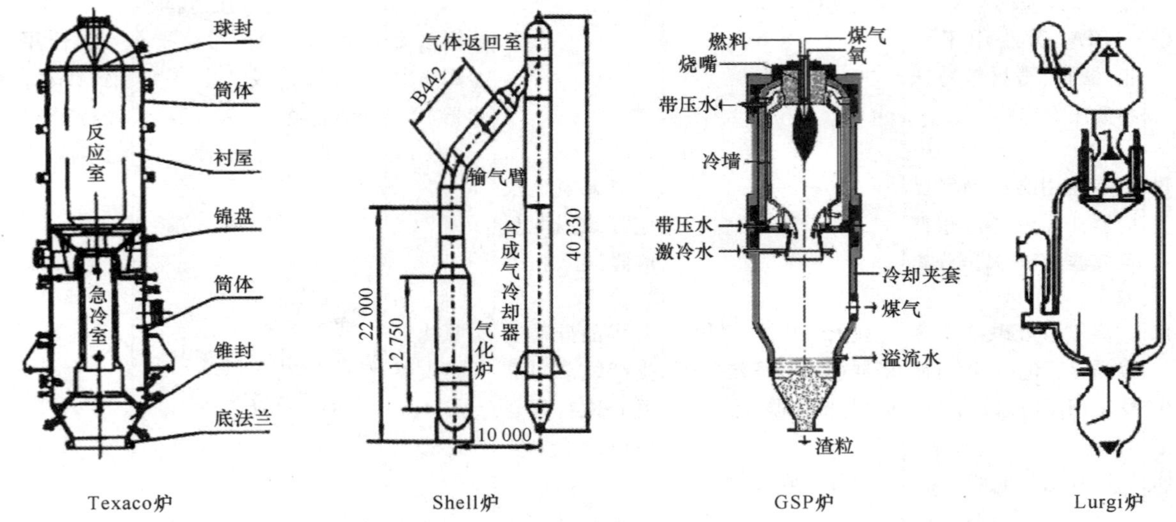

图5　国外四种煤气化炉的特点

资料来源:《现代煤化工新技术》,中国银河证券研究部。

表14　煤化工对大型空分设备需求

序　　号	煤化工领域	制 氧 能 力	单 位 产 量
1	煤气化技术合成油	300 000m^3/h	每100万t合成油
2	煤气化生产甲醇	120 000m^3/h	每100万t甲醇
3	煤气化生产合成天然气	240 000m^3/h	每1 000万m^3/d天然气
4	煤制油	100 000m^3/h	每100万t合成油
5	煤气化生产合成氨	30 000m^3/h	每30万t合成氨
6	使用天然气或重油生产合成氨	40 000m^3/h	每30万t合成氨

资料来源:杭氧股份招股说明书,中国银河证券研究部整理。

空分设备主要应用于冶金、化工、电力等国家基础工业。目前冶金行业产能过剩，受到上大压小政策的影响，对空分设备需求放缓，更新设备成为需求主体。随着我国节能减排的进一步强化，COREX新技术、IGCC新技术不断使用，将加大对空分设备的需求。

四、目前我国煤化工产业面临的问题及解决办法

目前，发展煤化工面临①水资源短缺，②能耗高，③二氧化碳排放量大这三大问题。虽然不同机构对石油资源枯竭期的预测不尽相同，但2050年前后世界石油产量将达到峰值已经形成共识。即便算上页岩油、页岩气、煤层气等非常规油气资源，80年后，全球石油资源也将枯竭。从技术经济性看，煤炭是最现实可行的石油替代能源。尤其煤化工技术的突破和规模的扩张，为后石油经济时代的能源安全提供了有力保证。

解决前两个问题相对容易。比如水资源短缺问题，可以通过水权置换、南水北调、蓄水补水工程，或者采用先进空冷、凝结水回收、废水处理与中水回用等技术加以缓解；能耗高的问题，也可通过调整和优化产品结构、淘汰落后产能，实施能效审查等办法加以遏制。但是，排碳问题，不仅难以解决，而且刻不容缓。因为二氧化碳的捕集与利用不仅成本高，而且一些关键技术尚未突破。目前被广泛使用的深埋和注井采油技术，前者存在着很大风

险，后者二氧化碳并未转化成其他产品，尚不能称为真正意义上的资源化利用。至于以二氧化碳生产碳酸二甲酯、降解塑料、气肥、碳酸饮料等，由于规模小，对二氧化碳的消耗十分有限。特别是从2012年1月1日起，欧盟航空碳税法案开始实施。表面上看，这一法案似乎与煤化工没有瓜葛，事实则不然。因为欧盟航空碳税法案的实施，等于颠覆了《京都议定书》的原则与框架，要求发展中国家履行与发达国家相同的排碳义务。假如美国、日本等发达国家都效仿欧盟的做法，甚至扩大到地面交通、海上交通及其他更广泛领域，那么，《京都议定书》确定的“共同但有区别”的原则将不复存在，我国碳减排压力将陡然增大。

为大幅削减二氧化碳排放，我国政府将严格控制火电、钢铁、焦炭、水泥、建材以及煤化工等高耗能、高排碳行业的发展规模和发展速度。与电力、钢铁等行业相比，目前煤化工在国民经济中的贡献、地位和作用要小得多。一旦遭遇政策打压，煤化工产业无疑会首当其冲。从这个层面讲，排碳问题已经不是普通的环保问题，而是决定我国煤化工产业成与败、生与死的关键问题。

有关专家指出，“多联产”是解决我国煤化工产业困局的唯一办法。其理由有三点：第一，多联产能延长产业链，增加附加值，降低单位产值能耗；第二，多联产能通过水、热、气、电、功的梯级利用或重复利用，大幅降低装置综合能耗和水耗；第三，多联产可以借助不同技术与工艺路线的耦合，实现优势互补，减少排放，提高资源利用率。

比如，通过IGCC多联产技术，实现煤基发电与煤化工联产，装置能源利用效率可较单一发电或煤化工提高30%～50%；将焦炭—冶金—化工装置集约耦合，不仅能实现余热余压的全部回收利用，还能使炼焦过程副产的焦炉煤气生成合成氨、甲醇等化工产品，并将苯、萘等副产品通过深加工生产高附加值精细化工产品，消灭排碳问题。

又比如，醇、碱、氨联合工艺，可利用氨合成过程中的一氧化碳生产甲醇，富余的二氧化碳生产纯碱，甲醇合成后富余的氢气生产合成氨。通过这样的上下游联供，可大幅减少二氧化碳排放。以一个30万t煤制甲醇、30万t煤制合成氨和30万t纯碱为例，采用上述多联产工艺后，年减排二氧化碳达70余万t。

再比如，一期总投资232.5亿元的延长—中煤靖边煤气油综合利用项目，由于将煤化工、天然气化工和石油化工对接耦合，实现了碳氢互补与平衡，每年可减排二氧化碳439万t。在不增加任何原料投入的情况下，新增产甲醇15万～27万t，节约标煤41.9万t，节约新鲜水1 000余万m^3，资源利用率达到国际领先水平。

五、“十二五”我国煤化工行业规划初步成形

1. 国家能源局有序地开展煤炭深加工升级示范工作

为贯彻国务院关于抑制部分行业产能过剩和重复建设的指示精神，国家发展和改革委员会于2011年3月印发了《关于规范煤化工产业有序发展的通知》，对企业和地方政府的投资冲动采取了必要的调控措施。

国家能源局按照文件要求，于2012年1月30日牵头编制完成了《煤炭深加工示范项目规划》，提出以技术创新为手段，通过对煤炭加工转化多种单项技术的耦合、集成，联合生产多种清洁燃料、化工原材料以及热能、电力等产品，有序开展煤炭深加工升级示范工作，以提高煤炭的整体转化效率，实现煤炭的高效、清洁和综合利用。

同时，《规划》对示范项目提出了先进的能效、煤耗、水耗等准入指标和严格的生态环境保护要求，确定了七大类共17项技术装备方面的重点示范内容，引导企业和地方政府在提高能效和附加值、降低污染物排放、加强系统优化集成以及探索模式创新等方面进行示范。

《规划》明确指出，在落实好合理控制能源消费总量和节能减排相关要求的前提下，“十二五”期间将优选一批示范项目，重点安排在煤炭主产区及煤炭调出省区，统筹规划，系统设计，分步实施，通过升级示范使我国煤炭深加工产业成为具有国际竞争力的战略性产业。

2.“十二五”期间内蒙古将加大新型煤化工产业发展

截至目前,全国已有28个省份公布了2011年GDP“成绩单”,其中有25个省份GDP增速高于全国9.2%的平均值,18个省份的增幅低于上一年。

在已公布的28个省份中,22个省份去年的GDP超过万亿元大关。其中,GDP最高的省份是广东,GDP达5.3万亿元,成为国内首个迈入5万亿元大关的省份。重庆与天津的GDP增速并列全国第一,是增速最慢的北京2倍多,其次是四川、内蒙古和吉林。统计发现,从区域来看,东、西部GDP的“成绩单”有所不同,从总量来看,东部的GDP总量非常大,在榜单中,GDP总量排名前三位的都是东部沿海省份。比如广东的GDP总量几乎是西藏的100倍。

虽然西部省份的GDP总量不及东部,但是其增速高于东部,在已经公布的28个省份中,西部省份的增速都在12%以上,重庆(与天津并列)更是凭借16.4%的GDP增速,成为全国经济增长最快的地区,四川、内蒙古、贵州、吉林、陕西等省份涨幅均名列前茅,京沪增速垫底。

2010年,内蒙古GDP首次迈进万亿元大关,达1.4万亿元,增速达15%,荣登西部省份第二位。有关人士认为,内蒙古是资源大区,GDP增长基本靠资源性工业带动。据记者了解,“建设国家新型煤化工基地”是内蒙古基于能源资源基础,提出的另一发展目标。

按照内蒙古发改委规划,该区将在“十二五”期间,加大新型煤化工产业发展,集中在呼包鄂沿黄经济带,呼伦贝尔、兴安盟、赤峰、通辽等化工园区布局煤化工项目。

3. 山西将煤层气和现代煤化工列为战略性新兴产业

根据山西省“十二五规划纲要,未来五年,山西GDP年均增长目标为13%。在产业发展方面,将打造钢铁、铝、镁、铜等几大冶金基地,推进新能源、节能环保、生物、新能源汽车等新兴产业发展。值得一提的是,作为能源大省,山西首次将煤层气产业和现代煤化工产业列入战略性新兴产业,并且将在国家认定的国家资源型经济转型综合配套改革试验区的基础上,大力推进工业新型化,即充分利用高新技术和先进适用技术改造提升传统产业,实现传统产业优化升级、产品更新换代。推进山西省“7+2”战略性新兴产业取得突破性发展,在国家确定的新能源、节能环保、生物、高端装备制造、新型材料、新一代信息技术和新能源汽车七大产业的基础上,增加煤层气产业和现代煤化工产业。

在煤炭产业方面,山西将建设中国太原煤炭交易中心和山西煤炭期货交易所,努力打造国家级煤炭物流平台,并完善晋煤外运通道建设,建成中南部铁路通道、太兴铁路、太原枢纽货运东环线等铁路,重点建设太原、大同、运城、临汾、长治、吕梁6个国家级综合运输枢纽。

〔撰稿人:中国银河证券研究部　邱世粱　王华君

中国石油和石油化工设备工业协会　赵志明补充

审稿人:中国石油和石油化工设备工业协会　赵志明〕

目前我国原油进口依存度已超过 50% 左右，如此高的依存度已经威胁到了国家的能源安全，因此发展煤化工对我国意义重大。

基于我国“富煤、贫油、少气”的基本能源结构，“十二五”期间我国煤化工计划投资总额超过 2 亿元，而煤化工装备费约占煤化工项目总投资的 50%，煤化工装备将迎来历史性发展机遇。

为了充分反映我国煤化工装备的发展情况，配合国家“十二五”的煤化工建设项目的实施，我们将对***加氢反应器***、***气化炉***、***还原炉***、***换热器***、***储运容器***等压力容器和管道，***阀门***、***泵***、***风机***、***压缩机***、***空分装备***等，以及***环保设备***、***仪器仪表***和***电气设备***等进行分类跟踪报道，以促进企业转型升级，更好地服务于煤化工装备制造企业。

- 大连金州重型机器有限公司
- 上海电气集团上海锅炉厂有限公司
- 中航黎明锦西化工机械（集团）有限责任公司
- 四川大川压缩机有限责任公司

敢为人先，敢于走前人没有走过的路

——访大连金州重型机器有限公司总经理兼党委书记王治勇

大连金州重型机器有限公司总经理兼党委书记王治勇

一名称职的企业管理者，光有胆略和气魄还是远远不够的，更要有聪慧、超前的经营决策和科学的管理。王治勇总经理受命于危难之时，以其独有的殚精竭虑的工作作风、一心扑在事业上的拼命精神，把许多不可能变成可能，把可能变成了现实。八年的时间，彻底改变大连金州重型机器有限公司的面貌，创造一个属于金重人的“神话”。

2003年，具有47年历史的国有企业大连金州重型机器有限公司（以下简称金重），连续多年巨额亏损，资产负债率高达127.9%，外欠银行贷款2.5亿元，内欠职工钱款1 300多万元，每年支付的利息1 200万元，产品质量严重滑坡，成本费用居高不下，技术改造滞后，设备严重老化，产品结构调整不合理，新产品、新技术开发滞后，企业资金严重枯竭，合同不能按时兑现，生产经营难以维持。更可怕的是，因企业不景气，员工对企业失去信心，人心思走，公司已基本处于瘫痪状态，濒临倒闭。王治勇临危受命，他说，拥有光荣传统的金重人，在企业生死存亡的关口，一定能挺直脊梁，凭借自己的聪明才智和敢打硬仗的决心，杀出一条血路来。

凭着这种不退缩、不气馁精神，王治勇带领新班子成员迎着困难，顶住压力，抓住机遇，通过实施劳动制度、人事制度、分配制度和各项规章制度改革；强化财务成本控制；大力推进产品结构调整，到2005年末，三年三大步，一年一个新台阶地把金重带出低谷，使得当时仅有700余名员工的金重，人均产值比过去提高了4倍，其劳动生产率居同行业排名第一，达到了先进国家的水平走向振兴。三年完成技术改造项目6 900多万元，购置了6 000t油压机、特大三辊滚圆机，500t吊车等一系列重大制造装备，使金重的装备能力位居全国同行业之首，为产品结构调整向大型化，高大精尖、高技术含量、高附加值方向发展打下了雄厚的装备和技术基础。特别是2005年研制成功的日处理煤2 000t的世界最大的壳牌干煤粉气化炉和西气东输工程急需的国内只有金重才能够制造的6台低温分离器，标志着金重已具有自己独有的核心竞争力和综合实力。

王治勇上任三年，合同履约率就达100%，企业从亏损变成金州区纳税大户，被评为省重合同守信用企业、市AAA级信用企业。王治勇也被选为金州区人大代表，荣获2004至2005年度大连市劳动模范、大连市优秀企业家光荣称号。目前金重已雄踞国内大型煤化工设备、大型化肥尿素、合成氨关键设备制造的龙头老大。

在企业效益增长前提下，王治勇始终重视维护员工的权益和利益，坚持以人为本，注重人性化管理，不断提高职工的工资收入，想方设法改善员工的福利条件和劳动工作环境。除此之外，他特别注重人才培养和员工综合素质提高，通过实施一整套前瞻性大局观的人力资源政策，形成了具有金重特色的人才培养、使用模式，造就了一批科技、营销、生产和管理人才队伍。这是企业提高核心竞争力的最宝贵的财富。作为金重总经理

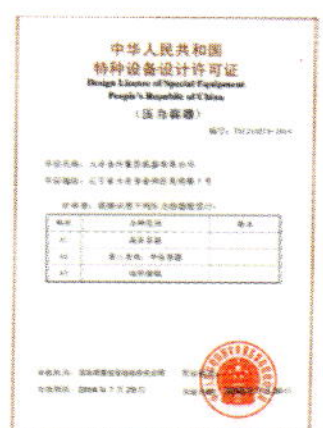
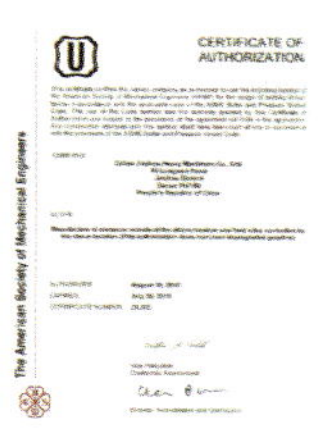
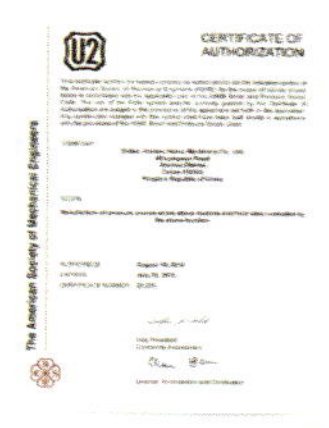
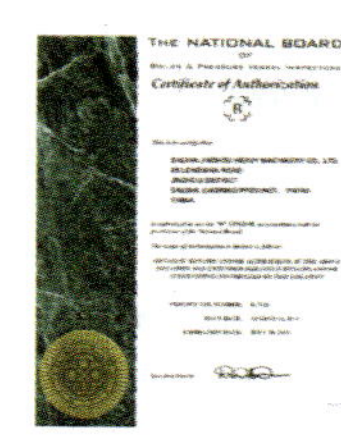
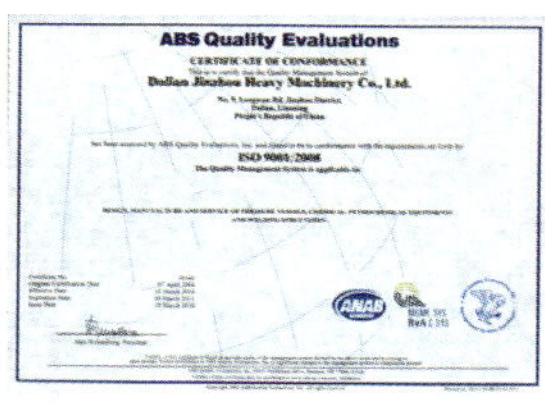

兼党委书记，他更加注重企业文化建设和思想政治工作。王治勇显示了极强的决策能力、超前意识、超人胆识和人格魅力，团结班子成员共同奋斗，形成了具有金重特色的扎根于生产经营的思想政治工作新模式和金重特有的企业理念、企业精神、道德规范及企业统一的价值观。

上任初期，结合当时行业发展形势和企业自身特点，他和经营团队就确立了公司今后向大型化、高大精尖、高技术含量、高附加值的产品方向发展目标。实施了管理占先、技术抢先、品质领先、用户优先的“四先”策略，不断扩大重大工程项目市场占有率，主攻高大精尖、高技术含量、高附加值产品合同，使产品订货年年有增长，2005 年创造了订货合同 13.2 亿元历史新高。

2006 年以来，坚定执行“十一五”企业规划，王治勇带领公司继续不断开发新技术、新产品，优化产品结构，开发新产品 56 项，确立了研制高大精尖、高技术含量、高附加值的石化装备、煤化装备、压力容器的技术优势，尤其是针对国内设备空白领域，敢于在首台、首套上做文章。为了不断开发新产品，增加竞争能力，建立了公司自己的研发设计技术中心、焊接中心、理化计量中心和检测检验中心；招募了经验丰富、精明强干的工程技术人员和技术工人；建造了拥有研制、检测超大型石化设备、煤化工设备、化肥设备、压力容器装备的厂房。近几年研制的世界最大的壳牌干粉煤气化炉、高压飞灰过滤器、西气东输关键设备低温分离器、大型海上钻井平台油气处理成套关键设备、新型鲁奇煤气化炉、世界最大的镍基材料气气换热器、新型水冷壁多喷嘴煤气化炉等国内首台首套、填补国内空白的国产化设备等，为实现大型石化、煤化装备国产化做出了卓越贡献，先后多次受到各级领导和客户高度称赞，企业的经济效益倍增。

他首创了一套行之有效的单件多品种非标压力容器生产组织模式，在同行业内第一个解决了单件多品种非标压力容器生产组织紊乱无序的老大难问题。

有耕耘，就有收获。与 2003 年相比，2010 年公司的工业总产值、销售收入均增长了 6 倍，全员劳动生产率增长了 14 倍，产值销售收入年平均递增在 50% 以上，实现利润平均递增 200% 以上，尤其是全员劳动生产率按现价产值计高达 138 万元 / 人 · 年，按工业增加值计高达 42 万元 / 人 · 年，不仅在全国同行业名列第一，而且在全国机器制造业中也名列前茅，创造了一厂变七厂的业绩。

2010 年企业为越南金瓯化工项目设计制造的氨气合成塔、山西金象公司设计制造的氨合成塔、为贵州兖矿开阳公司设计制造的科林水冷壁煤气化炉和为山东瑞星化工集团设计制造的 100 万 t/a 尿素四大关键设备（尿素合成塔、高压冷凝器、高压洗涤器、CO_2 汽提塔），又创造了四项该领域国内首台（套）产品新纪录；为神华包头煤制油甲醇项目提供大型低温洗涤塔 700 余吨重量也是国内首屈一指的设备，陕西榆林 140 万 t/a 煤制甲醇提供 200 多吨重大型变换炉等都彰显金重为大型化肥装备自主化国产化所做出的巨大贡献。2008 ～ 2010 年，公司连续三年被评为中国化肥、化工设备制造百强企业第一强；2010 年被评为辽宁省“劳动关系和谐”企业和辽宁省高新技术领军企业；2011 年又被评为中国化工装备制造综合实力 50 强企业第一名。

“十一五”期间，在王治勇带领下，公司的各项经济技术指标持续名列全国化工机械行业第一位。金重还保持了行业制造尿素设备（吨位 / 年）最大、数量最多的记录，已制造 16 ～ 100 万 t/a 尿素装置中四大关键设备 350 余台，其国内市场份额达 95%。壳牌干煤粉关键装置及飞灰过滤器等国内市场占有率达 75% 以上，研制成功了国内首台以及世界最大的壳牌干煤粉煤气化炉；低温设备占国内市场份额的 90% 以上，球形储罐更是多次获得国家级奖励。

围绕“十二五”，公司确立了到 2015 年实现销售收入 100 亿元；自主研制新产品 40 项，其中国产化新产品 50% 以上；开发新技术、新材料、新工艺 50 项，其中核心新技术 40% 以上，机器产品全部达到国际同类产品水平。建立有色金属容器制造公司、临港生产基地、锻造公司等，形成本地有 7 个左右分公司、外省市有 3 ～ 5 个合资公司、国外有 2 ～ 3 个合资企业和销售公司的产业规模的发展目标。

在未来发展的历程中，王治勇总经理将与金重人一起继续发挥创新实干精神，坚持自主开发与引进国内外先进技术并重，走可持续发展道路，把金重建设成更具创造力的一流的中国石化装备研制基地！

四喷嘴煤气化炉

华能天津绿色煤电 IGCC 示范工程鸟瞰图

与创造者共创绿色未来

—— 访上海电气集团上海锅炉厂有限公司

华能天津绿色煤电 IGCC 气化炉组件出厂

发展低碳经济成为世界大趋势，作为国内最早将 IGCC 作为产业发展重点的企业，上海电气集团上海锅炉厂有限公司是国内唯一一家拥有 IGCC 气化炉核心制造技术的企业，随着 IGCC 成为煤电主流机型，上海电气集团上海锅炉厂有限公司将是最大的受益公司。

上海电气集团上海锅炉厂有限公司（以下简称上锅公司）是新中国最早创建的专业设计制造电站锅炉的国有大型企业，隶属上海电气集团，是世界上大型电站锅炉及锅炉岛、大型重化工设备以及特种锅炉、建筑钢结构等产品和服务的提供商，占地面积 52 万 m^2，在册员工 2 700 人，销售收入连续多年超百亿元。

一、百年历史 造就悠久人文底蕴和显著品牌优势

上锅公司前身为 1906 年的美商慎昌洋行；1921 年在上海杨树浦路开设慎昌工厂；1952 年 9 月改名为浦江机器厂；1953 年 9 月 1 日命名为国营上海锅炉厂；1997 年 12 月改制为上海锅炉厂有限公司。

经过一个多世纪的开拓，上锅公司不断完善、改进并形成了优秀的设计、制造、服务和管理能力，拥有国内外同行中一流的制造、检测设备，建有全面可靠的质量保证体系。在国内同行业中率先取得了 AR1 级压力容器设计资格及制造许可证书，A 级锅炉制造许可证；美国机械工程师协会（ASME）S、U、U2 和 N、NPT、NS 钢印和证书；欧盟 PED“EN12952-5 AND EN ISO3834-2”认证以及 GB/T19001—ISO 9001 质量体系证书等。公司获得全国“五一”劳动奖状、机械工业管理进步示范企业、全国“学习型组织”优秀单位、上海市市长质量奖等一系列荣誉称号，连续多年入选中国机械工业 500 强，2011 年跃升到第 43 位。

公司始终坚持以科学发展为己任，在产业规模发展的同时，更注重高新技术创新，努力实现节能减排和国有资产保值增值的目标，认真履行企业的社会责任。

二、筚路蓝缕 开创光辉的历史业绩

作为一家历史悠久的大型国企，上锅公司在发展电站锅炉这项“火电”产业的同时，还积极致力于发展重化工设备、建筑钢结构、军工等“非火电业务”。目前，上锅公司的产品遍及国内各省市自治区，行销美国、加拿大、

埃及、日本、印度、越南、巴基斯坦、新加坡等20多个国家,创造了几十项国内和行业第一。

其中在重化工设备制造领域,也取得了多项国内第一。1980年,上锅公司制造的年产30万t合成氨设备,系我国第一套自行设计制造的大型化肥装备,在吴泾化工厂成功运行;1993年,上锅公司制造的全国单件最重产品——560t加氢反应器,是我国第一套国产化80万t/a加氢裂化装置,在中石化镇海炼化分公司成功运行;1997年,上锅公司制造、日本三菱重工总承包,出口菲律宾的聚丙烯反应器整体出厂,标志着我国超大型化工容器制造技术达到了国际先进水平。2005年,承制我国首台壳牌气化炉,成功安装于中石化湖北化肥厂。2010年,承制我国首台IGCC(整体煤气化联合循环发电技术)示范工程——华能(天津)绿色煤电2 000t/d气化炉。

三、探索创新 谱写煤化工发展新篇章

随着世界从"高碳经济"转向"低碳经济",绿色能源市场的需求将逐步加大,尤其以煤洁净技术为特征的新型煤化工产业潜力巨大,代表了低碳经济和循环经济的发展方向。

近年来,上锅公司致力于发展以煤洁净技术为特征的新型煤化工产品,公司承制的多项气化炉设备,拥有壳牌、GE、华东理工大学、西安热工院、西北化工设计院等世界各类主流气化技术,成为国内承制气化炉种类最齐全的设备供应商。

2010年,上锅公司采用我国自主研发的具有自主知识产权二段式粉煤加压气化技术,成功承制了我国首个IGCC电站示范工程——华能(天津)绿色煤电250MW级IGCC机组的气化炉的壳体制造及内件设计、制造和安装。该项目的成功,使上锅公司成为国内唯一能完成粉煤加压气化炉内件的设计制造的设备供应商。该技术的成功制造,一方面实现了我国具有自主知识产权的大容量IGCC煤气化技术的大规模应用,提高了IGCC系统的发电效率和整体经济性,推动了IGCC在我国的推广应用;另一方面也打破国外的技术垄断,实现关键设备的完全国产化,为国家节省了巨额的外汇,大幅降低了IGCC系统的造价。

多喷嘴对置式水煤浆气化炉

为了更好地发展煤化工产业,上锅公司"十一五"重点技改项目——投资近4亿元新建的重工车间将于2011年底建成投产。届时,上锅公司煤化工设备的年制造能力将超过2万t,具备在厂内制造长度达70m、直径达7m、重量1 000t产品的生产能力。

壳牌气化炉出厂

作为上海电气旗下重型化工装备产业发展的主要承担者,上锅公司努力把握以煤洁净技术为特征的新型煤化工和石油化工市场机遇,以化工装备产业的自主化技术创新和国产化为己任,积极开发自主知识产权的干煤粉气化成套技术与装备,与华东理工大学、西安热工院、山西煤化所、西安交通大学等科研院校开展了广泛的产学研合作,力争引领煤化工设备的国产化之路。

H_2S浓缩塔出厂

四、追求卓越 创建世界级工厂

围绕低碳绿色的发展方向,上锅公司制定了"333规划"的"十二五"发展战略,即积极发展绿色机组、绿色煤电、绿色环保"三绿"系列产品;向锅炉成套延伸、向化工成套延伸、向现代装备制造服务业延伸等"三个延伸";实现由单一设备制造向"制造+成套+服务"转型、由内向型向国际化转型、由制造大厂向"世界级"工厂转型的"三个转型"。

面对未来,上锅公司坚持走可持续健康发展道路,通过不断提高战略规划能力、风险防范与控制能力、技术创新能力、管理能力、制造能力和盈利能力,以装备制造业的自主化技术创新和国产化为己任,在全球低碳经济变革中占据市场先机,通过培育煤洁净和高附加值利用技术的持续领先及快速转化能力、大型装备集约化制造能力以及一揽子成套客户服务能力等三大核心竞争力,做大做强,将上锅公司打造成为具有国际影响力的电站锅炉及化工等设备成套供应的"国内第一、国际一流"世界级工厂。

彰显研发制造实力　做强中国石化装备产业

——中航黎明锦西化工机械（集团）有限责任公司

中航黎明锦西化工机械（集团）有限责任公司（以下简称锦西化机），现有从事产品开发和生产的各类人员3000余人，其中各类专业技术人员900余人，具有高级技术职称者100多人，国家级有突出贡献专家12人。经过70多年发展，锦西化机在装备制造方面已经形成门类齐全、规模较大、具有一定技术水平的研发生产体系，重大技术装备自主化水平显著提高，大型聚合釜、PTA装置干燥机的成功研制，国产化示范工程的效果显著，工程化推广应用的前景明显显现。国际竞争力进一步提升，大型聚合釜、干燥机产品技术水平和市场占有率跃居国内之首。

锦西化机是怎样从一个1939年建厂的老国企，发展成为一个拥有几十项全国纪录和多项技术专利的国家石化行业定点机械加工重点企业的？带着这个问题，我们走访了锦西化工机械（集团）有限责任公司。

1989~1999年是锦西化机的发展时期。这时期，企业产品结构发生较大变化，初步形成了四个类别产品。尽管企业每年都开发出新产品，但仍无法摆脱计划经济体制下的束缚，到1999年底，企业亏损严重，已到了濒临破产的边缘。

2000~2009年成为企业跨跃发展的重要阶段。这时期，新班子的组建，使锦西化机逐步走上了全面发展与振兴道路。2000年是锦西化机的转折点，企业成功进行改制，成立了“锦西化工机械（集团）有限责任公司”。新公司第一年旗开得胜，完成年计划的103.9%，同比增长了68%。2003年，企业又及时调整思路，把工作重点放在自主创新上，把力量投入到高技术含量的产品研发上。经过国际招标的激烈争夺，最终与日本的一家权威公司平分秋色，取得了齐鲁石化年产72万t乙烯生产线上的核心装置——135m³PVC聚合釜的制造权。2004年6月，该项目顺利完成，填补了国内空白。结束了我国大型聚合釜产品被美国、日本等国外厂家垄断的历史。2007年又完成了两台价值近2.5

亿元的国家“863”工程科技攻关示范项目——中科院煤制油“费托反应器”，这是解决我国能源问题的大型关键核心设备。2008年自主研发制造出国家“十一五”科技攻关产品——我国首台百万吨级PTA、CTA干燥机，填补了国内空白。

2009年，中航黎明与锦西化机成功重组成立中航黎明锦西化工机械（集团）有限责任公司，实现强强联合，优势互补。站在国家发展战略高度，企业对涵盖炼油、化工、化纤和化肥主要装置的关键设备自主制造可行性进行了全面的调查研究，找准与国外先进制造水平的差距，通过引进技术软件、加工装备、检验技术，与科研院所和先进企业合作，致力于消化引进技术和自主开发相结合，形成自己的核心关键技术，走出了自主创新、科学发展的成功之路，形成了透平机械、搅拌设备、高压容器和大型回转设备四大类支柱产品，拥有专利技术40多项，让一直依赖进口的重大设备开始立足国内，并在国家大型石化项目上推广应用；23t轴重复合铝制铁道罐车、五环汽化炉内件急弯弯头、5万t/a国产化聚丙烯装置第一反应器、LF30 Ⅱ型聚合釜搅拌器等一批先进技术逐渐成熟；LF108-II型PVC聚合釜研制、60万t/a PTA/CTA干燥机、20万t离心式氯气压缩机等12项新产品，整体多层夹紧式氨合成塔外壳的研制成为企业新的经济增长点；开展“马鞍形焊接切割机”和“换热器管头自动旋转氩弧焊”工艺推广，大大提高了生产效率，为锦西化机的快速发展奠定了坚实的基础。

PTA生产能力是衡量一个国家石化工业发展水平的重要标志，20世纪90年代前该产品成套技术一直由英国BP石油公司、德国杜邦公司和日本三井油化等公司掌控，国内现有的技术及设备全部依赖进口。公司通过对国内已建成的60万t/a PTA装置厂家进行广泛调研，与中国纺织工业设计院、北京化工大学合作，联合开发了60万t/a PTA项目干燥机中试装置,并完成了相关试验工作，积累了一整套大型PTA/CTA干燥机设计、制造的专有技术。随后，重庆蓬威石化有限责任公司与其签订了百万吨级PTA/CTA回转干燥机订货合同，为百万吨级PTA/CTA干燥机首台（套）国产化迈出了重要一步。为中国又添一个世界级产品，也使中国成为继美国、日本和德国之后，第四个拥有制造和研发百万吨PTA/CTA干燥机设备能力的国家，打破了国外垄断，成为重大装备国产化的优秀范例，把中国大型石化设备制造能力提高到世界先进水平。

公司负责人非常有感触地说，产品的创新能力成为企业致胜的关键和法宝，企业必须从成本优势转向技术优势，从“中国制造”走向“中国创造”。现在国际上公认的观点是，一流企业卖标准，二流企业卖专利，三流企业卖技术，四流企业卖产品。标准意味着具有完全的知识产权，这是在产业链中利润最丰厚的部分，代表技术发展的方向。中航黎明锦西化机就是要在石化装备制造中争当标准的制定者，当仁不让地选择走“制造”向“创造”转型的自强之路。

2011年是“十二五”的开局之年，中航黎明锦西化机秉承“开发一代，储备一代，生产一代”的经营理念，在原有产品的基础上，大力开发新型号的聚合釜和PTA、CTA干燥机，通过新产品的开发和新技术的储备，提高了企业核心竞争力。目前，他们拥有8台PTA、CTA干燥机的订单，约2.1亿元；PVC聚合釜订单1.8亿多元；大型化工设备订单3亿元左右；对二甲苯罐车订单1亿元。仅2011年1~2月企业就完成销售收入1亿元，比2010年同期多3亿元，为“十二五”开局奠定了坚实基础，向实现销售收入13亿元的目标迈出成功第一步。

随着国家“十二五”装备制造业的快速发展，中航黎明锦西化机迎来重要发展期。打造先进制造业基地，是一项事关全局和长远的重大战略举措，任重而道远。锦西化机要以国家需要为最高使命，坚持“有所为、有所不为”，走差异化道路。围绕国家千万吨级炼油、百万吨级乙烯、大化肥、大型煤化工成套设备和煤制油、生物制油及核能、风能等新能源装备市场，坚持不断开拓进取，提升一批传统优势产品，壮大一批具有良好市场前景的产品，培育一批高技术、高附加值产品，努力形成一批重大装备品牌产品，有力提高核心竞争力，2015年力争销售收入突破50亿元。成为国内行业领先的石化与能源环保装备研发和制造基地。

以科技引领民族工业的未来

——访四川大川压缩机有限责任公司

6M50—340/314 氮氢气压缩机现场

面对世界原油仅可开采40余年，而天然气却能再采70年以上的现实。我国正在实施的能源安全战略的一个重要方面，就是推广大型煤液化工程，超大型氢气压缩机更是其中不可或缺的核心装备。

四川大川压缩机有限责任公司是国内三大压缩机生产企业之一，占地面积32万 m^2，总资产3.1余亿元。

一直以来，公司始终坚持并实践"大企业、大市场、大品牌"的整合思想和发展方向。近20年来，新产品开发成绩斐然，共开发新产品数百种之多。在新产品开发中，公司坚持完善原有系列，同时发展新系列。目前，在压缩机方面，形成40m^3、60m^3、100m^3大型动力压缩机系列；2T、5T、8T、12T、16T、25T、32T、40T、50T、63T活塞力工艺压缩机系列。公司借鉴国际先进的燃气摩托压缩机技术，经过吸收改进，自行设计并生产了燃气摩托压缩机，填补了国内空白。自行开发设计的CNG压缩机荣获国家科技进步三等奖。作为我国首台F级重型燃气轮机配套产品，公司生产的4MW-46/4-27型无油天然气压缩机对东方——三菱首台F级重型燃气轮机空负荷试车一次性点火成功起到了推波助澜的作用。同时，为迎合市场需求，公司为尼日利亚生产的DC044CNG加气站压缩机已投入商业运行。该产品为电机与压缩机主机分体撬装，四列对称平衡式活塞压缩机，水冷、无油润滑、四级压缩，气体经四级增压后送入高压储气井和储罐，供天然气运输槽车灌装和CNG汽车装瓶使用。由公司自主开发生产的DCO49合成气循环气联合压缩机也已投入商业运行。该产品利用工业排放废气，每年可生产5 000万L清洁能源甲醇，然后将甲醇配置成不同等级的燃料供混合动力车等使用，能有效保护和改善生态环境。该产品是公司首次出口到欧洲的产品，依照欧盟压缩机相关标准，公司进行了机械、低电压、防爆、电磁兼容、压力设备等5个CE指令认证。

DC044CNG 加气站尼日利亚安装现场

在新产品开发中，公司投入数千万元资金进行设备改造，技术升级，并与国际知名压缩机制造商进行技术交流与合作，使产品更具国际市场竞争力。为满足国家利用煤层气的需要，公司还进行了爆炸极限范围内煤层瓦斯系统装置的创新研制工作。通过加强设备改造、技术升级和股份制改造，形成有较强自主开发能力和较高制造工艺水平及较大生产规模的制造企业，形成立足西南地区的产业多元化、有较强竞争能力的大型重装明星企业集团。

四川大川压缩机有限责任公司已为化肥、化工、石油、煤碳、军工、塑料、建材、水电等行业提供了数万台套的大型压缩机、发电机，并有多种产品出口欧洲、非洲、东南亚，谱写了一部中国民族工业不断求新图存的演进史！

人物访谈

创新、发展、提高

★天津百利展发集团有限公司

★机械工业第六设计研究院有限公司

★通化石油化工机械制造有限责任公司

董事长　杨宇

YANG YU

不断创新 打造行业“数一数二”的企业

——访天津百利展发集团有限公司

天津百利展发集团有限公司（简称百利展发）是经国企改制诞生的，专注于石油石化阀门及装备制造领域，经过数年的发展，逐步向自控型、智能化和高端阀门及石油（气）装备为主导方向发展。“造行业精品、创国际品牌”是百利展发集团始终如一的信念。

2010年底百利展发成功与中国盾安控股集团重组，成为其阀门产业成员。中国盾安控股集团是中国企业500强之一，是化工行业的龙头企业，而且多元化发展也取得了显著的成就，已成为一家集装备制造、民爆化工、科技房产、新材料开发、资源与能源开发等产业并行发展的无区域企业集团。

作为中国盾安控股集团阀门产业的骨干企业，百利展发立足石油石化、高端新型化工领域业务目标，经过5年的努力，已成为市场规模领先、技术能力领先、管理规范、效益优良的行业标杆企业。

一、创新发展思路，确立战略目标

围绕成为国内一流的高端阀门及石油（气）装备制造企业目标，百利展发确定了夯实基础管理，提高产品质量，加速产品开发，积极开拓市场，加快新区建设，实施人才资本经营，打造创业、创造、创新的"三创"团队，走专业化、规模化、品牌化发展之路，实现跨越式成长的发展思路。

具体在市场开发方面，企业着眼于石油天然气采、输、储，石油化工，高端化工（新型煤化工、多晶硅、生物质能源化工等）市场。在产品研发方面，坚持走高端阀门产品（进口替代、高参数、高腐蚀、高耐磨），重点开发各型闸阀、球阀、调节阀、井口装置、井控装置，从传统的开关阀，逐步向自控型、智能化的高端井口装备主导方向发展。

二、创新人才引进思路，实施人才资本经营

百利展发拥有一支由多名从事过石油装备、高精端阀门产品设计的专家和工程技术人员组成的科研队伍。各类阀门的主任设计工程师分别来自行业一流企业，都曾是阀门产品的科技带头人并担任过技术管理工作。公司在人才引进思路上。2011年百利展发建立了专项人力资源管理体系，制定和完善人才引进、推荐和激励措施，实施人才资本战略，通过提供良好的职业发展通道和具有竞争力的薪酬福利待遇来吸引和留住人才。公司还积极推进盾安"521"人才计划，将在近期从全国重点院校招聘博士、硕士、本科毕业生60人，进一步优化人才结构。到2015年，公司技术中心的人员到达300人。

三、创建技术管理体系 打造崭新研发平台

2010年百利展发成立了以产品设计开发为主的技术中心，建立了由公司总经理直接领导，技术委员会和专家委员会为支撑的产品设计研发体系。技术委员会由公司总经理、副总经理、技术中心副主任、总工程师、财务人员等组成，负责制定技术中心发展战略、立项评审，包括市场需求调研，发展方向，短期及长期市场需求，资金预算和收益预期等的审核及批准。专家委员会，则聘请西南油气田井控专家、中高压阀门专家和各类通用阀门专家，负责专业技术咨询和信息收集及归纳，并进行技术可行性及阶段性分析。2011年公司的技术中心通过了天津市技术中心的验收，成为省级技术中心。百利展发正积极努力，争取在最短的时间内使公司的技术中心成长为国家级技术研发中心，打造崭新的盾安阀门新技术研发平台。

四、提高装备水平 夯实制造基础

工欲善其事，必先利其品。近年来，百利展发把科技投入作为兴企战略，每年都把技术改造、项目投入与销售收入、利税同等纳入考核指标，做到生产、销售、技改三同步，确保企业技术进步保持强劲后劲。

2010年以来，百利展发为生产制造高精端阀门产品和石油（气）装备，从国外购进了一大批高精度加工和检测设备。如日本、韩国、台湾等地制造大型加工中心、数控立车、数控车床、数控球面磨床、全自动焊机等，德国、美国、瑞士等地制造的光谱仪、三座标测量机、大型圆度仪等检测设备。解决了全焊接球阀、硬密封球阀、井口装置的加工和测量难题。为了满足高压力大口径阀门新产品的开发、适应多晶硅阀门的制造要求，百利展发改建了全新的无尘装配测试车间，购置了真空包装机、烘干式隧道炉、脱脂阀门气压试验机等设备。这些设备既满足了技术进步和新产品开发的需要，又提高了产品的加工制造水平。

五、扩张规模，打造一流的高端阀门及石油（气）装备制造基地

面对"十二五"历史发展新机遇，百利展发将抓住契机，布局全国，放眼世界。目前正在建设的宁河基地项目用地121987.8m2，总投资10个亿，建筑面积达90 000 ㎡，车间最大起吊重量达80t，最大起吊高度达16m，拥有各类大中型专业机加工设备1000余台（套）。主要加工设备从美国、日本、意大利、韩国、台湾等地进口，力争2012年底前投产。项目建成后将成为我国北方最具规模的集研发、制造、检测和服务为一体的大型石油装备和高端阀门产业基地，还将设立石油装备与阀门研究所、石油装备与阀门检测中心、营销中心等，提供2000余人的就业岗位，年销售收入可达30亿元。成为行业"数一数二"的企业，和流体控制系统解决方案的提供者。

ZHAO JING KONG

赵景孔

机械工业第六设计研究院有限公司董事长、总经理、党委书记

研究员级高级工程师 享受国务院政府特殊津贴 中国勘察设计优秀企业家

“要想提高投标中标率，靠啥？靠技术创新！靠方案水平！”

以创新打造核心竞争力

——访机械工业第六设计研究院有限公司董事长、总经理、党委书记赵景孔

2011年中机六院实现主营业务收入10.1亿元，是2000年的37倍，年均递增102%；经济增加值1.45亿元，在国机集团所属47家企业中排第6位。

自2000年以来，完成10000余项大中型工程项目咨询、设计、监理、管理和总承包任务。业务拓展至机械工业全行业领域；在石化机械、煤炭机械、重矿机械等行业领域的技术优势明显，在机床工具等行业设计咨询领域取得市场垄断地位，绿色、智能设计水平处于行业领先水平；成为拥有8个工程所、3个分院、3个子公司、37个专业、2500多名员工的科技型企业。

一个地处中原二线城市的老院所，一个没有任何重组资源的企业，一个在外人看来曾“前途未卜”的企业，是如何取得了今天的成绩？如何拥有了“打造中国机械工业工程设计第一强院”的底气？

带着一个个问号，我们走进了中机六院。

市场、队伍、技术、管理、板块化、企业文化、创新，这些是采访中出现频率最高的词汇，也是中机六院焕发熠熠光彩的所在。对于这些关键词之间的内在逻辑关系，赵董事长不止一次地用这样一个比喻：“市场、队伍、技术、管理相当于中机六院的四个车轮子，缺一不可。”而创新，则是给予这四个轮子不竭动力的“发动机”。通过创新，中机六院建立了一种新的生产函数，把一种从来没有过的关于生产要素和生产条件的“新组合”引入经营体系，在这个体系中，生产要素和条件的潜力被前所未有地挖掘，并在与市场环境的呼吸相通中保持着自我更新的活力：创新的市场营销理念及手段、共赢的人才战略、以核心竞争力为支撑的技术优势、精细化的管理、独有的商业运作模式……

技术：以创新打造核心竞争力

六院“两多”（签约项目多，回头客多）、“两高”（中标率高，客户评价高）的发展态势，令同行们无不心生羡慕。**“要想提高投标中标率，靠啥？靠技术创新！靠方案水平！”**。“树立标杆，树立样板，树立精品工程，我有你没有，我能干，你干不来。”赵董事长直白的话语道出了其中的三昧真经。在六院历次竞标中，客户第一评价总是“六院的方案好，”这也是六院人最引以自豪的评价，是六院屡战屡胜的制胜法宝，更是十几年来六院人精心打造出的核心竞争力之一。

“创新是兴院之道”，这是六院三大核心理念之一。理念本身并无新奇之处，关键是如何让这一理念贯彻到为客户服务的每一个过程，深入到每一个员工的心中。赵董事长将六院的创新工作概括为“三种力量”的牵引：**市场的需求是创新的牵动力，员工的创新意识和创新欲望是创新的源动力，有效的奖励机制是创新的推动力。**

围绕“三力”的打造，六院下“狠功夫”推进技术创新工作，员工的创新活力和创新欲望被有效激发，创新实力与日俱增，形成了在市场竞争中不可比拟的技术竞争优势：在工业工程设计中，中机六院工艺专业设计水平、工业总图设计水平、绿色工业建筑设计水平、工业工程智能与信息化设计水平，在全国

同行业中处于领军地位；铸造专业、结构专业、暖通空调、恒温恒湿专业的设计水平以及大型综合工厂、工业园区、工业集聚区的设计水平等，在全国同行中处于领先水平。

这样的优势使中机六院在市场竞争中势如破竹。在某项目的竞标中，连竞争对手也不得不向业主坦承：“我们在总图设计方面跟六院相比有明显差距”。中国一重在大连建设大型石化容器制造基地，十几万平方米1600t起重能力的工厂设计，中机六院又中标了；一是中机六院的方案好，二是从业主以往的工程项目来看，六院设计服务最好。

欲望，创新的活力之源

在中机六院，创新工作决不仅仅是科技人员的事。院里把能否有效激发员工的创新欲望作为考核各级管理者的重要内容，并通过创新机制建设，形成独特的创新文化。

六院将科技创新主干分为五个层级，即科技创新副院长→技术质量部科技发展管理中心→生产部门总工程师→专业总设计师→设计师。每一层级分工明确，将决策、管理、计划、组织、实施等整个创新过程的职责逐层落实。对每一个有创新要求的岗位制定有充分量化的岗位职责和标准，逐级进行考核和评价，并据此进行激励和奖惩，从而使创新工作得到强力推动，员工的创新欲望和活力被有效激发。

市场，创新的着力点

“离开市场，创新就是无本之木。”这是赵董事长对六院这些年科技创新的深刻体悟。六院的创新着力点深植于市场需求，以重大工程项目为载体，综合考虑项目特点和要求、客户创新要求和想法、竞争对手的技术和专长、各专业发展的前沿技术等因素，选择创新的方向和重点，使创新工作直接为生产经营服务，为提高投标中标率服务。

绿色、智能，创新的制高点

中机六院并不满足于在总图设计及铸造、机械加工等专业工艺设计的固有

中钢西重余热回收利用系统

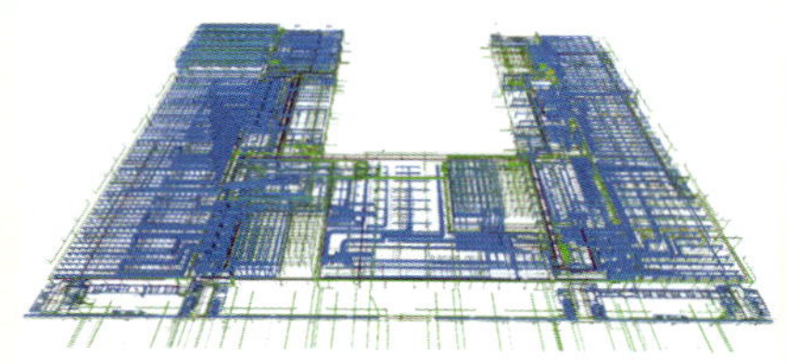

浙江省中烟工业公司杭州卷烟厂联合工房三维综合信息系统

优势，而是把目光早早锁定设计领域的最前沿，这再一次显示了六院的远见：**“到2020年以后，中国的工业就不是建设问题了，而是面临着工业的再造、提升。未来世界发展的趋势就是新工业革命——绿色、智能。这是我们要走的方向。”**

早在几年前，中机六院就将创新的重点聚焦于节能减排、资源节约、低碳经济、环境保护、生态维护等事关中国经济转型的重大技术需求的研究和开发上。工程技术研发中心和智能与信息工程所是近年来六院打造的两个开放型公共研发平台。前者围绕绿色工程、低碳经济、节能减排、环境保护等重点内容开展技术、产品的研究和开发工作，对全院的科技发展发挥带动、辐射作用；智能与信息工程所则以信息化、数字化在工程管理和工程设计中的软件开发、应用为主要研究方向，为各业务板块的智能化、数字化、绿色化设计提供最前沿的技术支撑。

依托这两个平台，通过绿色规划设计、绿色制造技术、绿色产品、绿色工程等一系列创新的产品与服务，中机六院快速提升了自身技术实力，形成新的竞争优势。前不久，六院主持制订的《绿色工业建筑评价导则》发布，这在国内外尚属首次，对我国绿色工业建筑的评价工作具有重要的指导意义。

三年来，中机六院完成了众多重大工业技术创新项目。完成的超精密机床隔振基础采用了桩屏障和地面屏障共同工作的隔振设计，使数控机床精度由“道级（0.01mm）”提升到“μ级（0.001mm）”制造装备技术，达到世界领先水平；在中国一重集团铸锻公司，完成了亚洲最大起重吨位（500吨级）的铸造工厂的EPC总承包工程；在河北天择，首次完成了1.65万t锻造压力机的工程设计；在中钢西安重机工程设计中，成功地实现了重型机械工厂16台炉群的余热二次回收再利用，被列为国家发改委示范工程；在杭州烟厂、武汉烟厂的工程设计中，运用了10多项节能减排的技术措施，实现了真正意义上的绿色工房的理念；在齐重数控的大型组合式涂装生产线的EPC总承包工程中，创新地设计了组合式整体移动水旋喷烘两用的技术，取得了重大型工件涂装的工艺突破……

信息化、智能化、数字化与工业化的融合是中机六院“三五”时期创新的重中之重，**“不惜任何代价，一定要走到前面。因为我们一定要引领整个设计行业的最前沿”**。目前，中机六院就已经走在了市场前面，并且在市场拓展中小试牛刀。

中机六院是国内第一家智能化工厂的设计单位，也是全国工业设计院系统首家将BIM技术成功应用到工程设计、施工建设和运行管理方面的设计院，并获得了中国勘察设计协会的大奖——“最佳BIM应用企业奖”。2009年，中机六院凭借对建筑信息模型——BIM和建筑全生命周期管理——BLM理念的认识，承接了浙江中烟杭州制造部三维综合信息系统项目，该项目彻底颠覆了传统项目的设计与交付模式，成为业内佳话。

正是这些绿色、智能化设计技术的研发和应用，使中机六院拉大了相对于竞争对手的领先优势，掌控了市场主动权、话语权和定价权。

HAN YI QUAN

韩一泉

高级工程师

现任吉林通化石油化工机械制造有限责任公司董事长兼总经理

中共吉林省人大代表

吉林省劳动模范

中国石油石化装备制造业最具创新力领军人物

开拓创新是企业发展的恒动力

通化石油化工机械制造有限责任公司（以下简称通石公司）经过重要的历史变迁，发展成中国石油石化装备制造业50强、吉林省机械制造骨干企业，2011年是“十二五”开局之年，通石公司通过三个“强化”开拓企业未来发展之路。

一、强化自主创新，满足用户需求

通石公司始终坚持企业发展以市场为导向，满足用户需求为宗旨，通过强化自主开发、自主创新和核心竞争力，致力打造行业一流企业。通过着力推进产品的系列化开发和核心技术的更新换代，为油田各种作业提供完整的钻修设备、采油设备、洗井清蜡设备及油田环保设备。以修井机为例，研发了可以满足各种深度的修井机，即大、中、小型修井机。同时大型修井机均具备钻井功能，使修井设备的功能不再单一；在提高修井机的核心技术方面，通石公司在行业内率先采用气动盘式刹车装置作为大型修井机的辅助刹车，从而改变了国内同类产品采用水刹车和液力盘式刹车体积大、刹车费力和不可靠的缺陷，使通石公司生产的修井机达到了国际水平，并批量出口到美国和哥伦比亚等国家。

鉴于国内大多数油田都是早期开发，在油田开发之初，人们的环保意识都比较淡薄，环保设备几乎处于空白状态，随着国家的发展和环保意识的增强，治理油田污染的政策法规不断出台，油田用户对环保设备的需求被提到日程上来。为满足用户的需求，通石公司自主研发了冲砂液、洗井液处理车、泥浆回

收车、一体化、分体式不压井修井机并获得了成功，对油田防治污染、节约水资源起到了巨大的作用。

二、内外市场并举，产品出口实现突破

经过多年的经营，通石公司在国内各油田都建立了良好的信誉，致使“通石”牌产品遍布国内各油田，市场覆盖率达到了100%。“十一五”期间国家针对国内石油装备制造企业数量激增，石油装备国内市场供大于求，发达国家又把大批制造业向海外转移等诸多因素，制定了石油机械走出去战略，鼓励国内石油装备积极出口，参与国际市场竞争，并给予一系列优惠政策。通石公司在努力开拓国内市场的同时，紧紧抓住了石油装备出口的好时机，制定了国内国外两个市场并举，两手抓两手都要硬的发展战略。以适销对路的产品极大地满足国内市场需求的同时，多举措全方位地向国际市场进军。在国内以油田环保设备为主线研发了一系列新产品，并取得了成功。对国际市场，通石公司把产品定位在以国际先进标准生产制造，推出的系列气动盘式辅助刹车双滚筒修井机成为当时的代表产品。又通过广泛参加国际石油装备展、国外市场考察及技术交流、产品申请API认证等措施，大力向外商推介公司的产品并与其建立广泛的联系，使通石公司的产品陆续走出国门。2011年通石公司的产品出口已由“十一五”期间向美国、加拿大、哈萨克斯坦等少数国家扩大到向古巴、印度、印度尼西亚、叙利亚、阿曼、蒙古、俄罗斯、阿尔巴尼亚等十几个国家出口，产品出口实现了新突破。

三、强化全员培训，不断提升综合素质

企业不论性质如何，都要主动适应经济社会发展的新要求，把推进学习型组织建设摆在自身建设的重要位置，通过全员培训全面提升全体员工的综合素质和业务能力，切实做到以学习促发展。在全员培训活动中，通石公司针对培训重要性、培训方式及目的制定了实施细则。

首先，把全员培训列入重要工作日程，纳入工作计划。比如完善学习笔记，写心得体会，研讨文章，将学习与日常工作紧密结合在一起。

其次，改变学习培训形式，采取走出去请进来、互教互学、现场教学等灵活多样的培训方式让员工在轻轻松松的氛围中得到知识，提高能力。

再次，在培训学习时集中解决学习目的问题，把服务客户、服务企业和服务于自身的理念贯穿于培训学习活动的全过程。让学习成果体现在管理能力、产品质量、人员素质大幅度的提升上。让企业在激烈市场竞争中能够抓住机遇取得更大的发展，创造更大的效益，让全体员工体会到通过打造学习型组织所带来的实惠。

创新是行业和企业发展的动力源。离开了创新，企业不可能发展和提高。

“十二五”期间，在国家扩大内需、促进经济增长的计划指引下，石油和石油化工设备行业企业加大了创新力度，新产品产值增长两倍，行业经济出现企稳回升、总体向好的发展局面。

中国石油和石油化工设备行业的发展史，也是一部行业优秀企业的成长史。《中国石油石化设备工业年鉴》作为行业历史的“鉴”证者，以“人物访谈”栏目客观、真实地记录了石油石化设备行业企业家以创新促发展的成功经验。让我们继续关注中国石油石化设备行业、企业家的发展，使“人物访谈”栏目展现更多优秀企业家的发展历程，期待石油和石油化工设备行业的大发展！

中国石油石化设备工业年鉴 2011

50强和名牌产品

集中介绍了2006～2010年历年中国石油石化装备制造业“行业50强”企业、“行业名牌”产品的评选过程，公布了2006～2010年度中国石油石化装备制造业“行业50强”企业和“行业名牌”产品名单和石油石化装备制造业“中国名牌”产品名名单

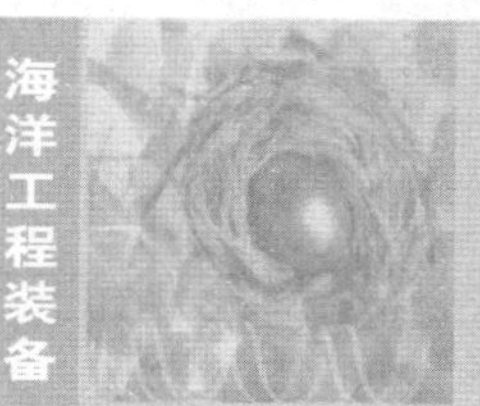

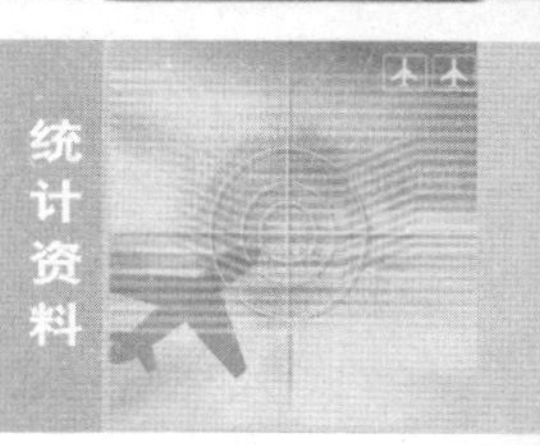

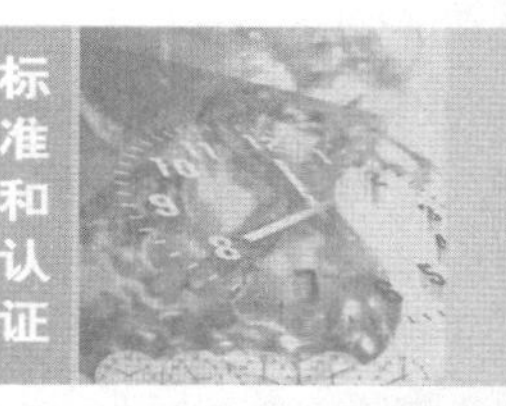

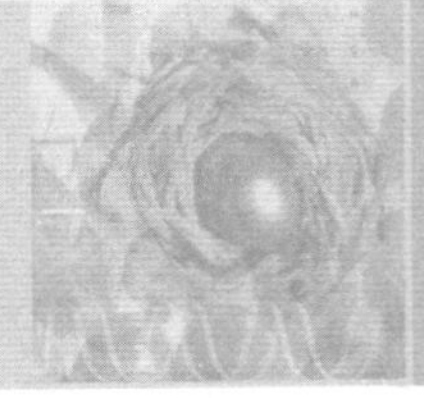

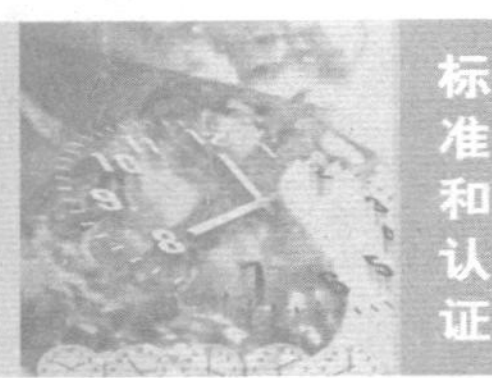

50强和名牌产品

2010～2011年度中国石油石化装备制造业“行业50强”企业和“行业名牌”产品评选说明

2010～2011年度中国石油和石油化工设备工业协会(以下简称中石协)“行业50强”和2011年度“行业名牌”产品评定(评价)会议于2011年11月15日在广西桂林召开。会前中石协对2010～2011年度中国石油石化装备制造“行业50强”和2011年度中国石油石化装备制造“行业名牌”两项活动分别制定管理办法和评定(评价)办法,聘请行业各专业委员会的知名专家组成评定(评价)小组,认真参阅各个参评企业所报资料,并请参评企业现场答疑。在会议期间公布了两项活动的初评结果,征求各方面反馈意见后,公布最终结果,使两项活动尽量做到公开、公平、公正。现将评审结果公布如下:

一、2010～2011年度“行业50强”经中石协秘书处初审,专家评定小组最终评定出52家企业。其中:石油钻采设备企业17家、石油化工设备企业13家(含膨胀节企业3家)、石油井口设备和钻采专用工具企业15家、石油专用管材及输送管企业7家。

二、2011年度“行业名牌”产品经中石协秘书处初审(含复评37个产品),专家评价小组最终评价出82个产品,评价率80%。其中复评37个产品、新评35个产品。

中国石油石化装备制造业“行业50强”企业名单和“行业名牌”产品名单在中石协官网和《中国石油石化设备工业年鉴》上公布。

中石协秘书处

2012年2月1日

2010～2011年度中国石油石化装备制造业“行业50强”企业名单

(排序名单不分先后)

一、石油钻采设备制造企业

宝鸡石油机械有限责任公司

中石化集团江汉石油管理局第四机械厂

四川宏华石油设备有限公司

南阳石油二机(装备)有限公司

胜利油田高原石油装备有限责任公司

烟台杰瑞石油服务集团股份有限公司

胜利油田胜机石油装备有限公司

海城市石油机械制造有限公司

中船重工中南装备有限责任公司

上海神开石油化工装备股份有限公司

中原特种车辆有限公司

山东三田临朐石油机械有限公司

兰州通用机器制造有限公司

中原总机石油设备有限公司

通化石油化工机械制造有限公司

濮阳市信宇石油机械化工有限公司

内蒙古一机集团大地石油机械有限责任公司

二、石油化工设备制造企业

北京天海工业有限公司

哈尔滨空调股份有限公司
大连金州重型机器有限公司
兰州兰石重型装备股份有限公司
新兴能源装备有限公司
洛阳双瑞特种装备有限公司
甘肃蓝科石化高新装备股份有限公司
中核苏阀科技实业股份有限公司
南京晨光东螺波纹管有限公司
四川大川压缩机有限责任公司
安瑞科(蚌埠)压缩机有限公司
辽宁恒星泵业有限公司
秦皇岛北方管业有限公司

三、石油井口设备和钻采专用工具制造企业

江苏金石机械集团
江汉石油钻头股份有限公司
天合石油集团汇丰石油装备股份有限公司
江苏双鑫石油机械有限公司
盐城三益石化机械有限公司
天津立林机械集团有限公司
河北华北石油荣盛机械制造有限公司
江苏如通石油机械股份有限公司
贵州高峰石油机械股份有限公司
泰兴石油机械有限公司
德州联合石油机械有限公司
江苏如石机械有限公司
盐城特达钻采设备有限公司
江苏新象股份有限公司
黑龙江北方双佳钻采机具有限责任公司

四、石油专用管材、输送管制造企业

中国石油集团渤海石油装备制造有限公司
攀钢集团成都钢钒有限公司
山西北方风雷工业集团有限公司
江汉石油管理局沙市钢管厂
中原特钢股份有限公司
胜利油田孚瑞特石油装备有限公司
中油管道机械制造有限责任公司

2011年度中国石油石化装备制造业“行业名牌”产品名单

一、石油专用设备(16家27个产品)

序号	参评企业名称	参评产品名称
1	中石化集团江汉石油管理局第四机械厂	“四机”牌高压管汇系列产品
2	宝鸡石油机械有限责任公司	“宝石机械”牌吊环
3	中原特种车辆有限公司	“中油”牌钻机整体移运系统
4	南阳二机石油装备(集团)有限公司	“华石”牌海洋钻修设备、低温钻机
5	通化石油化工机械制造有限责任公司	“通石牌”冲砂液处理车、洗井液处理车
6	上海神开石油化工装备股份有限公司	“神开”牌SK－MWD无线随钻测斜仪
7	中船重工中南装备有限责任公司	“三峡牌”抽油泵
8	内蒙古一机集团大地石油机械有限责任公司	“大地”牌抽油杆及接箍
		“风雷”牌石油钻铤/钻杆
9	兰州通用机器制造有限公司	“兰通”牌固井水泥车、压裂车机组、洗井清蜡车
10	胜利油田高原石油装备有限责任公司	“高原”牌石油钻机、高压玻璃纤维管线管

（续）

序号	参评企业名称	参评产品名称
11	濮阳市信宇石油机械化工有限公司	"石油人"牌井口装置和采油树
12	胜利油田胜机石油装备有限公司	"胜机"牌抽油机、抽油泵
13	烟台杰瑞石油服务集团股份有限公司	"JEREH"牌双机双泵固井撬（车）
14	中原总机石油设备有限公司	"中原总机"牌钻井泵
15	山东三田临朐石油机械有限公司	"巨牌"牌带压作业装置、修井机
16	山东大王金泰石油装备有限公司	"大王"牌抽油机用减速器

二、石油化工设备（12家20个产品）

序号	参评企业名称	参评产品名称
1	兰州兰石重型装备股份有限公司	"兰石重装"牌高压加氢反应器、高压锁紧环式换热器、四合一重整反应器
2	大连金州重型机器有限公司	"金重"牌系列尿素合成塔、系列尿素 CO_2 汽提塔
3	安徽六方深冷股份有限公司	整体多层夹紧式高压容器
4	四川大川压缩机有限责任公司	"DC"牌空气—天然气联合压缩机
5	安瑞科（蚌埠）压缩机有限公司	"中集安瑞科"牌 S—10/250 型压缩机
6	秦皇岛北方管业有限公司	"秦北管业"牌金属膨胀节
7	中油管道机械制造有限责任公司	"CPPM"牌弯管及管件系列产品、分离器产品、加热炉产品
8	甘肃蓝科石化高新装备股份有限公司	"蓝科高新"牌石油油井管静水压实验装备、油气水三相分离装置
9	洛阳双瑞特种装备有限公司	"双瑞"牌金属波纹管膨胀节
10	中核苏阀科技实业股份有限公司	苏阀"SUFA"阀门
11	辽宁恒星泵业有限公司	"宽红"牌 KND 型水平中开式双涡壳多级离心泵、TLBA 型稠油泵
12	宁波鲍斯能源装备股份有限公司	"BSC"牌煤层气螺杆压缩机、石油气螺杆压缩机组

三、石油井口设备和钻采专用工具（18家28个产品）

序号	参评企业名称	参评产品名称
1	海城市石油机械制造有限公司	"跃虎牌"液压油管钳
2	江苏如石机械有限公司	"如石"牌旋扣水龙头
3	盐城特达钻采设备有限公司	"特达"牌液压动力钳
4	天合石油集团汇丰石油装备股份有限公司	"天合"牌方钻杆旋塞阀、震击器
5	江苏金石机械集团	"JMP"牌井口设备及采油树
6	盐城三益石化机械有限公司	"三益"牌节流压井管汇
7	贵州高峰石油机械股份有限公司	"高峰"牌震击器、打捞工具
8	河北华北石油荣盛机械制造有限公司	"HRSB"牌泥浆泵
		"HRSB"牌钻井用防喷器、作业用防喷器
9	天津立林机械集团有限公司	"立林"牌螺杆钻具
10	通化石油工具股份有限公司	"通工"牌石油修井系列工具
11	江苏双鑫石油机械有限公司	"永军"牌节流压井管汇
12	江苏如通石油机械股份有限公司（原江苏如东通用机械有限公司）	"IR"牌 SE 吊卡/卡盘、钻井吊钳
13	莱州市霸力石油机械有限公司	"霸力"牌 XQ 系列液压动力钳
14	山东省金圣隆机械有限公司	"金圣"牌抽油杆喷涂接箍
15	西安红旗制动厂	"红旗"牌石油钻机用刹车块及摩擦片
16	江汉石油钻头股份有限公司	石油及天然气勘探开发油用钻头
17	兰州城临石油钻采设备有限公司	"城临"牌高压管汇及元件系列产品
18	布柯玛蓄能（天津）有限公司	"BUCCMA"牌蓄能器

四、石油专用管材、输送管(5家7个产品)

序号	参评企业名称	参评产品名称
1	胜利油田孚瑞特石油装备有限责任公司	"孚瑞特"牌游梁式抽油机、抽油杆
2	中原特钢股份有限公司	"探源"牌整体加重钻杆、钻铤
3	中国石油集团渤海石油装备制造有限公司	"维罗"牌潜油电泵电缆
4	上海金昌不锈钢管制造有限公司	"金昌"牌 ϕ406～1 016mm 无缝不锈钢管
5	河北省景县景渤石油机械有限公司	"宝能"牌 GNG 高压耐火柔性管汇

2006～2010年度中国石油石化装备制造业"行业50强"企业和"行业名牌"产品名单

中国石油和石油化工设备工业协会(以下简称中石协)从2003年起免费开展评定中国石油石化装备制造业"行业50强"企业活动;2006年免费开展中国石油石化设备行业"名牌产品"活动。中石协参照中国机械工业500强活动制定了中国石油石化装备制造业"行业50强"企业评定办法和标准,参照"中国名牌"产品制定中国石油石化装备制造业"行业名牌"产品的评价办法和标准。同时,聘请行业有关方面的专家组成评定(评价)小组,认真审查参评单位所报资料,把评审工作尽量做到公开、公平、公正。2011年是"十二五"的开局之年,为了进一步推动行业企业品牌建设,促进企业转型升级,我们将2006～2010年期间评选工作进行汇总整理,现公布如下:

2006～2010年度中国石油石化装备制造业"行业50强"企业名单

(名单排序不分先后)

一、石油钻采设备制造企业

宝鸡石油机械有限责任公司

中石化集团江汉石油管理局第四机械厂

胜利油田高原石油装备有限公司

四川宏华石油设备有限公司

大庆油田装备制造公司

南阳二机石油装备(集团)有限公司

海城市石油机械制造有限公司

中船重工中南装备有限责任公司

上海神开石油化工装备股份有限公司

兰州兰石国民油井石油工程有限公司

中原特种车辆有限公司

山东三田临朐石油机械有限公司

兰州通用机器制造有限公司

中原总机石油设备有限公司

通化石油化工机械制造有限公司

濮阳市信宇石油机械化工有限公司

内蒙古一机集团大地石油机械有限责任公司

新疆油田公司机械制造总公司

新疆第三机床厂

长庆石油勘探局机械制造总厂

二、石油化工设备制造企业

北京天海工业有限公司

兰州兰石重型装备股份有限公司

哈尔滨空调股份有限公司

新兴能源装备有限公司

甘肃蓝科石化高新装备股份有限公司

四川大川压缩机有限责任公司

浙江佳力科技股份有限公司

安瑞科(蚌埠)压缩机有限公司

瓦房店冶金轴承集团有限公司

自贡大业高压容器有限责任公司

安徽六方深冷股份有限责任公司

中航黎明锦西化工机械(集团)有限公司

广州广重企业集团有限公司

中核苏阀科技实业股份有限公司

安徽三联泵业股份有限公司

山东博泵科技股份有限公司

中石化集团江汉石油管理局第三机械厂

湖北江汉石油仪器仪表有限公司

三、石油井口设备和石油钻采专用工具制造企业

江苏金石机械集团

江汉石油钻头股份有限公司

盐城三益石化机械有限公司

河北华北石油荣盛机械制造有限公司

天合石油集团汇丰石油装备股份有限公司

江苏双鑫石油机械有限公司

江苏如通石油机械股份有限公司

贵州高峰石油机械股份有限公司

江苏如石机械有限公司

泰兴石油机械有限公司

盐城特达钻采设备有限公司

江苏新象股份有限公司

德州联合石油机械有限公司

黑龙江北方双佳钻采机具有限责任公司

河北省景县景渤石油机械有限公司

天津立林机械集团有限公司

莱州霸力石油机械有限公司

江西飞龙钻头制造有限公司

建湖县鸿达阀件管件有限公司

四、石油专用管材及输送管制造企业

中国石油集团渤海石油装备制造有限公司

江汉石油管理局沙市钢管厂

中原特钢股份有限公司

中原管道制造有限公司

胜利油田孚瑞特石油装备有限公司

山西北方风雷工业集团有限公司

盐城特达专用管件有限公司

宝鸡石油钢管有限责任公司

番禺珠江钢管有限公司

胜利油田胜机石油装备有限公司

中国石油石化装备制造业2006～2007年度“中国名牌”产品名单

1. 2006年石油天然气输送用焊接钢管产品

序号	企业名称	产品名称
1	中国石油集团渤海石油装备制造有限公司	“华”字牌石油天然气输送用焊接钢管
2	宝鸡石油钢管有限责任公司	“中”字牌石油天然气输送用焊接钢管
3	番禺珠江钢管有限公司	“PCK”牌石油天然气输送用焊接钢管

2. 2007 年石油钻机产品

序号	企业名称	产品名称
1	宝鸡石油机械有限责任公司	“宝石机械”牌石油钻机
2	中石化集团江汉石油管理局第四机械厂	“四机”牌车装钻机、
3	南阳二机石油装备(集团)有限公司	“华石”牌车装钻机
4	四川宏华石油设备有限公司	“宏华”牌石油钻机

中国石油石化装备制造业2006~2010年度“行业名牌”产品和企业名单

一、石油专用设备制造企业和产品

序号	企业名称	产品名称
1	宝鸡石油机械有限责任公司	“宝石机械”牌石油钻机、泥浆泵、石油测井车
2	中石化集团江汉石油管理局第四机械厂	“四机”牌石油钻机、修井机、固井压裂设备、高压管汇系列产品
3	南阳二机石油装备(集团)有限公司	“华石”牌车装钻机、修井机、油井测试设备、海洋钻修设备、低温钻机
4	四川宏华石油设备有限公司	“宏华”牌石油钻机、泥浆泵
5	兰州兰石国民油井石油工程有限公司	“LS”牌5 000~9 000m石油钻机
6	中原特种车辆有限公司	“中油”牌固井水泥车、采油车、洗井清蜡设备、车载钻机/修井机、钻机整体运移设备
7	通化石油化工机械制造有限责任公司	“通石”牌前后置式采油车、石油修井机、冲砂液处理车
8	上海神开石油化工装备股份有限公司	“神开”牌防喷器及液压控制系统、综合录井仪
9	贵州凯星液力传动机械有限公司	“凯星”牌液力变速器
10	山东三田临朐石油机械有限公司	“巨牌”TJ12/40A 备井架通井机、XJ702-2/XJ90Z-3 修井机
11	中船重工中南装备有限责任公司	“三峡”牌抽油泵系列产品
12	内蒙古一机集团大地石油机械有限责任公司	“大地”牌抽油杆及接箍
13	兰州通用机器制造有限公司	“兰通”牌固井水泥车、压裂车机组
14	大庆油田装备制造公司	“铁人”牌抽油机、潜油电泵机组、“野驼”牌试井车、“庆矛”牌射孔器材
15	胜利油田高原石油装备有限责任公司	“高原”牌钻杆、抽油杆、螺杆泵、皮带抽油机
16	濮阳市信宇石油机械化工有限公司	“石油人”牌抽油机、抽油泵
17	中国石油集团渤海石油装备制造有限公司	“大港”牌整筒抽油泵、空心抽油杆,“中成”牌抽油机、潜油电泵、往复泵、CJT 系列抽油机节能拖动装置、油井电缆
18	中原总机石油设备有限公司	“中原总机”牌抽油机、轮式通井/作业机
19	通化石油机械制造有限责任公司	“TSJ”牌游车大钩
20	辽河石油勘探局总机械厂	“铁翼”牌空心抽油杆、热采井口装置和采油树
21	湖北江汉石油仪器仪表有限公司	“石钥”牌 JZ 系列钻井指重表、SZJ 系列钻井多参数仪表
22	胜利油田胜机石油装备有限公司	“胜机”牌注聚合物成套设备、油管、抽油机、抽油泵
23	中国石化集团江汉石油管理局第三机械厂	“三机”牌 RDS/CNG 天然气压缩机
24	长庆石油勘探局机械制造总厂	“长石”牌高效节能抽油机
25	胜利油田孚瑞特石油装备有限责任公司	“胜工”牌游梁式抽油机、抽油杆
26	新疆油田公司机械制造总公司	“骆驼”牌抽油机
27	新疆第三机床厂	“新机”牌新型节能抽油机

二、石油化工设备制造企业和产品

序号	企业名称	产品名称
1	兰州兰石重型装备股份有限公司	“兰石重装”牌高压加氢反应器、高压锁紧环式换热器、四合一重整反应器
2	浙江佳力科技股份有限公司	“佳力”牌管道油泵、中开式输油管线泵
3	四川大川压缩机有限责任公司	“DC”牌焦炉气压缩机
4	哈尔滨空调股份有限公司	“四季”牌空气冷却器
5	新兴能源装备有限公司	“宝环”牌高压气体长管半挂车
6	甘肃蓝科石化高新装备股份有限公司	“蓝科高新”大型板壳式换热器、板式空冷器、板式空气预热器
7	中国石油集团渤海石油装备制造有限公司	“飞雁”牌烟气轮机
8	安徽六方深冷股份有限公司	“六方”牌整体包扎尿素合成塔
9	四川大川压缩机有限责任公司	二氧化碳压缩机、D—55/0.8—7型稳定气压缩机
10	中航黎明锦西化工机械(集团)有限责任公司	“JHJ”牌PVC聚合釜
11	中核苏阀科技实业股份有限公司	“苏阀”牌阀门

三、石油井口设备和钻采专用工具制造企业和产品

序号	企业名称	产品名称
1	江汉石油钻头股份有限公司	“KINGDREAM”牌石油和天然气勘探开发用钻头
2	海城市石油机械制造有限公司	“跃虎”牌液压油管钳
3	什邡惠丰采油机械有限责任公司	“什采”牌抗硫采气井口装置
4	江苏如石机械有限公司	“如石”牌ZQ钻杆动力钳、TQ套管动力钳
5	盐城特达钻采设备有限公司	“特达”牌液压动力钳
6	天合石油集团汇丰石油装备股份有限公司	“天合”牌系列打捞工具、稳定器、液压拆装架/试验架
7	江苏如通石油机械股份有限公司(原江苏如东通用机械有限公司)	“如通”牌钻井吊钳、吊卡、卡瓦、气动卡瓦
8	黑龙江北方双佳钻采机具有限责任公司	“双佳”牌方钻杆旋塞阀、钻具稳定器
9	江苏金石机械集团	“JMP”牌井口设备及采油树
10	盐城三益石化机械有限公司	“三益”牌防喷器、防喷器控制装置
11	贵州高峰石油机械股份有限公司	“高峰”牌减振器、震击器、打捞工具
12	河北华北石油荣盛机械制造有限公司	“HRSB”牌防喷器
13	江苏扬州合力橡胶制品有限公司	“琼花”牌离合器气囊、空气包胶囊
14	中国石油集团渤海石油装备制造有限公司	“中成”牌螺杆钻具、金刚石(PDC)钻头
15	宝鸡石油机械有限责任公司	“宝石机械”牌石油罗纹量规、吊环、“川石”牌石油钻头
16	德州联合石油机械有限公司	“DT”牌螺杆钻具
17	泰兴石油机械有限公司	“泰字”牌吊卡、吊环、卡瓦、吊钳
18	天津立林机械集团有限公司	“立林”牌螺杆钻具
19	江苏新象股份有限公司	“象”牌ZQ钻杆动力钳、TQ套管动力钳
20	兰州城临石油钻采设备有限公司	“城临”牌高压管汇及元件系列产品
21	山东三田临朐石油机械有限公司	“巨”牌XQ系列动力钳
22	江苏双鑫石油机械有限公司	“永军”牌钻井管汇
23	建湖县鸿达阀门管件有限公司	“銮”牌套管头

四、石油专用管材、输送管制造企业和产品

序号	企业名称	产品名称
1	胜利油田孚瑞特石油装备有限责任公司	“胜工”牌油管
2	中石化集团江汉石油管理局沙市钢管厂	“沙管”牌输送用焊接钢管
3	天合石油集团股份有限公司	“天合”牌钻铤
4	河北省景县景渤石油机械有限公司	“宝能”牌高压耐火柔性管汇
5	中原特钢股份有限公司	“探源”牌整体加重钻杆、钻铤
6	盐城市特达专用管件有限公司	“恒升”牌石油钻杆接头
7	山西北方风雷工业集团有限公司	“风雷”牌钻铤/钻杆
8	中国石油集团渤海石油装备制造有限公司	“BHNK”牌石油钻杆、“华字”牌螺旋缝埋弧焊钢管、“JLSP”牌直缝埋弧焊钢管、油套管
9	宝鸡石油钢管有限责任公司	“中”字牌石油天然气输送用焊接钢管
10	番禺珠江钢管有限公司	“PCK”牌直缝焊接钢管
11	河北中原管道制造有限公司	“世兴”牌螺旋埋弧焊管
12	胜利油田孚瑞特石油装备有限责任公司	“胜工”牌油管
13	胜利油田胜机石油装备有限公司	“胜机”牌油管

〔撰稿人：中国石油石油化工设备工业协会　高洪志〕

企业介绍

盐城三益石化机械有限公司

盐城三益石化机械有限公司主要从事石油石化装备高新技术产品的开发、生产与销售，注册资本4 800万元(不包括子公司)，占地面积25万m^2，现有各类专业技术人员650多人，中高级技术人员90多人，技术装备水平处于行业领先位置，与位于建湖高新技术工业园区、建阳工业园区的神华机械制造、三益机械、亿德隆机械等三家公司合称盐城三益集团。公司主要产品有油(气)田用防喷及控制装置、海洋采油(气)平台装置、钻机、高、中压系列阀门、节流压井管汇、泥浆管汇、钻采配件、气动试压泵等八大系列近4 000个品种，2010年实现产值1.8亿元，销售收入1.6亿元，利税2 300多万元。

公司是中国石油石化制造业(建湖基地)骨干企业，新体系认定的国家高新技术企业，中国石油石化装备制造业50强企业，中国石油化工集团、中国石油天然气集团公司、海洋物资装备(集团)总公司的一级网络成员单位，中国石油和石油化工设备工业协会会员单位，质量、服务、诚信AAA级企业。获江苏省民营科技企业、盐城市工业50强企业、盐

城市五星级企业、盐城市重合同守信用企业、资信等级 AAA 级、质量服务诚信 AAA 级等多项荣誉。公司产品被认定为中国石油石化装备名牌产品、江苏省高新技术产品、江苏省乡镇企业名牌产品,江苏省著名商标。

公司以“科技创造完美,品质铸就三益”作为企业发展的标杆,建有省级企业院士工作站、省级数字信息化油田机械工程技术研究中心等先进的研发机构,先后与西安石油大学、中科院合肥物质科学研究院、南京理工大学、清华大学建立“产、学、研”合作关系,开发出电控型油气防喷系统、地面防喷器远程控制装置等 16 个高新技术产品,取得了 31 项专利发明;成为建湖首批通过美国石油协会 API 标准认证的企业之一;是国内为数不多的具有自主生产防喷器及其控制装置、节流压井管汇、节控箱、试压泵等产品能力的厂家。企业通过 ISO9001 质量管理体系、T/S 29001、ISO14000 环境体系、职业健康体系认定。

公司积极发展现代石油石化装备制造事业,引进先进的 6σ、5S 等现代管理理念和管理模式,建立规范的现代企业制度和内部运行机制。近年来,企业资产、生产规模,连年翻番,综合竞争力跃升至国内同行前列,及时足额为职工办理养老保险等各种保障,切实维护职工合法权益。

三益公司坚持不断创新、不断开拓、严格要求产品质量和诚信经营的管理理念,提出了“科技创造完美、品质铸就三益”的企业发展理念;“不断开拓、视今天为落后”的开拓理念和“绝不生产瑕疵”的质量管理理念。在日常的管理过程中,公司一再要求管理人员与企业员工诚信经营、想客户所想。在广大员工的共同努力下,三益公司从 1997 年 4 月创建以来,短短的几年间,企业规模连年翻番,连续三年来企业经济总量位居建湖前 10 强,2006 年起一直被认定为中国石油石化装备制造业 50 强企业。2010 年公司实现产值 18 000 元(不包括子公司),完成利税 2 300 万元,入库税金 1 000 多万元,员工平均年收入达到 3 万元,成为中国石油天然气集团公司、中国石油化工集团、中国海洋石油总公司、美国国民油井等国内外知名公司一级配套供应商,经济效益进入全国同行前列。

公司一直坚持技术领先的工作思路,不断创新,用高新技术武装传统的石油机械产业。坚持以质量和新品拓展市场,不断主持研究新工艺、新产品,培育企业核心竞争力。在公司董事会的带领下,企业建立了多层次的科研开发队伍,2003 年建立了高档石化阀门管汇技术中心,2008 年组建信息化智能石油石化装备研发中心,2010 年建立企业院士工作站。在刘学高董事长的带领下,企业先后开发出国家级和省级新品 8 项,申请了包括新型泥浆阀、地面防喷器远程控制装置、双余度电气液控防喷控制系统远程控制技术、可试压地面防喷器气压联控装置等 31 项发明专利。工程技术中心被认定为省级工程技术研究中心,企业院士工作站通过省级认定,技术中心被认定为市级技术中心,省级技术中心正在申报中,省级博士后工作站正在建设中。与中科院合肥智能机械研究所建立了产、学、研合作关系,共同研制具有当代先进水平的整体式节流压井管汇和一体多阀式采油树井口装置等产品,承担了国家创新基金项目的开发工作。为了跟踪当代石油石化装备最前沿的科技成果,2009 年公司与中科院合肥物质科学研究院、南京理工大学建立产、学、研合作关系,共建智能信息化石油机械装备研发基地,组织开发信息化石油机械装备产品,开发出了电控型油气防喷系统、油气田防喷用电控装置等当前石油石化装备方面最前沿的科技型新产品,其中油气田防喷用控制装置被认定为江苏省高新技术产品;石油石化装备信息化工程技术研究中心被认定为省级工程技术研究中心;电控型油气防喷系统产品正在申报国家创新基金项目和江苏省重大科技成果转化专项。

公司积极推行管理创新,全力推行目标成本管理,迎接市场的挑战,企业各个部门、车间、各级各类人员都从公司生存发展的角度来重视目标成本管理,人人献计献策,节流开源,坚决杜绝浪费现象,把成本降下来,让利于市场,提高产品的市场竞争力。

公司上下,锐意进取、不断开拓,坚持科学的发展观,扩大企业规模,打造石油石化装备高新技术领头企业。

1997年创业之初,董事长刘学高就深深认识到企业要想在日新月异的市场大潮中立稳脚跟,必须坚持不断开拓、不断发展的思路,必须坚持以科技引领企业发展,树立特色,扩大规模的发展路径。2000年亚洲金融危机和2008年的世界金融危机给石油机械行业带来冲击,公司董事会清醒地认识到,谁抓住了机遇,谁就赢得发展先机,有投入才有产出,只有大投入才有大发展。

几年来,公司上下紧紧抓住发展高新技术石油石化装备事业的信念,坚持科学的发展观,走信息化与工业化相融合的,又快又好发展高新石油装备事业的路子。2004年,公司投资5 000万元,主攻石化技改扩能,新增高档石化阀门生产线设备120台,新建厂房8 000m^2,高档石化阀门产量迅速提高,企业规模进入国内石油机械行业前列。2005年与国内知名高校科研院所建立"产、学、研"合作关系,开发国内先进的整体式节流压井管汇、采油树井口装置设备,再次投入8 000万元,购置数控加工中心、数控镗(铣)中心等自动化生产设备,新上节流压井管汇、采油树井口装置生产线各一条,生产装备和生产技术达到国内先进水平,成为中国石油天然气集团公司、中国石油化工集团、中国海洋石油总公司的一级网络供应商。2007年投入12 000万元征地33 333.3m^2,新建20 000m^{2}标准化厂房,兴建盐城神华机械有限公司项目生产区,新上省高新技术产品节能型钻井机械配套装置,产品全部出口,进一步增强了企业的市场竞争力。2008年公司投入18 000万元,征地66 666.67m^2,分别在建阳石油石化装备工业园区新上江苏亿德隆石油机械项目生产区,重点开发离心机、新型泥浆阀、采油井口装置等高新技术产品,成为全国为数不多的具有自主生产防喷器及其控制装置、节流压井管汇、节控箱、试压泵等一体产品能力的厂家。2009年公司又投入9 200万元,新上代表未来石油机械发展方向的电控型要求防喷系统研发及产业化项目,进一步提升企业核心竞争力。

短短的10年时间内,在公司员工的不懈努力下,盐城三益石化机械有限公司从一个建厂初仅有16名创业者,年产值60多万元,产品仅限于普通阀门的小企业,发展成为2009年实现产值1.8亿元(不包括子公司),员工630人,产品包括油(气)田用防喷及控制装置、海洋采油(气)平台装置、钻机、高中压系列阀门、节流压井管汇、泥浆管汇、钻采配件、气动试压泵等八大系列近4 000个品种,与神华机械、亿德隆机械共建盐城三益石油石化装备集团。企业规模和生产技术居全国同行前列,管汇生产规模在国内夺得了"单打冠军",成功打造了一艘石油石化装备行业的航空母舰。

公司坚持"品牌建设高于一切"的理念 ,坚持制止企业内部任何有损企业品牌的决定、现象,成立品牌建设管理办公室,对企业品牌建设予以策划、管理。不断加强与有关部门的合作,组织企业参加了第九届、第十届石油石化装备国际展、俄罗斯国际石油展等活动,展示企业形象。

在未来3~5年内,公司将实施规模经营、同心多元、科技创新、品牌引导四大战略,将公司建设成为一个集"防喷及控制装置、井口装置、中高压石油、石化阀门、管汇、各类钻采配件"等集全套石油、石化装备开发、生产、销售为一体的创新科技型企业。预计到2013年,企业生产规模与创新能力进入国内同行前十强,为企业上市、争创名牌产品、国家驰名商标而努力。

统计资料

客观反映2010年石油和石油化工设备行业各分行业主要企业的经济指标，以及石油钻采、炼油化工设备、压力容器和输油管道四大类产品的进出口情况

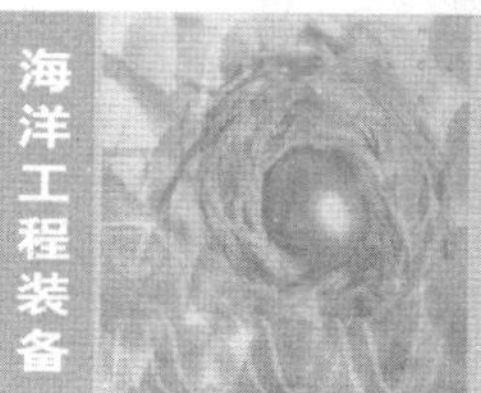

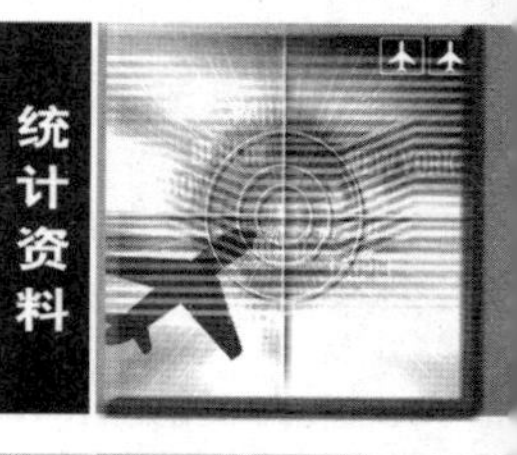

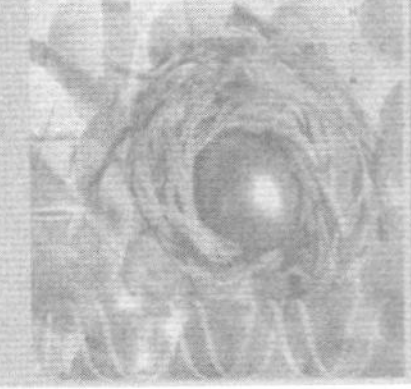

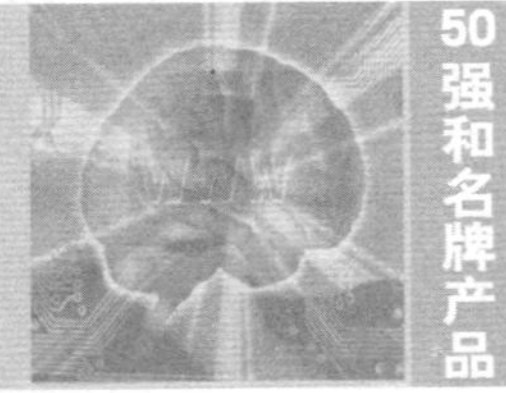

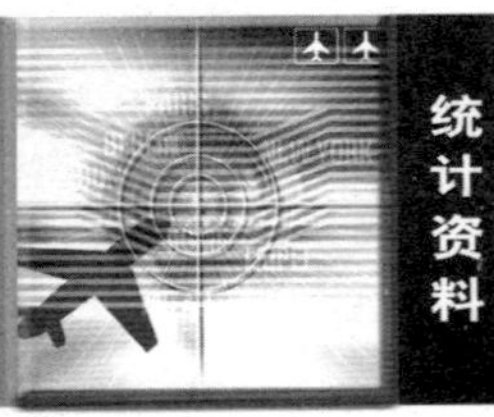

统计资料

2010年我国石油和石油化工设备各分行业企业经济指标排名

2010年石油钻采设备行业销售额前30名企业

序号	企业名称	销售总额(万元)
1	中国石油集团渤海石油装备制造有限公司	1 073 716
2	攀钢集团成都钢钒有限公司	984 744
3	胜利油田高原石油装备有限责任公司	601 000
4	宝鸡石油机械有限责任公司	461 680
5	中石化集团江汉石油管理局第四机械厂	240 342
6	四川宏华石油设备有限公司	181 312
7	山西北方风雷工业集团有限公司	163 164
8	江汉石油管理局沙市钢管厂	160 520
9	中原特钢股份有限公司	140 709
10	江苏金石机械集团	129 075
11	江汉石油钻头股份有限公司	111 233
12	南阳石油二机(装备)集团有限公司	109 228
13	烟台杰瑞石油服务集团股份有限公司	94 398
14	胜利油田孚瑞特石油装备有限公司	86 047
15	胜利油田胜机石油装备有限公司	80 475
16	海城市石油机械制造有限公司	67 450
17	江苏双鑫石油机械有限公司	65 832
18	盐城三益石化机械有限公司	64 121
19	天合石油集团汇丰石油装备股份有限公司	63 488
20	天津立林机械集团有限公司	59 472
21	中船重工中南装备有限责任公司(388厂)	56 923
22	河北华北石油荣盛机械制造有限公司	54 750
23	江苏如通石油机械股份有限公司	50 333
24	贵州高峰石油机械股份有限公司	46 847
25	上海神开石油化工装备股份有限公司	44 299
26	中原特种车辆有限公司	39 240
27	山东三田临朐石油机械有限公司	31 023
28	兰州通用机器制造有限公司	30 797
29	中原总机石油设备有限公司	25 282
30	泰兴石油机械有限公司	24 680

2010 年石油钻采设备行业利润前 30 名企业

序号	企 业 名 称	利润总额(万元)
1	中国石油集团渤海石油装备制造有限公司	33 615
2	烟台杰瑞石油服务集团股份有限公司	28 192
3	胜利油田高原石油装备有限责任公司	20 966
4	江苏金石机械集团	16 988
5	中石化集团江汉石油管理局第四机械厂	15 760
6	海城市石油机械制造有限公司	15 436
7	江汉石油钻头股份有限公司	13 685
8	天合石油集团汇丰石油装备股份有限公司	13 005
9	中原特钢股份有限公司	10 736
10	天津立林机械集团有限公司	9 012
11	江苏双鑫石油机械有限公司	8 693
12	上海神开石油化工装备股份有限公司	7 823
13	盐城三益石化机械有限公司	6 476
14	河北省景县景渤石油机械有限公司	5 845
15	南阳石油二机(装备)有限公司	5 566
16	贵州高峰石油机械股份有限公司	5 225
17	德州联合石油机械有限公司	3 891
18	中船重工中南装备有限责任公司(388 厂)	3 805
19	通化石油化工机械制造有限公司	2 375
20	盐城特达钻采设备有限公司	2 350
21	河北华北石油荣盛机械制造有限公司	2 032
22	山西北方风雷工业集团有限公司	1 818
23	北京纳尼能源科技发展有限公司	1 816
24	江苏如东通用机械有限公司	1 808
25	兰州通用机器制造有限公司	1 679
26	胜利油田胜机石油装备有限公司	1 511
27	江汉石油管理局沙市钢管厂	1 462
28	中原特种车辆有限公司	1 383
29	江苏新象股份有限公司	1 347
30	山东三田临朐石油机械有限公司	1 220

2010 年石油钻采设备行业出口额前 30 名企业

序号	企 业 名 称	出口额(万美元)
1	四川宏华石油设备有限公司	16 375
2	中国石油集团渤海石油装备制造有限公司	13 635
3	攀钢集团成都钢钒有限公司	11 557

（续）

序号	企 业 名 称	出口额(万美元)
4	中石化江汉石油管理局第四机械厂	8 545
5	江苏金石机械集团	5 171
6	天合石油集团汇丰石油装备股份有限公司	4 875
7	南阳石油二机(装备)有限公司	4 316
8	盐城三益石化机械有限公司	4 027
9	江汉石油钻头股份有限公司	3 610
10	江苏如东通用机械有限公司	3 536
11	烟台杰瑞石油服务集团股份有限公司	3 030
12	江苏双鑫石油机械有限公司	2 748
13	中原特钢股份有限公司	2 232
14	贵州高峰石油机械股份有限公司	2 128
15	胜利油田孚瑞特石油装备有限公司	2 029
16	胜利油田高原石油装备有限责任公司	1 861
17	胜利油田胜机石油装备有限公司	1 590
18	山西北方风雷工业集团有限公司	1 487
19	天津立林机械集团有限公司	1 461
20	盐城特达钻采设备有限公司	1 194
21	泰兴石油机械有限公司	1 135
22	海城市石油机械制造有限公司	1 040
23	兰州通用机器制造有限公司	915
24	莱州市霸力石油机械有限公司	910
25	上海神开石油化工装备股份有限公司	898
26	中船重工中南装备有限责任公司	846
27	中原总机石油设备有限公司	840
28	山东大王金泰石油装备有限公司	772
29	内蒙古一机集团大地石油机械有限公司	615
30	中原特种车辆有限公司	459

2010 年石油化工设备行业销售额前 10 名企业

序号	企 业 名 称	销售总额(万元)
1	北京天海工业有限公司	200 018
2	哈尔滨空调股份有限公司	110 291
3	大连金州重型机器有限公司	102 855
4	兰州兰石重型装备股份有限公司	94 089
5	新兴能源装备有限公司	72 041
6	洛阳双瑞特种装备有限公司	67 922
7	甘肃蓝科石化高新装备股份有限公司	64 528
8	中核苏阀科技实业股份有限公司	59 415
9	南京晨光东螺波纹管有限公司	51 096
10	四川大川压缩机有限责任公司	49 276

2010年石油化工设备行业利润前10名企业

序号	企业名称	利润总额(万元)
1	洛阳双瑞特种装备有限公司	13 562
2	甘肃蓝科石化高新装备股份有限公司	13 238
3	兰州兰石重型装备股份有限公司	8 837
4	大连金州重型机器有限公司	6 383
5	新兴能源装备有限公司	5 981
6	中核苏阀科技实业股份有限公司	5 678
7	秦皇岛北方管业有限公司	3 937
8	北京天海工业有限公司	3 680
9	宁波鲍斯能源装备股份有限公司	3 412
10	江苏焱鑫科技股份有限公司	3 125

2010年石油化工设备行业出口额前10名企业

序号	企业名称	出口额(万美元)
1	北京天海工业有限公司	12 143
2	南京晨光东螺波纹管有限公司	980
3	中核苏阀科技实业股份有限公司	942
4	大连金州重型机器有限公司	548
5	兰州兰石重型装备股份有限公司	400
6	甘肃蓝科石化高新装备股份有限公司	343
7	洛阳双瑞特种装备有限公司	132
8	四川大川压缩机有限责任公司	85
9	安瑞科(蚌埠)压缩机有限公司	33
10	秦皇岛北方管业有限公司	16

2010年我国石油和石油化工设备进出口量值表

2010年石油钻采产品出口量值表

税号	产品名称	出口量单位	出口量	比上年增长(%)	出口额(万美元)	比上年增长(%)
84131100	分装燃料或润滑油的计量泵,加油站或车库用	万台	8.88	67.44	5 764.81	43.04
84131900	其他装有或可装计量装置的液体泵	万台	151.93	37.97	3 853.05	31.06

（续）

税号	产品名称	出口量单位	出口量	比上年增长（%）	出口额（万美元）	比上年增长（%）
84135010	气动往复式排液泵	万台	54.76	30.71	2 572.90	29.06
84135020	电动往复式排液泵	万台	695.78	46.24	7 790.11	2.46
84135090	未列名往复式排液泵	万台	183.65	-1.96	8 988.04	48.37
84136090	其他回转式排液泵	万台	2 486.37	28.76	42 548.59	30.64
84137010	转速在 10 000r/min 及以上的离心泵	万台	118.43	222.64	3 066.14	-12.60
84138100	未列名液体泵	万台	3 200.96	35.87	32 745.51	6.16
84138200	液体提升机	万台	61.01	-28.86	441.90	-43.59
84139100	液体泵零件	万 t	17.69	27.29	81 074.01	37.69
84139200	液体提升机零件	t	2 709.43	54.21	1 415.93	87.36
84304111	自推进石油及天然气钻机，钻探深度≥6 000m	台	26	-33.33	19 302.17	-32.25
84304119	未列名自推进的石油及天然气钻机	台	388	-3.48	23 924.55	-0.18
84304121	其他自推进的钻机，钻探深度≥6 000m	台	4	-20.00	1 335.27	7 397.92
84304122	履带式自推进的钻机，钻探深度<6 000m	台	69	-18.82	1 129.77	-15.62
84304129	其他自推进的钻机，钻探深度<6 000m	台	1 037	17.97	9 472.97	-3.44
84304190	自推进的凿井机械	台	403	63.82	2 107.08	-36.69
84305010	其他自推进采油机械	台	6 509	109.90	19 166.48	90.71
84305031	牙轮直径在 380mm 及以上的采矿钻机	台	116	582.35	22.69	-34.53
84305039	其他采矿钻机	台	215	-32.39	432.50	-20.19
84314310	石油或天然气钻机的零件	万 t	18.29	22.97	116 494.04	9.67
84743100	混凝土或砂浆混合机器	万台	53.52	73.34	17 541.19	28.65
86061000	铁道及电车道非机动油罐货车及类似车	辆	37	516.67	476.82	535.82
87052000	机动钻探车	辆	113	82.26	1 317.46	157.41
87059080	石油测井车、压裂车、混沙车	辆	56	-27.27	2 944.28	9.40
87163110	油罐挂车及半挂车	辆	1 619	67.08	7 800.32	258.99
89012011	载重量不超过 10 万 t 的成品油船	艘	156	-11.86	186 505.49	-37.30
89012021	载重量不超过 15 万 t 的原油船	艘	17	-34.62	45 719.52	-62.56
89012022	15 万 t<载重量≤30 万 t 的原油船	艘	34	47.83	293 417.44	55.28
89012023	载重量超过 30 万 t 的原油船	艘	3	-40.00	34 220.26	-39.35
89012031	容积≤20 000m^{3}的液化石油气船	艘	7		24 015.66	
89012090	其他液货船	艘	32	-21.95	47 350.53	6.15
89052000	浮动或潜水式钻探或生产平台	座	31	-44.64	92 116.58	-15.13
90158000	其他大地及水道测量海洋气象地球物理用仪器	万台	648.98	22.16	29 335.18	1.79

2010年石油钻采产品进口量值表

税号	产品名称	进口量单位	进口量	比上年增长（%）	进口额（万美元）	比上年增长（%）
84131100	分装燃料或润滑油的计量泵，加油站或车库用	台	15 477	68.78	538.98	-0.54
84131900	其他装有或可装计量装置的液体泵	万台	37.76	9.04	14 537.33	-2.98
84135010	气动往复式排液泵	万台	9.54	216.04	4 199.60	61.51
84135020	电动往复式排液泵	万台	484.01	18.60	14 702.98	-4.53
84135090	未列名往复式排液泵	万台	40.63	-10.27	2 849.56	-18.85
84136090	其他回转式排液泵	万台	254.40	37.94	28 402.52	36.92
84137010	转速在10 000r/min及以上的离心泵	万台	12.73	50.01	5 807.23	-33.61
84138100	未列名液体泵	万台	1 132.92	-5.79	37 416.72	8.53
84138200	液体提升机	台	17 009	600.25	484.67	5.52
84139100	液体泵零件	t	28 318.19	61.83	64 351.10	40.60
84139200	液体提升机零件	t	50.25	-29.29	234.65	-10.84
84304111	自推进石油及天然气钻机，钻探深度≥6 000m	台	1	-50.00	9 654.59	1 427.53
84304119	未列名自推进的石油及天然气钻机	台	4	-63.64	2 469.79	-87.43
84304122	履带式自推进的钻机，钻探深度<6 000m	台	95	-20.83	4 734.23	67.42
84304129	其他自推进的钻机，钻探深度<6 000m	台	157	28.69	4 079.34	25.85
84304190	自推进的凿井机械	台	19	90.00	236.74	-38.32
84305010	其他自推进采油机械	台	16	-86.67	129.63	128.05
84305031	牙轮直径在380mm及以上的采矿钻机	台	3	200.00	74.00	42.02
84305039	其他采矿钻机	台	173	34.11	1 262.45	-36.72
84314310	石油或天然气钻机的零件	t	5 411.31	-17.40	25 909.63	-7.48
84743100	混凝土或砂浆混合机器	台	338	69.00	990.52	32.70
87052000	机动钻探车	台	7		1 274.21	
87059080	石油测井车、压裂车、混砂车	车	19	90.00	2 662.18	325.67
89012011	载重量不超过10万t的成品油船	艘	46	12.20	7 059.33	4 085.34
89012021	载重量不超过15万t的原油船	艘	3	200.00	4 688.31	609.06
89052000	浮动或潜水式钻探或生产平台	座	3	200.00	2 905.45	-95.83
90158000	其他大地及水道测量海洋气象地球物理用仪器	万台	6.27	15.59	45 951.85	7.44

2010年炼油化工产品出口量值表

税号	产品名称	出口量单位	出口量	比上年增长（%）	出口额（万美元）	比上年增长（%）
84051000	煤气发生器；乙炔发生器等水解气体发生器	t	5 864.14	89.46	2 447.45	85.77
84059000	煤气发生器及乙炔发生器等的零件	t	7 836.66	90.68	1 873.18	87.14
84161000	使用液体燃料的炉用燃烧器	t	4 161.27	-32.62	2 913.70	3.91
84162019	使用其他气体燃料的炉用燃烧器	t	4 678.82	25.76	2 013.27	39.10

（续）

税号	产品名称	出口量单位	出口量	比上年增长（%）	出口额（万美元）	比上年增长（%）
84193990	未列名干燥器	万台	107.57	59.89	15 475.46	39.88
84194010	提净塔	台	285	955.56	1 972.43	140.64
84194020	精馏塔	台	93	-84.85	2 819.84	-12.17
84194090	其他蒸馏或精馏设备	台	20 626	1.94	4 956.84	-45.96
84195000	热交换装置	台	321 787	-20.11	29 095.60	7.90
84196011	制氧量≥15 000m^3/h 及以上的制氧机	台	93	22.37	4 964.18	-55.51
84196019	其他制氧机	台	1 871	-63.49	9 837.03	-30.58
84196090	未列名液化空气或其他气体的机器	台	1 659	-35.30	8 417.74	29.58
84198910	加氢反应器	台	349	-27.29	687.91	-95.44
84198990	未列名利用温度变化处理材料的机器、装置等	万台	213	40.97	33 333.70	9.00
84211910	脱水机	台	185 828	0.15	1 325.89	26.38
84212910	压滤机	台	1 074	40.39	3 296.66	113.40
84212990	未列名液体过滤、净化机器及装置	万台	3692.17	90.94	28 579.55	39.64
84213923	工业用旋风式除尘器	台	8 370	26.68	1 566.53	239.33
84772010	塑料造粒机	台	2 551	7.32	3 646.59	33.96
84772090	其他挤出机	台	4 650	25.13	19 395.97	35.34
84796000	蒸发式空气冷却器	台	735 891	123.63	4 113.10	122.32
84811000	减压阀	万套	3 415.62	14.41	13 882.80	45.39
84812010	油压传动阀	万套	175.72	101.13	4 218.05	69.59
84812020	气压传动阀	万套	547.32	0.64	5 338.02	149.55
84813000	止回阀	万套	137 395.20	61.31	23 381.47	59.77
84814000	安全阀或溢流阀	万套	961.81	-13.31	5 834.32	35.92
84819010	阀门零件	t	31 850.91	22.93	160 908.60	40.68

2010 年炼油化工产品进口量值表

税号	产品名称	单位	进口量	比上年增长（%）	进口额（万美元）	比上年增长（%）
84051000	煤气发生器;乙炔发生器等水解气体发生器	t	1 288.14	-63.65	2 742.05	-76.25
84059000	煤气发生器及乙炔发生器等的零件	t	62.72	80.73	456.36	163.26
84161000	使用液体燃料的炉用燃烧器	t	1 578.74	14.98	6 257.38	35.96
84162019	使用其他气体燃料的炉用燃烧器	t	339.86	-78.34	2 493.32	-68.72
84193990	未列名干燥器	万台	5.04	60.98	31 405.35	13.09
84194010	提净塔	台	8	-65.22	391.67	-67.76
84194020	精馏塔	台	29	-39.58	2 546.32	135.03
84194090	其他蒸馏或精馏设备	台	1 841	12.38	5 007.28	-36.39
84195000	热交换装置	万台	112.44	120.20	75 842.96	-9.60

（续）

税号	产品名称	单位	进口量	比上年增长（%）	进口额（万美元）	比上年增长（%）
84196011	制氧量≥15 000m³/h 及以上的制氧机	台	1	-75.00		
84196019	其他制氧机	台	56	-90.85	42.02	-92.73
84196090	未列名液化空气或其他气体的机器	台	188	-29.32	6 204.59	-35.78
84198910	加氢反应器	台	52	-24.64	2 264.55	-26.90
84198990	未列名利用温度变化处理材料的机器、装置等	万台	8.95	38.38	78 326.80	-22.47
84211910	脱水机	万台	0.12	-76.18	5 110.67	30.99
84212910	压滤机	台	414	67.61	3 857.76	-6.21
84212990	未列名液体过滤、净化机器及装置	万个	3 436.21	45.87	65 030.79	48.63
84213923	工业用旋风式除尘器	个	4 229	102.25	1 574.69	94.74
84772010	塑料造粒机	台	158	23.44	13 551.73	8.99
84772090	其他挤出机	台	863	16.31	27 892.73	47.62
84796000	蒸发式空气冷却器	台	2 678	117.90	1 554.68	90.89
84811000	减压阀	万套	2 354.52	2.48	27 225.43	42.85
84812010	油压传动阀	万套	1 200.78	22.22	111 261.63	97.10
84812020	气压传动阀	万套	1 081.50	91.35	43 046.14	20.33
84813000	止回阀	万套	8 118.69	17.19	37 023.96	8.56
84814000	安全阀或溢流阀	万套	1 785.28	77.01	33 189.15	17.21
84819010	阀门零件	t	22 027.16	61.56	65 746.38	43.10

2010 年压力容器产品出口量值表

税号	产品名称	出口量（t）	比上年增长（%）	出口额（万美元）	比上年增长（%）
73071100	无可锻性铸铁管子附件	197 984.20	32.38	32 800.67	34.47
73071900	可锻性铸铁及铸钢管子附件	241 846.38	19.03	47 024.99	22.34
73072100	不锈钢制法兰	46 402.12	23.50	25 306.40	34.53
73072200	不锈钢制螺纹肘管、弯管及管套	13 764.54	41.10	10 230.88	39.65
73072300	不锈钢制对焊件	9 000.86	7.85	8 993.79	24.84
73072900	不锈钢制其他管子附件	12 202.81	108.23	11 128.41	121.13
73079100	其他钢铁制法兰	328 566.92	20.81	45 056.98	20.47
73079200	其他钢铁制螺纹肘管、弯管及管套	59 527.06	29.82	16 349.37	46.88
73079300	其他钢铁制对焊件	114 422.05	37.91	16 005.65	33.28
73079900	未列名钢铁制管子附件	188 101.36	37.40	50 771.76	53.96
73110010	装压缩气体或液化气体的零售包装钢铁容器	2 264.60	-76.80	668.97	-69.72
73110090	装压缩气体或液化气体的非零售包装钢铁容器	183 699.38	59.46	39 381.11	43.75
84841000	密封垫等，金属片与其他材料或多层金属片制	33 093.83	17.50	27 608.82	51.85

2010 年压力容器产品进口量值表

税号	产品名称	进口量（t）	比上年增长（%）	进口额（万美元）	比上年增长（%）
73071100	无可锻性铸铁管子附件	1 407.25	-12.47	1 604.31	21.44
73071900	可锻性铸铁及铸钢管子附件	1 503.02	57.54	2 150.98	58.43
73072100	不锈钢制法兰	2 151.87	47.85	4 341.41	61.08
73072200	不锈钢制螺纹肘管、弯管及管套	953.36	-6.92	3 750.31	26.30
73072300	不锈钢制对焊件	446.29	22.70	1 693.26	-30.97
73072900	不锈钢制其他管子附件	2 398.11	17.32	13 252.58	28.48
73079100	其他钢铁制法兰	27 956.78	-14.44	10 808.54	-16.28
73079200	其他钢铁制螺纹肘管、弯管及管套	5 986.81	42.12	6 474.64	30.13
73079300	其他钢铁制对焊件	3 847.36	-38.36	7 425.60	-33.92
73079900	未列名钢铁制管子附件	14 701.34	42.54	24 378.11	28.42
73110010	装压缩气体或液化气体的零售包装钢铁容器	4 779.52	-2.08	724.63	20.01
73110090	装压缩气体或液化气体的非零售包装钢铁容器	24 102.82	-10.24	6 169.27	-9.26
84841000	密封垫等，金属片与其他材料或多层金属片制	5 099.27	12.67	23 700.60	10.37

2010 年输油管道产品出口量值表

税号	产品名称	出口量（t）	比上年增长（%）	出口额（万美元）	比上年增长（%）
73041110	不锈钢石油天然气管道管 215.9mm≤外径≤406.4mm	261.32	-89.43	65.22	-93.05
73041120	不锈钢石油天然气管道管 114.3mm < 外径 < 215.9mm	3 708.47	797.34	570.94	128.11
73041130	不锈钢石油天然气管道管，外径≤114.3mm	868.31	-61.82	337.81	-72.68
73041190	不锈钢石油天然气管道管，外径 > 406.4mm	5 767.87	32.40	2 400.14	36.58
73041910	其他钢石油天然气管道管 215.9mm≤外径≤406.4mm	480 802.08	1.74	43 377.55	-16.99
73041920	其他钢石油天然气管道管 114.3mm < 外径 < 215.9mm	267 834.35	31.26	22 591.40	25.77
73041930	其他钢石油天然气无缝管道管，外径≤114.3mm	501 150.34	38.83	42 114.70	41.47
73041990	其他钢石油天然气无缝管道管，外径 > 406.4mm	179 916.00	35.14	20 397.38	42.23
73042210	不锈钢制钻探石油天然气钻管，外径≤168.3mm	18.11	-49.91	10.54	-68.83
73042290	不锈钢制钻探石油天然气钻管，外径 > 168.3mm	986.96	78.78	376.96	264.38
73042310	其他钢制钻探石油天然气钻管，外径≤168.3mm	72 281.08	13.33	26 450.70	-6.20
73042390	其他钢制钻探石油天然气钻管，外径 > 168.3mm	2 634.84	-12.99	521.92	-32.85
73042400	不锈钢制钻探石油或天然气用无缝套管、导管	1 055.20	633.17	585.63	198.87
73042900	钻探石油及天然气用无缝钢铁套管及导管	1 507 656.03	5.23	159 042.65	-14.62
73061100	不锈钢制石油或天然气焊缝管道管	5 021.05	53.20	1 965.95	27.01
73061900	其他钢铁制石油或天然气管道管	402 137.03	-3.59	30 151.08	-22.86
73062100	不锈钢制钻探石油或天然气用套管及导管	49.15	-39.06	18.15	69.48
73062900	其他钢铁制钻探石油或天然气套管及导管	16 765.43	-83.91	2 313.97	-78.95

2010 年输油管道产品进口量值表

税号	产品名称	进口量(t)	比上年增长(%)	进口额(万美元)	比上年增长(%)
73041110	不锈钢石油天然气管道管 215.9mm≤外径≤406.4mm	165.69	-27.00	197.42	-29.91
73041120	不锈钢石油天然气管道管 114.3mm < 外径 < 215.9mm	59.58	-82.15	57.03	-88.85
73041130	不锈钢石油天然气管道管,外径≤114.3mm	1 073.51	280.73	673.16	89.79
73041190	不锈钢石油天然气管道管,外径 > 406.4mm	106.22	-69.66	102.86	-71.87
73041910	其他钢石油天然气管道管 215.9mm≤外径≤406.4mm	4 742.16	367.90	678.19	101.06
73041920	其他钢石油天然气管道管 114.3mm < 外径 < 215.9mm	98.60	-75.73	23.07	-90.56
73041930	其他钢石油天然气无缝管道管,外径≤114.3mm	1 462.12	95.44	437.91	43.33
73041990	其他钢石油天然气无缝管道管,外径 > 406.4mm	60.77	-84.68	29.92	-86.65
73042210	不锈钢制钻探石油天然气钻管,外径≤168.3mm	49.80	4 204.58	63.75	477.05
73042290	不锈钢制钻探石油天然气钻管,外径 > 168.3mm	21.97		3.64	
73042310	其他钢制钻探石油天然气钻管,外径≤168.3mm	15 549.93	-64.87	3 078.19	-59.96
73042390	其他钢制钻探石油天然气钻管,外径 > 168.3mm	1 802.71	-66.58	422.23	-76.42
73042400	不锈钢制钻探石油或天然气用无缝套管、导管	10 844.14	3 505.95	2 508.36	884.41
73042900	钻探石油及天然气用无缝钢铁套管及导管	51 701.91	-32.60	11 187.70	-46.14
73061100	不锈钢制石油或天然气焊缝管道管	1 092.02	2 116.71	651.57	794.63
73061900	其他钢铁制石油或天然气管道管	3 147.37	-63.14	453.49	-66.01
73062100	不锈钢制钻探石油或天然气用套管及导管	41.05	-89.50	90.14	-85.87
73062900	其他钢铁制钻探石油或天然气套管及导管	193.06	-38.52	185.43	16.54

2010 年我国石油和石油化工设备主要进出口国家(地区)量值表

2010 年石油钻采设备主要出口国家(地区)量值表

税号	产品名称及主要出口国家(地区)	出口量单位	出口量	出口额(万美元)
84131100	分装燃料或润滑油的计量泵,加油站或车库用	台	88 798	5 764.81
	其中:尼日利亚	台	9 978	1 482.87
	印度	台	7 919	602.53
	泰国	台	1 032	261.22
	英国	台	18 182	260.18
	菲律宾	台	838	221.87
	印度尼西亚	台	608	152.12

（续）

税号	产品名称及主要出口国家(地区)	出口量单位	出口量	出口额（万美元）
84131900	其他装有或可装计量装置的液体泵	台	1 519 345	3 853.05
	其中:德国	台	30 397	249.34
	美国	台	78 137	247.71
	土耳其	台	96 534	247.27
	泰国	台	22 457	194.64
	意大利	台	53 758	179.17
	罗马尼亚	台	170 723	168.12
84135010	气动往复式排液泵	台	547 607	2 572.90
	其中:美国	台	75 516	858.54
	新加坡	台	22 424	325.47
	英国	台	34 925	207.84
	澳大利亚	台	31 400	106.25
	巴西	台	6 051	80.51
84135020	电动往复式排液泵	台	6 957 803	7 790.11
	其中:美国	台	1 728 542	2 096.24
	印度	台	1 590 882	1 323.16
	中国香港	台	1 090 174	700.07
	伊朗	台	611 838	417.95
	泰国	台	212 267	281.53
	日本	台	59 562	226.92
84135090	未列名往复式排液泵	台	1 836 491	8 988.04
	其中:美国	台	1 148 487	5 565.96
	日本	台	16 160	529.82
	加拿大	台	19 315	458.97
	俄罗斯联邦	台	22 417	219.41
	意大利	台	40 841	153.54
84136090	其他回转式排液泵	台	24 853 717	42 548.59
	其中:美国	台	4 439 022	4 725.57
	德国	台	1 739 831	4 588.32
	韩国	台	3 756 949	2 010.36
	俄罗斯联邦	台	549 401	1 752.03
	阿拉伯联合酋长国	台	506 368	1 689.85
	日本	台	1 135 650	1 505.64
84137010	转速在 10 000r/min 及以上的离心泵	台	1 184 269	3 066.14
	其中:印度	台	32 240	508.12
	伊朗	台	14 495	187.57
	苏丹	台	875	174.76
	中国台湾	台	2 459	140.35
	意大利	台	3 922	133.47
	叙利亚	台	4 194	125.49
84138100	未列名液体泵	台	32 009 639	32 745.51
	其中:美国	台	6 216 850	4 839.86
	印度尼西亚	台	643 594	3 065.26
	印度	台	705 127	3 061.35

（续）

税号	产品名称及主要出口国家(地区)	出口量单位	出口量	出口额(万美元)
	日本	台	706 710	1 444.21
	中国香港	台	3 518 071	1 359.78
	德国	台	3 610 842	1 220.72
84138200	液体提升机	台	610 098	441.90
	其中:英国	台	104 884	111.35
	美国	台	14 500	81.03
	俄罗斯联邦	台	1 990	32.57
	德国	台	38 435	24.87
	意大利	台	2 668	23.99
	波兰	台	1 892	19.23
84139100	液体泵零件	kg	176 946 877	81 074.01
	其中:美国	kg	60 202 365	29 890.50
	日本	kg	15 956 428	8 120.53
	意大利	kg	11 738 404	4 409.74
	德国	kg	6 294 538	3 128.45
	俄罗斯联邦	kg	3 085 407	2 898.13
	韩国	kg	8 496 774	2 180.09
	印度尼西亚	kg	9 580 552	2 016.26
	加拿大	kg	4 611 149	2 010.11
84139200	液体提升机零件	kg	2 709 426	1 415.93
	其中:美国	kg	477 049	327.11
	瑞典	kg	37 177	304.52
	英国	kg	373 413	133.87
	古巴	kg	478 810	130.26
	巴西	kg	90 536	77.67
84304111	自推进石油及天然气钻机,钻探深度≥6 000m	台	26	19 302.17
	其中:伊朗	台	14	6 679.24
	肯尼亚	台	3	4 876.20
	印度尼西亚	台	2	2 927.50
	伊拉克	台	1	1 665.70
	俄罗斯联邦	台	1	1 557.40
84304119	未列名自推进的石油及天然气钻机	台	388	23 924.55
	其中:哈萨克斯坦	台	18	6 138.37
	美国	台	30	2 869.11
	俄罗斯联邦	台	38	1 992.74
	印度尼西亚	台	26	1 970.62
	伊朗	台	6	1 627.79
	乌兹别克斯坦	台	4	1 573.87
	叙利亚	台	4	1 569.25
	科威特	台	8	1 560.74
84304121	其他自推进的钻机,钻探深度≥6 000m	台	4	1 335.27
	其中:伊拉克	台	1	1 191.18
	沙特阿拉伯	台	1	130.00
	老挝	台	2	14.09

（续）

税号	产品名称及主要出口国家(地区)	出口量单位	出口量	出口额（万美元）
84304122	履带式自推进的钻机，钻探深度 <6 000m	台	69	1 129.77
	其中:埃及	台	4	262.44
	南非	台	4	148.91
	新加坡	台	2	119.00
	越南	台	24	113.95
	中国台湾	台	2	74.98
84304129	其他自推进的钻机，钻探深度 <6 000m	台	1 037	9 472.97
	其中:叙利亚	台	14	1 741.39
	也门共和国	台	1	960.75
	俄罗斯联邦	台	57	758.20
	沙特阿拉伯	台	126	736.70
	哥伦比亚	台	3	694.06
	印度	台	108	617.68
84304190	自推进的凿井机械	台	403	2 107.08
	其中:伊拉克	台	80	1 101.92
	俄罗斯联邦	台	74	152.57
	苏丹	台	25	101.51
	安哥拉	台	3	99.18
	阿拉伯联合酋长国	台	19	66.91
	沙特阿拉伯	台	2	65.56
84305010	其他自推进采油机械	台	6 509	19 166.48
	其中:美国	台	3 631	10 048.60
	加拿大	台	1 433	4 739.49
	印度	台	159	581.74
	哥伦比亚	台	158	502.08
	墨西哥	台	140	491.93
	哈萨克斯坦	台	354	471.36
84305031	牙轮直径在 380mm 及以上的采矿钻机	台	116	22.69
	其中:埃塞俄比亚	台	1	15.00
	朝鲜	台	1	3.96
	印度尼西亚	台	114	3.73
84305039	其他采矿钻机	台	215	432.50
	其中:俄罗斯联邦	台	23	77.02
	厄瓜多尔	台	2	53.67
	澳大利亚	台	25	47.31
	赞比亚	台	3	38.25
	老挝	台	2	23.47
	哈萨克斯坦	台	6	21.85
84314310	石油或天然气钻机的零件	kg	182 869 485	116 494.04
	其中:美国	kg	47 859 175	18 414.78
	哈萨克斯坦	kg	9 372 703	12 894.15
	伊朗	kg	8 262 659	11 970.20
	新加坡	kg	14 384 215	8 393.75
	伊拉克	kg	7 604 490	6 985.06

（续）

税号	产品名称及主要出口国家(地区)	出口量单位	出口量	出口额（万美元）
84743100	混凝土或砂浆混合机器	台	535 230	17 541.19
	其中:俄罗斯联邦	台	107 625	1 675.74
	阿拉伯联合酋长国	台	3 534	1 072.85
	越南	台	1 410	782.91
	利比亚	台	510	769.81
	美国	台	53 766	721.76
	阿尔及利亚	台	877	619.14
86061000	铁道及电车道非机动油罐货车及类似车	辆	37	476.82
	其中:沙特阿拉伯	辆	37	476.82
87052000	机动钻探车	辆	113	1 317.46
	其中:民主刚果	辆	31	273.17
	玻利维亚	辆	6	170.71
	蒙古	辆	16	134.29
	印度尼西亚	辆	1	114.40
	安哥拉	辆	3	104.95
87059080	石油测井车、压裂车、混沙车	辆	56	2 944.28
	其中:伊拉克	辆	12	621.14
	哈萨克斯坦	辆	11	506.93
	叙利亚	辆	2	465.97
	蒙古	辆	9	279.44
	阿拉伯联合酋长国	辆	3	200.44
87163110	油罐挂车及半挂车	辆	1 619	7 800.32
	其中:委内瑞拉	辆	720	5 481.30
	坦桑尼亚	辆	168	448.27
	安哥拉	辆	120	279.53
	尼日利亚	辆	87	266.53
	多哥	辆	63	234.30
89012011	载重量不超过10万t的成品油船	艘	156	186 505.49
	其中:中国香港	艘	46	70 670.97
	新加坡	艘	30	37 663.22
	中国澳门	艘	21	136.64
	马来西亚	艘	12	16 984.48
	利比里亚	艘	6	10 461.22
89012021	载重量不超过15万t的原油船	艘	17	45 719.52
	其中:意大利	艘	2	12 447.13
	希腊	艘	2	12 216.01
	利比里亚	艘	9	9 304.16
89012022	15万t<载重量≤30万t的原油船	艘	34	293 417.44
	其中:中国香港	艘	8	92 351.11
	利比里亚	艘	11	80 536.45
	新加坡	艘	3	33 125.69
	马耳他	艘	4	32 712.00
89012023	载重量超过30万t的原油船	艘	3	34 220.26
	其中:新加坡	艘	2	23 062.25

（续）

税号	产品名称及主要出口国家（地区）	出口量单位	出口量	出口额（万美元）
	中国香港	艘	1	11 158.01
89012031	容积≤20 000m^{3}的液化石油气船	艘	7	24 015.66
	其中：巴拿马	艘	3	14 541.17
	新加坡	艘	2	7 807.49
	丹麦	艘	1	1 645.00
	中国香港	艘	1	22.00
89012090	其他液货船	艘	32	47 350.53
	其中：新加坡	艘	7	9 928.49
	葡萄牙	艘	2	6 385.82
	中国香港	艘	3	6 296.00
	英国	艘	2	4 750.00
	马来西亚	艘	4	4 209.00
89052000	浮动或潜水式钻探或生产平台	座	31	92 116.58
	其中：巴西	座	2	34 053.09
	新加坡	座	1	30 420.56
	印度尼西亚	座	3	21 253.58
	丹麦	座	1	3 777.73
	澳大利亚	座	2	2 257.28
90158000	其他大地及水道测量海洋气象地球物理用仪器	台	6 489 756	29 335.18
	其中：美国	台	3 241 189	3 016.42
	伊朗	台	28 958	2 613.42
	伊拉克	台	54 412	2 219.53
	阿拉伯联合酋长国	台	25 422	2 049.67
	利比亚	台	46 483	1 794.97
	德国	台	1 183 496	1 497.45

2010 年石油钻采设备主要进口国家（地区）量值表

税号	产品名称及主要进口国家（地区）	进口量单位	进口量	进口额（万美元）
84131100	分装燃料或润滑油的计量泵，加油站或车库用	台	15 477	538.98
	其中：日本	台	3 909	169.40
	美国	台	5 120	149.56
	德国	台	4 208	94.74
	法国	台	1 427	32.25
	新加坡	台	1	24.00
84131900	其他装有或可装计量装置的液体泵	台	377 593	14 537.33
	其中：德国	台	101 392	4 837.06
	美国	台	51 264	2 028.17
	日本	台	9 859	1 586.26
	荷兰	台	1 095	1 132.64
	芬兰	台	63 604	727.06
	英国	台	3 455	586.87

（续）

税号	产品名称及主要进口国家(地区)	进口量单位	进口量	进口额（万美元）
84135010	气动往复式排液泵	台	95 397	4 199.60
	其中:美国	台	28 687	2 036.73
	德国	台	2 216	597.17
	日本	台	4 801	381.45
	中国台湾	台	4 549	354.63
	韩国	台	2 953	323.97
	中华人民共和国	台	47 432	83.09
84135020	电动往复式排液泵	台	4 840 119	14 702.98
	其中:德国	台	37 744	3 059.15
	美国	台	22 834	2 665.69
	日本	台	83 767	2 253.13
	意大利	台	4 128 392	1 996.93
	捷克	台	9 324	969.84
	英国	台	5 366	761.97
84135090	未列名往复式排液泵	台	406 315	2 849.56
	其中:德国	台	27 183	778.94
	美国	台	5 606	685.98
	日本	台	163 886	514.58
	挪威	台	2	229.62
	意大利	台	121 990	102.45
	法国	台	197	99.47
84136090	其他回转式排液泵	台	2 543 959	28 402.52
	其中:德国	台	452 607	12 887.63
	日本	台	579 564	7 457.91
	韩国	台	465 755	1 757.32
	意大利	台	128 924	1 461.00
	美国	台	73 350	1 141.49
	西班牙	台	84 909	678.38
84137010	转速在10 000r/m及以上的离心泵	台	127 323	5 807.23
	其中:日本	台	1 772	1 947.55
	美国	台	2 928	1 572.07
	挪威	台	256	862.93
	德国	台	2 130	484.59
	韩国	台	322	176.90
84138100	未列名液体泵	台	11 329 198	37 416.72
	其中:日本	台	302 797	8 467.53
	德国	台	146 575	6 845.82
	美国	台	41 755	4 262.70

（续）

税号	产品名称及主要进口国家(地区)	进口量单位	进口量	进口额（万美元）
	意大利	台	3 502 644	2 436.66
	挪威	台	834	2 290.22
	西班牙	台	5 068	1 958.00
84138200	液体提升机	台	17 009	484.67
	其中:德国	台	235	157.50
	韩国	台	14	117.60
	日本	台	3 258	58.07
	美国	台	395	48.49
	巴西	台	240	26.21
84139100	液体泵零件	t	23 318.19	64 351.10
	其中:日本	t	5 765.01	17 283.28
	德国	t	5 493.52	14 700.82
	美国	t	3 623.21	8 247.80
	韩国	t	2 600.04	4 799.43
	法国	t	839.12	2 913.23
	英国	t	480.03	2 405.69
84139200	液体提升机零件	t	50.25	234.65
	其中:瑞典	t	23.68	113.47
	美国	t	8.71	63.30
	德国	t	4.18	15.35
	新加坡	t	2.42	15.00
	瑞士	kg	73	6.35
84304111	自推进石油及天然气钻机,钻探深度≥6 000m	台	1	9 654.59
	其中:挪威	台	1	9 654.59
84304119	未列名自推进的石油及天然气钻机	台	388	23 924.55
	哈萨克斯坦	台	18	6 138.37
	美国	台	30	2 869.11
	俄罗斯联邦	台	38	1 992.74
	印度尼西亚	台	26	1 970.62
	伊朗	台	6	1 627.79
84304122	履带式自推进的钻机，钻探深度＜6 000m	台	95	4 734.23
	其中:澳大利亚	台	14	2 910.33
	瑞典	台	24	914.54
	日本	台	42	488.05
	美国	台	8	264.94
	德国	台	5	110.67
	中国香港	台	1	24.97
	韩国	台	1	20.73

（续）

税号	产品名称及主要进口国家（地区）	进口量单位	进口量	进口额（万美元）
84304129	其他自推进的钻机，钻探深度<6 000m	台	157	4 079.34
	其中：澳大利亚	台	5	1 095.64
	日本	台	22	845.02
	意大利	台	22	731.57
	瑞典	台	16	691.27
	德国	台	9	554.57
	加拿大	台	3	93.79
84304190	自推进的凿井机械	台	19	236.74
	其中：日本	台	8	148.50
	美国	台	8	69.82
	韩国	台	3	18.42
84305010	其他自推进采油机械	台	16	129.63
	其中：加拿大	台	1	124.75
	美国	台	15	4.88
84305031	牙轮直径在380mm及以上的采矿钻机	台	3	74.00
	其中：芬兰	台	1	72.82
	澳大利亚	台	2	1.18
84305039	其他采矿钻机	台	173	1 262.45
	其中：美国	台	7	489.25
	日本	台	138	413.38
	澳大利亚	台	1	130.89
	法国	台	2	95.47
	芬兰	台	18	80.21
84314310	石油或天然气钻机的零件	t	5 411.31	25 909.63
	其中：美国	t	3 298.80	16 917.98
	新加坡	t	855.49	4 251.02
	挪威	t	403.25	1 659.43
	英国	t	207.24	1 040.71
	马来西亚	t	87.02	539.87
	加拿大	t	33.35	316.53
	德国	t	42.06	223.48
84743100	混凝土或砂浆混合机器	台	338	990.52
	其中：德国	台	137	340.11
	美国	台	28	198.17
	挪威	台	25	156.55
	瑞典	台	38	94.88
	韩国	台	37	60.75
87052000	机动钻探车	辆	7	1 274.21

（续）

税号	产品名称及主要进口国家(地区)	进口量单位	进口量	进口额(万美元)
	其中:美国	辆	7	1 274.21
87059080	石油测井车、压裂车、混沙车	辆	19	2 662.18
	其中:美国	辆	19	2 662.18
89012011	载重量不超过10万t的成品油船	艘	46	7 059.33
	其中:中华人民共和国	艘	3	2 235.23
	日本	艘	2	1 824.84
	罗马尼亚	艘	2	1 475.70
	韩国	艘	1	1 300.00
	中国香港	艘	18	138.66
89012031	容积≤20 000m^3的液化石油气船	艘	3	4 688.31
	其中:韩国	艘	1	3 778.31
	日本	艘	1	730.00
	中华人民共和国	艘	1	180.00
89052000	浮动或潜水式钻探或生产平台	座	3	2 905.45
	其中:泰国	座	3	2 905.45
90158000	其他大地及水道测量海洋气象地球物理用仪器	台	62 673	45 951.85
	其中:美国	台	18 963	15 000.82
	法国	台	2 128	7 753.49
	瑞士	台	5 363	7 071.72
	日本	台	10 487	3 961.45
	加拿大	台	990	2 731.97
	英国	台	1 995	2 705.73
	德国	台	15 222	2 122.58

2010年炼油化工设备主要出口国家(地区)量值表

税号	产品名称及主要出口国家(地区)	出口量单位	出口量	出口额(万美元)
84051000	煤气发生器;乙炔发生器等水解气体发生器	t	5 864.14	2 447.45
	其中:韩国	t	260.00	396.22
	印度	t	1 030.83	391.77
	印度尼西亚	t	1 052.72	233.86
	越南	t	982.15	225.73
	新加坡	t	543.94	173.44
84059000	煤气发生器及乙炔发生器等的零件	t	7 836.66	1 873.18
	其中:印度尼西亚	t	2 253.16	459.25
	越南	t	1 533.66	408.47

（续）

税号	产品名称及主要出口国家（地区）	出口量单位	出口量	出口额（万美元）
	印度	t	2 040.02	279.51
	美国	t	391.92	242.43
	马来西亚	t	227.61	111.00
84161000	使用液体燃料的炉用燃烧器	t	4 161.27	2 913.70
	其中：美国	t	1 064.23	570.91
	德国	t	164.22	175.61
	澳大利亚	t	312.45	141.21
	智利	t	105.81	133.18
	加拿大	t	229.19	130.26
84162019	使用其他气体燃料的炉用燃烧器	t	4 678.82	2 013.27
	其中：美国	t	1 468.56	395.73
	中国香港	t	29.38	290.07
	德国	t	373.40	219.09
	印度尼西亚	t	628.58	129.89
	中国台湾	t	128.77	123.12
84193990	未列名干燥器	台	1 075 746	15 475.46
	其中：美国	台	305 509	1 702.89
	印度	台	33 822	1 378.73
	日本	台	19 378	1 145.44
	印度尼西亚	台	14 318	918.75
	越南	台	2 861	875.42
	泰国	台	17 857	737.48
84194010	提净塔	台	285	1 972.43
	其中：泰国	台	4	606.57
	巴西	台	7	254.22
	印度	台	35	228.81
	纳米比亚	台	8	208.24
	印度尼西亚	台	9	173.07
84194020	精馏塔	台	93	2 819.84
	其中：泰国	台	6	945.31
	古巴	台	1	680.49
	越南	台	14	508.35
	印度	台	11	321.48
	美国	台	6	184.56
84194090	其他蒸馏或精馏设备	台	20 626	4 956.84
	其中：印度	台	218	1 124.68
	印度尼西亚	台	142	546.93

（续）

税号	产品名称及主要出口国家(地区)	出口量单位	出口量	出口额（万美元）
	泰国	台	107	485.01
	乍得	台	92	395.13
	中国台湾	台	77	309.49
	越南	台	447	299.06
	巴西	台	1 076	237.85
	美国	台	6 004	210.50
84195000	热交换装置	台	321 787	29 095.60
	其中:美国	台	46 141	3 384.69
	韩国	台	48 010	2 631.10
	越南	台	341	2 053.44
	印度	台	6 162	1 880.37
	日本	台	64 932	1 546.46
	中国香港	台	2 113	1 270.52
	意大利	台	33 809	1 179.03
84196011	制氧量≥15 000m^3/h 及以上的制氧机	台	93	4 964.18
	其中:越南	台	2	1 413.21
	卡塔尔	台	1	1 229.98
	伊朗	台	1	1 229.55
	印度	台	3	1 010.22
84196019	其他制氧机	台	1 871	9 837.03
	其中:伊朗	台	23	4 492.28
	越南	台	122	1 848.64
	俄罗斯联邦	台	20	404.42
	叙利亚	台	2	299.47
	印度	台	36	275.46
	马来西亚	台	4	271.37
	印度尼西亚	台	25	257.09
	哈萨克斯坦	台	5	254.78
	巴西	台	27	228.34
84196090	未列名液化空气或其他气体的机器	台	1 659	8 417.74
	其中:美国	台	43	2 701.45
	中国台湾	台	48	1 077.27
	多米尼加共和国	台	9	1 065.86
84198910	加氢反应器	台	349	687.91
	其中:印度	台	223	203.97
	尼日尔	台	7	140.25
	乍得	台	7	131.31

（续）

税号	产品名称及主要出口国家(地区)	出口量单位	出口量	出口额（万美元）
	印度尼西亚	台	2	82.20
84198990	未列名利用温度变化处理材料的机器、装置等	台	2 129 973	33 333.70
	其中:美国	台	349 367	2 662.16
	越南	台	13 729	2 263.92
	中国台湾	台	12 287	2 139.98
	印度	台	56 962	2 022.94
	日本	台	47 768	1 902.03
84211910	脱水机	台	185 828	1 325.89
	其中:波兰	台	1 796	121.66
	墨西哥	台	43 784	111.32
	菲律宾	台	37 999	91.31
	韩国	台	26 887	88.22
	印度	台	75	78.18
84212910	压滤机	台	1 074	3 296.66
	其中:巴西	台	32	442.27
	印度	台	142	432.20
	中国台湾	台	40	282.42
	俄罗斯联邦	台	41	281.86
	美国	台	140	211.11
	民主刚果	台	27	197.37
	中国香港	台	17	147.52
	越南	台	81	143.75
	马来西亚	台	27	131.27
	阿根廷	台	3	103.03
84212990	未列名液体过滤、净化机器及装置	台	36 921 748	28 579.55
	其中:日本	台	9 541 167	6 406.97
	阿尔及利亚	台	152 215	2 003.16
	美国	台	5 537 550	1 807.63
	德国	台	1 396 689	1 366.02
	澳大利亚	台	164 420	1 356.67
84213923	工业用旋风式除尘器	台	8 370	1 566.53
	其中:伊朗	台	5	725.93
	印度	台	10	229.38
	乍得	台	7	136.83
	日本	台	881	125.66
84772010	塑料造粒机	台	2 551	3 646.59
	其中:越南	台	362	313.37

（续）

税号	产品名称及主要出口国家(地区)	出口量单位	出口量	出口额（万美元）
	俄罗斯联邦	台	125	255.90
	印度尼西亚	台	128	217.08
	印度	台	156	213.56
	巴西	台	60	193.94
	伊朗	台	30	180.55
	马来西亚	台	107	155.01
	丹麦	台	10	141.52
	墨西哥	台	36	134.63
	美国	台	23	107.29
84772090	其他挤出机	台	4 650	19 395.97
	其中:俄罗斯联邦	台	358	1 752.19
	印度尼西亚	台	254	1 397.37
	印度	台	494	1 382.47
	越南	台	346	1 377.12
	伊朗	台	310	1 347.11
	泰国	台	151	1 061.85
84796000	蒸发式空气冷却器	台	735 891	4 113.10
	其中:泰国	台	24 629	286.80
	菲律宾	台	53 594	266.46
	日本	台	85 251	265.25
	伊拉克	台	27 591	253.31
	美国	台	76 379	246.58
	巴西	台	43 472	243.48
	印度	台	34 299	233.58
	马来西亚	台	25 142	221.07
	阿拉伯联合酋长国	台	42 756	217.81
	印度尼西亚	台	41 602	210.21
84811000	减压阀	套	34 156 239	13 882.80
	其中:美国	套	3 909 811	3 191.20
	日本	套	1 683 271	2 629.93
	中国香港	套	4 124 240	1 013.76
	马来西亚	套	4 424 037	724.27
	韩国	套	447 675	683.82
	印度尼西亚	套	4 124 108	640.20
84812010	油压传动阀	套	1 757 235	4 218.05
	其中:美国	套	172 936	917.61
	中国香港	套	125 234	803.52

（续）

税号	产品名称及主要出口国家(地区)	出口量单位	出口量	出口额（万美元）
	巴西	套	21 112	617.34
	韩国	套	92 612	412.69
	日本	套	48 826	248.58
	印度	套	51 781	154.23
	新加坡	套	12 703	142.03
84812020	气压传动阀	套	5 473 217	5 338.02
	其中:美国	套	1 026 813	1 278.86
	德国	套	466 309	1 245.78
	日本	套	491 893	998.01
	法国	套	1 483 205	358.38
	哈萨克斯坦	套	50	214.59
84813000	止回阀	套	1 373 951 979	23 381.47
	其中:美国	套	270 948 089	4 761.48
	印度尼西亚	套	143 075 203	2 077.84
	韩国	套	32 928 209	1 705.86
	越南	套	92 447 169	1 054.47
	中国香港	套	1 526 105	877.24
	泰国	套	89 104 178	847.88
84814000	安全阀或溢流阀	套	9 618 135	5 834.32
	其中:美国	套	465 782	1 482.31
	日本	套	1 368 983	801.75
	中国台湾	套	1 109 700	438.99
	新加坡	套	2 578 742	423.01
	越南	套	1 082 663	288.49
	中国香港	套	334 534	273.09
	韩国	套	105 153	203.52
84819010	阀门零件	t	318 509.07	160 908.60
	其中:美国	t	101 235.49	50 067.58
	日本	t	21 336.83	19 454.31
	德国	t	12 334.60	9 187.75
	韩国	t	26 707.64	7 995.31
	中国台湾	t	17 209.31	6 726.69
	意大利	t	12 896.69	6 055.36
	英国	t	9 513.36	5 995.15
	丹麦	t	12 358.84	5 269.02

2010年炼油化工设备主要进口国家(地区)量值表

税号	产品名称及主要进口国家(地区)	进口量单位	进口量	进口额(万美元)
84051000	煤气发生器;乙炔发生器等水解气体发生器	t	1 288.14	2 742.05
	其中:印度	t	1 103.32	1 745.78
	美国	t	44.73	201.58
	韩国	t	40.15	191.27
	荷兰	t	29.86	127.74
	挪威	t	9.98	91.91
84059000	煤气发生器及乙炔发生器等的零件	t	62.72	456.36
	其中:美国	t	47.99	326.86
	乌克兰	t	2.30	48.00
	印度	t	0.65	36.20
	挪威	t	4.02	13.38
	韩国	t	2.53	11.50
84161000	使用液体燃料的炉用燃烧器	t	1 578.74	6 257.38
	其中:德国	t	207.09	1 308.85
	美国	t	181.32	1 195.01
	意大利	t	511.56	1 037.11
	丹麦	t	228.07	927.83
	日本	t	90.24	442.91
84162019	使用其他气体燃料的炉用燃烧器	t	339.86	2 493.32
	其中:荷兰	t	77.67	632.49
	日本	t	52.60	488.75
	德国	t	45.16	371.49
	美国	t	66.64	343.08
	英国	t	2.74	151.63
84193990	未列名干燥器	台	50 369	31 405.35
	其中:日本	台	24 066	8 001.37
	德国	台	7 118	5 508.75
	丹麦	台	84	3 338.37
	意大利	台	549	2 614.76
	美国	台	4 582	2 380.75
	韩国	台	1 625	1 997.88
84194010	提净塔	台	8	391.67
	其中:德国	台	6	363.80
84194020	精馏塔	台	29	2 546.32
	其中:德国	台	8	1 645.84
	日本	台	3	803.33

（续）

税号	产品名称及主要进口国家(地区)	进口量单位	进口量	进口额（万美元）
	韩国	台	5	50.05
84194090	其他蒸馏或精馏设备	台	1 841	5 007.28
	其中:丹麦	台	291	1 400.83
	德国	台	537	1 003.54
	韩国	台	58	715.10
	瑞士	台	646	681.62
	日本	台	105	301.80
84195000	热交换装置	台	1 124 426	75 842.96
	其中:德国	台	41 311	14 499.24
	日本	台	172 229	13 240.57
	韩国	台	43 764	9 594.69
	美国	台	18 305	8 005.01
	西班牙	台	2 976	6 079.55
84196011	制氧量≥15 000m^3/h 及以上的制氧机	台	1	695.74
	其中:德国	台	1	695.74
84196019	其他制氧机	台	56	42.02
	其中:美国	台	51	40.27
	斯洛伐克	台	1	0.82
	德国	台	1	0.81
84196090	未列名液化空气或其他气体的机器	台	188	6 204.59
	其中:美国	台	13	2 458.57
	德国	台	95	1 255.64
	英国	台	14	738.76
84198910	加氢反应器	台	52	2 264.55
	其中:美国	台	21	969.15
	意大利	台	3	855.02
	英国	台	2	165.59
	德国	台	4	98.67
84198990	未列名利用温度变化处理材料的机器、装置等	台	89 545	78 326.80
	其中:德国	台	11 606	21 730.96
	日本	台	4 247	11 319.61
	中国台湾	台	5 222	6 990.47
	意大利	台	664	5 814.70
	瑞士	台	719	5 719.24
	韩国	台	932	5 484.24
	美国	台	5 114	5 400.30
84211910	脱水机	台	1 172	5 110.67

（续）

税号	产品名称及主要进口国家(地区)	进口量单位	进口量	进口额（万美元）
	其中:澳大利亚	台	86	1 235.02
	日本	台	61	1 109.79
	德国	台	121	812.01
	丹麦	台	14	387.10
	法国	台	13	279.91
	美国	台	24	245.25
84212910	压滤机	个	414	3 857.76
	其中:德国	个	43	1 648.52
	奥地利	个	39	469.46
	韩国	个	20	358.41
	美国	个	128	267.24
	芬兰	个	9	240.16
84212990	未列名液体过滤、净化机器及装置	个	34 362 070	65 030.79
	其中:日本	个	14 855 043	15 445.43
	德国	个	4 821 853	13 282.16
	美国	个	8 435 022	7 714.47
	韩国	个	816 478	4 292.15
	泰国	个	14 662	3 707.61
	法国	个	545 459	3 437.63
84213923	工业用旋风式除尘器	个	4 229	1 574.69
	其中:德国	个	789	492.85
	美国	个	239	487.84
	日本	个	1 309	325.79
	韩国	个	482	74.28
	意大利	个	448	68.60
84772010	塑料造粒机	台	158	13 551.73
	其中:日本	台	38	5 489.37
	德国	台	37	3 885.05
	意大利	台	10	3 011.37
84772090	其他挤出机	台	863	27 892.73
	其中:德国	台	234	10 877.61
	日本	台	155	5 151.97
	美国	台	44	2 600.91
	瑞士	台	14	2 221.81
	奥地利	台	60	1 912.14
84796000	蒸发式空气冷却器	台	2 678	1 554.68
	其中:日本	台	222	484.50

（续）

税号	产品名称及主要进口国家(地区)	进口量单位	进口量	进口额（万美元）
	德国	台	218	448.14
	韩国	台	104	154.34
	西班牙	台	74	107.28
	荷兰	台	4	69.16
	丹麦	台	16	60.80
84811000	减压阀	万套	2 354.52	27 225.43
	其中:德国	万套	192.22	5 875.52
	美国	万套	641.88	4 305.38
	意大利	万套	165.89	2 946.74
	日本	万套	231.41	2 838.31
	韩国	万套	170.63	1 717.09
84812010	油压传动阀	万套	1 200.78	111 261.63
	其中:日本	万套	276.40	51 720.47
	德国	万套	133.00	23 115.82
	韩国	万套	207.08	11 934.84
	意大利	万套	78.42	6 658.62
	美国	万套	70.37	4 617.84
84812020	气压传动阀	万套	1 081.50	43 046.14
	其中:日本	万个	453.26	13 676.49
	德国	万个	204.72	8 565.81
	美国	万个	77.95	8 074.03
	法国	万个	9.18	2 964.00
	意大利	万个	81.52	1 727.65
	韩国	万个	162.96	1 621.03
84813000	止回阀	万个	8 118.69	37 023.96
	其中:德国	万个	2 047.13	9 746.44
	美国	万个	987.75	7 497.62
	意大利	万个	99.26	4 332.68
	日本	万个	2 112.63	4 096.45
	英国	万个	208.48	2 078.50
84814000	安全阀或溢流阀	万个	1 785.28	33 189.15
	其中:美国	万个	188.21	9 751.95
	德国	万个	338.37	8 203.16
	日本	万个	414.99	3 062.66
	法国	万个	66.84	2 695.65
	意大利	万个	260.26	1 737.85
84819010	阀门零件	t	22 027.16	65 746.38

（续）

税号	产品名称及主要进口国家(地区)	进口量单位	进口量	进口额（万美元）
	其中：德国	t	4 223.18	15 173.34
	日本	t	3 461.79	14 601.45
	美国	t	2 481.40	8 369.44
	韩国	t	2 748.49	5 377.68
	法国	t	358.03	2 674.15
	中国台湾	t	2 108.70	2 630.95

2010年压力容器产品主要出口国家(地区)量值表

税号	产品名称及主要出口国家(地区)	出口量(t)	出口额(万美元)
73071100	无可锻性铸铁管子附件	197 984.20	32 800.67
	其中：美国	80 150.39	12 773.13
	日本	7 996.74	1 515.06
	加拿大	7 597.85	1 314.57
	英国	6 772.10	1 252.64
	中国香港	7 112.90	1 140.54
73071900	可锻性铸铁及铸钢管子附件	241 845.38	47 024.99
	其中：美国	48 434.41	9 947.53
	印度	2 947.49	2 831.68
	伊朗	15 327.53	2 518.03
	韩国	16 448.79	2 484.17
	英国	8 080.76	1 642.43
73072100	不锈钢制法兰	46 402.12	25 306.40
	其中：日本	9 853.89	5 248.73
	韩国	8 289.09	4 104.21
	德国	5 515.56	3 391.84
	美国	3 358.37	1 901.98
	意大利	2 416.37	1 198.19
	比利时	1 841.30	1 115.47
73072200	不锈钢制螺纹肘管、弯管及管套	13 764.54	10 230.88
	其中：日本	2 386.43	2 272.34
	美国	2 458.88	1 888.39
	中国台湾	1 141.52	1 025.27
	德国	516.27	492.21
	意大利	501.12	479.13
	加拿大	543.50	411.13
73072300	不锈钢制对焊件	9 000.86	8 993.79

（续）

税号	产品名称及主要出口国家(地区)	出口量(t)	出口额(万美元)
	其中:美国	1 405.22	1 826.30
	荷兰	758.45	771.21
	意大利	730.20	628.86
	日本	370.95	612.03
	土耳其	717.44	543.25
	丹麦	310.40	483.44
73072900	不锈钢制其他管子附件	12 202.81	11 128.41
	其中:美国	2 443.30	2 089.78
	日本	678.40	950.11
	韩国	862.91	688.82
	德国	574.28	571.95
	中国台湾	529.97	447.20
73079100	其他钢铁制法兰	328 566.92	45 056.98
	其中:韩国	59 227.70	7 021.33
	日本	40 058.58	5 602.27
	美国	16 983.47	3 176.86
	德国	17 494.06	2 900.77
	意大利	15 492.80	1 857.79
	巴西	10 897.20	1 647.11
	英国	10 661.39	1 606.94
73079200	其他钢铁制螺纹肘管、弯管及管套	59 527.06	16 349.37
	其中:美国	15 475.73	5 237.36
	日本	3 525.06	2 364.37
	印度	2 369.44	506.31
	沙特阿拉伯	3 152.85	487.00
	阿拉伯联合酋长国	2 279.61	403.45
73079300	其他钢铁制对焊件	114 422.05	16 005.65
	其中:印度	15 448.61	1 726.45
	意大利	6 694.15	1 088.07
	阿拉伯联合酋长国	6 279.25	1 046.93
	伊朗	7 200.35	968.42
	巴西	7 662.25	964.61
	韩国	6 305.79	884.89
	韩国	6 305.79	884.89
73079900	未列名钢铁制管子附件	188 101.36	50 771.76
	其中:美国	52 220.32	13 902.31
	日本	5 299.08	2 971.21
	马来西亚	12 079.97	2 001.63

（续）

税号	产品名称及主要出口国家(地区)	出口量(t)	出口额(万美元)
	韩国	5 122.13	1 788.65
	德国	4 473.14	1 436.05
	俄罗斯联邦	2 655.28	1 334.26
	俄罗斯联邦	2 655.28	1 334.26
73110010	装压缩气体或液化气体的零售包装钢铁容器	2 264.60	668.97
	其中:日本	435.75	182.91
	越南	200.06	80.79
	澳大利亚	338.14	69.85
	中国台湾	98.80	44.56
	印度	106.83	35.04
73110090	装压缩气体或液化气体的非零售包装钢铁容器	183 699.38	39 381.11
	其中:美国	19 601.41	4 594.23
	伊朗	19 337.41	4 342.91
	印度	13 305.16	2 430.15
	泰国	8 732.37	2 349.62
	韩国	5 808.88	1 886.88
	乌兹别克斯坦	7 177.09	1 798.49
84841000	密封垫等,金属片与其他材料或多层金属片制	33 093.83	27 608.82
	其中:日本	2 165.38	4 006.98
	美国	5 282.52	3 582.00
	阿拉伯联合酋长国	841.71	1 845.31
	沙特阿拉伯	840.80	1 746.28
	印度	831.15	1 634.84
	新加坡	1 919.21	1 555.16

2010 年压力容器产品主要进口国家(地区)量值表

税号	产品名称及主要进口国家(地区)	进口量(t)	进口额(万美元)
73071100	无可锻性铸铁管子附件	1 407.25	1 604.31
	其中:日本	216.34	474.65
	意大利	366.63	345.83
	德国	328.44	246.91
	美国	211.91	166.95
	韩国	105.80	101.88
73071900	可锻性铸铁及铸钢管子附件	1 503.02	2 150.98
	其中:德国	236.75	529.73
	日本	198.04	527.49
	美国	91.25	226.39

（续）

税号	产品名称及主要进口国家(地区)	进口量(t)	进口额(万美元)
	韩国	481.66	198.79
	意大利	116.41	161.91
73072100	不锈钢制法兰	2 151.87	4 341.41
	其中:日本	928.98	1 224.88
	德国	167.40	623.87
	法国	124.83	414.91
	美国	87.84	411.51
	英国	59.72	229.43
	意大利	128.09	224.71
73072200	不锈钢制螺纹肘管、弯管及管套	953.36	3 750.31
	其中:美国	189.21	994.53
	日本	294.65	904.74
	德国	146.51	718.00
	韩国	100.55	290.11
	挪威	59.30	225.32
	中国台湾	34.38	145.59
73072300	不锈钢制对焊件	446.29	1 693.26
	其中:意大利	160.09	518.86
	奥地利	20.21	448.33
	德国	52.10	168.70
	中国台湾	117.04	144.15
	韩国	45.23	143.29
	日本	21.78	123.92
73072900	不锈钢制其他管子附件	2 398.11	13 252.58
	其中:美国	258.25	3 708.57
	德国	472.79	2 809.24
	日本	321.15	1 800.73
	韩国	571.15	1 167.56
	中国台湾	148.25	602.55
73079100	其他钢铁制法兰	27 956.78	10 808.54
	其中:韩国	22 159.48	4 446.40
	德国	1 825.91	2 605.21
	日本	1 310.32	1 286.37
	美国	311.28	586.29
	意大利	533.76	377.34
73079200	其他钢铁制螺纹肘管、弯管及管套	5 986.81	6 474.64

（续）

税号	产品名称及主要进口国家(地区)	进口量(t)	进口额(万美元)
	其中:日本	1 450.35	2 336.52
	韩国	2 141.72	977.82
	美国	1 062.92	918.56
	德国	320.86	781.87
	泰国	323.05	386.18
73079300	其他钢铁制对焊件	3 847.36	7 425.60
	其中:意大利	2 394.07	5 277.13
	奥地利	495.79	922.47
	德国	296.83	720.34
	韩国	254.06	105.61
	英国	32.29	97.46
73079900	未列名钢铁制管子附件	14 701.34	24 378.11
	其中:日本	3 096.82	5 940.46
	韩国	4 523.25	4 179.90
	德国	1 480.04	3 868.22
	美国	1 824.30	3 812.42
	法国	355.82	1 313.32
	新加坡	245.62	1 080.24
73110010	装压缩气体或液化气体的零售包装钢铁容器	4 779.52	724.63
	其中:中华人民共和国	4 381.10	478.46
	美国	68.59	162.29
	韩国	125.12	25.34
	荷兰	91.07	23.41
	新加坡	35.13	11.09
73110090	装压缩气体或液化气体的非零售包装钢铁容器	24 102.82	6 169.27
	其中:韩国	3 915.15	2 690.58
	日本	2 447.40	1 360.80
	美国	1 331.54	726.62
	马来西亚	357.37	371.29
	中华人民共和国	14 981.39	361.26
84841000	密封垫等,金属片与其他材料或多层金属片制	5 099.27	23 700.60
	其中:日本	1 444.87	7 655.63
	美国	678.16	4 522.66
	德国	426.34	2 723.99
	韩国	967.25	2 113.88
	法国	85.68	1 626.01

2010年输油管道主要出口国家(地区)量值表

税号	产品名称及主要出口国家(地区)	出口量(t)	出口额(万美元)
73041110	不锈钢石油天然气管道管 215.9mm≤外径≤406.4mm	261.32	65.22
	其中:俄罗斯联邦	49.24	18.71
	尼日尔	12.17	9.14
	香港	9.56	6.05
	印度	7.21	4.92
	菲律宾	61.05	4.65
73041120	不锈钢石油天然气管道管 114.3mm < 外径 < 215.9mm	3 708.47	570.94
	其中:伊拉克	3 514.62	494.49
	中国台湾	64.94	52.63
	尼日尔	11.89	7.62
	苏丹	55.91	5.00
	伊朗	2.46	2.48
73041130	不锈钢石油天然气管道管,外径≤114.3mm	868.31	337.81
	其中:美国	217.43	87.84
	俄罗斯联邦	105.03	50.26
	哈萨克斯坦	65.67	48.98
	尼日尔	46.20	27.32
	摩洛哥	11.63	23.93
73041190	不锈钢石油天然气管道管,外径 > 406.4mm	5 767.87	2 400.14
	其中:印度	3 164.42	1 159.37
	俄罗斯联邦	913.52	406.21
	美国	353.78	193.46
	立陶宛	356.45	173.82
	土耳其	187.00	78.42
	泰国	173.27	68.35
73041910	其他钢石油天然气管道管 215.9mm≤外径≤406.4mm	480 802.08	43 377.55
	其中:韩国	41 751.97	3 542.29
	伊朗	30 023.94	3 323.02
	阿拉伯联合酋长国	32 907.29	2 860.34
	印度	33 632.28	2 791.92
	沙特阿拉伯	30 193.89	2 668.03
	阿尔及利亚	19 910.32	2 373.59
73041920	其他钢石油天然气管道管 114.3mm < 外径 < 215.9mm	267 834.35	22 591.40
	其中:科威特	24 636.65	2 211.61
	印度	23 971.20	1 950.68
	伊朗	19 275.67	1 681.91
	韩国	18 415.68	1 480.23

（续）

税号	产品名称及主要出口国家（地区）	出口量（t）	出口额（万美元）
	伊拉克	14 274.61	1 456.42
	印度尼西亚	16 636.77	1 342.99
73041930	其他钢石油天然气无缝管道管，外径≤114.3mm	501 150.34	42 114.70
	其中：印度	84 493.53	7 054.65
	韩国	55 585.95	4 665.26
	伊朗	26 091.01	2 229.67
	中国台湾	23 942.76	1 866.32
	阿拉伯联合酋长国	22 489.90	1 795.42
73041990	其他钢石油天然气无缝管道管，外径>406.4mm	179 916.00	20 397.38
	其中：美国	16 583.73	2 015.00
	尼日利亚	15 355.40	1 958.62
	沙特阿拉伯	11 567.96	1 726.53
	伊朗	14 225.69	1 639.91
	印度	12 738.58	1 562.98
73042210	不锈钢制钻探石油天然气钻管，外径≤168.3mm	18.11	10.54
	其中：印度尼西亚	16.92	9.99
	土库曼斯坦	1.19	0.55
73042290	不锈钢制钻探石油天然气钻管，外径>168.3mm	986.96	376.94
	其中：加拿大	470.24	202.64
	伊拉克	516.72	174.32
73042310	其他钢制钻探石油天然气钻管，外径≤168.3mm	72 281.08	26 450.70
	其中：俄罗斯联邦	13 577.34	4 253.09
	美国	10 131.18	3 238.43
	加拿大	7 569.58	3 013.11
	阿拉伯联合酋长国	5 552.12	2 310.03
	伊朗	4 885.39	2 263.69
73042390	其他钢制钻探石油天然气钻管，外径>168.3mm	2 634.84	521.92
	其中：伊朗	447.09	122.65
	加蓬	701.10	82.24
	土耳其	178.33	45.53
	印度尼西亚	126.37	37.25
	美国	185.03	32.04
73042400	不锈钢制钻探石油或天然气用无缝套管、导管	1 055.20	585.63
	其中：韩国	994.79	533.98
	吉布提	57.62	46.32
73042900	钻探石油及天然气用无缝钢铁套管及导管	1 507 656.03	159 042.65
	其中：加拿大	122 409.77	15 821.40
	阿尔及利亚	96 977.41	9 789.03

（续）

税号	产品名称及主要出口国家(地区)	出口量(t)	出口额(万美元)
	印度尼西亚	96 113.35	9 083.33
	土库曼斯坦	56 822.04	9 035.33
	阿拉伯联合酋长国	89 970.30	8 874.39
	哈萨克斯坦	65 925.88	8 446.19
73061100	不锈钢制石油或天然气焊缝管道管	5 021.05	1 965.95
	其中:新加坡	655.18	367.14
	意大利	137.07	241.01
	韩国	936.89	182.47
	马来西亚	355.80	113.16
	印度	223.08	77.18
	俄罗斯联邦	264.71	71.80
73061900	其他钢铁制石油或天然气管道管	402 137.03	30 151.08
	其中:智利	49 347.79	3 569.73
	加拿大	52 626.27	3 445.60
	哥伦比亚	25 764.17	1 814.24
	印度	20 412.57	1 532.31
	苏丹	16 470.41	1 514.86
73062100	不锈钢制钻探石油或天然气用套管及导管	49.15	18.15
	其中:斯里兰卡	7.76	9.30
	日本	39.15	6.45
73062900	其他钢铁制钻探石油或天然气套管及导管	16 765.43	2 313.97
	其中:加拿大	6 536.25	871.76
	伊朗	1 322.08	538.88
	美国	3 455.12	233.98
	哈萨克斯坦	1 278.44	215.61
	伊拉克	1 064.95	153.11

2010 年输油管道主要进口国家(地区)量值表

税号	产品名称及主要进口国家(地区)	进口量(t)	进口额(万美元)
73041110	不锈钢石油天然气管道管 215.9mm≤外径≤406.4mm	165.69	197.42
	其中:意大利	101.92	126.04
	西班牙	36.18	47.53
	日本	17.80	13.52
	德国	3.43	8.70
	法国	6.36	1.63
73041120	不锈钢石油天然气管道管 114.3mm < 外径 < 215.9mm	59.58	57.03
	其中:日本	30.75	20.53

（续）

税号	产品名称及主要进口国家(地区)	进口量(t)	进口额(万美元)
	德国	9.17	18.62
	新加坡	2.97	6.08
	美国	5.20	5.14
	西班牙	2.44	2.89
73041130	不锈钢石油天然气管道管,外径≤114.3mm	1 073.51	673.16
	其中:日本	522.61	216.23
	阿根廷	300.66	124.48
	中国台湾	132.80	116.72
	意大利	69.78	113.04
	美国	20.62	45.36
73041190	不锈钢石油天然气管道管,外径>406.4mm	106.22	102.86
	其中:意大利	44.83	58.47
	韩国	60.21	41.98
	新加坡	0.03	1.53
73041910	其他钢石油天然气管道管215.9mm≤外径≤406.4mm	4 742.16	678.19
	其中:日本	2 549.32	363.17
	意大利	2 049.00	265.50
	德国	85.38	25.43
	新加坡	15.01	8.54
	比利时	0.95	5.31
73041920	其他钢石油天然气管道管114.3mm<外径<215.9mm	98.60	23.07
	其中:日本	53.06	8.86
	德国	11.19	3.71
	美国	11.21	2.47
	英国	6.12	1.77
	新加坡	3.08	1.63
73041930	其他钢石油天然气无缝管道管,外径≤114.3mm	1 462.12	437.91
	其中:日本	1 003.23	295.42
	美国	127.37	75.85
	中华人民共和国	234.81	22.47
	马来西亚	39.96	14.93
	比利时	4.08	8.75
	韩国	3.17	4.15
73041990	其他钢石油天然气无缝管道管,外径>406.4mm	60.77	29.92
	其中:德国	28.34	12.61
	日本	20.36	8.01
	韩国	1.09	3.71
73042210	不锈钢制钻探石油天然气钻管,外径≤168.3mm	49.80	63.75
	其中:法国	22.50	53.83
	美国	5.33	6.28

（续）

税号	产品名称及主要进口国家(地区)	进口量(t)	进口额(万美元)
	英国	21.97	3.64
73042290	不锈钢制钻探石油天然气钻管,外径＞168.3mm	21.97	3.64
	其中:英国	21.97	3.64
73042400	不锈钢制钻探石油或天然气用无缝套管、导管	10 844.14	2 508.36
	其中:日本	10 765.57	2 337.98
	瑞典	75.46	165.45
	意大利	0.57	2.11
73042900	钻探石油及天然气用无缝钢铁套管及导管	51 701.91	11 187.70
	其中:日本	33 778.54	7 429.13
	美国	1 474.34	1 150.63
	新加坡	3 809.87	851.06
	意大利	4 512.66	620.10
	阿根廷	2 191.40	321.21
73042310	其他钢制钻探石油天然气钻管,外径≤168.3mm	15 549.93	3 078.19
	其中:日本	7 677.65	1 772.78
	美国	3 611.89	669.67
	法国	423.86	288.58
	阿根廷	777.43	102.65
	英国	324.28	49.19
73042390	其他钢制钻探石油天然气钻管,外径＞168.3mm	1 802.71	422.23
	其中:美国	881.13	214.66
	法国	201.42	73.16
	日本	176.42	68.41
	阿根廷	250.34	37.66
73061100	不锈钢制石油或天然气焊缝管道管	1 092.02	651.57
	其中:德国	511.44	359.91
	韩国	553.71	264.51
	意大利	24.13	25.77
73061900	其他钢铁制石油或天然气管道管	3 147.37	453.49
	其中:韩国	2 504.08	273.56
	德国	377.71	126.95
	瑞典	62.79	36.12
73062100	不锈钢制钻探石油或天然气用套管及导管	41.05	90.14
	其中:美国	24.46	78.70
	瑞典	16.59	11.44
73062900	其他钢铁制钻探石油或天然气套管及导管	193.06	185.43
	其中:美国	116.99	76.34
	马来西亚	49.00	56.05
	加拿大	18.68	35.86

中国石油石化设备工业年鉴2011

标准和认证

详细介绍石油石化设备行业在2010～2011年制定的标准

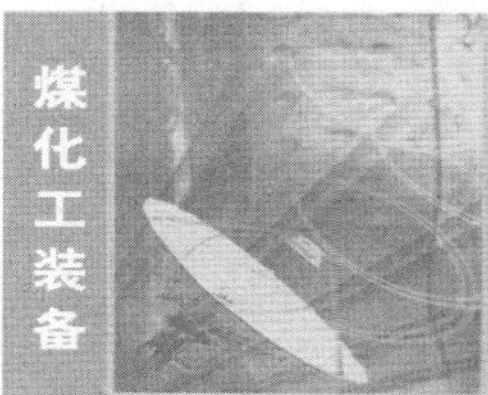

标准和认证

综述

回顾与展望

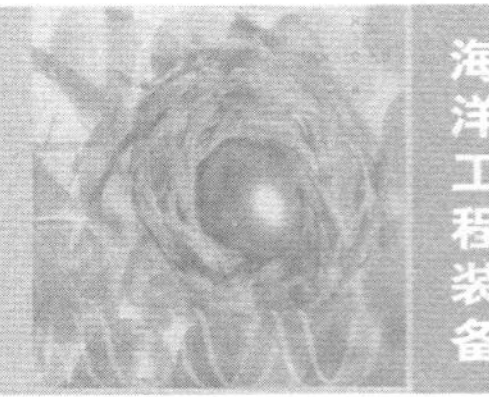
海洋工程装备

市场概况

煤化工装备

50强和名牌产品

统计资料

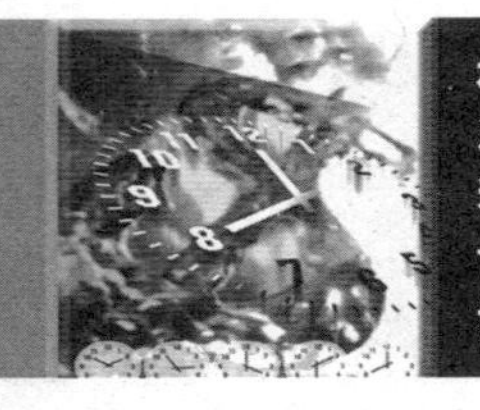
标准和认证

政策法规

大事记

2011国家能源局批准发布171项行业标准目录(石油石化部分)

序号	标准编号	标准名称	代替标准	采标号	批准日期	实施日期
1	SY 6432—2010	浅海石油作业井控规范	SY 6432—1999		2011-01-09	2011-05-01
2	SY 6444—2010	石油工程建设施工安全规程	SY 6444—2000		2011-01-09	2011-05-01
3	SY 6501—2010	浅海石油作业放射性及爆炸物品安全规程	SY 6501—2000		2011-01-09	2011-05-01
4	SY 6502—2010	浅(滩)海石油设施逃生和救生设备安全管理规定	SY 6502—2000		2011-01-09	2011-05-01
5	SY 6504—2010	浅海石油作业硫化氢防护安全规定	SY 6504—2000		2011-01-09	2011-05-01
6	SY 6505—2010	浅海石油设施涂色规定	SY 6505—2000		2011-01-09	2011-05-01
7	SY 6516—2010	石油工业电焊焊接作业安全规程	SY 6516—2001		2011-01-09	2011-05-01
8	SY 6805—2010	油气藏型地下储气库安全技术规程			2011-01-09	2011-05-01
9	SY 6806—2010	盐穴地下储气库安全技术规程			2011-01-09	2011-05-01
10	SY/T 0511.1—2010	石油储罐附件 第1部分:呼吸阀	SY/T 0511—1996		2011-01-09	2011-05-01
11	SY/T 0511.2—2010	石油储罐附件 第2部分:液压安全阀	SY/T 0525.1—1993		2011-01-09	2011-05-01
12	SY/T 0511.3—2010	石油储罐附件 第3部分:自动通气阀			2011-01-09	2011-05-01
13	SY/T 0511.4—2010	石油储罐附件 第4部分:泡沫塑料一次密封装置			2011-01-09	2011-05-01
14	SY/T 0511.5—2010	石油储罐附件 第5部分:二次密封装置			2011-01-09	2011-05-01

（续）

序号	标准编号	标准名称	代替标准	采标号	批准日期	实施日期
15	SY/T 0511.6—2010	石油储罐附件　第6部分:浮顶排水管系统			2011-01-09	2011-05-01
16	SY/T 0511.7—2010	石油储罐附件　第7部分:重锤式刮蜡装置			2011-01-09	2011-05-01
17	SY/T 0511.8—2010	石油储罐附件　第8部分:钢制孔类附件	SY/T 0525.4—1993		2011-01-09	2011-05-01
18	SY/T 0511.9—2010	石油储罐附件　第9部分:量油孔	SY/T 0525.5—1993		2011-01-09	2011-05-01
19	SY/T 6228—2010	油气井钻井及修井作业职业安全的推荐做法	SY/T 6228—1996	API RP 54:1999,MOD	2011-01-09	2011-05-01
20	SY/T 6276—2010	石油天然气工业健康、安全与环境管理体系	SY/T 6276—1997		2011-01-09	2011-05-01
21	SY/T 6499—2010	泄压装置的检测	SY/T 6499—2000	API RP 576:2000,MOD	2011-01-09	2011-05-01
22	SY/T 6507—2010	压力容器检验规范在役检验、定级、修理及改造	SY/T 6507—2000	API RP 510:2006,MOD	2011-01-09	2011-05-01
23	SY/T 6513—2010	编制海上作业和设施安全与环境管理计划推荐做法	SY/T 6513—2001	API RP 75:2004,MOD	2011-01-09	2011-05-01
24	SY/T 6514—2010	罐底动火作业准备	SY/T 6514—2001	API RP 2207:2007,MOD	2011-01-09	2011-05-01
25	SY/T 6515—2010	露天热表面引燃液态烃类及其蒸气的风险评价	SY/T 6515—2001	API RP 2216:2003,MOD	2011-01-09	2011-05-01
26	SY/T 6517—2010	石油设施储罐过量充装的防护	SY/T 6517—2001	API RP 2350:2005,MOD	2011-01-09	2011-05-01
27	5Y/T 6519—2010	易燃液体、气体或蒸气的分类及电气设备安装危险区的划分	SY/T 6519—2001	NFPA 497:2008,MOD	2011-01-09	2011-05-01
28	SY/T 6524—2010	石油工业作业场所劳动防护用具配备要求	SY/T 6524—2002		2011-01-09	2011-05-01
29	SY/T 6529—2010	原油库固定式消防系统运行规范	SY/T 6529—2002		2011-01-09	2011-05-01

（续）

序号	标准编号	标准名称	代替标准	采标号	批准日期	实施日期
30	SY/T 6807—2010	液化天然气项目申请报告编制指南			2011－01－09	2011－05－01
31	SY/T 6808—2010	泥岩密度计校准方法			2011－01－09	2011－05－01
32	SY/T 6809—2010	岩石碳酸盐分析仪校准方法			2011－01－09	2011－05－01
33	SY/T 6810—2010	岩石气体渗透率测定仪校准方法			2011－01－09	2011－05－01
34	SY/T 6811—2010	岩心油水饱和度蒸馏仪校准方法			2011－01－09	2011－05－01
35	SY/T 6812—2010	自然伽马能谱测井仪校准方法			2011－01－09	2011－05－01
36	SY/T 6813—2010	井温仪校准方法	JJG（石油）05—2000		2011－01－09	2011－05－01
37	SY/T 6814—2010	双频道回声测试仪校准方法	JJG（石油）10—2000		2011－01－09	2011－05－01
38	SY/T 6815—2010	油井计量分离器校准方法	JJG（石油）26—2000		2011－01－09	2011－05－01
39	SY/T 6816—2010	钻井液含砂量测定仪校准方法	JJG（石油）28—1993		2011－01－09	2011－05－01
40	SY/T 6817—2010	耐（抗）震压力表校准方法	JJG（石油）32—1994		2011－01－09	2011－05－01
41	SY/T 7516—2010	改性原油倾点的测定　熔化法	SY/T 7516—1992		2011－01－09	2011－05－01
42	SY/T 7517—2010	原油比热容的测定方法	SY/T 7517—1994		2011－01－09	2011－05－01
43	NB/SH/T 0839—2010	汽车轮毂轴承润滑脂低温转矩测定法		MOD ASTM 04693—2007	2011－01－09	2011－05－01
44	NB/SH/T 0840—2010	四冲程摩托车汽油机油离合器摩擦特性试验方法		MOD JASO T904：2006	2011－01－09	2011－05－01
45	NB/SH/T 0841—2010	汽油发动机燃油经济性评定法			2011－01－09	2011－05－01
46	NB/SH/T 0842—2010	汽油和柴油中硫含量的测定　单波长色散X射线荧光光谱法		MOD ASTM D7039—2007	2011－01－09	2011－05－01
47	NB/SH/T 0843—2010	石化行业分析测试系统的评价统计技术法		MOD ASTM D6299—2008	2011－01－09	2011－05－01

（续）

序号	标准编号	标准名称	代替标准	采标号	批准日期	实施日期
48	NB/SH/T 0844—2010	涡轮机油腐蚀性和氧化安定性测定法		MOD ASTM D4635—1999(2004)ε1	2011-01-09	2011-05-01
49	NB/SH/T 0845—2010	传动润滑剂钻度剪切安定性的测定　圆锥滚子轴承试验机法		MOD CEC L—45—99(2008)	2011-01-09	2011-05-01
50	NB/SH/T 0846—2010	抗磨液压油高压柱塞泵试验法			2011-01-09	2011-05-01
51	NB/SH/T 0847—2010	极压润滑油摩擦磨损性能的测定　SRY试验机法		MOD ASTM D6425—2005	2011-01-09	2011-05-01
52	NB/SH/T 0848—2010	聚乙烯蜡表观黏度测定法		MOD ASTM D1986—1991(2007)	2011-01-09	2011-05-01
53	NB/SH/T 0849—2010	汽车空调合成冷冻机油		MOD A—A—50634—1998	2011-01-09	2011-05-01
54	NB/SH/T 0850—2010	精密机械和光学仪器润滑脂流散性测定法		MOD DIN 58397.2—1983	2011-01-09	2011-05-01
55	NB/SH/T 0851—2010	精密机械和光学仪器用润滑脂		MOD DIN58395、DIN58396 Part1 和 DIN58396 Part2	2011-01-09	2011-05-01
56	NB/SH/T 0852—2010	在用油和含烟炱的发动机油在低温下的黏温关系测定法		MOD ASTM D7110—2005a	2011-01-09	2011-05-01
57	NB/SH/T 0853—2010	在用润滑油状态监测法　傅里叶变换红外(FT—IR)光谱趋势分析法		MOD ASTM E2414—2004	2011-01-09	2011-05-01
58	NB/SH/T 0859—2010	润滑油蒸发损失的测定　诺亚克法	SH/T 0059—1996	MOD ASTM D5800—2008	2011-01-09	2011-05-01
59	NB/SH/T 0324—2010	润滑脂分油的测定　锥网法	SH/T 0324—1992	MOD ASTM D6184—1998(2005)	2011-01-09	2011-05-01
60	NB/SH/T 0401—2010	石油蜡粘点和结点测定法	SH/T 0401—1992	MOD ASTM D1465—2004	2011-01-09	2011-05-01
61	NB/SH/T 0467—2010	合成工业齿轮油	SH/T 4067—1994	NEQ ANSI/A GMA 9005—D94、ANSI/AGMA 9005—E02	2011-01-09	2011-05-01
62	NB/SH/T 0474—2010	在用汽油机油中稀释汽油含量的测定　气相色谱法	SH/T 0474—2000	MOD ASTM D3525—2004	2011-01-09	2011-05-01

（续）

序号	标准编号	标准名称	代替标准	采标号	批准日期	实施日期
63	NB/SH/T 0521—2010	乙二醇型和丙二醇型发动机冷却液	SH/T 0521—1999	MOD ASTM D3306—2009和ASTM D6210—2008	2011－01－09	2011－05－01
64	NB/SH/T 0556—2010	石油蜡溶剂抽出物测定法	SH/T 0556—2004	MOD ASTM D3235—2006	2011－01－09	2011－05－01
65	NB/SH/T 0704—2010	石油和石油产品中氮含量的测定　舟进样化学发光法	SH/T 0704—2001	MOD ASTM D5762—2009	2011－01－09	2011－05－01

2011 年国家能源局批准发布 71 项行业标准目录

序号	标准编号	标准名称	代替标准	采标号	批准日期	实施日期
1	NB/T 47014—2011	承压设备焊接工艺评定	JB 4708—2000		2011－07－01	2011－10－01
2	NB/T 47015—2011	压力容器焊接规程	JB/T 4709—2000		2011－07－01	2011－10－01
3	NB/T 47016—2011	承压设备产品焊接试件的力学性能检验	JB 4744—2000		2011－07－01	2011－10－01
4	NB/T 47017—2011	压力容器视镜			2011－07－01	2011－10－01
5	NB/T 47018.1—2011	承压设备用焊接材料订货技术条件　第1部分:采购通则	JB/T 4747—2002		2011－07－01	2011－10－01
6	NB/T 47018.2—2011	承压设备用焊接材料订货技术条件　第2部分:钢焊条	JB/T 4747—2002		2011－07－01	2011－10－01
7	NB/T 47018.3—2011	承压设备用焊接材料订货技术条件　第3部分:气体保护电弧焊钢焊丝和填充丝	JB/T 4747—2002		2011－07－01	2011－10－01
8	NB/T 47018.4—2011	承压设备用焊接材料订货技术条件　第4部分:埋弧焊钢焊丝和焊剂	JB/T 4747—2002		2011－07－01	2011－10－01
9	NB/T 47018.5—2011	承压设备用焊接材料订货技术条件　第5部分:堆焊用不锈钢焊带和焊剂	JB/T 4747—2002		2011－07－01	2011－10－01
10	NB/T 47018.6—2011	承压设备用焊接材料订货技术条件　第6部分:铝及铝合金焊丝和填充丝	JB/T 4747—2002		2011－07－01	2011－10－01

（续）

序号	标准编号	标准名称	代替标准	采标号	批准日期	实施日期
11	NB/T 47018.7—2011	承压设备用焊接材料订货技术条件　第7部分:铁及铁合金焊丝和填充丝	JB/T 4747—2002		2011-07-01	2011-10-01
12	NB/T 47019.1—2011	锅炉、热交换器用管订货技术条件　第1部分:通则			2011-07-01	2011-10-01
13	NB/T 47019.2—2011	锅炉、热交换器用管订货技术条件　第2部分:规定室温性能的非合金钢和合金钢			2011-07-01	2011-10-01
14	NB/T 47019.3—2011	锅炉、热交换器用管订货技术条件　第3部分:规定高温性能的非合金钢和合金钢			2011-07-01	2011-10-01
15	NB/T 47019.4—2011	锅炉、热交换器用管订货技术条件　第4部分:低温用低合金钢			2011-07-01	2011-10-01
16	NB/T 47019.5—2011	锅炉、热交换器用管订货技术条件　第5部分:不锈钢			2011-07-01	2011-10-01
17	NB/T 47019.6—2011	锅炉、热交换器用管订货技术条件　第6部分:铁素体/奥氏体型双相不锈钢			2011-07-01	2011-10-01
18	NB/T 47019.7—2011	锅炉、热交换器用管订货技术条件　第7部分:有色金属　铜和铜合金			2011-07-01	2011-10-01
19	NB/T 47019.8—2011	锅炉、热交换器用管订货技术条件　第8部分:有色金属　铁和铁合金			2011-07-01	2011-10-01
20	NB/T 34001—2011	太阳能杀虫灯通用技术条件			2011-07-01	2011-10-01
21	NB/T 34002—2011	农村风光互补室外照明装置			2011-07-01	2011-10-01
22	NB/T 34003—2011	聚光型太阳灶通用技术条件			2011-07-01	2011-10-01
23	NB/T 34004—2011	生物质气化集中供气净化装置性能测试方法			2011-07-01	2011-10-01
24	NB/T 34005—2011	民用生物质固体成型燃料采暖炉具试验方法			2011-07-01	2011-10-01
25	NB/T 34006—2011	民用生物质固体成型燃料采暖炉具通用技术条件			2011-07-01	2011-10-01
26	NB/T 51001—2011	煤炭建设地面建筑工程概算指标			2011-07-01	2011-10-01
27	NB/T 41001—2011	电容式电压互感器产品质量分等	JB/T 56212—1999		2011-07-01	2011-10-01

（续）

序号	标准编号	标准名称	代替标准	采标号	批准日期	实施日期
28	NB/T 41002—2011	标称电压 1 000V 以上交流电力系统用并联电容器产品质量分等	JB/T 56210—1999		2011－07－01	2011－10－01
29	NB/T 41003—2011	标称电压 1 000V 及以下交流电力系统用自愈式并联电容器质量分等	JB/T 56214—1999		2011－07－01	2011－10－01
30	NB/T 20004—2011	核电厂核岛机械设备材料理化检验方法	EJ/T 1040—1996		2011－07－01	2011－10－01
31	NB/T 20006.1—2011	压水堆核电厂用合金钢　第 1 部分：承受强辐照的反应堆压力容器筒体用锰—镍—铂钢锻件			2011－07－01	2011－10－01
32	NB/T 20006.2—2011	压水堆核电厂用合金钢　第 2 部分：不承受强辐照的反应堆压力容器筒体用锰—镍—铂钢锻件			2011－07－01	2011－10－01
33	NB/T 20006.3—2011	压水堆核电厂用合金钢　第 3 部分：反应堆压力容器过渡段和法兰用锰—镍—铂钢锻件			2011－07－01	2011－10－01
34	NB/T 20006.4—2011	压水堆核电厂用合金钢　第 4 部分：反应堆压力容器接管嘴用锰—镍—铂钢锻件			2011－07－01	2011－10－01
35	NB/T 20006.6—2011	压水堆核电厂用合金钢　第 6 部分：蒸汽发生器管板用锰—镍—铂钢锻件			2011－07－01	2011－10－01
36	NB/T 20006.12—2011	压水堆核电厂用合金钢　第 12 部分：反应堆冷却剂泵主法兰用锰—镍—铂钢锻件			2011－07－01	2011－10－01
37	NB/T 20007.9—2011	压水堆核电厂用不锈钢　第 9 部分：1、2、3 级奥氏体不锈钢对焊无缝管件	EJ/T 404—1999		2011－07－01	2011－10－01
38	NB/T 20035—2011	压水堆核电厂工况分类	EJ/T 312—1988		2011－07－01	2011－10－01
39	NB/T 20036.1—2011	核电厂能动机械设备鉴定　第 1 部分：通用要求			2011－07－01	2011－10－01
40	NB/T 20036.2—2011	核电厂能动机械设备鉴定　第 2 部分：抗震鉴定			2011－07－01	2011－10－01
41	NB/T 20036.3—2011	核电厂能动机械设备鉴定　第 3 部分：非金属物项鉴定			2011－07－01	2011－10－01
42	NB/T 20036.4—2011	核电厂能动机械设备鉴定　第 4 部分：动态约束器鉴定			2011－07－01	2011－10－01

（续）

序号	标准编号	标准名称	代替标准	采标号	批准日期	实施日期
43	NB/T 20036.5—2011	核电厂能动机械设备鉴定　第5部分:泵组件鉴定			2011-07-01	2011-10-01
44	NB/T 20036.6—2011	核电厂能动机械设备鉴定　第6部分:阀门组件鉴定			2011-07-01	2011-10-01
45	NB/T 20037.1—2011	应用于核电厂的概率安全评价　第1部分:功率运行内部事件一级PSA			2011-07-01	2011-10-01
46	NB/T 20038—2011	核空气和气体处理规范　设计和制造通用要求	EJ/T 1116—2000		2011-07-01	2011-10-01
47	NB/T 20039.11—2011	核空气和气体处理规范　通风、空调与空气净化　第11部分:碘吸附器(Ⅰ型)			2011-07-01	2011-10-01
48	NB/T 20039.12—2011	核空气和气体处理规范　通风、空调与空气净化　第12部分:碘吸附器(Ⅱ型)	EJ/T 421—1989		2011-07-01	2011-10-01
49	NB/T 20040—2011	核电厂安全级电气设备抗震鉴定试验规则			2011-07-01	2011-10-01
50	NB/T 20041—2011	核电文档管理系统功能要求			2011-07-01	2011-10-01
51	NB/T 20042—2011	核电档案分类准则及编码规则			2011-07-01	2011-10-01
52	NB/T 20043—2011	核电工程施工计划管理规定			2011-07-01	2011-10-01
53	NB/T 20044—2011	压水堆核电厂堆内构件安装及验收技术规程			2011-07-01	2011-10-01
54	NB/T 20045—2011	压水堆核电厂反应堆压力容器安装及验收技术规程			2011-07-01	2011-10-01
55	NB/T 20046—2011	压水堆核电厂蒸汽发生器安装及验收技术规程			2011-07-01	2011-10-01
56	NB/T 20047—2011	压水堆核电厂主管道、波动管及其支撑的安装及验收规范			2011-07-01	2011-10-01
57	NB/T 20048—2011	核电厂建设项目经济评价方法			2011-07-01	2011-10-01
58	NB/T 20049—2011	电缆贯穿挡火封堵件性能试验	EJ/T 674—1992		2011-07-01	2011-10-01
59	NB/T 20050—2011	核电厂电气设备水危害防护实用方法			2011-07-01	2011-10-01
60	NB/T 20051—2011	核电厂厂用电系统设计准则	EJ/T 1134—2001		2011-07-01	2011-10-01
61	NB/T 20052—2011	核电厂安全级电路电缆系统的设计和安装	EJ/T 534—1991		2011-07-01	2011-10-01
62	NB/T 20053—2011	核电厂安全重要电气、仪表和控制设备安装要求	EJ/T 626—1992		2011-07-01	2011-10-01

（续）

序号	标准编号	标准名称	代替标准	采标号	批准日期	实施日期
63	NB/T 20054—2011	核电厂安全重要仪表和控制系统执行A类功能的计算机软件	EJ/T 1058—1998 EJ/T 1058.2—2005		2011－07－01	2011－10－01
64	NB/T 20055—2011	核电厂安全重要仪表和控制系统执行B类和C类功能的计算机软件			2011－07－01	2011－10－01
65	NB/T 20056—2011	轻水堆核燃料衰变热功率的计算	EJ/T 745—2001		2011－07－01	2011－10－01
66	SY/T 6833—2011	CNG加气站经济运行规范			2011－07－01	2011－10－01
67	SY/T 6834—2011	变频调速拖动装置节能测试方法与评价指标			2011－07－01	2011－10－01
68	SY/T 6835—2011	稠油热采蒸汽发生器节能监测规范			2011－07－01	2011－10－01
69	SY/T 6836—2011	天然气净化装置经济运行规范			2011－07－01	2011－10－01
70	SY/T 6837—2011	油气输送管道系统节能监测规范			2011－07－01	2011－10－01
71	SY/T 6838—2011	油气田企业节能量与节水量计算方法			2011－07－01	2011－10－01

2010年国家能源局公布废止121项石油天然气行业标准编号和名称

序号	项目编号	项目名称
1	SY 0007—1999	钢质管道及储罐腐蚀控制工程设计规范
2	SY/T 0006—1999	油田采出水处理设计规范
3	SY/T 0015.1—1998	原油和天然气输送管道穿跨越工程设计规范　穿越工程
4	SY/T 0019—1997	埋地钢质管道牺牲阳极阴极保护设计规范
5	SY/T 0023—1897	埋地钢质管道阴极保护参数测试方法
6	SY/T 0025—1895	石油设施电气装置场所分类
7	SY/T 0036—2000	埋地钢质管道强制电流阴极保护设计规范
8	SY/T 0078—1993	钢质管道内腐蚀控制标准
9	SY/T 0322—2000	石油建设工程质量检验评定标准　天然气净化厂建设工程
10	SY/T 0327—2003	石油天然气钢质管道对接环焊缝全自动超声波检测
11	SY/T 0408—2000	抽油机安装工程施工及验收规范
12	SY/T 0413—2002	埋地钢制管道聚乙烯防腐层技术标准
13	SY/T 0429—2000	石油建设工程质量检验评定标准　输油输气管道线路工程

（续）

序号	项目编号	项目名称
14	SY/T 0450—2004	输油（气）钢质管道抗震设计规范
15	SY/T 0453—1998	石油建设工程质量检验评定标准　油田集输管道工程
16	SY/T 0468—2000	石油建设工程质量检验评定标准　防腐保温钢管制作
17	SY/T 0469—1998	石油建设工程质量检验评定标准　油田钢制容器及加热炉制作
18	SY/T 4024—1993	石油建设工程质量验收评定标准　通则
19	SY/T 4025—1993	石油建设工程质量检验评定标准　建筑工程
20	SY/T 4026—1993	石油建设工程质量检验评定标准　储罐工程
21	SY/T 4027—1993	石油建设工程质量检验评定标准　站内钢质工艺管道安装工程
22	SY/T 4028—1993	石油建设工程质量检验评定标准　设备安装工程
23	SY/T 4030. 1—1993	石油建设工程质量检验评定标准　电气工程（架空电力线路工程）
24	SY/T 4030. 2—1993	石油建设工程质量检验评定标准　电气工程（电气装置安装工程）
25	SY/T 4031—1993	石油建设工程质量检验评定标准　自动化仪表安装工程
26	SY/T 4032. 1—1993	石油建设工程质量验收评定标准　通信工程（长途通信明线线路工程）
27	SY/T 4032. 2—1993	石油建设工程质量验收评定标准　通信工程（市内电话线路工程）
28	SY/T 4032. 3—1993	石油建设工程质量验收评定标准　通信工程（通信管道工程）
29	SY/T 4032. 4—1993	石油建设工程质量验收评定标准　通信工程（长途通信明线载波电话安装工程）
30	SY/T 4032. 5—1993	石油建设工程质量验收评定标准　通信工程（长途通信电话交换设备安装工程）
31	SY/T 4032. 6—1993	石油建设工程质量验收评定标准　通信工程（市内电话交换设备安装工程）
32	SY/T 4032. 7—1993	石油建设工程质量验收评定标准　通信工程（市内电话程控交换设备安装工程）
33	SY/T 4032. 8—1993	石油建设工程质量验收评定标准　通信工程（电信网光纤数字传输系统工程）
34	SY/T 4032. 9—1993	石油建设工程质量验收评定标准　通信工程（数字微波通信工程）
35	SY/T 4032. 10—1993	石油建设工程质量验收评定标准　通信工程（通信电源设备安装工程）
36	SY/T 4033—1993	石油建设工程质量验收评定标准　道路工程
37	SY/T 4034—1993	石油建设工程质量验收评定标准　桥梁工程
38	SY/T 4035—1993	石油建设工程质量检验评定标准　采暖、通风、给排水安装工程
39	SY/T 4037—1993	石油建设工程质量验收评定标准　炼油厂建设工程
40	SY/T 4038—1993	石油建设工程质量检验评定标准　气田建设工程
41	SY/T 4054—2003	辐射交联聚乙烯热收缩带（套）
42	SY/T 4071—1993	管道下向焊接工艺规程
43	SY/T 4079—1995	石油天然气管道穿越工程施工及验收规范
44	SY/T 4104—1995	石油建设工程质量检验评定标准　管道穿跨越工程
45	SY/T 4805—1992	海上结构物上生产设施的推荐做法
46	SY/T 5002—1996	双作用钻井泵易损件连接尺寸
47	SY/T 5035—2004	吊环、吊卡、吊钳
48	SY/T 5053. 1—2000	地面防喷器及控制装置　防喷器
49	SY/T 5116—1997	沉积岩中总有机碳的测定

（续）

序号	项目编号	项目名称
50	SY/T 5127—2002	井口装置和采油树规范
51	SY/T 5128—1997	油气井聚能射孔器通用技术条件
52	SY/T 5138—1992	三缸单作用钻井泵
53	SY/T 5199—1997	套管、油管和管线管用螺纹
54	SY/T 5202—2004	石油修井机
55	SY/T 5288—2000	钻采提升设备主要连接尺寸
56	SY/T 5290—2000	石油钻杆接头
57	SY/T 5375—1995	旋转钻井设备选用方法
58	SY/T 5442—1992	链条抽油机
59	SY/T 5443—2001	地面防喷器控制装置专用液压气动元件
60	SY/T 5469—1992	旋转钻井设备　水龙带
61	SY/T 5487—1992	套铣管
62	SY/T 5509—1992	POI—2420 型原油破乳剂
63	SY/T 5527—2001	石油钻机主要提升设备
64	SY/T 5549—2002	单螺杆抽油泵
65	SY/T 5581—1993	TA1031 原油破乳剂
66	SY/T 5592—1993	聚合物冻胶型 PIA—605 调剖剂
67	SY/T 5609—1998	石油钻机型式与基本参数
68	SY/T 5698—1995	油井管公称尺寸
69	SY/T 5716. 1—1995	石油钻机大修理通用技术条件
70	SY/T 5716. 2—1995	石油钻机大修理技术条件　天车、游车、大钩
71	SY/T 5716. 3—1995	石油钻机大修理技术条件　水龙头
72	SY/T 5716. 4—1995	石油钻机大修理技术条件　转盘
73	SY/T 5716. 5—1995	石油钻机大修理技术条件　绞车
74	SY/T 5716. 5—1995	石油钻机大修理技术条件　水刹车
75	SY/T 5715. 8—1995	石油钻机大修理技术条件　传动装置
76	SY/T 5716. 11—1995	石油钻机大修理技术条件　钻井液净化系统
77	SY/T 5831—1993	压裂用空心微珠转向剂 SL—KX—1
78	SY/T 5858—2004	石油工业动火作业安全规程
79	SY/T 5870—1993	套管补贴用波纹管
80	SY/T 5877—2000	补偿密度测井仪维修技术规程
81	SY/T 5885—1993	酸化用高浓度盐酸缓蚀剂 CT1—3
82	SY/T 5951—1994	环氧酚醛防腐油管技术条件
83	SY/T 5966—1994	勘探项目年度设计编制规范
84	SY/T 5973—1994	石油天然气勘探生产技术指标
85	SY/T 5976—1994	石油天然气勘探项目管理验收规范

（续）

序号	项目编号	项目名称
86	SY/T 5986—1994	调剖液配注车
87	SY/T 5987—1994	钻杆国外订货技术条件
88	SY/T 5990—1994	套管国外订货技术条件
89	SY/T 6017—1994	年度油气勘探部署报告编写规范
90	SY/T 6018—1994	年度油气勘探部署图册编制
91	SY/T 5029—1994	石油天然气勘探信息系统管理规程
92	SY/T 6038—1994	单井碳酸盐岩储层评价
93	SY/T 6041—1994	石油天然气勘探效益评价方法
94	SY/T 6083—1994	三缸单作用钻井泵主要易损件连接尺寸
95	SY/T 6092—1994	正脉冲无线随钻测斜仪维修要求与检验
96	SY/T 6123—1995	双层预充填塑料防砂筛管
97	SY/T 6143—2004	用标准孔板流量计测量天然气流量
98	SY/T 6194—2003	石油天然气工业　油气井套管或油管用钢管
99	SY/T 6245—1996	建立地震勘探处理软件考核剖面的规程
100	SY/T 6254—2005	井壁取心器的使用与维护
101	SY/T 6297.1—2004	油气井射孔器评价方法　第1部分:API推荐的射孔器评价方法
102	SY/T 5297.2—2004	油气井射孔器评价方法　第2部分:射孔器模拟井射孔试验
103	SY/T 6305—1997	磷酸酸化液技术条件
104	SY/T 6437—2000	开发实验用岩样的取样方法及质量要求
105	SY/T 6447—2000	油气井聚能射孔弹产品标识
106	SY/T 6474—2000	新套管、油管和平端钻杆现场检验方法
107	SY/T 6494—2000	石油天然气工业　设备可靠性和维修数据的采集与交换
108	SY/T 10018—1998	海上定位资料处理技术指南
109	SYJ 4046—1890	长输管道阴极保护工程施工及验收规范
110	JJG(石油) 01—1996	石油钻具接头螺纹工作量规
111	JJG(石油) 27—1992	活塞式标准体积管
112	JJG(石油) 34—1994	JD581多线电测仪
113	JJG(石油) 31—1994	一体化温度变送器
114	JJG(石油) 33—1995	数字地震检波器
115	JJG(石油) 34—1995	综合录井仪钻井液电阻式体积传感器
116	JJG(石油) 35—1995	综合录井仪钻井液差压式密度传感器
117	JJG(石油) 36—1994	螺纹轮廓仪
118	JJG(石油) 37—1994	抽油杆螺纹量规
119	JJG(石油) 41—1996	石油套管圆螺纹工作量规及石油油管螺纹工作量规
120	JJG(石油) 42—1996	石油管螺纹单项参数检测仪检定规程
121	JJC(石油) 43—1995	无线随钻测量仪

2010 年国家能源局批准发布 99 项石油天然气行业标准

标准号	标准名称	采标准情况	被代替标准	实施日期
SY/T 0033—2009	油气田变配电设计规范		SYJ 33—1988	2010—05—01
SY/T 0048—2009	石油天然气工程总图设计规范		SY/T 0048—2000	2010—05—01
SY/T 0541—2009	原油凝点测定法		SY/T 0541—1994	2010—05—01
SY/T 0543—2009	稳定轻烃取样方法		SY/T 0543—1994	2010—05—01
SY/T 0600—2009	油田水结垢趋势预测		SY/T 0600—1997	2010—05—01
SY/T 0601—2009	水中乳化油、溶解油的测定		SY/T 0601—1997	2010—05—01
SY/T 5049—2009	钻井卡瓦		SY/T 5049—1991	2010—05—01
SY/T 5051—2009	钻具稳定器		SY/T 5051—1991	2010—05—01
SY/T 5059—2009	组合泵筒管式抽油泵		SY/T 5059—2000	2010—05—01
			SY/T 5143—1998	
SY/T 5068—2009	钻修井用打捞筒		SY/T 5068—2000	2010—05—01
SY/T 5069—2009	钻修井用打捞矛		SY/T 5069—2000	2010—05—01
SY/T 5211—2009	压裂成套设备		SY/T 5211—2003	2010—05—01
			SY/T 5287—2000	
SY/T 5254—2009	测井数据处理符号		SY/T 5254—2000	2010—05—01
SY/T 5262—2009	火筒式加热炉规范		SY/T 5262—2000	2010—05—01
			SY/T 5261—1991	
			SY/T 0419—1997	
SY/T 5267—2009	油田原油损耗的测定		SY/T 5267—2000	2010—05—01
SY/T 5299—2009	电缆式桥塞、倒灰作业规程		SY/T 5299—1991	2010—05—01
SY/T 5350—2009	钻井液用发泡剂评价程序		SY/T 5350—1991	2010—05—01
SY/T 5373—2009	钻井井下工具与作业用图形符号		SY/T 5373—1991	2010—05—01
SY/T 5378—2009	钻井液含砂量测定仪技术条件		SY/T 5378—1991	2010—05—01
SY/T 5382—2009	钻井液固相含量测定仪		SY/T 5382—1991	2010—05—01
SY/T 5434—2009	碎屑岩粒度分析方法		SY/T 5434—1999	2010—05—01
			SY/T 6131—1995	
SY/T 5440—2009	天然气井试井技术规范		SY/T 5440—2000	2010—05—01
			SY/T 5852—1993	
SY/T 5464—2009	测井与射孔质量指标的计算方法		SY/T 5464—1992	2010—05—01
SY/T 5481—2009	地震勘探资料解释技术规程		SY/T 5481—2003	2010—05—01
SY/T 5503—2009	岩石氯盐含量测定方法		SY/T 5503—2000	2010—05—01
SY/T 5504.6—2009	油井水泥外加剂评价方法　第 6 部分:减轻剂		SY/T 5403—1991	2010—05—01
SY/T 5525—2009	旋转钻井设备　上部和下部方钻杆旋塞阀		SY/T 5525—1992	2010—05—01

（续）

标准号	标准名称	采标准情况	被代替标准	实施日期
SY/T 5542—2009	油气藏流体物性分析方法		SY/T 5542—2002 SY/T 5543—2002 SY/T 6434—2000 SY/T 6435—2000	2010—05—01
SY/T 5552—2009	地锚车		SY/T 5552—1992	2010—05—01
SY/T 5557—2009	固井成套设备规范		SY/T 5557—2001 SY/T 5611—2001 SY/T 5439—2003 SY/T 5394—2004 SY/T 5494—1992	2010—05—01
SY/T 5585—2009	地震数传电缆电参数测试方法		SY/T 5585. 1—1993 SY/T 5585. 2—1993 SY/T 5585. 3—1993 SY/T 5585. 4—1993	2010—05—01
SY/T 5595—2009	石油钻机传动滚子链	API Spec 7F：2003，IDT	SY/T 5595—1997	2010—05—01
SY/T 5596—2009	钻井液用处理剂命名规范		SY/T 5596—1993	2010—05—01
SY/T 5601—2009	天然气藏地质评价方法		SY/T 5601—1993	2010—05—01
SY/T 5618—2009	套管用浮箍、浮鞋		SY/T 5618—2000 SY/T 5476—1992	2010—05—01
SY/T 5619—2009	定向井下部钻具组合设计方法		SY/T 5619—1999	2010—05—01
SY/T 5623—2009	地层压力预（监）测方法		SY/T 5623—1997 SY/T 5430—1992	2010—05—01
SY/T 5633—2009	石油测井图件格式		SY/T 5633—1999	2010—05—01
SY/T 5641—2009	石油天然气工业　天然气发动机		SY/T 5641—2000	2010—05—01
SY/T 5733—2009	注水井偏心配水管柱分层测试调配规程		SY/T 5733—1995	2010—05—01
SY/T 5746—2009	潜油电泵井动态控制图编制和使用方法		SY/T 5746—1995	2010—05—01
SY/T 5832—2009	抽油杆扶正器		SY/T 5832—2002	2010—05—01
SY/T 5919—2009	埋地钢质管道阴极保护技术管理规程		SY/T 5919—1994	2010—05—01
SY/T 5928—2009	石油地震勘探资料归档保管规范		SY/T 5928—2000	2010—05—01
SY/T 5939—2009	重力仪使用与维护		SY/T 5939—2000	2010—05—01
SY/T 5972—2009	钻机基础选型		SY/T 5972—1994	2010—05—01
SY/T 5980—2009	探井试油设计规范		SY/T 5980—1999	2010—05—01
SY/T 6013—2009	试油资料录取规范		SY/T 6013—2000 SY/T 6337—2006	2010—05—01
SY/T 6072—2009	钻修井用磨铣鞋		SY/T 6072—1994 SY/T 5285—1991	2010—05—01
SY/T 6105—2009	油田开发可行性评价技术要求		SY/T 6105—1994	2010—05—01
SY/T 6121—2009	封隔器解卡打捞工艺做法		SY/T 6121—1995	2010—05—01

（续）

标准号	标准名称	采标准情况	被代替标准	实施日期
SY/T 6130—2009	注蒸汽井参数测试及吸汽剖面解释方法		SY/T 6130—1995	2010—05—01
SY/T 6151—2009	钢质管道管体腐蚀损伤评价方法		SY/T 6151—1995	2010—05—01
SY/T 6161—2009	天然气测井资料处理及解释规范		SY/T 6161—1995	2010—05—01
SY/T 6168—2009	气藏分类		SY/T 6168—1995	2010—05—01
SY/T 6177—2009	气田开发方案及调整方案经济评价技术要求		SY/T 6177—2000	2010—05—01
SY/T 6180—2009	碳氧比能普测井作业规程		SY/T 6180—1996	2010—05—01
SY/T 6243—2009	油气探井工程录井规范		SY/T 6243—1996	2010—05—01
SY/T 6300—2009	采油用清、防蜡剂技术条件		SY/T 6300—1997	2010—05—01
SY/T 6302—2009	压裂支撑剂充填层短期导流能力评价推荐方法	API RP 61:1989,IDT	SY/T 6302—1997	2010—05—01
SY/T 6367—2009	钻井设备的检验、维护、修理和修复程序	API Spec 7L:1995,MOD	SY/T 6367—1998	2010—05—01
SY/T 6382—2009	输油管道加热设备技术管理规定		SY/T 6382—1999	2010—05—01
SY/T 6394—2009	油井水泥与外加剂(外掺料)干混作业与气力输送规程		SY/T 6394—1999	2010—05—01
SY/T 6396—2009	钻井井眼防碰技术要求		SY/T 6396—1999	2010—05—01
SY/T 6409—2009	石油企业物资供应主要技术经济指标及计算方法		SY/T 6409—1999	2010—05—01
SY/T 6413—2009	数控测井作业规程		SY/T 6413—1999	2010—05—01
SY/T 6417—2009	套管、油管和钻杆使用性能	API Bul 5C2:1999,IDT	SY/T 6417—1999	2010—05—01
SY/T 6419—2009	玻璃纤维管的使用与维护	API RP 15TL4:1999,IDT	SY/T 6419—1999	2010—05—01
SY/T 6473—2009	石油企业节能技措项目经济效益评价方法		SY/T 6473—2000	2010—05—01
SY/T 6483—2009	石油勘探数控测井系统数据记录格式		SY/T 6483—2000	2010—05—01
SY/T 6543.2—2009	欠平衡钻井技术规范　第2部分:气相		SY/T 6543.1—2003 SY/T 6543.2—2003 SY/T 6543.3—2003	2010—05—01
SY/T 6578—2009	输油管道减阻剂减阻效果室内测试方法		SY/T 6578—2003	2010—05—01
SY/T 10025—2009	海洋钻井装置作业前检验规范		SY/T 10025—1999	2010—05—01
SY/T 6679.2—2009	综合录井仪校准方法　第2部分:录井气相色谱仪			2010—05—01
SY/T 6679.3—2009	综合录井仪校准方法　第3部分:数据采集系统			2010—05—01
SY/T 6725.2—2009	石油钻机用电气设备规范　第2部分:控制系统			2010—05—01
SY/T 6737.2—2009	生产测井下井仪系列通用技术条件　第2部分:注入剖面			2010—05—01

（续）

标准号	标准名称	采标准情况	被代替标准	实施日期
SY/T 6749—2009	陆上多波多分量地震资料解释技术规程			2010—05—01
SY/T 6750—2009	录井现场数据格式			2010—05—01
SY/T 6751—2009	欠平衡测井作业技术规范			2010—05—01
SY/T 6752—2009	核磁共振成像测井作业技术规范			2010—05—01
SY/T 6753—2009	油气井用传爆管通用技术条件及检测方法			2010—05—01
SY/T 6754—2009	油气井用回声弹通用技术条件及检测方法			2010—05—01
SY/T 6755—2009	在役油气管道对接接头超声相控阵及多探头检测			2010—05—01
SY/T 6756—2009	油气藏改建地下储气库注采井修井作业规范			2010—05—01
SY/T 6757—2009	井下压力计检定装置校准方法			2010—05—01
SY/T 6758—2009	岩性密度测井仪校准方法			2010—05—01
SY/T 6759—2009	示功仪校准装置校准方法			2010—05—01
SY/T 6761—2009	连续管作业机			2010—05—01
SY/T 6762—2009	整体短钻杆			2010—05—01
SY/T 6764—2009	钻柱构件螺纹超声波检测方法			2010—05—01
SY/T 6765—2009	摩擦焊接加重钻杆			2010—05—01
SY/T 6766—2009	井中垂直地震剖面系统			2010—05—01
SY/T 6767—2009	石油企业余热资源量测试与计算规范			2010—05—01
SY/T 6768—2009	油气田地面工程项目可行性研究及初步设计节能节水篇（章）编写通则			2010—05—01
SY/T 6771—2009	砂石人工岛总平面设计规范			2010—05—01
SY/T 6772—2009	气体防护站设计规范			2010—05—01
SY 4210—2009	石油天然气建设工程施工质量验收规范　道路工程			2010—05—01
SY 4211—2009	石油天然气建设工程施工质量验收规范　桥梁工程			2010—05—01

2010年国家能源局批准发布252项行业标准目录（石油天然气部分）

序号	标准编号	标准名称	代替标准	采标号	批准日期	实施日期
1	SY 5856—2010	油气田电业带电作业安全规程	SY 5856—1993		2010－05－01	2010－10－01
2	SY 6014—2010	石油地质实验室安全规程	SY 6014—1994 SY/T 6563—2003		2010－05－01	2010－10－01

（续）

序号	标准编号	标准名称	代替标准	采标号	批准日期	实施日期
3	SY 6348—2010	录井作业安全规程	SY 6348—1998		2010-05-01	2010-10-01
4	SY 6429—2010	浅海石油天然气作业消防规程	SY 6429—1999		2010-05-01	2010-10-01
5	SY 6430—2010	浅海石油起重船舶吊装作业安全规程	SY 6430—1999		2010-05-01	2010-10-01
6	SY 6442—2010	石油钻机、修井机井架分级规范	SY 6442—2000		2010-05-01	2010-10-01
7	SY 6500—2010	滩（浅）海石油设施检验规程	SY 6500—2000		2010-05-01	2010-10-01
8	SY/T 0060—2010	油气田防静电接地设计规范	SY/T 0060—1992		2010-05-01	2010-10-01
9	SY/T 0071—2010	油气集输管道组成件选用标准	SY/T 0071—1993		2010-05-01	2010-10-01
10	SY/T 0081—2010	原油热化学沉降脱水设计规范	SY/T 0081—1993		2010-05-01	2010-10-01
11	SY/T 0313—2010	滩海石油工程码头设计与建造技术规范	SY/T 0313—1996		2010-05-01	2010-10-01
12	SY/T 0422—2010	油气田集输管道施工技术规范	SY 0422—1997 SY 0466—1997		2010-05-01	2010-10-01
13	SY/T 0440—2010	工业燃气轮机安装技术规范	SY/T 0440—1989		2010-05-01	2010-10-01
14	SY/T 0480—2010	管道、储罐渗漏检测方法标准	SY/T 4080—1995		2010-05-01	2010-10-01
15	SY/T 100004—2010	海上平台管节点碳锰钢板规范	SY/T 100004—1996	API Sdec 2H：1999，IDT	2010-05-01	2010-10-01
16	SY/T 10008—2010	海上钢质固定石油生产构筑物的腐蚀控制	SY/T 10008—2000	NACE RP 0176—2003，IDT	2010-05-01	2010-10-01
17	SY/T 10035—2010	钻井平台拖航与就位作业规范	SY/T 10035—2000		2010-05-01	2010-10-01
18	SY/T 4097—2010	滩海斜坡式砂石人工岛结构设计与施工技术规范	SY/T 4097—1995		2010-05-01	2010-10-01
19	SY/T 4099—2010	滩海海堤设计与施工技术规范	SY/T 4099—1995		2010-05-01	2010-10-01
20	SY/T 5163—2010	沉积岩中黏土矿物和常见非黏土矿物X衍射分析方法	SY/T 5163—1995 SY/T 6210—1996 SY/T 5983—1994		2010-05-01	2010-10-01
21	SY/T 5231—2010	石油工业计算机信息系统安全管理规范	SY/T 5231—1999		2010-05-01	2010-10-01
22	SY/T 5249—2010	地面液压驱动可控震源	SY/T 5249—2000		2010-05-01	2010-10-01
23	SY/T 5383—2010	螺杆钻具	SY/T 5383—1999		2010-05-01	2010-10-01
24	SY/T 5496—2010	震击器及加速器	SY/T 5496—2000		2010-05-01	2010-10-01
25	SY/T 5540—2010	滩海区地震勘探劳动定额	SY/T 5540—1992		2010-05-01	2010-10-01
26	SY/T 5750—2010	供电线路维修劳动定额	SY/T 5750—1995		2010-05-01	2010-10-01
27	SY/T 5760—2010	井号代码编制方法	SY/T 5760—1995		2010-05-01	2010-10-01
28	SY/T 5930—2010	电法仪使用与维护	SY/T 5930—2000		2010-05-01	2010-10-01

（续）

序号	标准编号	标准名称	代替标准	采标号	批准日期	实施日期
29	SY/T 6217—2010	长输管道输油设备维修劳动定额	SY/T 6217—1996		2010-05-01	2010-10-01
30	SY/T 6237—2010	井下作业设备修理劳动定额	SY/T 6237—1996		2010-05-01	2010-10-01
31	SY/T 6318—2010	油气集输设备修理劳功定额	SY/T 6318—1997		2010-05-01	2010-10-01
32	SY/T 6340—2010	防静电推荐做法	SY/T 6340—1998	NFPA77：2007,IDT	2010-05-01	2010-10-01
33	SY/T 6344—2010	易燃和可燃液体规范	SY/T 6344—1998	NFPA30：2003,IDT	2010-05-01	2010-10-01
34	SY/T 6356—2010	液化石油气储运	SY/T 6356—1998	NFPA58：2004,MOD	2010-05-01	2010-10-01
35	SY/T 6459—2010	执行承包商和业主安全计划	SY/T 6459—2000	APT RP 2221:2004,IDT	2010-05-01	2010-10-01
36	SY/T 6583—2010	石油天然气探明储量报告编制规范	SY/T 6583—2003 SY/T 6612—2005		2010-05-01	2010-10-01
37	SY/T 6760—2010	石油钻采设备用气胎离合器			2010-05-01	2010-10-01
38	SY/T 6763—2010	石油管材购方代表驻厂监造规范		API RP 5SI：2006,MOD	2010-05-01	2010-10-01
39	SY/T 6769.1—2010	非金属管道设计、施工及验收规范　第1部分:高压玻璃纤维管线管			2010-05-01	2010-10-01
40	SY/T 6769.2—2010	非金属管道设计、施工及验收规范　第2部分:钢骨架聚乙烯塑料复合管			2010-05-01	2010-10-01
41	SY/T 6769.3—2010	非金属管道设计、施工及验收规范　第3部分:塑料合金防腐蚀复合管			2010-05-01	2010-10-01
42	SY/T 6770.1—2010	非金属管材质量验收规范　第1部分:高压玻璃纤维管线管			2010-05-01	2010-10-01
43	SY/T 6770.2—2010	非金属管材质量验收规范　第2部分:钢骨架聚乙烯塑料复合管			2010-05-01	2010-10-01
44	SY/T 6770.3—2010	非金属管材质量验收规范　第3部分:塑料合金防腐蚀复合管			2010-05-01	2010-10-01
45	SY/T 6773—2010	海上结构热机械控轧（TMCP）钢板规范		API Spec 2W：1999,TDT	2010-05-01	2010-10-01
46	SY/T 6774—2010	海上结构调质钢板规范		API Spec 2Y：1999,IDT	2010-05-01	2010-10-01

（续）

序号	标准编号	标准名称	代替标准	采标号	批准日期	实施日期
47	SY/T 6778—2010	石油天然气工程项目安全现状评价报告编写规则			2010－05－01	2010－10－01
48	SY/T 6781—2010	高含硫化氢天然气净化厂公众安全防护距离			2010－05－01	2010－10－01
49	SY/T 6782—2010	石油行业 XML 应用指南			2010－05－01	2010－10－01
50	SY/T 6786—2010	微球形聚焦测井仪刻度			2010－05－01	2010－10－01
51	SY/T 6789—2010	套管头使用规范			2010－05－01	2010－10－01

2010 年国家能源局批准发布 111 项行业标准目录（石油钻采部分）

序号	标准编号	标准名称	代替标准	采标号	批准日期	实施日期
1	SY/T 5141—2010	石油钻机用离心涡轮液力变矩器	SY/T 5141—2002 SY/T 5716.9—1995		2010－08－27	2010－12－15
2	SY/T 5216—2010	钻井取心工具	SY/T 5216—2000 SY/T 5414—2002		2010－08－27	2010－12－15
3	SY/T 5532—2010	石油钻机绞车	SY/T 5532—2002		2010－08－27	2010－12－15
4	SY/T 5643—2010	抽油杆维护和使用推荐做法	SY/T 5643—1995	API RP 11BR：2006，IDT	2010－08－27	2010－12－15
5	SY/T 5676—2010	石油钻采机械产品用高压锻件技术条件	SY/T 5676—1993		2010－08－27	2010－12－15
6	SY/T 5723—2010	山地地震钻机	SY/T 5723—1995		2010－08－27	2010－12－15
7	SY/T 6082—2010	石油地震勘探车装钻机使用和维护	SY/T 6082—1994		2010－08－27	2010－12－15
8	SY/T 6117—2010	石油修井机使用与维护	SY/T 6117—2003		2010－08－27	2010－12－15
9	SY/T 6801—2010	石油钻机液压盘式刹车安装、使用与维护			2010－08－27	2010－12－15
10	SY/T 6802—2010	油田套管补贴用膨胀管总成			2010－08－27	2010－12－15
11	SY/T 6803—2010	海洋修井机			2010－08－27	2010－12－15

2010年石油天然气国家标准项目计划汇总表

序号	标准项目名称	标准类别	制修订	完成年限	主管单位	主要起草单位	采用的国际标准或国外先进标准编号、名称及采标程度	代替标准	备注
1	油气化学勘探试样测定方法	方法	制定	2012	中国石油天然气集团公司	中国石油化工股份有限公司石油勘探开发研究院无锡石油地质研究所			
2	石油天然气工业 钻井液实验室测试	方法	制定	2012	中国石油化工集团	中原石油勘探局钻井工程技术研究院	ISO 10416:2008(E),IDT		
3	岩石毛管压力曲线的测定	方法	制定	2010	中国石油天然气集团公司	中国石油勘探开发研究院采收率研究所			
4	岩心分析方法	方法	制定	2011	中国石油化工集团	中国石化股份胜利油田分公司地质科学研究院、中国石油勘探开发研究院	API RP 40:1998,IDT		
5	石油天然气工业 管道输送系统 基于可靠性的极限状态方法	方法	制定	2011	中国石油天然气集团公司	中国石油管道研究中心	ISO 16708:2006(E),IDT		
6	钢制管道焊接及验收	方法	制定	2012	中国石油天然气集团公司	中国石油天然气管道局(中国石油管道焊接培训中心)	API 1104:2005,MOD		
7	石油天然气工业 钢制钻杆	GB/T	制定	2011	中国石油天然气集团公司	中国石油集团石油管工程技术研究院	ISO 11961:2008,IDT		
8	石油天然气工业 玻璃纤维增强塑料管 第1部分:词汇、符号、应用及材料	GB/T	制定	2011	中国石油天然气集团公司	中国石油集团石油管工程技术研究院	ISO 14692—1:2002,IDT		
9	石油天然气工业 玻璃纤维增强塑料管 第2部分:评定与制造	GB/T	制定	2011	中国石油天然气集团公司	中国石油集团石油管工程技术研究院	ISO 14692—2:2002,IDT		

（续）

序号	标准项目名称	标准类别	制修订	完成年限	主管单位	主要起草单位	采用的国际标准或国外先进标准编号、名称及采标程度	代替标准	备注
10	石油天然气工业　在用钻柱构件的检验和分级	方法	制定	2011	中国石油天然气集团公司	中国石油集团石油管工程技术研究院、川庆钻探长庆钻井总公司管具公司、塔里木油田分公司工程技术部	ISO 10407—2:2008,MOD		
11	石油天然气工业　管道输送系统用感应加热弯管、管件和法兰　第1部分:弯管	基础	制定	2011	中国石油天然气集团公司	中国石油集团石油管工程技术研究院	ISO 15590—1:2009,MOD		
12	石油天然气工业　管道输送系统用感应加热弯管、管件和法兰　第2部分:管件	基础	制定	2011	中国石油天然气集团公司	中国石油集团石油管工程技术研究院	ISO 15590—2:2003,MOD		
13	石油天然气工业　管道输送系统用感应加热弯管、管件和法兰　第3部分:法兰	基础	制定	2011	中国石油天然气集团公司	中国石油集团石油管工程技术研究院	ISO 15590—3:2004,MOD		
14	石油测井仪器环境试验及可靠性要求	基础	制定	2010	中国石油天然气集团公司	中国石油集团测井有限公司　胜利油田测井公司　石油工业仪器仪表质量监督检验中心			
15	气体超声流量计在线检验方法　声速检验法	方法	制定	2010	中国石油天然气集团公司	石油工业计量测试研究所	AGA 10,MOD		
16	用超声流量计测量天然气流量	方法	修订	2011	中国石油天然气集团公司	国家石油天然气大流量计量站成都天然气流量分站、中国石油西南油气田分公司、四川石油勘察设计院	AGA Report No. 9—2007,MOD	GB/T 18604—2001	
17	稳定轻烃	产品	修订	2011	中国石油天然气集团公司	大庆油田工程有限公司、中原石油勘探局勘探设计研究院、塔里木油田实验检测中心		GB 9053—1998	

（续）

序号	标准项目名称	标准类别	制修订	完成年限	主管单位	主要起草单位	采用的国际标准或国外先进标准编号、名称及采标程度	代替标准	备注
18	根据运动黏度确定石油分子量（相对分子质量）的方法	方法	修订	2011	中国石油天然气集团公司	中国石油天然气股份有限公司管道分公司管道科技研究中心、大庆油田工程有限公司、中国石油塔里木油田实验检测中心	ASTM D2502—04，MOD	GB/T 17282—1998	
19	原油及其产品中氮含量的测定　化学发光法	方法	修订	2011	中国石油天然气集团公司	大庆油田工程有限公司、中国石油化工股份有限公司石油化工科学研究院、中国石油兰州润滑油研究开发中心	ASTM D5762—05，MOD	GB/T 17674—1999	
20	原油中铁、镍、钠、钒含量的测定　原子吸收光谱法	方法	修订	2011	中国石油天然气集团公司	大庆油田工程有限公司、中国石油大学（华东）、中国石油天然气集团公司兰州润滑油研究开发中心		GB/T 18608—2001	
21	原油及其产品的盐含量测定法	方法	修订	2011	中国石油天然气集团公司	中国石油化工股份有限公司石油化工科学研究院、大庆油田工程有限公司、中国石油塔里木油田质量检测中心及中国石油天然气管道科技研究中心	ASTM D6470—99（2004），MOD	GB/T 6532—1986	
22	原油中水和沉淀物测定法（离心法）	方法	修订	2011	中国石油天然气集团公司	中国石油化工股份有限公司石油化工科学研究院、大庆油田工程有限公司、中国石油天然气股份有限公司管道分公司管道科技研究中心	ASTM D4007—02，IDT	GB/T 6533—1986	
23	液化天然气（LNG）生产、储存和装运	基础	修订	2010	中国石油化工集团	中国石化集团中原石油勘探局勘察设计研究院、青岛英派尔化学工程公司、河南中原绿能高科有限公司、华东勘查设计研究院、中海石油气电集团有限责任公司	NFPA 59A—2009，MOD	GB/T 20368—2006	
24	液化天然气装置和设备　装卸臂的设计与试验	方法	制定		中国石油天然气集团公司	中国石油唐山液化天然气项目经理部	EN1474：1997，IDT		
25	水下分离器结构设计推荐做法	方法	制定	2011	中国海洋石油总公司	海洋石油工程股份有限公司	DNV—RP—F301，2007，IDT		

2010 年石油天然气国家标准复审项目计划

序号	专业	标准编号	标准名称
1	钻井	GB/T 16783.1—2006	石油天然气工业　钻井液现场测试　第 1 部分:水基钻井液
2	计量	GB/T 8929—2006	原油水含量的测定　蒸馏法
3	计量	GB/T 17286.4—2006	液态烃动态测量　体积计量流量计检定系统　第 4 部分:体积管操作人员指南
4	计量	GB/T 20658—2006	原油和液体石油产品　黏稠烃的体积计量
5	海工	GB/T 20661—2006	石油天然气工业　用于海底和海洋立管的挠性管系统
6	管材	GB/T 20656—2006	石油天然气工业　新套管、油管和平端钻杆现场检验
7	管材	GB/T 20657—2006	石油天然气工业　套管、油管、钻杆和管线管性能公式及计算
8	管材	GB/T 20659—2006	石油天然气工业　铝合金钻杆
9	安全	GB/T 20660—2006	石油天然气工业　海上生产设施火灾、爆炸的控制和削减措施　要求和指南
10	LNG	GB/T 20368—2006	液化天然气(LNG)　生产、储存和装运
11	设备	GB/T 19829.3—2006	石油天然气工业　寿命周期费用分析　第 3 部分:实施指南
12	设备	GB/T 20172—2006	石油天然气工业　设备可靠性和维修数据的采集与交换
13	设备	GB/T 20173—2006	石油天然气工业　管道输送系统　管道阀门
14	设备	GB/T 20174—2006	石油天然气工业　钻井和采油设备　钻通设备
15	设备	GB/T 20662—2006	石油天然气工业　产品、过程和服务的分级与合格评定
16	LNG	GB/T 20603—2006	冷冻轻烃流体　液化天然气的取样　连续法
17	天然气	GB/T 20604—2006	天然气词汇

2010 年天然气国家标准制定计划项目汇总表

序号	计划编号	项目名称	标准性质	制修订	完成时间	主管部门	技术归口单位	起草单位	采用国际标准	备注
1151	20101184—T—515	天然气　含硫化合物的测定　第 10 部分:气相色谱法	推荐	制定	2011	中国石油天然气集团公司	全国天然气标准化技术委员会	中国石油西南油气田公司天然气研究院、中国石油大庆油田工程有限公司、中国石油勘探开发研究院廊方分院、中国石油管道科技研究中心	ISO 19739:2004	

（续）

序号	计划编号	项目名称	标准性质	制修订	完成时间	主管部门	技术归口单位	起草单位	采用国际标准	备注
1152	20101185—T—515	天然气　含硫化合物的测定　第11部分:用检测管着色长度法测定硫化氢含量	推荐	制定	2011	中国石油天然气集团公司	全国天然气标准化技术委员会	中国石油西南油气田分公司天然气研究院、深圳出入境检验检疫局、中国石油管道科技研究中心		
1153	20101186—T—515	天然气　含硫化合物的测定　第8部分:用紫外荧光光度法测定总硫含量	推荐	制定	2012	中国石油天然气集团公司	全国天然气标准化技术委员会	中国石油西南油气田公司输气管理处、中国石油西南油气田公司天然气研究院		
1154	20101187—T—515	天然气　气体标准物质的验证方法	推荐	制定	2011	中国石油天然气集团公司	全国天然气标准化技术委员会	中国石油西南油气田分公司天然气研究院、中国计量科学研究院		
1155	20101188—T—515	天然气热力学性质计算　第1部分:应用与分配系统的气相性质	推荐	制定	2011	中国石油天然气集团公司	全国天然气标准化技术委员会	中国石油西南油气田公司天然气研究院、CPE西南分公司、中国石油西气东输管道公司、中国石油西南油气田公司安全环保与技术监督研究院	ISO 20765—1:2005	
1156	20101189—T—515	天然气烃露点计算的气相色谱分析要求	推荐	制定	2011	中国石油天然气集团公司	全国天然气标准化技术委员会	中国石油西南油气田公司天然气研究院、中国石油大庆油田工程有限公司、中国石油勘探开发研究院廊坊分院、中国石油管道科技研究中心	ISO 23874:2006	
1157	20101190—T—515	天然气中硫化氢含量的测定　激光法	推荐	制定	2011	中国石油天然气集团公司	全国天然气标准化技术委员会	中国石油西南油气田公司天然气研究院、中国石油勘探开发研究院廊坊分院、中国石油大庆油田工程有限公司		
1158	20101191—T—515	天然气自动取样规程	推荐	制定	2011	中国石油天然气集团公司	全国天然气标准化技术委员会	中国石油西南油气田公司天然气研究院、中国石油西气东输管道公司、北京华油天然气有限责任公司		

2010年天然气国家标准修订计划项目汇总表

序号	计划编号	项目名称	标准性质	制修订	完成时间	主管部门	技术归口单位	起草单位	采用国际标准	代替标准号	备注
967	20102194—T—515	天然气取样导则	推荐	修订	2012	中国石油天然气集团公司	全国天然气标准化技术委员会	中国石油西南油气田公司天然气研究院、中国石油西气东输管道公司、北京华油天然气有限责任公司、中国石油大庆油田工程有限公司	ISO 10715：1997	GB/T 13609—1999	

2010年石油天然气行业标准制修订项目计划汇总表

序号	项目名称	标准类别	制修订	完成年限	技术归口单位	主要起草单位	采标号	代替标准	备注
1	海洋地震勘探定位导航技术规程	方法	制定	2010	石油工业标准化技术委员会石油物探专标委	中海油田服务股份有限公司物探事业部			
2	陆上三维地震勘探辅助数据格式(SPS)	方法	修订	2010	石油工业标准化技术委员会石油物探专标委	中国石油集团东方地球物理勘探有限责任公司研究院		SY/T 6290—1997	
3	海底电缆地震资料采集技术规程	方法	修订	2010	石油工业标准化技术委员会石油物探专标委	中国石油集团东方地球物理勘探有限责任公司海上勘探事业部		SY/T 10017—2005	
4	油气井录井系列规范	方法	制定	2010	石油工业标准化技术委员会石油地质勘探专标委	中国石油集团渤海钻探工程有限公司第一录井分公司、中石化石油工程西南有限公司地质录井分公司、西部钻探克拉玛依录井工程公司、中石化胜利石油管理局地质录井公司			

（续）

序号	项目名称	标准类别	制修订	完成年限	技术归口单位	主要起草单位	采标号	代替标准	备注
5	石油定量荧光录井规范	方法	修订	2010	石油工业标准化技术委员会石油地质勘探专标委	中国石油集团渤海钻探工程有限公司第一录井分公司、中法渤海地质服务有限公司、中石化胜利石油管理局地质录井公司、长城钻探工程公司地质录井公司		SY/T 6611—2005	
6	海洋弃井作业规程	方法	制定	2010	石油工业标准化技术委员会石油钻井工程专标委	中海油能源发展股份有限公司监督监理技术分公司、中海石油（中国）有限公司研究中心、中海石油（中国）有限公司深圳分公司			
7	钻井井史格式 第1部分：陆地部分	基础	修订	2010	石油工业标准化技术委员会石油钻井工程专标委	塔里木油田分公司监督管理中心、胜利石油管理局钻井工艺研究院、西部钻探公司钻井院		SY/T 5089.1—2007	
8	石油天然气钻井日报表	基础	修订	2010	石油工业标准化技术委员会石油钻井工程专标委	塔里木油田分公司监督管理中心、胜利石油管理局钻井工艺研究院、西部钻探公司钻井院		SY/T 5089—2004	
9	钻井技术经济指标及计算方法	方法	修订	2010	石油工业标准化技术委员会石油钻井工程专标委	塔里木油田分公司监督管理中心、胜利石油管理局钻井工艺研究院、西部钻探公司钻井院		SY/T 5841—2005	
10	钻井液用润滑小球	产品	修订	2010	石油工业标准化技术委员会石油钻井工程专标委	中国石油集团渤海钻探工程有限公司钻井工艺研究院、中国石油勘探开发研究院标准化所、大港油田检测评估中心质量站		SY/T 5758—1995	
11	带压射孔施工作业技术规范	方法	制定	2010	石油工业标准化技术委员会石油测井专标委	中国石油集团渤海钻探工程有限公司测井分公司、川庆钻探工程公司测井公司、大庆油田有限责任公司试油试采分公司			

（续）

序号	项目名称	标准类别	制修订	完成年限	技术归口单位	主要起草单位	采标号	代替标准	备注
12	单井测井系列优化选择规范	方法	制定	2010	石油工业标准化技术委员会石油测井专标委	中国石化集团胜利石油管理局测井公司、中国石油集团测井有限公司、大庆钻探测井一公司			
13	过套管电阻率测井资料处理与解释规范	方法	制定	2010	石油工业标准化技术委员会石油测井专标委	中国石油集团长城钻探工程有限公司测井公司、西部钻探测井分公司、大庆油田有限责任公司测试技术分公司			
14	油气井用复合射孔器通用技术条件	产品	制定	2010	石油工业标准化技术委员会石油测井专标委	石油工业油气田射孔器材质量监督检验中心、西安通源石油科技股份有限公司、大庆油田有限责任公司试油试采分公司			
15	油层套管模拟井射孔试验与评价	方法	修订	2010	石油工业标准化技术委员会石油测井专标委	石油工业油气田射孔器材质量监督检验中心、大庆石油管理局射孔弹厂、大庆油田有限公司采油工程研究院		SY/T 6491—2000	
16	水淹层测井资料处理与解释规范	方法	修订	2010	石油工业标准化技术委员会石油测井专标委	大庆钻探工程公司测井一公司、中国石油测井有限公司华北事业部、长城钻探工程公司测井公司		SY/T 6178—2000	
17	岩石碳酸盐含量的测定方法	方法	制定	2010	石油工业标准化技术委员会油气田开发专标委	大庆油田有限责任公司勘探开发研究院、中国石油勘探开发研究院石油采收率研究所、中国石化股份胜利油田分公司研究院			
18	复杂断块油田开发方案编制技术要求	方法	修订	2010	石油工业标准化技术委员会油气田开发专标委	中国石油化工股份有限公司胜利油田分公司地质科学研究院		SY/T 5970—1995	
19	碳酸岩盐气藏开发动态分析技术规范	方法	修订	2010	石油工业标准化技术委员会油气田开发专标委	中国石油西南油气田分公司勘探开发研究院		SY/T 6108—2004	
20	气田开发主要生产技术指标及计算方法	方法	修订	2010	石油工业标准化技术委员会油气田开发专标委	中国石油天然气股份有限公司勘探开发研究院廊坊分院		SY/T 6170—2005	

（续）

序号	项目名称	标准类别	制修订	完成年限	技术归口单位	主要起草单位	采标号	代替标准	备注
21	气藏开发井取资料技术要求	方法	修订	2010	石油工业标准化技术委员会油气田开发专标委	中国石油西南油气田分公司勘探开发研究院		SY/T 6176—2004	
22	注蒸汽采油三维比例物理模拟实验技术要求	方法	修订	2010	石油工业标准化技术委员会油气田开发专标委	中国石油勘探开发研究院热力采油研究所、中国石油辽河油田分公司勘探开发研究院		SY/T 6311—1997	
23	水平井完井上部注水泥下部筛管完井法	方法	制定	2010	石油工业标准化技术委员会采油采气专标委	中国石油大港油田石油工程研究院、中国石油川庆钻探公司工程技术研究院、长城钻探工程技术研究院			
24	火成岩压裂技术规范	方法	制定	2010	石油工业标准化技术委员会采油采气专标委	大庆油田有限责任公司采油工程研究院、中国石油天然气股份有限公司勘探开发研究院、中国石油天然气股份有限公司吉林油田公司采油工艺研究院			
25	潜油电泵起下作业方法	方法	修订	2010	石油工业标准化技术委员会采油采气专标委	大庆油田力神泵业有限公司		SY/T 5863—1993	
26	在役管道沿线地质灾害风险管理技术规范	方法	制定	2010	石油工业标准化技术委员会油气储运专标委	中国石油天然气股份有限公司管道分公司管道科技研究中心、中国石油西气东输管道公司、中国石化集团管道储运公司			
27	管道煤层气集输、处理、质量规程	方法	制定	2010	石油工业标准化技术委员会油气储运专标委	中国石油天然气股份有限公司华北油田分公司运销部、中石油山西煤层气公司、中石油长庆油田公司、中石油西气东输公司、山西省能源集团			
28	输油站场管道和储罐泄漏的完整性管理	方法	制定	2010	石油工业标准化技术委员会油气储运专标委	中国石油管道分公司、西部管道分公司、天然气与管道分公司	API 353—2006,MOD		

（续）

序号	项目名称	标准类别	制修订	完成年限	技术归口单位	主要起草单位	采标号	代替标准	备注
29	输气管道内粉尘检测方法	方法	制定	2011	石油工业标准化技术委员会油气储运专标委	中国石油天然气股份有限公司管道分公司管道科技研究中心、中国石油大学（北京）			
30	油气管道仪表及自动化系统运行技术规范	管理	修订	2010	石油工业标准化技术委员会油气储运专标委	中国石油天然气股份有限公司管道分公司、中石化管道分公司等			
31	油气输送管道隧道设计规范	方法	制定	2010	石油工业标准化技术委员会石油工程建设专标委	中国石油天然气管道工程有限公司、中煤重庆设计研究院、四川九一五建设工程局			
32	高含硫化氢气田钢质管道环焊缝射线检测	方法	制定	2010	石油工业标准化技术委员会石油工程建设专标委	中国石油天然气股份有限公司西南油气田分公司、四川佳诚油气管道质量检测有限公司、中国工程物理研究院应用电子学研究所四川瑞迪射线数字影像技术有限责任公司、四川正吉油气田工程建设检测有限责任公司			
33	输气管道工程过滤分离设备设计规范	方法	制定	2011	石油工业标准化技术委员会石油工程建设专标委	中国石油天然气管道工程有限公司、中国石油大学、中国石油西气东输（销售）公司、北京承天倍达过滤技术有限责任公司			
34	油田特殊水性采出水处理设计规范	方法	制定	2011	石油工业标准化技术委员会石油工程建设专标委	胜利油田胜利工程设计咨询有限责任公司、大庆石油勘探局勘察设计研究院、中原石油勘探局勘察设计研究院、河南石油勘探局勘察设计研究院			
35	高含硫气田水处理及回注（灌）设计规范	方法	制定	2011	石油工业标准化技术委员会石油工程建设专标委	胜利油田胜利工程设计咨询有限责任公司、中国石油工程设计有限责任公司西南分公司、中原油田普光采气厂			

（续）

序号	项目名称	标准类别	制修订	完成年限	技术归口单位	主要起草单位	采标号	代替标准	备注
36	石油天然气建设工程交工技术文件编制规范	方法	制定	2011	石油工业标准化技术委员会石油工程建设专标委	四川石油天然气建设工程有限责任公司、中国石油天然气管道局、中油朗威监理有限责任公司			
37	石油天然气建设工程施工质量验收规范滩海海堤工程	方法	制定	2011	石油工业标准化技术委员会石油工程建设专标委	胜利油田胜利工程建设(集团)有限责任公司、胜利油田胜利设计咨询有限责任公司、胜利油田新兴工程监理咨询有限公司			
38	管道防腐层高温阴极剥离试验方法	方法	修订	2010	石油工业标准化技术委员会石油工程建设专标委	中国石油管道学院、中国石油管道公司管道科技中心	ASTM G42—2003，MOD	SY/T 0072—1993	
39	钢质管道液体环氧外防腐层技术标准	方法	制定	2010	石油工业标准化技术委员会石油工程建设专标委	中油管道防腐工程公司、中国石油管道科学研究院			
40	输油(气)管道同沟敷设光缆(硅芯管)设计、施工及验收规范	方法	修订	2010	石油工业标准化技术委员会石油工程建设专标委	中国石油天然气管道工程有限公司、中国石油天然气管道通信电力工程公司		SY/T 4108—2005	
41	钢质管道及储罐腐蚀与防护调查及评价标准管道内壁直接评估	方法	修订	2010	石油工业标准化技术委员会石油工程建设专标委	中国石油天然气股份有限公司规划总院、中国石油工程建设协会防腐保温技术专委会、石油大学等		SY/T 0087—1995第二章	
42	石油工业用加热炉安全规程	方法	修订	2011	石油工业标准化技术委员会石油工程建设专标委	大庆油田工程有限公司、中国石油天然气管道工程有限公司、胜利油田胜利工程设计咨询有限责任公司		SY 0031—2004	
43	管式加热炉规范	方法	修订	2011	石油工业标准化技术委员会石油工程建设专标委	中国石油天然气管道工程有限公司、中油管道机械制造有限责任公司、中国石化集团管道储运公司管道技术作业分公司、河南方圆工业炉设计制造有限公司		SY/T 0538—2004	

（续）

序号	项目名称	标准类别	制修订	完成年限	技术归口单位	主要起草单位	采标号	代替标准	备注
44	石油天然气钢质管道环向对接接头全自动超声波检测标准	方法	修订	2011	石油工业标准化技术委员会石油工程建设专标委	中国石油天然气管道局、徐州东方工程检测有限责任公司、中国石油天然气管道局第二工程分公司		SY/T 0327—2003	
45	球形储罐γ射线全景曝光检测标准	方法	修订	2011	石油工业标准化技术委员会石油工程建设专标委	中国石油天然气第一建设公司、徐州东方工程检测有限责任公司、洛阳中油检测工程有限公司		SY/T 0455—2004	
46	海洋钻井隔水管接头	产品	制定	2011	全国石油钻采设备和工具标准化技术委员会	石油工业井控装置质量监督检验中心、四川石油管理局装备制造有限公司、宝鸡石油机械有限公司	API Spec 16R：1997，IDT		
47	海洋钻井隔水管设备规范	产品	制定	2011	全国石油钻采设备和工具标准化技术委员会	石油工业井控装置质量监督检验中心、四川石油管理局装备制造有限公司、宝鸡石油机械有限公司	API Spec 16F：2004，IDT		
48	石油天然气工业　井下工具　井下套管阀	产品	制定	2011	全国石油钻采设备和工具标准化技术委员会	中国石油集团西部钻探工程有限公司克拉玛依钻井工艺研究院、新疆油田开发公司、中国石油天然气股份有限公司西南油气田分公司			
49	石油钻机顶部驱动装置安装、调试和维护	方法	制定	2010	全国石油钻采设备和工具标准化技术委员会	北京石油机械厂、宝鸡石油机械有限责任公司、新疆石油管理局钻井公司顶驱作业技术服务公司			
50	石油钻井液固相控制设备安装、使用、维护和保养	方法	制定	2010	全国石油钻采设备和工具标准化技术委员会	中国石油天然气股份有限公司长庆油田分公司机械制造总厂、中国石油渤海装备制造有限公司、四川宏华石油设备有限公司			
51	油套管柱连接螺纹气密封现场检测系统	产品	制定	2010	全国石油钻采设备和工具标准化技术委员会	安东石油技术（集团）有限公司、中石油塔里木油气田分公司、德州大陆架油气高科技有限公司			

（续）

序号	项目名称	标准类别	制修订	完成年限	技术归口单位	主要起草单位	采标号	代替标准	备注
52	石油钻采装备用液力变速器	产品	制定	2010	全国石油钻采设备和工具标准化技术委员会	贵州凯星液力传动机械有限公司、济南柴油机股份有限公司、南阳二机石油装备(集团)有限公司			
53	石油钻机涂装规范	方法	制定	2011	全国石油钻采设备和工具标准化技术委员会	宝鸡石油机械有限责任公司、宏华石油设备有限公司、中国石化集团江汉石油管理局第四机械厂、兰州兰石国民油井石油工程有限公司			
54	石油地震勘探钻机车	产品	修订	2010	全国石油钻采设备和工具标准化技术委员会	保定宏业石油物探机械制造有限责任公司、中国石油集团东方地球物理勘探有限责任公司、大庆钻探工程公司地球物理勘探一公司、中国石化集团河南石油勘探局地质调查处		SY/T 5524—2004	
55	石油钻采高压管汇件的使用与维护	方法	修订	2010	全国石油钻采设备和工具标准化技术委员会	中国石化集团江汉石油管理局第四机械厂、中国石油集团钻井工程技术研究院江汉机械研究所、南阳二机石油装备(集团)有限公司		SY/T 6270—1997	
56	钻井和修井井架、底座的检查、维护、修理与使用	方法	修订	2010	全国石油钻采设备和工具标准化技术委员会	宝鸡石油机械有限责任公司、石油工业井控装置质量监督检验中心、兰州兰石国民油井石油工程有限公司	API RP 4G:2004,MOD	SY/T 6408—2004	
57	石油钻井和修井用动力钳	产品	修订	2010	全国石油钻采设备和工具标准化技术委员会	中国石油集团钻井工程技术研究院江汉机械研究所、国家油气田井口设备质量监督检验中心、江苏如石机械有限公司、盐城特达钻采设备有限公司		SY/T 5074—2004	
58	水力泵抽油系统	产品	修订	2011	全国石油钻采设备和工具标准化技术委员会	胜利油田胜利泵业有限责任公司、中国石油天然气股份有限公司大港油田分公司		SY/T 5078.1—1991 SY/T 5078.2—1991 SY/T 5078.3—1991 SY/T 5189—1987	

（续）

序号	项目名称	标准类别	制修订	完成年限	技术归口单位	主要起草单位	采标号	代替标准	备注
59	石油天然气工业 复合材料内衬钢管	产品	制定	2010	石油工业标准化技术委员会石油管材专标委	中国石油天然气集团公司管材研究所、大庆油田设计院、天津市通业防腐技术开发有限责任公司	API RP 15CLT：2007，IDT		
60	油气输送管道风险评估导则	方法	制定	2010	石油工业标准化技术委员会石油管材专标委	中国石油天然气集团公司管材研究所、中石油北京天然气有限责任公司管道分公司			
61	酸性油气田用钻杆	产品	制定	2010	石油工业标准化技术委员会石油管材专标委	中国石油天然气集团公司管材研究所、渤海能克钻杆有限公司、川庆钻探工程有限公司、中石化油田勘探开发事业部、塔里木油田公司			
62	含 H_2S/CO_2 天然气田集输管网用双金属复合管	产品	制定	2010	石油工业标准化技术委员会石油管材专标委	中国石油天然气集团公司管材研究所、中国石油集团工程设计有限责任公司西南分公司、西安向阳航天材料股份有限公司			
63	含 H_2S 油气田环境下碳钢和低合金钢油管和套管选用推荐做法	方法	制定	2010	石油工业标准化技术委员会石油管材专标委	中国石油天然气集团公司管材研究所、中国石油股份有限公司塔里木油田分公司、中国石油集团工程设计有限责任公司西南分公司			
64	套铣筒螺纹漏磁探伤规范	方法	制定	2010	石油工业标准化技术委员会石油管材专标委	中国石油天然气集团公司管材研究所、华中科技大学、大庆油田			
65	钻杆加厚带漏磁探伤规范	方法	制定	2010	石油工业标准化技术委员会石油管材专标委	中国石油天然气集团公司管材研究所、华中科技大学、塔里木油田			
66	方钻杆	产品	修订	2010	石油工业标准化技术委员会石油管材专标委	中国石油天然气集团公司管材研究所、山西北方风雷工业集团有限公司、长庆油田		SY/T 6509—2000	

（续）

序号	项目名称	标准类别	制修订	完成年限	技术归口单位	主要起草单位	采标号	代替标准	备注
67	内覆或衬里耐腐蚀合金复合钢管规范	产品	修订	2010	石油工业标准化技术委员会石油管材专标委	中国石油天然气集团公司管材研究所、长庆油田公司、西安向阳航天材料股份有限公司	API Spec 5LD：2009，IDT	SY/T 6623—2005	
68	超声成像测井仪	产品	制定	2010	石油工业标准化技术委员会石油仪器仪表专标委	中国石油集团测井有限公司、中国石油大学（北京）、石油工业仪器仪表质量监督检验中心			双语版
69	电法勘探瞬变电磁仪	产品	制定	2010	石油工业标准化技术委员会石油仪器仪表专标委	中国石油集团东方地球物理勘探有限责任公司西安物探装备分公司、东方地球物理勘探有限责任公司综合物化探处、西安石油勘探仪器总厂			
70	过油管碳氧比能谱测井仪器技术条件	产品	制定	2010	石油工业标准化技术委员会石油仪器仪表专标委	大庆钻探工程公司测井一公司、大庆钻探工程公司测井二公司、胜利石油管理局测井公司			
71	海上石油勘探充油电缆技术规范	产品	制定	2010	石油工业标准化技术委员会石油仪器仪表专标委	中海油田服务股份有限公司物探事业部、西安石油勘探仪器总厂、国土资源部广州海洋地质调查局			
72	微电阻率成像测井仪	产品	制定	2010	石油工业标准化技术委员会石油仪器仪表专标委	中国石油集团测井有限公司、中国海洋石油服务技术公司、胜利油田测井公司			双语版
73	低能源原油含水分析仪	产品	修订	2010	石油工业标准化技术委员会石油仪器仪表专标委	中国石油大港油田第一采油厂、兰州海默科技有限公司、中国石化胜利油田孤岛采油厂		SY/T 5566—1998	
74	遥控爆炸机校准方法	方法	制定	2010	石油工业标准化技术委员会油气计量及分析方法专标委	中国石油集团东方地球物理勘探有限责任公司装备制造事业部			

（续）

序号	项目名称	标准类别	制修订	完成年限	技术归口单位	主要起草单位	采标号	代替标准	备注
75	泥饼摩擦系数测定仪校准方法	方法	制定	2010	石油工业标准化技术委员会油气计量及分析方法专标委	江苏石油勘探局钻井处、江苏石油勘探局安徽勘探公司、江苏油田技术监督处			
76	钻井液漏斗黏度计校准方法	方法	制定	2010	石油工业标准化技术委员会油气计量及分析方法专标委	胜利石油管理局技术监督处、胜利石油管理局钻井工程技术公司、江苏石油勘探局钻井处			
77	中压失水仪校准方法	方法	制定	2010	石油工业标准化技术委员会油气计量及分析方法专标委	江苏石油勘探局钻井处、江苏石油勘探局安徽勘探公司、江苏油田技术监督处			
78	智能型页岩膨胀测试仪校准方法	方法	制定	2010	石油工业标准化技术委员会油气计量及分析方法专标委	中国石化集团胜利石油管理局钻井工程技术公司			
79	磁性测量仪器量值溯源与传递	方法	制定	2011	石油工业标准化技术委员会油气计量及分析方法专标委	中国石化集团胜利石油管理局钻井工程技术公司、中石油渤海钻探公司大港定向井公司、中国石化集团石油工程西南有限公司钻井工程研究院			
80	钻头规校准方法	方法	修订	2010	石油工业标准化技术委员会油气计量及分析方法专标委	江苏石油勘探局钻井处、江苏石油勘探局安徽勘探公司、江苏油田技术监督处		JJG(石油)38—1994	
81	原油析蜡热特性参数的测定差热扫描量热法	方法	修订	2010	石油工业标准化技术委员会油气计量及分析方法专标委	中国石油天然气股份有限公司管道分公司管道科技研究中心、中石化管道储运公司华东管道设计研究院、中石油新疆油田公司采油工艺研究院、中石化石油化工科学研究院		SY/T 0545—1995	
82	数字地震仪校准方法	方法	修订	2010	石油工业标准化技术委员会油气计量及分析方法专标委	中国石油集团东方地球物理勘探有限责任公司装备制造事业部		SY/T 6627—2005	

（续）

序号	项目名称	标准类别	制修订	完成年限	技术归口单位	主要起草单位	采标号	代替标准	备注
83	检波器测试仪校准方法	方法	修订	2010	石油工业标准化技术委员会油气计量及分析方法专标委	中国石油集团东方地球物理勘探有限责任公司装备制造事业部		SY/T 6639—2005	
84	电子式井下压力计校准方法	方法	修订	2010	石油工业标准化技术委员会油气计量及分析方法专标委	大庆油田有限责任公司测试技术服务分公司、大庆石油管理局技术监督中心、沈阳市兴大通仪器仪表厂		SY/T 6640—2005	
85	地震检波器校准方法	方法	修订	2010	石油工业标准化技术委员会油气计量及分析方法专标委	中国石油集团东方地球物理勘探有限责任公司装备制造事业部		SY/T 6661—2006	
86	滩海海底管道检验技术规范	方法	制定	2011	石油工业标准化技术委员会海洋石油工程专标委	海洋石油作业安全办公室石化分部胜利海上监督处、中国石化海上石油工程技术检验中心			
87	海上构筑物防腐涂层	方法	制定	2011	石油工业标准化技术委员会海洋石油工程专标委	中海石油研究中心	NACE SP 0108:2008, IDT		
88	滩海陆岸石油设施检验技术规范	方法	制定	2011	石油工业标准化技术委员会海洋石油工程专标委	海洋石油作业安全办公室石化分部胜利海上监督处、中国石化海上石油工程技术检验中心			
89	滩海人工岛检验技术规范	方法	制定	2011	石油工业标准化技术委员会海洋石油工程专标委	海洋石油作业安全办公室石化分部胜利海上监督处、中国石化海上石油工程技术检验中心			
90	滩海陆岸石油设施设计与建造技术规范	方法	制定	2011	石油工业标准化技术委员会海洋石油工程专标委	海洋石油作业安全办公室石化分部胜利海上监督处、中国石化海上石油工程技术检验中心			
91	滩海石油工程发电设施技术规范	方法	修订	2011	石油工业标准化技术委员会海洋石油工程专标委	中国石油天然气管道工程有限公司天津分公司、中国石油规划总院、大港油田集团公司		SY/T 4090—1995	

（续）

序号	项目名称	标准类别	制修订	完成年限	技术归口单位	主要起草单位	采标号	代替标准	备注
92	含硫天然气井生产事故应急处置预案编写规则	安全	制定	2010	石油工业标准化技术委员会安全专标委	中国石油西南油气田分公司安全环保与技术监督研究院、中国石油西南油气田分公司质量安全环保处、中国石油西南油气田公司川中油气矿、四川天宇石油环保安全技术咨询服务有限公司			
93	煤层气钻井、排采安全技术规范	安全	制定	2010	石油工业标准化技术委员会安全专标委	中国石油化工股份有限公司华东分公司安全环保处、胜利石油管理局安全环保处、中国石化集团华东石油局工程院、中国石油化工股份有限公司华东分公司采油厂			
94	石油储罐的安全进入和清洗	安全	制定	2010	石油工业标准化技术委员会安全专标委	中国石油集团安全环保技术研究院	API STD2015：2001，MOD		
95	浅海移动式平台沉浮与升降安全规定	安全	修订	2010	石油工业标准化技术委员会安全专标委	中国石化集团胜利石油管理局海洋钻井公司、胜利油田安全环保处		SY 6428—1999	
96	石油测井作业安全规程	安全	修订	2010	石油工业标准化技术委员会安全专标委	中国石油集团测井有限公司华北事业部、胜利石油管理局测井公司、大庆测井公司		SY/T 5726—2004	
97	石油钻、修井用吊具安全技术检验规范	安全	修订	2010	石油工业标准化技术委员会安全专标委	中国石油化工股份有限公司胜利油田分公司油气集输总厂、胜利油田安全环保处		SY/T 6605—2004	
98	石油工业建设项目安全预评价报告编制规则	安全	修订	2010	石油工业标准化技术委员会安全专标委	石油工业安全专业标准化技术委员会秘书处、青岛石油华东院安全环保有限公司、中海石油研究中心、北京中油建设项目劳动安全卫生预评价有限公司		SY/T 6607—2004	

（续）

序号	项目名称	标准类别	制修订	完成年限	技术归口单位	主要起草单位	采标号	代替标准	备注
99	输气管道和地下储气库工程设计节能技术规范	方法	修订	2011	石油工业标准化技术委员会节能节水专标委	中国石油天然气管道工程有限公司天津分公司、中国石油西气东输管道公司、中石油北京天然气管道有限公司		SY/T 6638—2005	
100	输气管道系统能耗测试和计算方法	方法	修订	2011	石油工业标准化技术委员会节能节水专标委	中国石油天然气股份有限公司管道分公司管道科技研究中心、中国石油天然气股份有限公司西气东输管道（销售）公司、中国石油天然气股份有限公司北京油气调控中心		SY/T 6637—2005	
101	油气田集输工艺安装工程劳动定额	管理	修订	2010	石油工业标准化技术委员会劳动定员定额专标委	中国石油天然气管道局、大庆油田、新疆油田分公司、西南油气田分公司		SY/T 5749—2004	
102	金属立式罐制作安装劳动定额	管理	修订	2010	石油工业标准化技术委员会劳动定员定额专标委	中国石油天然气管道局、中石化中原油田、辽河油田分公司、中国石油工程建设公司		SY/T 6078—2005	
103	石油地质绘图软件符号规范	方法	制定	2011	石油工业标准化技术委员会信息专标委	大庆油田有限责任公司勘探开发研究院			
104	石油地质绘图图形文件格式规范	方法	制定	2011	石油工业标准化技术委员会信息专标委	大庆油田有限责任公司勘探开发研究院			
105	液化天然气接收站安全运行规程	方法	制定	2011	全国石油天然气标准技术委员会液化天然气分技术委员会	中海气电集团有限责任公司、广东大鹏液化天然气有限公司、中石油江苏LNG项目经理部、中国石油管道研究中心			
106	液化天然气码头操作规程	方法	制定	2010	全国石油天然气标准技术委员会液化天然气分技术委员会	中国石油天然气集团公司大连液化天然气有限公司			
107	天然气管道穿越环境敏感区建设和运行环境保护要求	方法	制定	2011	全国石油天然气标准化技术委员会环境保护分技术委员会	中国石油集团安全环保技术研究院			

2010 年石油天然气行业标准复审项目计划

序号	专业	标准编号	标准名称	备注
1	物探	SY/T 6643—2006	陆上多波多分量地震资料采集技术规程	
2	物探	SY/T 10015—2006	海上拖缆式地震资料采集技术规程	
3	物探	SY/T 10020—2006	海上地震勘探数据处理技术规程	
4	地质	SY/T 5523—2006	油田水分析方法	
5	地质	SY/T 5599—2006	油气探井录井地质总结报告编写规范	中英文版
6	地质	SY/T 6337—2006	油气井地层测试资料录取规范	
7	钻井	SY/T 5313—2006	钻井工程术语	
8	钻井	SY/T 5374. 1—2006	固井作业规程　第 1 部分:常规固井	
9	钻井	SY/T 5374. 2—2006	固井作业规程　第 2 部分:特殊固井	
10	钻井	SY/T 5416. 1—2006	定向井测量仪器测量及检验　第 1 部分:无线随钻类	
11	钻井	SY/T 5505—2006	丛式井平台布置	
12	钻井	SY/T 5659—1993	钻井用粉状解卡剂 SR301	2006 年确认
13	钻井	SY/T 5964—2006	钻井井控装置组合配套、安装调试与维护	
14	测井	SY/T 5691—2006	电缆式地层测试器测井资料解释规范	
15	测井	SY/T 6031—2006	井温、井径、井斜测井仪刻度	
16	测井	SY/T 6351—1998	岩石声波特性的实验室测定	2006 年确认
17	测井	SY/T 6352—1998	岩石电化学参数的实验室测定	2006 年确认
18	测井	SY/T 6641—2006	固井水泥胶结测井资料处理及解释规范	
19	开发	SY/T 5336—2006	岩心分析方法	
20	开发	SY/T 6102—2006	油田开发监测及取资料要求	
21	开发	SY/T 6172—2006	油田试井技术规范	中英文版
22	开发	SY/T 6310—2006	气田开发可行性评价技术要求	
23	开发	SY/T 6315—2006	稠油油藏高温相对渗透率及驱油效率测定方法	
24	开发	SY/T 6647—2006	气田开发新区产能建设项目后评估技术要求	
25	采油	SY/T 5106—1998	油气田用封隔器通用技术条件	2006 年确认
26	采油	SY/T 5108—2006	压裂支撑剂性能指标及测试推荐做法	
27	采油	SY/T 5184—2006	砾石充填作业用砂检测推荐做法	
28	采油	SY/T 6125—2006	气井试气、采气及动态监测工艺规程	
29	采油	SY/T 6127—2006	油气水井井下作业资料录取项目规范	
30	采油	SY/T 6264—2006	油气水井大修作业施工设计编写规范	
31	采油	SY/T 6644—2006	使用注入压力操作阀的连续气举井设计推荐做法	
32	采油	SY/T 6645—2006	枯竭砂岩油气藏地下储气库注采井射孔完井工程设计编写规范	

（续）

序号	专业	标准编号	标准名称	备注
33	采油	SY/T 6646—2006	废弃井及长停井处置指南	
34	储运	SY/T 6648—2006	危险液体管道的完整性管理	
35	储运	SY/T 6649—2006	原油、液化石油气及成品油管道维修推荐做法	
36	储运	SY/T 6650—2006	石油、化学和天然气工业用往复式压缩机	
37	储运	SY/T 6651—2006	石油、化学和天然气工业用轴流和离心压缩机及膨胀机　压缩机	
38	建设	SY/T 0015. 2—1998	原油和天然气输送管道穿跨越工程设计规范　跨越工程	2006 年确认
39	建设	SY/T 0017—2006	埋地钢质管道直流排流保护技术标准	
40	建设	SY/T 0043—2006	油气田地面管线和设备涂色规范	
41	建设	SY/T 0049—2006	油田地面工程建设规划设计规范	
42	建设	SY/T 0082. 1—2006	石油天然气工程初步设计内容规范　第 1 部分:油气田地面工程	
43	建设	SY/T 0082. 2—2006	石油天然气工程初步设计内容规范　第 2 部分:管道工程	
44	建设	SY/T 0082. 3—2006	石油天然气工程初步设计内容规范　第 3 部分:天然气处理厂工程	
45	建设	SY/T 0087. 1—2006	钢制管道及储罐腐蚀评价标准　埋地钢质管道外腐蚀直接评价	
46	建设	SY/T 0088—2006	钢质储罐罐底外壁阴极保护技术标准	
47	建设	SY/T 0089—2006	油气厂、站、库给水排水设计规范	
48	建设	SY/T 0090—2006	油气田及管道仪表控制系统设计规范	
49	建设	SY/T 0091—2006	油气田及管道计算机控制系统设计规范	
50	建设	SY/T 0510—1998	钢制对焊管件	2006 年确认
51	建设	SY/T 0540—2006	石油工业用加热炉形式与基本参数	
52	建设	SY/T 0599—2006	天然气地面设施抗硫化物应力开裂和抗应力腐蚀开裂的金属材料要求	
53	建设	SY/T 0606—2006	现场焊接液体储罐规范	
54	建设	SY/T 0607—2006	转运油库和储罐设施的设计、施工、操作、维护与检验	
55	建设	SY/T 0608—2006	大型焊接低压储罐的设计与建造	
56	建设	SY/T 0609—2006	优质钢制对焊管件规范	
57	建设	SY/T 0318—1998	石油浮放设备隔震技术标准	2006 年确认
58	建设	SY/T 0403—1998	输油泵组施工及验收规范	2006 年确认
59	建设	SY/T 4103—2006	钢质管道焊接及验收	
60	设备	SY/T 5027—2006	石油钻采设备用气动元件	
61	设备	SY/T 5029—2006	抽油杆	
62	设备	SY/T 5030—2006	石油天然气工业用柴油机	中英文版
63	设备	SY/T 5064—1985	泥浆泵双金属缸套技术条件	2006 年确认
64	设备	SY/T 5244—2006	钻井液循环管汇	
65	设备	SY/T 5550—2006	空心抽油杆	中英文版
66	设备	SY/T 5689—2006	单螺杆抽油泵地面驱动装置	
67	设备	SY/T 6295—2006	石油钻采设备可靠性、维修性预计方法	

（续）

序号	专业	标准编号	标准名称	备注
68	设备	SY/T 6663—2006	独立井口装置规范	
69	设备	SY/T 6664—2006	石油钻机用柴油机偶合器机组	中英文版
70	设备	SY/T 6665—2006	油田用V带规范	
71	设备	SY/T 6666—2006	石油天然气工业用钢丝绳的选用和维护的推荐做法	
72	设备	SY/T 6667—2006	分流器系统设备及作业推荐做法	
73	设备	SY/T 6668—2006	游梁式抽油机的安装与润滑	
74	设备	SY/T 6669—2006	端盖、联结件和旋转接头规范	
75	管材	SY/T 5146—2006	整体加重钻杆	
76	管材	SY/T 5768—2006	一般结构用焊接钢管	
77	管材	SY/T 6267—2006	高压玻璃纤维管线管规范	
78	管材	SY/T 6418——1999	内压和弯曲复合作用下圆螺纹套管的连接性能	
79	管材	SY/T 6656—2006	聚乙烯管线管规范	
80	管材	SY/T 6657—2006	聚氯乙烯内衬钢管规范	
81	管材	SY/T 6662——2006	石油天然气工业用钢骨架增强聚乙烯复合管	
82	仪器	SY/T 5072—1998	石油厢式工程车通用技术条件	2006年确认
83	仪器	SY/T 5097—2006	钻（修）井多参数仪技术条件	
84	仪器	SY/T 5165—1987	SQ3型取样器	2006年确认
85	仪器	SY/T 5348—1989	钻井液电阻率仪技术条件	2006年确认
86	仪器	SY/T 5565—1993	掺水电子水表 ϕ15mm	2006年确认
87	仪器	SY/T 5566—1998	低能源原油含水分析仪	2006年确认
88	仪器	SY/T 5644—1993	石油沥青软化点试验器技术条件	2006年确认
89	仪器	SY/T 5645—1993	石油产品闪点和燃点试验器（克利夫兰法）技术条件	2006年确认
90	仪器	SY/T 5646—1993	恩氏黏度计技术条件	2006年确认
91	仪器	SY/T 5647—1993	针入度试验器技术条件	2006年确认
92	仪器	SY/T 5648—1993	石油产品蒸馏试验器技术条件	2006年确认
93	仪器	SY/T 5649—1993	石油倾点试验器技术条件	2006年确认
94	仪器	SY/T 5650—1993	石油产品凝点试验器技术条件	2006年确认
95	仪器	SY/T 5651—1993	石油产品运动粘度试验器技术条件	2006年确认
96	仪器	SY/T 5652—1993	发动机燃料实际胶质试验器技术条件	2006年确认
97	仪器	SY/T 5653—1993	润滑脂滴点试验器技术条件	2006年确认
98	仪器	SY/T 5654—1993	石油和合成液抗乳化性能试验器技术条件	2006年确认
99	仪器	SY/T 5655—1993	润滑油泡沫特性试验器技术条件	2006年确认
100	仪器	SY/T 5656—1993	石油产品残碳试验器（康氏法）技术条件	2006年确认
101	仪器	SY/T 6231—2006	电子式井下压力计	
102	仪器	SY/T 6368—1998	地下金属管道防腐层检漏仪	2006年确认

（续）

序号	专业	标准编号	标准名称	备注
103	仪器	SY/T 6371—1998	地震检波器测试仪通用技术条件	2006 年确认
104	仪器	SY/T 6372—1998	数控生产测井地面仪	2006 年确认
105	仪器	SY/T 6642—2006	井间地震成像系统	中英文版
106	计量	JJG(石油) 17—1991	钻井液旋转黏度计	2006 年确认
107	计量	SY/T 5317—2006	原油管线自动取样法	
108	计量	SY/T 5669—1993	石油及液体石油产品立式金属罐交接计量规程	2006 年确认
109	计量	SY/T 5670—1993	石油及液体石油产品铁路罐车交接计量规程	2006 年确认
110	计量	SY/T 5671—1993	石油及液体石油产品流量计交接计量规程	2006 年确认
111	计量	SY/T 6588—2006	电法测井仪校准方法	
112	计量	SY/T 6658—2006	用旋进旋涡流量计测量天然气流量	
113	计量	SY/T 6659—2006	用科里奥利质量流量计测量天然气流量	
114	计量	SY/T 6660—2006	用旋转容积式气体流量计测量天然气流量	
115	计量	SY/T 6661—2006	地震检波器校准方法	
116	计量	SY/T 6674—2006	密度测井刻度器校准方法	
117	海工	SY/T 10014—1998	海上砂岩气田总体开发方案编制指南	2006 年确认
118	安全	SY 5719—2006	天然气凝液安全规范	
119	安全	SY 5720—2006	司钻安全技术考核规则	
120	安全	SY/T 5857—2006	石油物探地震作业民用爆破器材管理规程	
121	安全	SY/T 6280—2006	石油物探地震队健康、安全与环境管理规范	
122	安全	SY/T 6341—1998	首次出海人员的培训程序	2006 年确认
123	安全	SY/T 6342—1998	海上工作人员非作业情况的应急训练	2006 年确认
124	安全	SY/T 6343—1998	水中人员救助的训练	2006 年确认
125	安全	SY/T 6652—2006	成品油管道输送安全规程	
126	安全	SY/T 6653—2006	基于风险的检查(RBI)推荐做法	
127	安全	SY/T 6654—2006	液体石油管道设施标识推荐做法	
128	安全	SY/T 6655—2006	石油产品储罐通风口阻火器推荐做法	
129	安全	SY/T 6670—2006	油气田消防站建设规范	
130	安全	SY/T 6671—2006	石油设施电气设备安装区域一级、0 区、1 区和 2 区区域划分推荐做法	
131	安全	SY/T 6672—2006	天然气处理厂保护环境的推荐做法	
132	安全	SY/T 6673—2006	常压与低压储罐通风的推荐做法	
133	节能	SY/T 5264—2006	油田生产系统能耗测试和计算方法	
134	节能	SY/T 5268—2006	油气田电网线损率测试和计算方法	
135	定额	SY/T 5495—2006	长输管道敷设工程劳动定额	
136	定额	SY/T 5507—2006	可控震源地震勘探劳动定额	
137	通用	SY/T 10011—2006	油田总体开发方案编制指南	

2010年国家标准和行业标准制定修订计划汇总

序号	专业	计划编号	标准属性	计划名称	标准类别	制定修订	完成年限	主要起草单位	采标号	代替标准
1	钻机1	能源20090696	SY	石油钻机现场安装及检验	方法	修订	2010	石油工业井控装置质量监督检验中心、宝鸡石油机械有限责任公司		SY/T 6586—2003
2	钻机2	2010年申报行标项目	SY	钻井和修井井架、底座的检查、维护、修理与使用	方法	修订	2010	宝鸡石油机械有限责任公司	API RP 4G：2004，MOD	SY/T 6408—2004
3	钻机3	2010年申报行标项目	SY	石油钻机顶部驱动装置安装、调试与维护	方法	制定	2010	北京石油机械厂、宝鸡石油机械有限责任公司、新疆石油管理局钻井公司顶驱作业技术服务公司		
4	钻机4	2010年申报行标项目	SY	石油钻井液固相控制设备安装、使用、维护和保养	方法	制定	2010	长庆油田分公司机械制造总厂、中国石油渤海装备制造有限公司、四川宏华石油设备有限公司		
5	钻机5	2010年申报行标项目	SY	石油钻机涂装规范	方法	制定	2011	宝鸡石油机械有限责任公司、宏华石油设备有限公司、中国石化集团江汉石油管理局、第四机械厂、兰州兰石国民油井石油工程有限公司		
6	钻机6	2010年申报国标项目	GB	石油天然气工业钻井和采油提升设备	产品	修订	2011	宝鸡石油机械有限责任公司、兰州兰石国民油井石油工程有限公司、江苏如石机械有限公司	ISO 13535最新版，IDT	GB/T 19190—2003

（续）

序号	专业	计划编号	标准属性	计划名称	标准类别	制定修订	完成年限	主要起草单位	采标号	代替标准
7	钻机7	2010年申报项目	GB	石油天然气工业钻井和采油设备钻井泵	产品	制定	2011	宝鸡石油机械有限责任公司		
8	钻机8	2009年计划未批准	GB	石油钻机顶部驱动装置	产品	制定	2011	北京石油机械厂、中国石油西部钻探公司新疆顶驱公司、中国石油勘探开发研究院机械所、石油工业标准化研究所、宝鸡石油机械有限责任公司		
9	车载1	能源20090702	SY	洗井液处理车	产品	修订	2010	中国石油集团钻井工程技术研究院江汉机械研究所、南阳二机石油装备（集团）有限公司、中油特种车辆有限公司		SY/T 6115—1994
10	车载2	2010年申报行标项目	SY	石油地震勘探钻机车	产品	修订	2010	保定宏业石油物探机械制造有限责任公司、中国石油集团东方地球物理勘探有限责任公司、大庆钻探工程公司地球物理勘探一公司、中国石化集团河南石油勘探局地质调查处		SY/T 5524—2004
11	车载3	2009年计划未批准	GB	车装钻机	产品	制定	2010	南阳二机石油装备（集团）有限公司、宝鸡石油机械有限责任公司、四川宏华石油设备有限公司、中国石油集团渤海石油装备制造有限公司、中国石化集团江汉石油管理局第四机械厂		

（续）

序号	专业	计划编号	标准属性	计划名称	标准类别	制定修订	完成年限	主要起草单位	采标号	代替标准
12	井控1	2010年申报行标项目	SY	海洋钻井隔水管接头	产品	制定	2011	石油工业井控装置质量监督检验中心	API Spec 16R:1997, IDT	
13	井控2	2010年申报行标项目	SY	海洋钻井隔水管设备规范	产品	制定	2011	石油工业井控装置质量监督检验中心	API Spec 16F:2004, IDT	
14	动力1	能源20090714	SY	油气田用地层测试器地面控制装置	产品	修订	2010	承德江钻石油机械有限责任公司		SY/T 5066.2—1993
26	采油1	能源20090697	SY	碳纤维复合材料连续抽油杆	产品	修订	2011	胜利油田孚瑞特石油装备有限责任公司		SY/T 6585—2003
27	采油2	能源20090699	SY	油田用注聚合物泵	产品	修订	2011	大港油田集团中成机械制造有限公司		SY/T 6462—2000
28	采油3	能源20090710	SY	抽油泵维护与使用推荐做法	方法	修订	2010	玉门油田分公司机械厂		SY/T 5188—1996
29	采油4	2010年申报行标项目	SY	油套管柱连接螺纹气密封现场检测系统	产品	制定	2010	安东石油技术（集团）有限公司、中石油塔里木油气田分公司、德州大陆架油气高科技有限公司		
30	采油5	2010年申报行标项目	SY	水力泵抽油系统	产品	修订	2011	胜利油田胜利泵业有限责任公司、中国石油天然气股份有限公司大港油田分公司		SY/T 5078.1—1991 SY/T 5078.2—1991 SY/T 5078.3—1991 SY/T 5189—1987
31	采油6	2010年申报国标项目	GB	石油天然气工业井下设备 桥式偏心配水工具	产品	制定	2011	中国石油勘探开发研究院，大庆采油工程研究院	ISO 17078—1:2004 ISO 17078—2:2007	

（续）

序号	专业	计划编号	标准属性	计划名称	标准类别	制定修订	完成年限	主要起草单位	采标号	代替标准
32	采油7	2009年计划未批准	GB	游梁式抽油机	产品	制定	2011	中国石油集团渤海石油装备制造有限公司、中国石油集团钻井工程技术研究院江汉机械研究所、石油工业标准化研究所、郑州机械研究所、宝鸡石油机械有限责任公司、玉门油田分公司机械厂、大庆油田装备制造集团		

2010年国家标准计划项目进展情况汇总

序号	技术归口单位	计划编号	标准名称	制定修订	标准类别	采标情况	代替标准	完成年限	主要起草单位	计划进度
1	井控工具	20080427—T—469	石油天然气工业井下安全阀设备规范	修订	方法	ISO 10432：1999，IDT		2010	浙江惟其信石油机械有限公司、石油工业井控装置质量监督检验中心、宝鸡石油机械有限公司、中国石油集团科学技术研究院江汉机械研究所、中石化勘探开发研究院、胜利油田采油工艺研究院、中国海洋石油总公司	已报批
2	井下工具	20080429—T—469	石油天然气工业　旋转钻井设备　第1部分：旋转钻柱构件	修订	产品	ISO 10424—1：2004，MOD		2010	北京石油机械厂、宝鸡石油机械有限责任公司、中国石油天然气集团公司管材研究所、石油工业井控装置质量监督检验中心	已报批
3	采油装备	20100274—T—469	游梁式抽油机	修订	产品			2012	大港油田集团中成机械制造有限公司	征求意见
4	钻机装备	20101431—T—469	石油天然气工业　钻井和采油提升设备	修订	产品	ISO 13535最新版，IDT	GB/T 19190—2003	2012	大庆钻探工程公司钻井工程技术研究院	起草

2010 年行业标准计划项目进展情况汇总

序号	技术归口单位	计划编号	标准名称	制定修订	标准类别	采标情况	代替标准	完成年限	主要起草单位	计划进度
1	钻机装备	能源 20090696	石油钻机现场安装及检验	修订	方法		SY/T 6586— 2003	2010	石油工业井控装置质量监督检验中心	已报批
2	采油装备	能源 20090697	碳纤维复合材料连续抽油杆	修订	产品		SY/T 6585—2003	2011	胜利油田孚瑞特石油装备有限责任公司	起草
3	采油装备	能源 20090699	油田用注聚合物泵	修订	产品		SY/T 6462—2000	2011	大港油田集团中成机械制造有限公司	起草
4	井下工具	能源 20090700	套管外封隔器	修订	产品		SY/T 6222—1996	2011	大庆钻探工程公司钻井工程技术研究院	已报批
5	车载装备	能源 20090702	洗井液处理车	修订	产品		SY/T 6115—1994	2010	中国石油集团钻井工程技术研究院江汉机械研究所	已报批
6	井下工具	能源 20090707	钻井用打捞工具分类与通用技术条件	修订	产品		SY/T 5572—1993	2011	中国石油集团渤海钻探工程有限公司钻井工艺研究院	已报批
7	采油装备	能源 20090710	抽油泵维护与使用推荐做法	修订	方法		SY/T 5188—1996	2010	玉门油田分公司机械厂	已审查（未通过）
8	井下工具	能源 20090712	反循环打捞篮技术条件	修订	方法		SY/T 5084—1993	2011	中国石油集团渤海钻探工程有限公司钻井工艺研究院	已报批
9	井下工具	能源 20090713	钻修井用割刀	修订	产品		SY/T 5070—2002	2010	中国石油集团渤海钻探工程有限公司钻井工艺研究院	已报批

（续）

序号	技术归口单位	计划编号	标准名称	制定修订	标准类别	采标情况	代替标准	完成年限	主要起草单位	计划进度
10	井下工具	能源20090714	油气田用地层测试器地面控制装置	修订	产品		SY/T 5066.2—1993	2010	承德江钻石油机械有限责任公司	已报批
11	井下工具	能源20090715	偏心辊子整形器	修订	产品		SY/T 5056—1993	2010	中国石油勘探开发研究院采油采气装备研究所	已报批
12	钻机装备	能源20100056	钻井和修井井架、底座的检查、维护、修理与使用	修订	方法	API RP 4G：2004，MOD	SY/T 6408—2004	2010	宝鸡石油机械有限责任公司	已报批
13	钻机装备	能源20100049	石油钻机顶部驱动装置安装、调试与维护	制定	方法			2010	北京石油机械厂	已报批
14	钻机装备	能源20100050	石油钻井液固相控制设备安装、使用、维护和保养	制定	方法			2010	长庆油田分公司机械制造总厂	已审查
15	钻机装备	能源20100053	石油钻机涂装规范	制定	方法			2011	宝鸡石油机械有限责任公司	起草
16	车载装备	能源20100054	石油地震勘探钻机车	修订	产品		SY/T 5524—2004	2010	保定宏业石油物探机械制造有限责任公司	已报批
17	井控装备	能源20100046	海洋钻井隔水管接头	制定	产品	API Spec 16R：1997，IDT		2011	石油工业井控装置质量监督检验中心	起草
18	井控装备	能源20100047	海洋钻井隔水管设备规范	制定	产品	API Spec 16F：2004，IDT		2011	石油工业井控装置质量监督检验中心	起草
19	钻采动力	能源20100052	石油钻采装备用液力变速器	制定	产品			2010	贵州凯星液力传动机械有限公司	已报批

（续）

序号	技术归口单位	计划编号	标准名称	制定修订	标准类别	采标情况	代替标准	完成年限	主要起草单位	计划进度
20	井下工具	能源 20100048	石油天然气工业井下工具　井下套管阀	制定	产品			2011	中国石油集团西部钻探工程有限公司克拉玛依钻井工艺研究院	已报批
21	井口装备	能源 20100057	石油钻井和修井用动力钳	修订	产品	API Spec 7K：2001，NEQ	SY/T 5074—2004	2010	中国石油集团钻井工程技术研究院江汉机械研究所	已报批
22	井口装备	能源 20100055	石油钻采高压管汇件的使用与维护	修订	方法		SY/T 6270—1997	2010	中国石化集团江汉石油管理局第四机械厂	已报批
23	采油装备	能源 20100051	油套管柱连接螺纹气密封现场检测系统	制定	产品			2010	安东石油技术（集团）有限公司	已报批
24	采油装备	能源 20100058	水力泵抽油系统	修订	产品			2011	胜利油田胜利泵业有限责任公司	起草
25	井控装备	能源 20090013	钻井作业用防喷设备系统推荐做法	制定	方法	API RP 53：1997，IDT		2010	石油工业井控装置质量监督检验中心	已报批
26	车载装备	能源 20090010	石油钻机用刹车块	制定	产品			2010	南阳二机石油装备（集团）有限公司	已报批
27	钻采动力	能源 20090007	石油钻机用电气设备　第4部分　辅助用电设备及井场电路	制定	产品			2010	济南柴油机股份有限公司	已报批

2010年全国石油钻采设备和工具标准体系表编制说明

2010年全国石油钻采设备和工具标准体系表(见表1,以下简称2010年体系表)重点突出与国际标准和国外先进标准的接轨,加快国际标准和国外先进标准的采标力度,并根据市场经济及进出口贸易发展需求,结合国家标准化体系建设工程,强化标准的制修订工作及规划。

2010年全国石油钻采设备和工具标准体系表主要特点如下:

1. 基本上沿用了2009年体系表的层次结构。除通用基础外,第一层次设立了钻修井设备、钻井和修井工具、采油采气设备和工具、阀门与井口设备、物探设备、特种车辆和海上石油工程。对井控设备、工具等个别项作了调整。这个层次项目与ISO/TC67 SC4分专业委员会和API勘探开发项目的组别都有清晰的衔接。

2. 强化标准的制修订规划,给出了3年规划的具体项目及完成时间,对标准制修订工作指导性更强。

3. 对ISO/TC67和API标准的制修订及时进行跟踪,对可采的采标项目作了安排,加大了ISO标准的同步采标力度。

4. 根据国家标准委和国家能源局的要求,对行业标准进行了清理,凡标龄超过五年以上的标准,一般作修订处理。

5. 为减少标准项目的繁琐,为标准的使用提供更方便的版本。以核心标准为主体,对相应的标准作了合并修订处理。

6. 原有行业标准,按市场需求,对其核心标准一般均调整为国家标准。以改善标准结构。

7. 收纳了2009年标准复审的意见。

列入2010年体系表项目总数为222项。2010年石油钻采设备和工具标准体系表标准数量统计表见表2。其中,国家标准67项;行业标准155项。

国家标准项目中:已发布标准41项,其中"采标"项目36项;待制定标准26项,其中"采标"项目11项。

行业标准项目中:已发布标准123项,其中"采标"项目23项;待制定标准32项,其中"采标"项目10项;中英文双语版项目3项。

表1 2010年全国石油钻采设备和工具标准体系表

序号	分类	项目名称	项目编号	级别	状态	立项时间	完成时间	采用国际国外标准编号	代替标准号	起草单位	相关标准
1	通用基础	石油钻采机械产品型号编制方法	GB/T	GB	转化为国标	2011	2012			江汉机械所、宝鸡石油机械厂	SY/T 6327—2005
2	通用基础	石油天然气工业寿命周期费用分析 第1部分:方法论	GB/T 19829.1—2005	GB	继续有效			ISO 15663.1—2000,IDT		全国石油钻采设备和工具标准化技术委员会	

（续）

序号	分类	项目名称	项目编号	级别	状态	立项时间	完成时间	采用国际国外标准编号	代替标准号	起草单位	相关标准
3	通用基础	石油天然气工业寿命周期费用分析 第2部分:理论应用和计算方法	GB/T 19829.2—2005	GB	继续有效			ISO 15663.2—2001,IDT		全国石油钻采设备和工具标准化技术委员会	
4	通用基础	石油天然气工业 寿命周期费用分析 第3部分:实施指南	GB/T 19829.3—2006	GB	继续有效			ISO 15663.3—2001,IDT		中国石油勘探开发研究院、中国石化国际石油勘探开发有限公司、中国海洋石油总公司研究中心开发设计院	
5	通用基础	石油天然气工业 设备可靠性和维修数据的采集与交换	GB/T 20172—2006	GB	继续有效			ISO 14224:1999,IDT	SY/T 6494—2000	中国石油勘探开发研究院	
6	通用基础	石油天然气工业 产品过程和服务的分级与合格评定	GB/T 20662—2006	GB	继续有效			ISO/TR 13881:2000,MOD		石油工业标准化研究所	
7	通用基础	石油天然气工业 油气开采中用于含硫化氢环境的材料 第1部分:选择抗裂纹材料的一般原则	GB/T 20972.1—2007	GB	继续有效			ISO 15156—1:2001,IDT		中石油工程设计有限责任公司西南分公司、中国石油西南油气田分公司、中国石油天然气集团公司管材研究所	
8	通用基础	石油天然气工业 含硫化氢环境油气开采用材料 第2部分:抗开裂碳钢、低合金钢和铸铁	GB/T 20972.2—2008	GB	继续有效			ISO 15156—2:2003,MOD		中国石油集团工程设计有限责任公司西南分公司、中国石油天然气股份有限公司西南油气田分公司、中国石油天然气集团公司管材研究所	

（续）

序号	分类	项目名称	项目编号	级别	状态	立项时间	完成时间	采用国际国外标准编号	代替标准号	起草单位	相关标准
9	通用基础	石油天然气工业 含硫化氢环境油气开采用材料 第3部分：抗开裂耐腐蚀合金和其他合金	GB/T 20972.3—2008	GB	继续有效			ISO 15156—3:2003,MOD		中国石油集团工程设计有限责任公司西南分公司、中国石油天然气股份有限公司西南油气田分公司、中国石油天然气集团公司管材研究所	
10	通用基础	石油天然气工业 旋转钻井设备 第2部分：旋转台肩式螺纹连接的加工与测量	GB/T 22512.2—2008	GB	继续有效			ISO 10424—2:2007,MOD	GB/T 9253.1—1999 GB/T 4749—2003	中国石油天然气集团公司管材研究所、宝鸡石油机械有限责任公司、北京石油机械厂、山西北方风雷工业集团有限公司	
11	通用基础	石油钻采设备及专用管材词汇	GB/T 8423—2008	GB	继续有效				GB/T 8423—1997	中国石油集团钻井工程技术研究院江汉机械研究所、中国石油天然气集团公司管材研究中心等	
12	通用基础	石油钻采机械产品用高压锻件技术条件	SY/T 5676—2010	SY	继续有效				SY/T 5676—1993	江汉石油管理局第四石油机械厂	
13	通用基础	石油钻采设备的可靠性通用规则	SY/T 5687—1995	SY	继续有效					石油勘探开发科学研究院机械研究所	
14	通用基础	石油钻采机械产品用承压铸钢件通用技术条件	SY/T 5715—1995	SY	继续有效			neq API Spec 16A,6A		江汉石油管理局第四石油机械厂	
15	通用基础	石油钻采设备可靠性考核评定规范编制导则	SY/T 6155—1995	SY	继续有效					石油勘探开发科学研究院机械研究所	
16	通用基础	石油钻采设备可靠性、维修性预计方法	SY/T 6295—2006	SY	继续有效			BSI BS5760—12:1993,NEQ		大庆石油学院机械科学与工程学院	

（续）

序号	分类	项目名称	项目编号	级别	状态	立项时间	完成时间	采用国际国外标准编号	代替标准号	起草单位	相关标准
17	钻机、修井机总体	车装钻机	GB/T	GB	转化为国标	2009	2010			南阳二机石油装备（集团）有限公司	SY/T 6584—2003
18	钻机、修井机总体	石油钻机和修井机基本配置	GB/T	GB	转化为国标	2011	2012			宝鸡石油机械有限责任公司	SY/T 6724—2008
19	钻机、修井机总体	石油工业用海洋平台模块钻机 第1部分：设计	GB/T	GB		2012	2013			中海油研究总院	
20	钻机、修井机总体	石油工业用海洋平台模块钻机 第2部分：建造	GB/T	GB		2012	2013			中海油研究总院	
21	钻机、修井机总体	石油工业用海洋平台模块钻机 第3部分：安装、调试与验收	GB/T	GB		2012	2013			中海油研究总院	
22	钻机、修井机总体	石油钻机和修井机	GB/T 23505—2009	GB	继续有效					宝鸡石油机械有限责任公司	SY/T 5609—1999 SY/T 6584—2003 SY/T 5202—2004 SY/T 716.1—1995
23	钻机、修井机总体	石油低温钻机	SY/T	SY		2011	2012			宝鸡石油机械有限责任公司、中国石化集团江汉石油管理局第四机械厂、宏华石油设备有限公司、南阳二机石油装备（集团）有限公司	

（续）

序号	分类	项目名称	项目编号	级别	状态	立项时间	完成时间	采用国际国外标准编号	代替标准号	起草单位	相关标准
24	钻机、修井机总体	煤层气钻机	SY/T	SY		2011	2011			南阳二机石油装备（集团）有限公司、南阳市南石力天传动件有限公司、南阳新成高架设备有限公司	
25	钻机、修井机总体	连续管钻机	SY/T	SY		2013	2014			钻井工程技术研究院江汉机械研究所	
26	钻机、修井机总体	石油钻机涂装规范	SY/T	SY	在制定	2010	2010			宝鸡石油机械有限责任公司、宏华石油设备有限公司、中国石化集团江汉石油管理局、第四机械厂、兰州兰石国民油井石油工程有限公司	
27	钻机、修井机总体	旋转导向钻井系统	SY/T	SY		2012	2013			北京石油机械厂	
28	钻机、修井机总体	石油钻机和修井机出厂验收规范	SY/T 6680—2007	SY	继续有效					宝鸡石油机械有限责任公司等	
29	钻机、修井机总体	海洋修井机	SY/T 6803—2010	SY	继续有效					南阳二机石油装备（集团）有限公司、中国海洋石油总公司、宝鸡石油机械有限责任公司	
30	钻、修井设备	石油钻机液压盘式刹车	GB/T	GB	转化为国标	2011	2012			中国石油勘探开发研究院采油采气装备研究所等	SY/T 6727—2008
31	钻、修井设备	石油天然气工业钻井和采油设备钻柱的设计和操作极限	GB/T	GB		2011	2012	ISO 10407：1993，IDT		中国石油集团西安管材研究所、北京石油机械厂、石油工业标准化研究所	

（续）

序号	分类	项目名称	项目编号	级别	状态	立项时间	完成时间	采用国际国外标准编号	代替标准号	起草单位	相关标准
32	钻、修井设备	石油天然气工业旋转钻井设备　第2部分:钻柱构件的验收和分级	GB/T	GB		2011	2012	ISO 10407—2—2008,IDT		中国石油集团西安管材研究所、北京石油机械厂、石油工业标准化研究所	
33	钻、修井设备	石油天然气工业钻井和采油设备　第1部分:海洋钻井隔水管设备的设计和操作	GB/T	GB		2012	2013	API 16Q:1993,IDT		石油工业井控装置质量监督检验中心	
34	钻、修井设备	石油钻机顶部驱动装置	GB/T	GB	转化为国标	2012	2013			北京石油机械厂	SY/T 6726—2008
35	钻、修井设备	石油天然气工业钻井和修井设备规范	GB/T 17744—2008	GB	需要修订	2014	2015	ISO 14693 最新版,MOD		宝鸡石油机械有限责任公司	
36	钻、修井设备	海洋钻井隔水管设备规范	SY/T	SY	在制定	2010	2010	APISPec 16F:2004,IDT		石油工业井控装置质量监督检验中心	
37	钻、修井设备	海洋钻井隔水管接头	SY/T	SY	在制定	2010	2010	APISpec 16R:1997,IDT		石油工业井控装置质量监督检验中心	
38	钻、修井设备	石油钻机顶部驱动装置安装、使用与维护	SY/T	SY	在制定	2010	2010			北京石油机械厂、宝鸡石油机械有限责任公司、新疆石油管理局钻井公司顶驱作业技术服务公司	
39	钻、修井设备	石油钻井泵	SY/T	SY		2011	2011			宝鸡石油机械有限责任公司、兰州兰石国民油井石油工程有限公司、宏华石油设备有限公司	
40	钻、修井设备	海洋钻井隔水管分析比较	SY/T	SY		2013	2014	API 16J:1992,IDT		石油工业井控装置质量监督检验中心	

（续）

序号	分类	项目名称	项目编号	级别	状态	立项时间	完成时间	采用国际国外标准编号	代替标准号	起草单位	相关标准
41	钻、修井设备	泥浆泵双金属缸套技术条件	SY/T 5064—1985	SY	继续有效						
42	钻、修井设备	石油钻井和修井用动力钳	SY/T 5074	SY	在制定	2010	2010	API Spec 7K—2001，NEQ	SY/T 5074—2004	中国石油集团钻井工程技术研究院江汉机械研究所	
43	钻、修井设备	石油钻机和修井机用转盘	SY/T 5080—2004	SY	拟废止			API Spec 7K—2001	SY/T 5080—2004 SY/T 5716.4—1995	南阳石油机械厂、兰州兰石集团有限公司	
44	钻、修井设备	立放运井架车	SY/T 5139—2008	SY	继续有效				SY/T 5139—1993	南阳二机石油装备（集团）有限公司	
45	钻、修井设备	钻井液循环管汇	SY/T 5244—2006	SY	继续有效				SY/T 5244—1991	中国石油西安长庆石油天然气设备制造有限责任公司	
46	钻、修井设备	地滑车	SY/T 5286—1991	SY	继续有效					南阳二机石油装备（集团）有限公司	
47	钻、修井设备	石油钻机用绞车	SY/T 5532—2010	SY	继续有效				SY/T 5532—2002	宝鸡石油机械有限责任公司、兰州兰石国民油井石油工程有限公司、川油广汉宏华有限公司	
48	钻、修井设备	地锚车	SY/T 5552—2009	SY	继续有效				SY/T 5552—1993	中油特种车辆有限公司、南阳二机石油装备（集团）有限公司、南阳华美石油装备有限公司	
49	钻、修井设备	石油钻机传动辊子链	SY/T 5595—2009	SY	继续有效			API Spec 7F：2003，IDT	SY/T 5595—1997	大港油田集团中成机械制造有限公司	

（续）

序号	分类	项目名称	项目编号	级别	状态	立项时间	完成时间	采用国际国外标准编号	代替标准号	起草单位	相关标准
50	钻、修井设备	三缸单作用钻井泵可靠性考核评定规范	SY/T 5686—1995	SY	继续有效					石油勘探开发科学研究院机械研究所、宝鸡石油机械厂	
51	钻、修井设备	石油修井机使用与维护	SY/T 6117—2010	SY	继续有效				SY/T 6117—2003	南阳二机石油装备（集团）有限公司、中油特种车辆有限责任公司、河南中原总机厂石油设备有限公司	
52	钻、修井设备	三缸单作用钻井泵主要易损件技术条件	SY/T 6185—1996	SY	拟废止						
53	钻、修井设备	钻井设备的检验、维护、修理和修复程序	SY/T 6367—2009	SY	继续有效			API RP 7L:1995,MOD	SY/T 6367—1998	宝鸡石油机械有限责任公司	
54	钻、修井设备	油田用V带规范	SY/T 6665—2006	SY	继续有效			API SPEC 1B:1995,MOD		江汉机械研究所	
55	钻、修井设备	连续管作业机	SY/T 6761—2009	SY	继续有效					中国石油集团钻井工程技术研究院江汉机械研究所、大港油田集团公司井下技术服务公司、四川石油管理局井下作业处	
56	钻、修井设备	液压盘式刹车 刹车安装、使用与维护	SY/T 6801—2010	SY	继续有效					中国石油勘探开发研究院采油采气装备研究所等	
57	钻、修井设备	石油钻机用刹车块	能源20090010	SY	在制定	2009	2010		SY/T 5023—1994	南阳二机石油装备(集团)有限公司、四川广汉宏华石油设备有限公司、北京普世科石油机械新技术有限公司、中国石油勘探开发研究院机械所、石油大学(华东)	

（续）

序号	分类	项目名称	项目编号	级别	状态	立项时间	完成时间	采用国际国外标准编号	代替标准号	起草单位	相关标准
58	钻、修井设备	石油钻机现场安装及检验	能源20090696	SY	在制定	2010	2010		SY/T 6586—2003	石油工业井控装置质量监督检验中心、宝鸡石油机械有限责任公司	
59	井架、底座	石油天然气工业钻井和采油设备钻井和修井井架、底座	GB/T 25428—2010	GB	继续有效			ISO 13626：2003，IDT		宝鸡石油机械有限责任公司、南阳二机石油装备（集团）有限公司、中国石化集团江汉石油管理局第四机械厂、四川宏华石油设备有限公司、石油工业井控装置质量监督检验中心	SY/T 5025—1999
60	井架、底座	钻井和修井井架、底座的检查、维护、修理与使用	SY/T 6408	SY	在制定	2010	2010	API RP 4G：2002，MOD	SY/T 6408—2004	宝鸡石油机械有限责任公司	
61	井架、底座	石油钻机和修井机用井架、底座承载能力检测评定方法	SY/T 6326—2008	SY	继续有效				SY/T 6326—1997	石油工业井控装置质量监督检验中心、宝鸡石油机械有限责任公司、大庆石油学院分校检测中心	
62	提升设备及钢丝绳	石油天然气工业钻井和采油设备　第1部分海上钻井提升设备设计与操作	GB/T	GB	继续有效			ISO/FDIS 13624—1			
63	提升设备及钢丝绳	石油天然气工业钻井和采油提升设备规范	GB/T 19190	GB	需要修订	2011	2011	ISO 13535 最新版，IDT	GB/T 19190—2003	宝鸡石油机械有限责任公司	
64	提升设备及钢丝绳	石油天然气工业钻井和采油提升设备的检验、维护、修理和修复	GB/T 19832	GB		2013	2014	ISO 13534 最新版，IDT	GB/T 19832—2005	宝鸡石油机械有限责任公司	

（续）

序号	分类	项目名称	项目编号	级别	状态	立项时间	完成时间	采用国际国外标准编号	代替标准号	起草单位	相关标准
65	提升设备及钢丝绳	石油天然气工业用钢丝绳的选用和维护的推荐做法	SY/T 6666	SY	在制定	2011	2011	API RP 9B：2005，MOD	SY/T 6666—2006	咸阳宝石钢管钢绳有限公司、宝鸡石油机械有限责任公司、陕西延长石油（集团）有限责任公司	
66	提升设备及钢丝绳	石油天然气工业用钢丝绳	SY/T 5170—2008	SY	继续有效			ANSI/API 9A，IDT ISO 10425	SY/T 5170—1998	咸阳石油钢管钢绳有限责任公司、宝鸡石油机械有限责任公司、西安石油管材研究所	
67	提升设备及钢丝绳	吊钳、吊环、吊卡	SY/T 5035—2004	SY	继续有效			API Spec 8A—1998 NEQ API Spec 8C—1997 NEQ API Spec 7K—2000 NEQ	SY/T 5035—1991 SY/T 5041—1992 SY/T 5113—1999	宝鸡石油机械有限责任公司、江汉机械研究所	
68	提升设备及钢丝绳	钻井和采油提升设备规范（不规定级别）	SY/T 5112—2008	SY	继续有效			API Spec 8A：1997，MOD	SY/T 5112—1999	宝鸡石油机械有限责任公司、南阳二机石油装备（集团）有限公司、兰州兰石国民油井石油工程有限公司	
69	提升设备及钢丝绳	钻采提升设备主要连接尺寸	SY/T 5288—2000	SY	继续有效						
70	提升设备及钢丝绳	石油钻机和修井机用水龙头	SY/T 5530—2005	SY	拟废止					宝鸡石油机械有限责任公司	
71	钻、修井设备钻井液系统	石油钻井用固控设备规范	GB/T	GB	转化为国标	2011	2011			中国石油集团钻井工程技术研究院江汉机械研究所	SY/T 5612—2007

（续）

序号	分类	项目名称	项目编号	级别	状态	立项时间	完成时间	采用国际国外标准编号	代替标准号	起草单位	相关标准
72	钻、修井设备钻井液系统	石油钻井液固相控制设备安装、使用、维护和保养	SY/T	SY	在制定	2010	2010			长庆油田分公司机械制造总厂、中国石油渤海装备制造有限公司、四川宏华石油设备有限公司	
73	钻、修井设备钻井液系统	评价钻井液处理系统推荐做法	SY/T 6622—2005	SY	继续有效			API RP 13C：1996，IDT		中国石油集团钻井工程技术研究院江汉机械研究所、中海油田服务公司泥浆事业部	
74	井控设备	石油天然气工业高温高压钻井作业用井控装置	GB/T	GB		2012	2013	ISO/NP TS 16339，MOD		石油工业井控装置质量监督检验中心	
75	井控设备	井控设备控制系统及分流设备控制系统规范	GB/T	GB	转化为国标	2011	2011	API Spec 16D：2004，IDT		北京石油机械厂、石油工业井控装置质量监督检验中心	SY/T 5053.2—2007
76	井控设备	石油天然气工业钻井和采油设备钻通设备	GB/T 20174—2006	GB	继续有效			ISO 13533：2001，MOD API Spec 16A	SY/T 5053.1—2000	石油工业井控装置质量监督检验中心、华北石油荣盛机械制造有限公司、宝鸡石油机械有限责任公司	
77	井控设备	钻通设备旋转防喷器规范	GB/T 25430—2010	GB	继续有效			API Spec 16 RCD：2005，IDT		石油工业井控装置质量监督检验中心、宝鸡石油机械有限责任公司、河北华北石油荣盛机械制造有限公司、四川石油管理局成都总机械厂、钻采工艺技术研究院	SY/T 6730—2008
78	井控设备	钻具止回阀规范	GB/T 25430—2010	GB	继续有效			API Spec 7 NRV：2006，MOD		石油工业井控装置质量监督检验中心	SY/T 5215—2005

（续）

序号	分类	项目名称	项目编号	级别	状态	立项时间	完成时间	采用国际国外标准编号	代替标准号	起草单位	相关标准
79	井控设备	连续油管井控设备系统	SY/T	SY		2013	2015	API RP 16 ST:2009,IDT		石油工业井控装置质量监督检验中心	
80	井控设备	节流和压井系统	SY/T 5323	GB		2012	2013	API Spec 16C,IDT	SY/T 5323—2004	石油工业井控装置质量监督检验中心	
81	井控设备	旋转钻井设备上部和下部方钻杆旋塞阀	SY/T 5525—2009	SY	继续有效				SY/T 5525—1992	南阳二机石油装备(集团)有限公司、北京石油机械厂、宝鸡石油机械有限责任公司	
82	井控设备	防喷器的检查和修理	SY/T 6160	SY		2012	2013		SY/T 6160—2008	石油工业井控装置质量监督检验中心、河北华北石油荣盛机械制造有限公司	
83	井控设备	分流器系统设备及作业推荐做法	SY/T 6667—2006	SY	继续有效			API RP64 2001,IDT		大庆石油学院	
84	井控设备	钻井作业用防喷设备系统推荐做法	能源20090013	SY	在制定	2009	2010	API RP53,1DT		石油工业井控装置质量监督检验中心、四川石油管理局装备制造有限公司、川庆钻探工程有限公司钻采工艺技术研究院	
85	动力、控制与传动设备	石油钻机用电气设备 第1部分 主电动机	GB/T	GB	转化为国标	2010	2011			中国北车集团永济电机厂、天水电气传动研究所等	SY/T 6725.1—2008
86	动力、控制与传动设备	石油钻机用电气设备 第2部分 控制系统	GB/T	GB	转化为国标					济南柴油机股份有限公司	SY/T 6725.2—2009

（续）

序号	分类	项目名称	项目编号	级别	状态	立项时间	完成时间	采用国际国外标准编号	代替标准号	起草单位	相关标准
87	动力、控制与传动设备	石油工业用天然气内燃发电机组	GB/T 22343—2008	GB	继续有效					济南柴油机股份有限公司、山东济柴绿色能源动力装备有限公司、新疆石油管理局钻井公司	
88	动力、控制与传动设备	石油采油井场燃气动力机组	GB/T 23506—2009	GB	继续有效					济南柴油机股份有限公司	
89	动力、控制与传动设备	石油钻机用电气设备 第3部分 电动钻机用柴油发电机组	GB/T 23507.3—2009	GB	继续有效					济南柴油机股份有限公司	
90	动力、控制与传动设备	石油钻机用电气设备 第4部分 辅助用电设备及井场电路	SY/T	SY	在制定	2009	2010			济南柴油机股份有限公司、河北华北机械化工程有限公司、天水电气传动研究所、中国北车集团永济电机厂	
91	动力、控制与传动设备	轻型钻机车用发动机	SY/T	SY		2012	2013			中国石油集团济柴动力总厂	
92	动力、控制与传动设备	石油钻采装备用液力变速器	SY/T	SY	在制定	2010	2011			贵州凯星液力传动机械有限公司、济南柴油机股份有限公司、南阳二机石油装备（集团）有限公司	
93	动力、控制与传动设备	石油钻采设备用气动元件	SY/T 5027	SY		2011	2011		SY/T 5027—2006	中国石油集团钻井工程技术研究院江汉机械研究所	
94	动力、控制与传动设备	石油天然气工业用柴油机	SY/T 5030	SY		2011	2011		SY/T 5030—2006	中国石油集团济柴动力总厂、大庆石油管理局钻探集团钻井一公司、济柴河北分公司	双语版

（续）

序号	分类	项目名称	项目编号	级别	状态	立项时间	完成时间	采用国际国外标准编号	代替标准号	起草单位	相关标准
95	动力、控制与传动设备	油田用往复式内燃机规范	SY/T 5031—1999	SY	继续有效			eqv API RP 7B—11C		济南柴油机股份有限公司	
96	动力、控制与传动设备	石油钻机用离心涡轮液力变矩器	SY/T 5141—2010	SY	继续有效				SY/T 5141—2002 SY/T 5716.9—1995	济南柴油机股份有限公司、石油工业标准化研究所、大连恒通液力机械有限公司	
97	动力、控制与传动设备	石油天然气工业用190系列天然气发动机	SY/T 5641—2009	SY	继续有效				SY/T 5641—2000	济南柴油机股份有限公司	
98	动力、控制与传动设备	内燃机安装、维护和操作的推荐做法	SY/T 6416—1999	SY	继续有效			idt API RP 7C—11F		济南柴油机股份有限公司	
99	动力、控制与传动设备	石油钻机用柴油机偶合器机组	SY/T 6664	SY		2011	2011		SY/T 6664—2006	中国石油集团济柴动力总厂、大连恒通液力机械有限公司、济柴液力传动事业部	双语版
100	动力、控制与传动设备	石油天然气工业　石油和天然气柴油/天然气双燃料发动机	SY/T 6728—2008	SY	继续有效					济南柴油机股份有限公司	
101	动力、控制与传动设备	石油钻机用气胎离合器	SY/T 6760—2010	SY	继续有效					南阳二机石油装备(集团)有限公司、南阳南石力天传动件有限公司、中油特种车辆有限公司、宝鸡石油机械有限责任公司	
102	钻机辅助设备	橇装一体化污水处理装置	SY/T	SY		2012	2012			中石油钻井院江汉机械研究所	
103	钻机辅助设备	气体钻井空气锤	SY/T	SY		2012	2013			中石化工程院	

（续）

序号	分类	项目名称	项目编号	级别	状态	立项时间	完成时间	采用国际国外标准编号	代替标准号	起草单位	相关标准
104	钻机辅助设备	石油钻机用电磁涡流刹车	SY/T 5533—2002	SY	继续有效					宝鸡石油机械有限责任公司	
105	钻机辅助设备	石油钻机大修理技术条件 电磁涡流刹车	SY/T 5716.7—1995	SY	拟废止						
106	钻机辅助设备	石油钻机用万向联轴器	SY/T 6497—2000	SY	继续有效					江苏石油化工学院、石油大学（华东）、兰州石油化工机器总厂、宝鸡石油机械有限责任公司、江苏石油勘探局	
107	钻、修井固井设备	固井成套设备	SY/T 5557—2009	SY	继续有效				SY/T 5494—1992 SY/T 5611—2001 SY/T 5439—2003 SY/T 5394—2004 SY/T 5557—1992	江汉石油管理局第四机械厂、兰州石油机械研究所	
108	钻、修井工具钻头	三牙轮钻头	SY/T 5164—2008	SY	继续有效				SY/T 5164—1999	四川石油管理局成都总机械厂	
109	钻、修井工具钻头	金刚石钻头及金刚石取心钻头	SY/T 5217—2000	SY	继续有效					四川石油管理局成都总机械厂	
110	钻修井工具井口工具	旋转钻井钻柱构件规范	20080429—T—469	GB	在制定	2008	2010	API Spec 7—1:2001 ISO 10424—1:2004,IDT		北京石油机械厂	SY/T 6407—1999

（续）

序号	分类	项目名称	项目编号	级别	状态	立项时间	完成时间	采用国际国外标准编号	代替标准号	起草单位	相关标准
111	钻修井工具井口工具	钻井卡瓦	SY/T 5049—2009	SY	继续有效				SY/T 5049—1991	廊坊润德石油设备制造有限公司、中国石油大学（北京）、中国石油集团钻井工程技术研究院江汉机械研究所	
112	钻修井工具井口工具	抽油杆吊卡	SY/T 5235—2008	SY	继续有效			API Spec 8A—1997 NEQ	SY/T 5235—1991	中国石油玉门油田分公司机械厂	
113	钻修井工具井口工具	抽油杆吊钩	SY/T 5236—2000	SY	继续有效				SY 5236—1991	中国石油玉门油田分公司机械厂	
114	钻修井工具井口工具	修井用气动卡盘	SY/T 6113—2008	SY	继续有效			ANSI/API Spec 7K—2005，NEQ	SY/T 6113—1994	南阳二机石油装备（集团）有限公司、中油特种车辆有限责任公司、河南中原总机厂石油设备有限公司、江苏如东通用机械有限公司	
115	钻修井工具钻柱构件	钻具稳定器	SY/T 5051—2009	SY	继续有效				SY/T 5051—1991	四川石油管理局钻采工艺技术研究院	
116	钻修井工具钻柱构件	钻柱减震器	SY/T 6347—2008	SY	继续有效				SY/T 6347—1998	石油工业井下工具质量监督检验中心等	
117	钻修井工具完井工具	油气井用射孔枪	SY/T 5562—2000	SY	继续有效				SY/T 5562—1992	宝鸡石油机械厂	
118	钻修井工具取心工具	特殊取心工具	SY/T 5216—2010	SY	在制定	2009	2010		SY/T 5216—2000 SY/T 5414—2002	中国石化集团胜利石油管理局钻井工艺研究院、四川石油管理局钻井工程研究院、大庆钻探集团钻井工程研究院	

（续）

序号	分类	项目名称	项目编号	级别	状态	立项时间	完成时间	采用国际国外标准编号	代替标准号	起草单位	相关标准
119	钻修井工具动力钻具	螺杆钻具	SY/T 5383—2010	SY	在制定	2008	2008		SY/T 5383—1999	北京石油机械厂	
120	钻修井工具固井工具	石油天然气工业固井设备 第2部分:扶正器放置和止动环测试	GB/T 19831.2—2008	GB	继续有效			ISO 10427—2：2004，API RP 10D—2		石油工业井下工具质量监督检验中心、大庆日久扶正器厂、德州石油钻井研究所	
121	钻修井工具固井工具	石油天然气工业　固井设备注水泥浮动装置性能测试	GB/T 20971—2007	GB	继续有效			ISO 10427—3：2003，IDT APISpec 10F		石油工业井下工具质量监督检验中心、德州石油钻井研究所	
122	钻修井工具固井工具	石油天然气工业　套管扶正器　第1部分:弓形弹簧套管扶整器	GB/T 19831.1—2005	GB	继续有效			ISO 10427—1;2001,IDT API Spec 10D	SY/T 5024—1999	全国石油钻采设备和工具标准化技术委员会	
123	钻修井工具固井工具	膨胀式尾管悬挂器及尾管回接装置	SY/T	SY	在制定	2011	2012			中国石油集团钻井工程技术研究院钻井机械研究所、北京石油机械厂、北京华油油气工程科技有限公司、哈萨克北部扎奇联合作业公司	
124	钻修井工具固井工具	分级注水泥器	SY/T 5150—2000	SY	继续有效				SY/T 5150—1994	中国石化新星公司石油钻井研究所	
125	钻修井工具固井工具	套管用浮箍浮鞋	SY/T 5618—2009	SY	继续有效				SY/T 5618—2000 SY/T 5476—1992	大庆钻井生产技术服务公司、石油工业井下工具质量监督检验中心	
126	钻修井工具固井工具	尾管悬挂器及回接装置	SY/T 5083—2005	SY	继续有效				SY/T 5083—1991	德州石油钻井研究所	

（续）

序号	分类	项目名称	项目编号	级别	状态	立项时间	完成时间	采用国际国外标准编号	代替标准号	起草单位	相关标准
127	钻修井工具打捞工具	偏心辊子整形器	能源20090715	SY	在制定	2010	2010		SY/T 5056—1993	中国石油勘探开发研究院采油采气装备研究所	
128	钻修井工具打捞工具	安全接头	SY/T 5067—2008	SY	继续有效				SY/T 5067—1991	石油工业井下工具质量监督检验中心、贵州高峰石油机械有限责任公司、通化石油工具股份有限公司	
129	钻修井工具打捞工具	钻修井用打捞筒	SY/T 5068—2009	SY	继续有效				SY/T 5068—2000	石油工业井下工具质量监督检验中心	
130	钻修井工具打捞工具	钻修井用打捞矛	SY/T 5069—2009	SY	继续有效				SY/T 5069—2000	石油工业井下工具质量监督检验中心	
131	钻修井工具打捞工具	钻修井用割刀	能源20090713	SY	在制定	2010	2010		SY/T 5070—2002	华北石油管理局钻井工艺研究院	
132	钻修井工具打捞工具	反循环打捞篮技术条件	能源20090712	SY	在制定	2010	2010		SY/T 5084—1993	中国石油集团渤海钻探工程有限公司钻井工艺研究院	
133	钻修井工具打捞工具	套管刮削器	SY/T 5110—2000	SY	继续有效					通化石油工具股份有限公司	
134	钻修井工具打捞工具	打捞公锥及母锥	SY/T 5114—2008	SY	继续有效				SY/T 5114—1992 SY/T 5115—1992	石油工业井下工具质量监督检验中心、贵州高峰石油机械有限责任公司、通化石油工具股份有限公司	
135	钻修井工具打捞工具	磁力打捞器	SY/T 5147—2000	SY	继续有效				SY/T 5147—1993	通化石油工具股份有限公司	
136	钻修井工具打捞工具	震击器及加速器	SY/T 5496—2010	SY	在制定	2008	2008		SY/T 5496—2000	石油工业井下工具质量监督检验中心	

（续）

序号	分类	项目名称	项目编号	级别	状态	立项时间	完成时间	采用国际国外标准编号	代替标准号	起草单位	相关标准
137	钻修井工具打捞工具	钻井用打捞工具分类与通用技术条件	能源20090707	SY	在制定	2010	2010		SY/T 5572—1993	中国石油集团渤海钻探工程有限公司钻井工艺研究院	
138	钻修井工具打捞工具	钻修井用铣磨鞋	SY/T 6072—2009	SY	继续有效				SY/T 6072—1994 SY/T 5285—1991	石油工业井下工具质量监督检验中心	
139	钻修井工具打捞工具	爆炸松扣井口工具	SY/T 6198—1996	SY	继续有效					通化石油工具股份有限公司	
140	钻修井工具封隔器和桥塞	石油天然气工业 井下工具 封隔器和桥塞	GB/T 20970—2007	GB	继续有效			ISO 14310：2001，IDT API Spec 11D1		中石油江汉机械研究所、大庆油田有限公司采油工程研究院、宝鸡石油机械有限责任公司等	
141	钻修井工具封隔器和桥塞	油、水激发自膨胀封隔器	SY/T	SY	在制定	2011	2012			中国石油勘探开发研究院、安东石油技术（集团）有限公司、德州大陆架石油技术有限公司、中石油钻井总院、华北石油橡胶研究所、辽河油气田分公司	
142	钻修井工具封隔器和桥塞	套管外封隔器	能源20090700	SY	在制定	2010	2011		SY/T 6222—1996	大庆钻探工程公司钻井工程技术研究院	
143	钻修井工具补贴工具	套管补贴用波纹管	SY/T 5870—1993	SY	继续有效					大庆石油管理局井下作业公司	
144	钻修井工具补贴工具	油田套管补贴用膨胀管总成	SY/T 6802—2010	SY	继续有效					中国石油勘探开发研究院采油采气装备所、大庆油田第四采油厂、大庆油田井下作业公司	

（续）

序号	分类	项目名称	项目编号	级别	状态	立项时间	完成时间	采用国际国外标准编号	代替标准号	起草单位	相关标准
145	钻修井工具井下工具	石油天然气工业　井下工具　安全阀设备	20080427—T—469	GB	在制定	2008	2010	IDT　ISO 10432:1999		浙江惟其信石油机械有限公司	
146	钻修井工具井下工具	石油天然气工业　井下工具　锁定心轴与定位接头	GB/T 21410—2008	GB	继续有效			ISO 16070:2001, IDT　API Spec 14L		北京石油化工学院、石油工业井下工具质量监督检验中心	
147	钻修井工具井下工具	石油和天然气工业井下安全阀系统设计、安装、操作和修理	GB/T 22343—2008	GB	继续有效			ISO 10417:1993, IDT	SY/T 10024—1998	石油工业井控质量检测中心	
148	钻修井工具井下工具	石油天然气工业　井下工具　井下套管阀	SY/T	SY	在制定	2010	2010			中国石油集团西部钻探工程有限公司克拉玛依钻井工艺研究院	
149	钻修井工具井下工具	遥控式可调井下稳定器	SY/T	SY	在制定	2012	2013			胜利油田	
150	采油采气设备有杆抽油系统	游梁式抽油机	GB/T	GB	转化为国标	2011	2012			中国石油集团渤海装备制造有限公司	SY/T 5044—2003
151	采油采气设备有杆抽油系统	抽油泵及其组件规范	GB/T 18607—2008	GB	继续有效			API Spec 11AX, MOD	GB/T 18607—2001	玉门油田分公司(局)机械厂	
152	采油采气设备有杆抽油系统	石油天然气工业　井下设备　人工举升用螺杆抽油泵系统　第1部分:泵	GB/T 21411.1	GB	需要修订	2011	2012	ISO 15136—1:2009	GB/T 21411.1—2008	北京石油机械厂	

（续）

序号	分类	项目名称	项目编号	级别	状态	立项时间	完成时间	采用国际国外标准编号	代替标准号	起草单位	相关标准
153	采油采气设备有杆抽油系统	石油天然气工业　井下设备　人工举升用螺杆抽油泵系统　第2部分:地面驱动装置	GB/T 21411.2—2009	GB	继续有效			ISO 15136—2:2006,IDT		北京石油机械厂	SY/T 5689—2006
154	采油采气设备有杆抽油系统	抽油杆	SY/T 5029	SY	在制定	2011	2011	API Spec 11B:2010,MOD	SY/T 5029—2006	中国石油天然气股份有限公司玉门油田分公司机械厂、铁岭中油机械设备制造有限公司、渤海装备制造公司	
155	采油采气设备有杆抽油系统	组合泵筒管式抽油泵	SY/T 5059—2009	SY	继续有效				SY/T 5059—2000 SY/T 5143—1998	玉门油田分公司(局)机械厂	
156	采油采气设备有杆抽油系统	抽油泵的使用和维护	能源20090710	SY	在制定	2010	2010		SY/T 5188—1996	玉门油田分公司机械厂	
157	采油采气设备有杆抽油系统	链条抽油机	SY/T 5442—1992	SY	拟废止						
158	采油采气设备有杆抽油系统	空心抽油杆	SY/T 5550	SY	在制定	2011	2011		SY/T 5550—2006	铁岭中油机械设备制造有限公司、渤海石油装备大港新世纪石油机械有限公司、中国石油勘探开发研究院采油采气设备所	双语版

（续）

序号	分类	项目名称	项目编号	级别	状态	立项时间	完成时间	采用国际国外标准编号	代替标准号	起草单位	相关标准
159	采油采气设备有杆抽油系统	抽油杆维护与装卸推荐做法	SY/T 5643—2010	SY	继续有效			API RP 11BR:2006,IDT	SY/T 5643—1995	中国石油天然气股份有限公司玉门油田分公司机械厂、铁岭中油机械设备制造有限公司、国家油气田井口设备质量监督检测中心	
160	采油采气设备有杆抽油系统	链条抽油机的安装、使用和维护	SY/T 5721—1995	SY	拟废止						
161	采油采气设备有杆抽油系统	增强塑料抽油杆	SY/T 5736—1995	SY	继续有效			API RP 11C:1988,IDT		石油天然气勘探开发设备与材料专业标准化委员会	
162	采油采气设备有杆抽油系统	碳纤维复合材料连续抽油杆	能源20090697	SY	在制定	2010	2011		SY/T 6585—2003	胜利油田孚瑞特石油装备有限责任公司	
163	采油采气设备有杆抽油系统	游梁式抽油机的安装和润滑	SY/T 6668—2006	SY	继续有效			API RP 11G 1994,MOD		宝鸡石油机械有限责任公司	
164	采油采气设备有杆抽油系统	无游梁式抽油机	SY/T 6729—2008	SY	继续有效					江汉机械研究所、国家油气田井口设备质检中心、沈阳金田石油机械制造有限公司、鞍山市鑫宇机械有限公司等	
165	采油采气设备有杆抽油系统	CJT 系列抽油机节能拖动装置	SY/T 5226—2005	SY	继续有效					承德司达石油装备开发公司	

（续）

序号	分类	项目名称	项目编号	级别	状态	立项时间	完成时间	采用国际国外标准编号	代替标准号	起草单位	相关标准
166	采油采气设备无杆抽油系统	石油天然气工业 钻井和采油设备 第2部分:偏心工作筒用流量控制装置	GB/T	GB	转化为国标	2010	2012	ISO 17078—2:2004,IDT		中国石油勘探开发研究院、大庆采油工程研究院	
167	采油采气设备无杆抽油系统	潜油电泵机组	GB/T16750	GB	需要修订	2012	2013	ISO/CD15551,MOD	GB/T 16750—2008	大庆油田力神泵业有限公司	
168	采油采气设备无杆抽油系统	潜油电泵装置的规格及选用	GB/T 17386—2009	GB	继续有效			API RP 11S4:2002,MOD	GB/T 17386—1998	大庆油田力神泵业有限公司	SY/T 5904—2004
169	采油采气设备无杆抽油系统	潜油电泵装置的操作、维护和故障检查	GB/T 17387—1998	GB	继续有效			API RP 11S,IDT		大庆油田力神泵业有限公司	
170	采油采气设备无杆抽油系统	潜油电泵装置的安装	GB/T 17388—2010	GB	继续有效			API RP 11S3:1999,MOD	GB/T 17388—1998	大庆油田力神泵业有限公司	
171	采油采气设备无杆抽油系统	电动潜油泵电缆系统的应用	GB/T 17389—1998	GB	需要修订	2011	2012	API RP 11S5,IDT		大庆油田力神泵业有限公司	
172	采油采气设备无杆抽油系统	潜油电泵装置拆卸报告的编写	GB/T 17390—2010	GB	继续有效			API RP 11S1:1997,IDT	GB/T 17390—1998	大庆油田力神泵业有限公司	
173	采油采气设备无杆抽油系统	潜油电泵电缆试验方法	GB/T 18050—2000	GB	继续有效			idt API RP 11S6		胜利石油管理局无杆采油泵公司	
174	采油采气设备无杆抽油系统	潜油电泵振动试验方法	GB/T 18051—2000	GB	继续有效			eqv API RP 11S8		天津斯波泰克潜没电泵有限公司	

（续）

序号	分类	项目名称	项目编号	级别	状态	立项时间	完成时间	采用国际国外标准编号	代替标准号	起草单位	相关标准
175	采油采气设备无杆抽油系统	石油天然气工业井下设备防砂筛管	SY/T	SY	在制定	2011	2011	ISO 17824：2009，MOD		安东石油技术（集团）有限公司、中国石油大学（北京）、石油工业井下工具质量监督检验中心、中海油田服务股份有限公司、天津市奥凯石油机械有限公司	
176	采油采气设备无杆抽油系统	水力泵抽油系统	SY/T	SY	在制定	2010	2011		SY/T 5078.1—1991 SY/T 5078.2—1991 SY/T 5078.3—1991 SY/T 5189—1987	胜利石油管理局无杆采油泵公司	
177	采油采气设备无杆抽油系统	气举阀性能试验方法	SY/T 6400—1999	SY	继续有效						
178	采油采气设备无杆抽油系统	气举设备规范	SY/T 6401—1999	SY	继续有效			NEQ API Spec 11V1		大庆石油学院石油机械系	
179	采油采气设备无杆抽油系统	潜油电泵保护器的使用与检验	SY/T 6598—2004	SY	继续有效			API RP11S7，IDT		大庆油田力神泵业有限公司	
180	采油采气设备无杆抽油系统	潜油电泵离心泵试验推荐做法	SY/T 6599—2004	SY	继续有效			API RP11S2，1997，1DT		大庆潜油电泵技术服务公司、胜利油田胜利泵业有限公司	

（续）

序号	分类	项目名称	项目编号	级别	状态	立项时间	完成时间	采用国际国外标准编号	代替标准号	起草单位	相关标准
181	采油采气设备压裂设备	固井和水力压裂设备性能数据的推荐做法	SY/T	SY	继续有效	2011	2012	IDT：API RP 41：		中国石化集团江汉石油管理局第四机械厂	
182	采油采气设备压裂设备	水力喷射分段压裂工具	SY/T	SY		2013	2014			德州大陆架石油技术有限公司	
183	采油采气设备压裂设备	水力脉冲空化射流工具	SY/T	SY		2013	2014			德州大陆架石油技术有限公司	
184	采油采气设备压裂设备	压裂成套设备	SY/T 5211—2009	SY	继续有效				SY/T 5211—2003 SY/T 5287—2000	中国石化集团江汉石油管理局第四机械厂	
185	采油采气设备压裂设备	石油钻采高压管汇件的使用与维护	SY/T 6270	SY	需要修订	2010	2010		SY/T 6270—1997	中国石化集团江汉石油管理局第四机械厂、中国石油集团钻井工程技术研究院江汉机械研究所	
186	采油采气其他设备	注水井分层流量实时测调系统	GB/T	GB	转化为国标	2010	2012			大庆油田有限责任公司采油工程研究院、中国石油勘探开发研究院、上海嘉地有限公司	
187	采油采气其他设备	石油天然气工业钻井和采油设备地面油气混输泵	GB/T	GB	在制定	2007	2009			中国航空综合技术研究所、大港油田集团中成机械制造有限公司	SY/T 6534—2002
188	采油采气其他设备	石油通井机	GB/T	GB	转化为国标	2011	2011			河南中原总机厂石油设备有限公司、南阳二机石油装备（集团）有限公司	SY/T 5376—2005

（续）

序号	分类	项目名称	项目编号	级别	状态	立项时间	完成时间	采用国际国外标准编号	代替标准号	起草单位	相关标准
189	采油采气其他设备	油套管柱连接螺纹气密封现场检测系统	SY/T	SY	在制定	2010	2010			安东石油技术(集团)有限公司、中石油塔里木油气田分公司、德州大陆架油气高科技有限公司	
190	采油采气其他设备	石油天然气工业桥式偏心工作筒	SY/T	SY		2011	2012	ISO 17078—1:2004,MOD		大庆油田采油工程研究院、石油工业机械产品质量监督检验站、中国石油勘探开发研究院、大庆油田采油三厂	
191	采油采气其他设备	清蜡设备	SY/T 5961—2008	SY	继续有效					中油特种车辆有限公司、南阳二机石油装备(集团)有限公司	
192	采油采气其他设备	洗井机	SY/T 5962—2008	SY	继续有效					中油特种车辆有限公司、南阳二机石油装备(集团)有限公司	
193	采油采气其他设备	油田用注聚合物泵	能源20090699	SY	在制定	2010	2011		SY/T 6462—2000	大港油田集团中成机械制造有限公司	
194	采油采气其他设备	承荷探测电缆	SY/T 6600—2004	SY	继续有效					大庆油田有限责任公司采油工艺研究所	
195	阀门与井口设备	石油天然气工业　钻井和采油设备　第2部分:深海钻井隔水管的原理、操作和完整性技术报告	GB/T	GB		2013	2014	ISO 13624—2:2009,IDT		石油工业井控装置质量监督检验中心	
196	阀门与井口设备	海上作业用井口水上安全阀和水下安全阀的检验测试	GB/T	GB	继续有效			API Spee 6AV1:1996,2003年1月确认			

(续)

序号	分类	项目名称	项目编号	级别	状态	立项时间	完成时间	采用国际国外标准编号	代替标准号	起草单位	相关标准
197	阀门与井口设备	石油天然气工业　管道输送系统管　道阀门	GB/T 20173	GB	需要修订	2011	2012	ISO 14313:2007	GB/T 20173—2006	中国石油集团钻井工程技术研究院江汉机械研究所	
198	阀门与井口设备	石油天然气工业水下生产系统的设计与操作　第4部分:水下井口装置和采油树规范	GB/T 21412.4	GB	需要修订	2013	2014	ISO 13628—4,IDT	GB/T 21412.4—2008	宝鸡石油机械有限责任公司、中国石油集团钻井工程技术研究院江汉机械研究所等	
199	阀门与井口设备	井口装置和采油树规范	GB/T 22513	GB	需要修订	2011	2012	ISO 10423/AP16A,API RP 6AR, API 6A 718,MOD	GB/T 22513—2008	中国石油集团钻井工程技术研究院江汉机械研究所	SY/T 5812—1996　SY/T 6663—2006
200	阀门与井口设备	作业用井口防喷设备	SY/T	SY		2011	2012			石油工业井控装置质量监督检验中心、河北华北石油荣盛机械制造有限公司、宝鸡石油机械有限责任公司	
201	阀门与井口设备	井口和采油树设备维修和再制造的推荐做法	SY/T	SY		2011	2012	API RP 6AR		中国石油集团江汉机械研究所	
202	阀门与井口设备	地面安全阀和井下安全阀的安装、维护和修理推荐做法	SY/T	SY		2014	2015	API RP14H,MOD		中国石油集团钻井工程技术研究院江汉机械研究所	
203	阀门与井口设备	地面安全阀和井下安全阀的性能试验	SY/T	SY		2014	2015	API 6AV1,MOD		中国石油集团钻井工程技术研究院江汉机械研究所	
204	阀门与井口设备	环空测试井口设备	SY/T 5812—1996	SY	继续有效				SY/T 5812—1993	大庆石油管理局总机械厂	

（续）

序号	分类	项目名称	项目编号	级别	状态	立项时间	完成时间	采用国际国外标准编号	代替标准号	起草单位	相关标准
205	阀门与井口设备	独立井口装置规范	SY/T 6663—2006	SY	继续有效					大庆石油学院、宝鸡石油机械有限责任公司、中国石油集团科学研究院汇汉机械研究所、石油工业标准化研究所	
206	阀门与井口设备	端盖、联结件和旋转接头规范	SY/T 6669—2006	SY	继续有效			API Spec 6H，MOD			
207	阀门与井口设备	端部连接耐火试验规范	SY/T 6745—2008	SY	继续有效			API Spec 6FB，IDT		石油工业井控装置质量监督检验中心	
208	阀门与井口设备	倒密封阀耐火试验规范	SY/T 6746—2008	SY	继续有效			API Spec 6FC，IDT		石油工业井控装置质量监督检验中心	
209	物探设备	石油地震勘探钻机车	SY/T 5524	SY	需要修订	2010	2010		SY/T 5524—2004	保定宏业石油物探机械制造有限责任公司、中国石油集团东方地球物理勘探有限责任公司、大庆钻探工程公司地球物理勘探一公司、中国石化集团河南石油勘探局地质调查处	
210	物探设备	地面液压驱动可控震源车	SY/T 5249—2010	SY	继续有效				SY/T 5249—2000	保定北奥石油物探特种车辆制造有限公司、南阳二机石油装备（集团）有限公司、东方地球物理公司装备事业部	
211	物探设备	山地地震钻机	SY/T 5723—2010	SY	继续有效				SY/T 5723—1995	保定宏业石油物探机械制造有限责任公司、东方地球物理勘探有限责任公司	

（续）

序号	分类	项目名称	项目编号	级别	状态	立项时间	完成时间	采用国际国外标准编号	代替标准号	起草单位	相关标准
212	物探设备	石油地震勘探车装钻机使用和维护	SY/T 6082—2010	SY	继续有效				SY/T 6082—1994	保定宏业石油物探机械制造有限责任公司、东方地球物理勘探有限公司、保定北奥石油物探特种车辆制造有限公司	
213	物探设备	油气田用地层测试器 地面控制装置	能源20090714	SY	在制定	2010	2010		SY/T 5066.2—1993	承德江钻石油机械有限责任公司	
214	物探设备	地层测试器	SY/T 5066—2008	SY	继续有效				SY/T 5066—1997	宝鸡石油机械有限责任公司	
215	特种车辆	洗井液处理车	能源20090702	SY	需要修订	2010	2011		SY/T 6115—1994	中国石油集团钻井工程技术研究院江汉机械研究所、南阳二机石油装备（集团）有限公司、中油特种车辆有限公司	
216	特种车辆	油田测井和试井绞车	SY/T 5073—2008	SY	继续有效					宝鸡宝石特种车辆有限责任公司	
217	特种车辆	油田测试设备	SY/T 5079—2008	SY	继续有效				SY/T 5079—1999	南阳二机石油装备（集团）有限公司、中油特种车辆有限责任公司、南阳华美石油设备有限公司、宝鸡宝石特种车辆有限责任公司	
218	特种车辆	油田专用背罐车	SY/T 5250—2008	SY	继续有效				SY/T 5250—1991	四川石油管理局南充机械厂、重庆汽车研究所等	
219	特种车辆	混砂车	SY/T 5287—2000	SY	拟废止					中国石化集团江汉第四机械厂	

（续）

序号	分类	项目名称	项目编号	级别	状态	立项时间	完成时间	采用国际国外标准编号	代替标准号	起草单位	相关标准
220	特种车辆	石油专用车通用技术条件	SY/T 5534—2007	SY	继续有效				SY/T 5534—1992	中国石化南阳二机石油装备（集团）有限公司等	
221	特种车辆	调剖液配注车	SY/T 5986—1994	SY	拟废止					吉林油田管理局	
222	特种车辆	不压井作业装备	SY/T 6731—2008	SY	继续有效					中国石化集团江汉石油管理局第四石油机械厂、河北华北石油荣盛机械制造有限公司、中国石油勘探开发研究院机械研究所、宝鸡石油机械有限责任	

表2　2010年石油钻采设备和工具标准体系表标准数量统计表

专业分类	推荐性国家标准					推荐性石油天然气行业标准						合计
	已发布		待制定		小计	已发布		待制定		双语版	小计	
	总数	采标	总数	采标		总数	采标	总数	采标			
通用基础	10	9	1		11	5					5	16
钻机、修井机总体	1		5		6	2		5			7	13
钻、修井设备	1	1	5	3	6	18	4	5	3		23	29
井架、底座	1	1			1	2	1				2	3
提升系统及钢丝绳	2	2	1	1	3	6	3				6	9
钻、修井设备钻井液系统			1		1	1	1	1			2	3
井控设备	3	3	2	2	5	5	3	1	1		6	11
动力、控制与传动设备	3		2		5	9	2	3		2	12	17
钻机辅助设备						3		2			5	5
固井设备						1					1	1
钻头						2					2	2
井口工具			1	1	1	4					4	5
钻柱构件						2					2	2
完井工具						1					1	1
取心工具						1					1	1
动力钻具						1					1	1
固井工具	3	3			3	3		1			4	7

（续）

专业分类	推荐性国家标准					推荐性石油天然气行业标准						合计
	已发布		待制定		小计	已发布		待制定		双语版	小计	
	总数	采标	总数	采标		总数	采标	总数	采标			
打捞工具						13					13	13
封隔器和桥塞	1	1			1	1		1			2	3
补贴工具						2					2	2
井下工具	2	2	1	1	3			2			2	5
有杆采油系统	3	3	1		4	12	4			1	12	16
无杆采油系统	8	8	1	1	9	4	2	2	1		6	15
压裂设备						2		3	1		5	5
采油采气其他设备			3		3	4		2	1		6	9
井口与阀门	3	3	2	2	5	5	3	4	3		9	14
物探设备						6					6	6
特种车辆						8					8	8
合计	41	36	26	l1	67	123	23	32	10	3	155	222

中华人民共和国国家标准批准发布公告

2010年第8号(总第163号)

序号	标准编号	标准名称	代替标准	实施日期
1	GB/T 25428—2010	石油天然气工业　钻井和采油设备　钻井和修井井架、底座		2011-03-01
2	GB/T 25429—2010	钻具止回阀规范		2011-03-01
3	GB/T 25430—2010	钻通设备　旋转防喷器规范		2011-03-01

解读国家发布的与石化装备相关的政策、法规，为行业、企业的发展指明方向

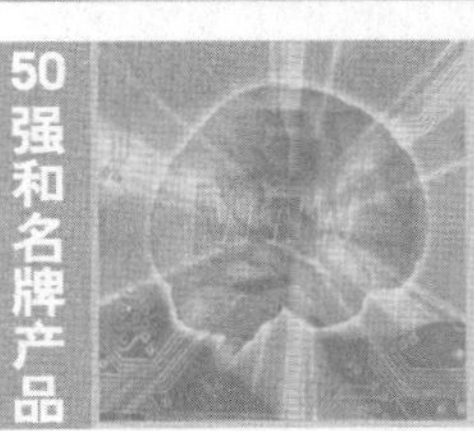

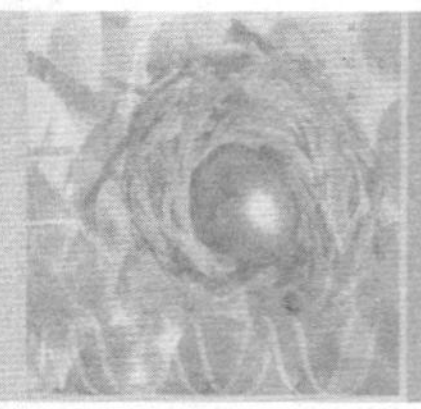

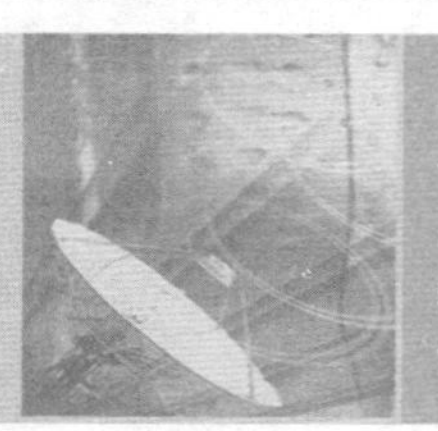

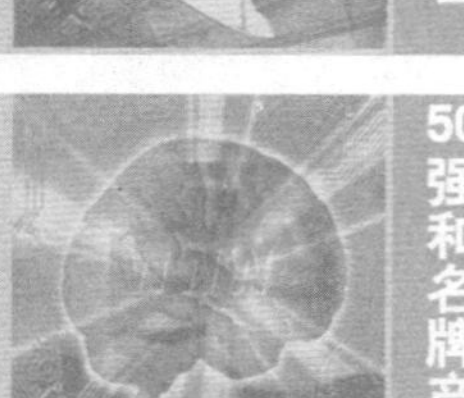

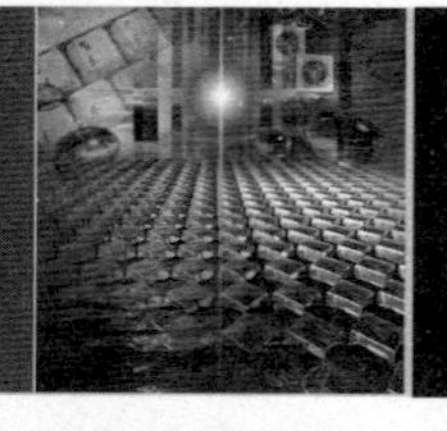

政策法规

萤石行业准入标准

一、总则

（一）萤石是重要的工业基础原材料。为贯彻落实科学发展观，合理开发利用与有效保护资源和环境，促进萤石产业结构调整，根据《国务院办公厅关于采取综合措施对耐火黏土萤石的开采和生产进行控制的通知》（国办发[2010]1号）和相关法律法规及政策的规定，特制定本准入标准。

（二）本准入标准中的萤石系指萤石采选产品。

二、生产布局条件

（三）萤石矿开采、选矿生产企业必须符合国家产业政策、矿产资源规划和产业规划，符合各省（自治区、直辖市）萤石行业发展规划、城市建设规划、土地利用总体规划、矿产资源规划、环境保护和污染防治规划要求。

（四）严格限制在国家和地方规定的限采区新设开采矿山。禁止在禁采区内新设开采矿山，已建矿山应按照矿产资源规划和国家有关规定进行处置。

在饮用水水源保护区、自然保护区、风景名胜区、生态功能保护区和基本农田保护区等需要特殊保护的地区，大中城市及其近郊，居民集中区、学校与托幼机构、疗养地、医院和食品、药品、电子等对环境质量要求高的企业周边1km内，主要河流两岸、公路、铁路干线两侧一定范围，不得新建萤石生产加工企业。

三、生产规模、工艺与装备

（五）新建萤石矿山开采规模应与资源储量规模相适应，并符合相关产业政策。矿山开采设计应根据资源状况、赋存条件以及开发利用方案等选择安全、高效、适用的采矿方法和装备。

（六）萤石选矿单条生产线日处理矿石能力应≥100t（每年按300天计算）。矿山开采规模在3万t/a以上的企业，要求有相应配套的选厂。

（七）新建和改（扩）建萤石选矿厂，必须具备相匹配的自备矿山、尾矿库、污水（物）处理设施，不得新建“三无”萤石浮选厂。

四、资源综合利用

（八）萤石采选企业地下开采回采率应达到75%以上；露天开采回采率应达到90%以上。选矿回收率应达到80%以上（伴生矿、尾矿利用除外）。并应贫富兼采，禁止采厚弃薄、采富弃贫。企业应制定尾矿综合利用和治理方案。

萤石原矿经选别冶金级块矿后，剩余原矿须送浮选厂浮选，提高资源利用率。

（九）鼓励对低品位萤石矿进行选矿加工提纯，分级选别、分级使用，实现资源综合利用。

（十）鼓励对矿物品位大于10%的萤石尾矿进行浮选回收。

（十一）充分利用现有矿山的资源，鼓励矿山结合生产依法开展深部地质找矿。

（十二）鼓励具有资金、技术、管理优势的萤石采选企业通过兼并重组、集约开采、综合利用相对集中的小矿山（点）。

五、主要产品质量

（十三）萤石产品质量应满足《萤石》（YB/T5217—2005）标准要求。

六、环境保护

（十四）采选生产过程中应实施清洁生产，保护环境。污染物排放要符合国家《大气污染物综合排放标准》（GB16297—1996）、《污水综合排放标准》（GB8978—1996）、《一般工业固体废物贮存、处置场污染控制标准》（GB 18599—2001）的有关要求和有关地方标准的规定。

（十五）企业必须按照环保、水土保持和耕地保护等要求，严格执行相关法律法规和标准规范，防止土壤污染，保护生态环境，严格执行土地复垦和生态恢复规定，履行土地复垦与生态恢复义务。

七、安全、卫生和社会责任

（十六）萤石采选生产必须符合《安全生产法》、《矿山安全法》、《安全生产许可证条例》（国务院令第397号）、《金属非金属矿山安全规程》（GB16423—2006）和《尾矿库安全技术规程》（AQ2006—2005）等有关规定，依法取得安全生产许可证后方可从事生产活动。新建、改建、扩建项目安全生产设施必须与主体工程同时设计、同时施工、同时投入生产和使用，并经安全生产监督管理部门组织审查和竣工验收。

（十七）萤石采选生产必须遵守《职业病防治法》，具备相应的职业病防治条件。完善职业危害防治设施，按照标准配备个人劳动防护用品，并建立各项规章制度。新、改、扩建项目职业危害防治设施必须与主体工程同时设计、同时施工、同时投入生产和使用。

（十八）矿产开采企业应设置地质测量机构，配备地质、测量专业技术人员，负责矿山资源储量的动态监测。大中型矿山应配备3~5人，小型矿山2~3人；确无条件配备专业技术人员的，应以合同（协议）的形式委托有资质的单位负责矿山地质测量工作。

（十九）矿山开采企业必须配备具有矿山开发相关专业技术职称的专职安全技术人员，大中型矿山2~3人，小型矿山1~2人。

（二十）企业应当依法参加养老、失业、医疗、工伤等各类保险，并为从业人员缴足相关保险费用。此外，企业还应遵守其他各项法律法规，做到合法经营。

八、监督与管理

（二十一）重点萤石资源地区应制订区域产业发展规划、矿产资源规划并开展规划环境影响评价，未列入规划和未开展规划环评的建设项目不得受理审批。

新建和改扩建萤石采选项目应当符合本准入标准；对不符合准入标准的项目，主管部门不得核准；金融机构不得提供贷款和授信支持，国土资源管理、城市规划和建设、环境保护、消防、卫生、工商、质检、安监等部门不得办理有关手续。

（二十二）现有萤石生产企业应通过技术改造、加强管理、资源整合限期达到本准入标准。2011年7月1日以后仍达不到本准入标准要求的，应停产整顿，经验收合格后方能恢复生产。

（二十三）萤石生产企业必须加强企业管理，建立生产和销售台账，自觉接受和主动配合有关部门监督检查，按照有关部门的规定报送报表。不符合准入标准的生产企业不得生产和销售萤石产品；用户也不得购买其生产的相关产品。

（二十四）地方工业和信息化主管部门会同有关执法部门负责对当地生产经营企业执行本准入标准的情况进行监督检查。发现不符合本准入标准的生产企业，有关部门依照各自职能，分别取消开采总量控制指标、指令性生产计划指标。工信、国土资源、环保、安全等行政管理和执法部门依据各自职能负责对当地萤石生产企业执行准入标准情况进行监督检查。

（二十五）工业和信息化部会同有关部门对萤石采选生产经营企业进行不定期抽查和检查。

（二十六）国土资源部定期公告符合本准入标准的萤石开采企业名单，工业和信息化部定期公告符合本准入标准的萤石生产经营企业名单，实行社会监督、动态管理。

（二十七）行业协会组织要协助、配合政府有关部门做好行业准入管理和监督工作。加强对国内外萤石市场的分析研究；促进采选生产工艺技术发展与应用；推广行业节能减排、资源综合利用、环保新技术；建立符合准入标准企业的评价体系，科学公正提出评价意见。

九、附则

（二十八）本准入标准适用于中华人民共和国

境内(港澳台地区除外)所有类型的萤石采选生产企业。

(二十九)本准入标准中涉及的国家标准和行业政策、法律法规若进行修订,则按修订后的规定执行。

(三十)本准入标准自2010年3月1日起实施,由工业和信息化部会同有关部门负责解释。

与石油化工有关的《产业结构调整指导目录(2011年本)》

第一类 鼓励类

三、煤炭

5. 煤炭共伴生资源加工与综合利用。

6. 煤层气勘探、开发、利用和煤矿瓦斯抽采、利用。

7. 煤矸石、煤泥、洗中煤等低热值燃料综合利用。

8. 管道输煤。

七、石油、天然气

1. 常规石油、天然气勘探与开采。

2. 页岩气、油页岩、油砂、天然气水合物等非常规资源勘探开发。

3. 原油、天然气、液化天然气、成品油的储运和管道输送设施及网络建设。

4. 油气伴生资源综合利用。

5. 油气田提高采收率技术、安全生产保障技术、生态环境恢复与污染防治工程技术开发利用。

6. 放空天然气回收利用与装置制造。

7. 天然气分布式能源技术开发与应用。

8. 石油储运设施挥发油气回收技术开发与应用。

9. 液化天然气技术开发与应用。

十一、石化化工

1. 含硫含酸重质、劣质原油炼制技术,高标准油品生产技术开发与应用。

2. 硫、钾、硼、锂等短缺化工矿产资源勘探开发及综合利用,中低品位磷矿采选与利用,磷矿伴生资源综合利用。

3. 零极距、氧阴极等离子膜烧碱电解槽节能技术、废盐酸制氯气等综合利用技术、铬盐清洁生产新工艺的开发和应用,气动流化塔生产高锰酸钾,全热能回收热法磷酸生产,大型脱氟磷酸钙生产装置。

4. 20万t/a及以上合成气制乙二醇、10万t/a及以上离子交换法双酚A、15万t/a及以上直接氧化法环氧丙烷、20万t/a及以上共氧化法环氧丙烷、5万t/a及以上丁二烯法己二腈生产装置,万吨级脂肪族异氰酸酯生产技术开发与应用。

5. 优质钾肥及各种专用肥、缓控释肥的生产,氮肥企业节能减排和原料结构调整,磷石膏综合利用技术开发与应月,10万t/a及以上湿法磷酸净化生产装置。

6. 高效、安全、环境友好的农药新品种、新剂型(水基化剂型等)、专用中间体、助剂(水基化助剂等)的开发与生产,甲叉法乙草胺、水相法毒死蜱工艺、草甘膦回收氯甲烷工艺、定向合成法手性和立体结构农药生产、乙基氯化物合成技术等清洁生产工艺的开发和应用,生物农药新产品、新技术的开发与生产。

7. 水性木器、工业、船舶涂料,高固体分、无溶剂、辐射固化、功能性外墙外保温涂料等环境友好、资源节约型涂料生产；单线产能3万t/a及以上、并以二氧化钛含量不小于90%的富钛料（人造金红石、天然金红石、高钛渣）为原料的氯化法钛白粉生产。

8. 高固着率、高色牢度、高提升性、高匀染性、高重现性、低沾污性以及低盐、低温、小浴比染色用和湿短蒸轧染用的活性染料，高超细旦聚酯纤维染色性、高洗涤牢度、高染着率、高光牢度和低沾污性（尼龙、氨纶）、小浴比染色用的分散染料，用于聚酰胺纤维、羊毛和皮革染色的不含金属的弱酸性染料，高耐晒牢度、高耐气候牢度有机颜料的开发与生产。

9. 染料及染料中间体清洁生产、本质安全的新技术（包括催化、三氧化硫磺化、连续硝化、绝热硝化、定向氯化、组合增效、溶剂反应、循环利用等技术，以及取代光气等剧毒原料的适用技术，膜过滤和原浆干燥技术）的开发与应用。

10. 乙烯-乙烯醇树脂（EVOH）、聚偏氯乙烯等高性能阻隔树脂，聚异丁烯（PI）、聚乙烯辛烯（POE）等特种聚烯烃开发与生产。

11. 6万t/a及以上非光气法聚碳酸酯生产装置，液晶聚合物（LCP）等工程塑料生产以及共混改性、合金化技术开发和应用，吸水性树脂、导电性树脂和可降解聚合物的开发与生产，尼龙11、尼龙1414、尼龙46、长碳链尼龙、耐高温尼龙等新型聚酰胺开发与生产。

12. 3万t/a及以上丁基橡胶、乙丙橡胶、异戊橡胶，溶聚丁苯橡胶、稀土系顺丁橡胶、丙烯酸酯橡胶及低多芳含量填充油丁苯橡胶等生产装置，合成橡胶化学改性技术开发与应用。

13. 聚丙烯热塑性弹性体（PTPE）、热塑性聚酯弹性体（TPEE）、苯乙烯-异戊二烯-苯乙烯热塑性嵌段共聚物（SIS）、热塑性聚氨酯弹性体等热塑性弹性体材料开发与生产。

14. 改性型、水基型胶粘剂和新型热熔胶，环保型吸水剂水处理剂，分子筛固汞、无汞等新型高效、环保催化剂和助剂，安全型食品添加剂、饲料添加剂，纳米材料，功能性膜材料，超净高纯试剂、光刻胶、电子气、高性能液晶材料等新型精细化学品的开发与生产。

15. 苯基氯硅烷、乙烯基氯硅烷等新型有机硅单体，苯基硅油、氨基硅油、聚醚改性型硅油等，苯基硅橡胶、苯撑硅橡胶等高性能橡胶及杂化材料，甲基苯基硅树脂等高性能树脂，三乙氧基硅烷等系列高效偶联剂。

16. 全氟烯醚等特种含氟单体，聚全氟乙丙烯、聚偏氟乙烯、聚三氟氯乙烯、乙烯-四氟乙烯共聚物等高品质氟树脂，氟醚橡胶、氟硅橡胶、四丙氟橡胶、高含氟量246氟橡胶等高性能氟橡胶，含氟润滑油脂，消耗臭氧潜能值（ODP）为零、全球变暖潜能值（GWP）低的消耗臭氧层物质（ODS）替代品，全氟辛基磺酰化合物（PFOS）和全氟辛酸（PFOA）及其盐类替代品和替代技术的开发和应用，含氟精细化学品和高品质含氟无机盐。

17. 高性能子午线轮胎[包括无内胎载重子午胎，低断面和扁平化（低于55系列）、大轮辋高性能轿车子午胎（15吋以上），航空轮胎及农用子午胎]及配套专用材料、设备生产，新型天然橡胶开发与应用。

18. 生物高分子材料、填料、试剂、芯片、干扰素、传感器、纤维素酶、碱性蛋白酶、诊断用酶等酶制剂、纤维素生化产品开发与生产。

19. 四氯化碳、四氯化硅、一甲基氯硅烷、三甲级氯硅烷等副产物综合利用，二氧化碳的捕获与应用。

十七、船舶

2. 10万m^3以上液化天然气船、1.5万m^3以上液化石油气船、万箱以上集装箱船、5 000车位及以上汽车运输船、豪华客滚船、IMO Ⅱ型以上化学品船、豪华邮轮等高技术、高附加值船舶

5. 120m及以上水深自升式钻井平台、1 500m及以上深钻井船、1 500m及以上水深半潜式钻井平台等主流海洋移动钻井平台（船舶）；15万t及以上

浮式生产储卸装置(FPSO)、1 500m水深半潜式生产平台、立柱式生产平台(SPAR)、张力腿平台(TLP)、LNG－FPSO、边际油田型浮式生产储油装置等浮式生产系统;万马力水级深水三用工作船、1 500m水深大型起重铺管船、1 500m水深工程勘察船、高性能物探船、5万t及以上半潜运输船、海上风车安装船等海洋工程作业船和辅助船

6. 动力定位系统、FPSO单点系泊系统、大型海洋平台电站集成系统、主动力及传动系统、钻井平台升降系统、采油系统等通用和专用海洋工程配套设备

8. 智能环保型船用中低速柴油机及其关键零部件、大型甲板机械、船用锅炉、油水分离机、海水淡化装置、压载水处理系统、船舶使用岸电技术及设备、液化天然气船用双燃料发动机、吊舱推进器、大型高效喷水推进装置、大功率中高压发电机、船舶通讯导航及自动化系统等关键船用配套设备

9. 水下潜器、机器人及探测观测设备

10. 精度管理控制、数字化造船、单元组装、预舾装和模块化、先进涂装、高效焊接技术应用

11. 高技术高附加值船舶、海洋工程装备的修理与改装

第二类　限制类

四、石化化工

1. 新建1 000万t/a以下常减压、150万t/a以下催化裂化、100万t/a以下连续重整(含芳烃抽提)、150万t/a以下加氢裂化生产装置

2. 新建80万t/a以下石脑油裂解制乙烯、13万t/a以下丙烯腈、100万t/a以下精对苯二甲酸、20万t/a以下乙二醇、20万t/a以下苯乙烯(干气制乙苯工艺除外)、10万t/a以下己内酰胺、乙烯法醋酸、30万t/a以下羰基合成法醋酸、天然气制甲醇、100万t/a以下煤制甲醇生产装置(综合利用除外),丙酮氰醇法丙烯酸、粮食法丙酮/丁醇、氯醇法环氧丙烷和皂化法环氧氯丙烷生产装置,300t/a以下皂素(含水解物,综合利用除外)生产装置

3. 新建7万t/a以下聚丙烯(连续法及间歇法)、20万t/a以下聚乙烯、乙炔法聚氯乙烯、起始规模小于30万t/ε的乙烯氧氯化法聚氯乙烯、10万t/a以下聚苯乙烯、20万t/a以下丙烯腈/丁二烯/苯乙烯共聚物(ABS,本体连续法除外)、3万t/a以下普通合成胶乳—羧基丁苯胶(含丁苯胶乳)生产装置,新建、改扩建溶剂型氯丁橡胶类、丁苯热塑性橡胶类、聚氨酯类和聚丙烯酸酯类等通用型胶粘剂生产装置

4. 新建纯碱、烧碱、30万t/a以下硫磺制酸、20万t/a以下硫铁矿制酸、常压法及综合法硝酸、电石(以大型先进工艺设备进行等量替换的除外)、单线产能5万t/a以下氢氧化钾生产装置

5. 新建三聚磷酸钠、六偏磷酸钠、三氯化磷、五硫化二磷、饲料磷酸氢钙、氯酸钠、少钙焙烧工艺重铬酸钠、电解二氧化锰、普通级碳酸钙、无水硫酸钠(盐业联产及副产除外)、碳酸钡、硫酸钡、氢氧化钡、氯化钡、硝酸钡、碳酸锶、白炭黑(气相法除外)、氯化胆碱、平炉法高锰酸钾、大锅蒸发法硫化钠生产装置

6. 新建黄磷,起始规模小于3万t/a、单线产能小于1万t/a氰化钠(折100%),单线产能5t/a以下碳酸锂、氢氧化锂,单线产能2万t/a以下无水氟化铝或中低分子比冰晶石生产装置

7. 新建以石油(高硫石油焦除外)、天然气为原料的氮肥,采用固定层间歇气化技术合成氨,磷铵生产装置,铜洗法氨合成原料气净化工艺

8. 新建高毒、高残留以及对环境影响大的农药原药[包括氧乐果、水胺硫磷、甲基异柳磷、甲拌磷、特丁磷、杀扑磷、溴甲烷、灭多威、涕灭威、克百威、敌鼠钠、敌鼠酮、杀鼠灵、杀鼠醚、溴敌隆、溴鼠灵、肉毒素、杀虫双、灭线磷、硫丹、磷化铝、三氯杀螨醇,有机氯类、有机锡类杀虫剂,福美类杀菌剂,复硝酚钠(钾)等]生产装置

9. 新建草甘膦、毒死蜱(水相法工艺除外)、三唑磷、百草枯、百菌清、阿维菌素、吡虫啉、乙草胺

(甲叉法工艺除外)生产装置

10. 新建硫酸法钛白粉、铅铬黄、1万t/a以下氧化铁系颜料、溶剂型涂料(不包括鼓励类的涂料品种和生产工艺)、含异氰脲酸三缩水甘油酯(TGIC)的粉末涂料生产装置

11. 新建染料、染料中间体、有机颜料、印染助剂生产装置(不包括鼓励类的染料产品和生产工艺)

12. 新建氟化氢(HF)(电子级及湿法磷酸配套除外),新建初始规模小于20万t/a、单套规模小于10万t/a的甲基氯硅烷单体生产装置,10万t/a以下(有机硅配套除外)和10万t/a及以上、没有副产四氯化碳配套处置设施的甲烷氯化物生产装置,新建、改扩建含氢氯氟烃(HCFCs)(作为原料用的除外)、全氟辛基磺酰化合物(PFOS)和全氟辛酸(PFOA),六氟化硫(SF_6)(高纯级除外)生产装置

13. 新建斜交轮胎和力车胎(手推车胎)、锦纶帘线、3万t/a以下钢丝帘线、常规法再生胶(动态连续脱硫工艺除外)、橡胶塑解剂五氯硫酚、橡胶促进剂二硫化四甲基秋兰姆(TMTD)生产装置

第三类　淘汰类

注:条目后括号内年份为淘汰期限,淘汰期限为2011年是指应于2011年底前淘汰,其余类推;有淘汰计划的条目,根据计划进行淘汰;未标淘汰期限或淘汰计划的条目为国家产业政策已明令淘汰或立即淘汰。

一、落后生产工艺装备

(四)石化化工

1. 200万t/a及以下常减压装置(2013年,青海格尔木、新疆泽普装置除外),废旧橡胶和塑料土法炼油工艺,焦油间歇法生产沥青

2. 10万t/a以下的硫铁矿制酸和硫磺制酸(边远地区除外),平炉氧化法高锰酸钾,隔膜法烧碱(2015年)生产装置,平炉法和大锅蒸发法硫化碱生产工艺,芒硝法硅酸钠(泡花碱)生产工艺

3. 单台产能5 000t/a以下和不符合准入条件的黄磷生产装置,有钙焙烧铬化合物生产装置(2013年),单线产能3 000t/a以下普通级硫酸钡、氢氧化钡、氯化钡、硝酸钡生产装置,产能1万t/a以下氯酸钠生产装置,单台炉容量小于12 500kV·A的电石炉及开放式电石炉,高汞催化剂(氯化汞含量6.5%以上)和使用高汞催化剂的乙炔法聚氯乙烯生产装置,氨钠法及氰熔体氰化钠生产工艺

4. 单线产能1万t/a以下三聚磷酸钠、0.5万t/a以下六偏磷酸钠、0.5万t/a以下三氯化磷、3万t/a以下饲料磷酸氢钙、5 000t/a以下工艺技术落后和污染严重的氢氟酸、5 000t/a以下湿法氟化铝及敞开式结晶氟盐生产装置

5. 单线产能0.3万t/a以下氰化钠(100%氰化钠)、1万t/a以下氢氧化钾、1.5万t/a以下普通级白炭黑、2万t/a以下普通级碳酸钙、10万t/a以下普通级无水硫酸钠(盐业联产及副产除外)、0.3万t/a以下碳酸锂和氢氧化锂、2万t/a以下普通级碳酸钡、1.5万t/a以下普通级碳酸锶生产装置

6. 半水煤气氨水液相脱硫、天然气常压间歇转化工艺制合成氨、一氧化碳常压变化及全中温变换(高温变换)工艺、没有配套硫磺回收装置的湿法脱硫工艺,没有配套建设吹风气余热回收、造气炉渣综合利用装置的固定层间歇式煤气化装置

7. 钠法百草枯生产工艺,敌百虫碱法敌敌畏生产工艺,小包装(1kg及以下)农药产品手工包(灌)装工艺及设备,雷蒙机法生产农药粉剂,以六氯苯为原料生产五氯酚(钠)装置

8. 用火直接加热的涂料用树脂、四氯化碳溶剂法制取氯化橡胶生产工艺,100t/a以下皂素(含水解物)生产装置,盐酸酸解法皂素生产工艺及污染物排放不能达标的皂素生产装置,铁粉还原法工艺(4,4-二氨基二苯乙烯-二磺酸[DSD酸]、2-氨基-4-甲基-5-氯苯磺酸[CLT酸]、1-氨基-8-萘酚-3,6-二磺酸[H酸]三种产品暂缓执行)

9. 50万条/年及以下的斜交轮胎和以天然棉帘

子布为骨架的轮胎、1.5 万 t/a 及以下的干法造粒炭黑(特种炭黑和半补强炭黑除外)、3 亿只/年以下的天然胶乳安全套,橡胶硫化促进剂 N－氧联二(1,2－亚乙基)－2－苯并噻唑次磺酰胺(NOBS)和橡胶防老剂 D 生产装置

10. 氯氟烃(CFCs)、含氢氯氟烃(HCFCs)、用于清洗的 1,1,1－三氯乙烷(甲基氯仿)、主产四氯化碳(CTC)、以四氯化碳(CTC)为加工助剂的所有产品、以 PFOA 为加工助剂的含氟聚合物、含滴滴涕的油漆、采用滴滴涕为原料非封闭生产三氯杀螨醇生产装置(根据国家履行国际公约总体计划要求进行淘汰)

二、落后产品

(一)石化化工

1. 改性淀粉、改性纤维、多彩内墙(树脂以硝化纤维素为主,溶剂以二甲苯为主的 O/W 型涂料)、氯乙烯－偏氯乙烯共聚乳液外墙、焦油型聚氨酯防水、水性聚氯乙烯焦油防水、聚乙烯醇及其缩醛类内外墙(106、107 涂料等)、聚醋酸乙烯乳液类(含乙烯/醋酸乙烯酯共聚物乳液)外墙涂料

2. 有害物质含量超标准的内墙、溶剂型木器、玩具、汽车、外墙涂料,含双对氯苯基三氯乙烷、三丁基锡、全氟辛酸及其盐类、全氟辛烷磺酸、红丹等有害物质的涂料

3. 在还原条件下会裂解产生 24 种有害芳香胺的偶氮染料(非纺织品用的领域暂缓)、九种致癌性染料(用于与人体不直接接触的领域暂缓)

4. 含苯类、苯酚、苯甲醛和二(三)氯甲烷的脱漆剂,立德粉,聚氯乙烯建筑防水接缝材料(焦油型),107 胶,瘦肉精,多氯联苯(变压器油)

5. 高毒农药产品:六六六、二溴乙烷、丁酰肼、敌枯双、除草醚、杀虫脒、毒鼠强、氟乙酰胺、氟乙酸钠、二溴氯丙烷、治螟磷(苏化 203)、磷胺、甘氟、毒鼠硅、甲胺磷、对硫磷、甲基对硫磷、久效磷、硫环磷(乙基硫环磷)、福美胂、福美甲胂及所有砷制剂、汞制剂、铅制剂、10% 草甘膦水剂,甲基硫环磷、磷化钙、磷化锌、苯线磷、地虫硫磷、磷化镁、硫线磷、蝇毒磷、治螟磷、特丁硫磷(2011 年)

6. 根据国家履行国际公约总体计划要求进行淘汰农药产品:氯丹、七氯、溴甲烷、滴滴涕、六氯苯、灭蚁灵、林丹、毒杀芬、艾氏剂、狄氏剂、异狄氏剂

7. 软边结构自行车胎,以棉帘线为骨架材料的普通输送带和以尼龙帘线为骨架材料的普通 V 带,轮胎、自行车胎、摩托车胎手工刻花硫化模具

大事记

从政策、工程项目、企业、市场和行业并购等方面记录2010年行业发生的重大事件

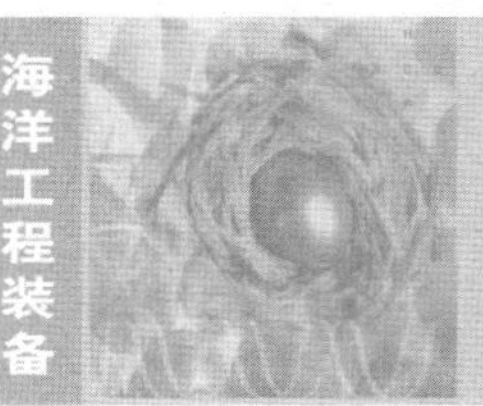

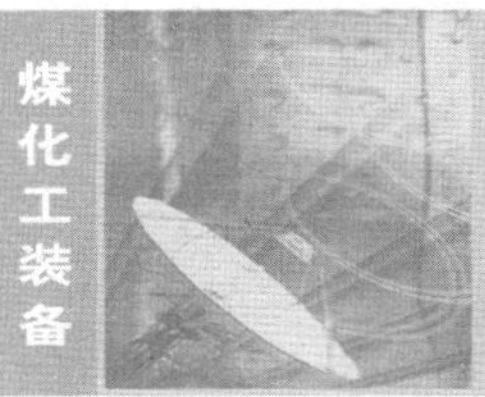
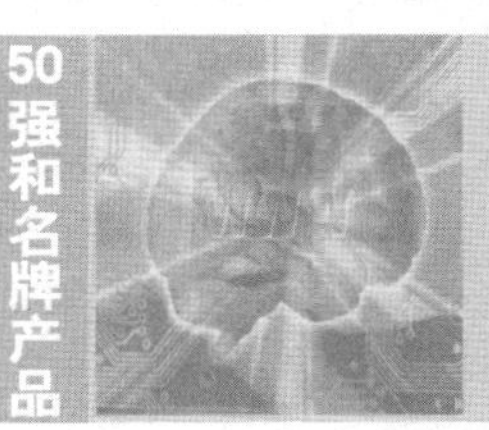
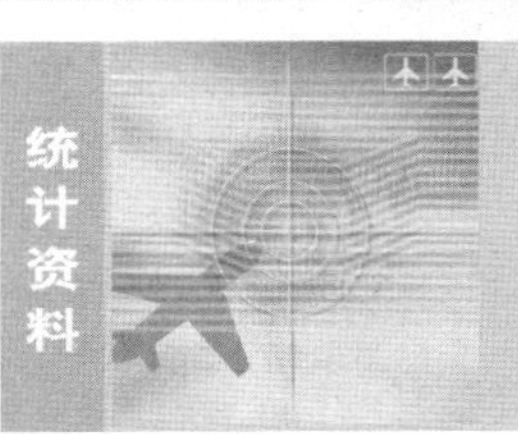

大事记

2010年石油和石油化工设备行业大事记

2月

23日 中国石油集团济柴动力总厂承担研制的钻井用天然气发动机研制项目取得成功，并填补国内空白。继两台3000系列1 000kW天然气发动机于1月13日和2月4日在海南福山油田打完井深超过2 500m的两口井后，首次作为钻井动力的2000系列也成功打完一口井，标志着该厂的钻井用发动机实现了从油气双燃料到纯粹天然气动力的新飞跃。

24日 西气东输工程正式通过国家竣工验收。西气东输工程从决策启动到全线投产历时4年零8个月，比国外同类工程缩短一半工期。为缓解天然气供需缺口矛盾，中国石油又增建、扩建了12座压气站，使管道年输气能力由120亿m^3增加到170亿m^3。

3月

月初 国内首只91.44mm镶齿钻头在宝石机械成都装备制造公司试制成功。该型号钻头由宝石机械成都装备制造公司自主研发，属世界首创，是目前全球钻头家族中尺寸最大、技术含量较高的全面钻进钻头。

30日 中国石油集团公司宣布对兰州石化机械厂实施专业化重组，按照资产、相关人员一次划转方式，整体划归渤海装备制造公司。

月内 中国已建成3 000m深水半潜式钻井平台。中国科学院院士、中国石油学会理事长、国家科技重大专项“大型油气田及煤层气开发”专职技术责任人贾承造表示，“大型油气田及煤层气开发”专项确定的10项重大装备研制进展顺利，其中，3 000m深水半潜式钻井平台已于前不久建成、出坞下水。该平台计划2010年6月投产应用，2012年前完成深水油气资源勘探、开发全套装备的研制。10项重大装备专项中，还研制成功“全数字万道地震数据采集系统”的大型地震仪，突破了国际技术壁垒，逐步摆脱对核心装备的进口依赖，提升中国物探技术的核心竞争力。

4月

10日 延长石油集团延安180万t甲醇及深加工项目在陕西宾馆举行了签约仪式。该项目总投资219亿元，位于陕西省富县，以煤、气、油为原料，建设180万t/a甲醇、60万t/a MTO、40万t/a轻油裂解、45万t/a聚乙烯、25万t/a聚丙烯、20万t/a丁辛醇、6万t/a乙丙橡胶及配套设施。

11日 河西走廊5市西气东输工程支线工程开工。青海油田工程建设公司建设的西气东输工程二线沿线，甘肃河西走廊地区嘉峪关、酒泉、张掖、武威、金昌5市支线工程开工。工程线路全长106.3km、管道直径为168.33mm，施工共涉及酒泉等5个地级市及下属8个区、县、镇，沿线涉及穿越兰新铁路、连霍高速等控制性穿越工程200余处。

18日 经过挤水泥、钻塞、覆盖射孔等“组合拳”式改造的鲁8井，含水率从95%下降到75%，而日产油量则从1.9t上升到3t。1997年开启先导试验以来，凭借科技创新，吐哈石油人找到打开稠油油藏的密码，稠油产量从不足0.2万t/a一路增长到21万t/a，到2009年的12年间产量增长了

104倍。

5月

月内 胜利油田钻井院研制的新型交流变频电机直驱转盘驱动装置在黄河钻井五公司40596队ZJ40LDB钻机上进行的第一口试验井——辛53-斜33井顺利完钻，该装置已经完成3口井的现场试验，应用使用情况良好。该转盘系统的研制成功，不仅填补了我国石油矿场新型钻井转盘驱动装置的空白，而且极大提高了我国石油钻机的整体水平，更加适应国际钻井工艺的新要求。

★ 国内首个智能化油田——新疆油田开始建设。据新疆油田公司副总经理孙晓岗介绍，作为中国首个提出并建设智能油田的企业，新疆油田公司本着“站在高起点、达到高水平，为中国国内智能化油田建设做示范”的原则，采取与全球知名IT公司联手的方式，进行了全球招标。最终，IBM公司在6家公司中脱颖而出，成功中标。

6月

8日 中原油田钻井一公司中奥二队打完一口高难度连通分支水平井SX01-1H井，创出了全国煤层气水平分支井最深的纪录。

19日 国家能源局副局长吴吟在中国能源战略与“十二五”能源发展论坛上说，我国国家能源战略理念将发生六大转变：①从偏重保障供给为主，向科学调控能源生产和消费总量转变；②从严重依赖煤炭资源，向绿色、多元、低碳化能源发展转变；③从过度依赖国内能源供应，向立足国内和加强国际合作转变；④从生态环境保护滞后于能源发展，向生态环境保护和能源协调发展转变；⑤从资源依赖型的发展模式，向科技创新驱动型的发展模式转变；⑥从各能源品种独立发展，向多种能源互补与系统的融合协调转变。同时还要坚持节能优先、大力实施能源科技自主创新、促进煤炭绿色生产、清洁利用和发展以电力为核心的智慧能源网络等四个重点方向。

8月

2日 作为我国石油陆上最深的一口风险探井，克深7井在创造了一系列钻井新纪录后向目的层7 900m安全平稳钻进，安全进入目的层，至此我国陆上最深探井取得6项重大成果。一是444mm大井眼钻进3 329m，在该区块创造钻速最快、用时最少纪录，节约成本740万元。二是下深365mm套管至设计井深3 518m，并采用分级箍双级方式成功固井，创造国内365mm套管下入最深纪录。三是333mm单只钻头创造国内444mm大井眼钻井日进尺183m的新纪录。四是333mm单只钻头钻探至井深7 058m，创造单只钻头最深国内纪录。五是浮重500t的套管安全下到7 087m井深，所下套管656根全部为国产套管，创造了273.05mm技术套管下深和浮重两项全国纪录。六是国内首次引进高密度抗高温油基钻井液体系，创造了2.32g/cm^{3}高密度钻井液条件下的国内最深井纪录。

10日 川庆钻探长庆井下技术作业公司与哈里伯顿公司合作采用CobraMax压裂（眼镜蛇压裂）工艺，成功完成桃2-9-3井最后4段施工作业，喷砂射孔、环空压裂4层次，创造了国内CobraMax压裂单日施工层次新纪录。

15日 吐哈气举工具系列再添新成员。吐哈油田工程技术研究院经过半年努力，成功研发的3种规格气举工具测试合格，填补了国内大尺寸气举工具技术空白。

10月

16日 国内首台无基础压缩机运行平稳。长庆油田采气三厂苏14-2集气站建成投入运行的首台无基础压缩机经过163天的试运行考评，总体运行平稳、效果良好。投入使用后，每台压缩机基础建造费用可节约30万元,施工周期缩短8天。这是采气三厂低成本开发苏里格气田的又一重要举措。无基础整体式天然气压缩机组的研制,填补国内空白,使长庆油田成为国内唯一研制与应用无基础整体式天然气压缩机组的油田。

11月

13日 国内海油生物柴油首次投入车用。中海油新能源投资有限责任公司在海南省东方市建设的四更风电(一期)项目、年产量为6万t的国家级生物柴油项目相继投产。风电场沿海岸线延伸12km,占地面积3.2km^2,总装机容量为48MW,每年可为海南提供上网电量约1.1亿kW·h。该风电场被国家发展与改革委员会批准为清洁发展机制项目,预计年减排8.8万t二氧化碳。中国海洋石油总公司由此成为我国第一个具有完整生物柴油产业链的大型国有能源企业。

14日 随着井下测试管柱完成中试,中国石油设计井深最深、施工难度最大和井下温度最高的第一口超7 000m的水平井——哈拉哈塘水平901井,在塔里木盆地成功完钻,各项指标均达到工程设计要求。这口井5月20日开钻,历时160天4小时,钻至7 069.56m成功完钻,最大井斜90°,水平段长310m,最高井温158℃。全井比计划周期提前13天完成,首次在哈拉哈塘区块应用精细控压钻井技术,成功创造中靶精度和钻井速度等技术指标纪录,解决哈拉哈塘区块每口井二开下部井段可钻性差和平均机械钻速低的重大技术瓶颈难题。

12月

20日 首艘国内自主建造大型深水物探船下水。由中海油田服务股份有限公司(下称中海油服)投资建造的12缆深水物探船“海洋石油720”在上海船厂船舶有限公司顺利下水,标志着该船钢结构和主要设备安装已基本完成,进入码头舾装、调试阶段。“海洋石油720”是国内自主建造的第一艘大型深水物探船,作为海洋深水工程重大装备纳入国家科技重大专项,是中国海油深水油气勘探的重要配套装备之一。该船可拖带12条8 000m电缆进行海上三维地震采集作业。该船的建造将有效提升中海油服物探板块的地震数据采集能力,特别是深水海区的三维地震数据采集能力。

2010年石油和化工行业大事记

1月

上旬 宁波万华年产16万t MDI工程,获得我国工程建设领域的最高奖项——“2009年国家优质工程奖”。

15日 总投资约260亿元的中国石化天津百万吨乙烯炼化一体化工程正式投产。

28日 国务院发布通知,为加强能源战略决策和统筹协调,决定成立国家能源委员会。这是目前我国最高规格的能源机构。

2月

6日 镇海百万吨乙烯工程10套主体生产装置全部建成。

7 日 中国船舶工业集团公司召开发布会称，在成功建造首批 5 艘 14.7 万 m^3 LNG 船的基础上，又推出 3 款 LNG 新船型，标志着中国成为能够自主研发、设计 LNG 船的国家。

3 月

9 日 中国中化集团公司与宁夏回族自治区人民政府在京签订最大氮肥生产基地战略合作框架协议。

9 日 全球最大的低温煤焦油轻质化项目——总投资 17 亿元的陕西煤业化工集团榆林锦界天元化工有限公司 50 万 t/a 低温煤焦油催化加氢制取高品质燃料油项目，正式投料试车。

上旬 我国第一个获得注册的天然气发电类 CDM 项目——浙江国华余姚天然发电项目成功获得联合国 CDM 执行理事会对经核证减排量（CERs）的签发。

19 日 工业和信息化部等 7 部门联合对外发布了《萤石行业准入标准》。

4 月

6 日 国务院正式发布《关于进一步加强淘汰落后产能工作的通知》，明确由工业和信息化部牵头，18 个部委联合严厉淘汰电力、煤炭、钢铁、水泥、有色金属、焦炭、造纸、制革、印染等行业落后产能。

8 日 商务部部长陈德铭与哥斯达黎加外贸部长鲁伊斯在京签署《中国－哥斯达黎加自由贸易协定》。根据协议，在货物贸易方面，中哥双方将对各自 90% 以上的产品分阶段实施零关税，我国出口的化工、轻工、机械、汽车、皮革、纺织原料及制品等产品将从降税安排中获益。

19 日 云南云天化股份有限公司重庆分公司聚甲醛项目 B 套装置顺利产出合格聚甲醛产品，这标志着中国最大的聚甲醛基地在云南云天化股份有限公司全面建成并投产。

下旬 沈阳化工集团沈阳石蜡化工有限公司 50 万 t/a 重质原料制烯烃（CPP）国家示范项目通过国家发展与改革委员会技术经济指标考核验收。该技术为国内首创、国际领先。

★ 我国与委内瑞拉签署了胡宁 4 石油合作项目及长期融资合作等协议。

5 月

7 日 《国务院关于鼓励和引导民间投资健康发展的若干意见》出台，意见鼓励民间资本参与石油天然气建设。

17～19 日 中共中央、国务院召开的新疆工作座谈会在北京举行，会议决定新疆率先进行资源税改革，油气税改为从价计征。

中旬 国家开发银行、巴西国家石油公司以及中国石油化工集团三方尝试“贷款换石油”合作模式，巴西石油与国家开发银行签署了为期 10 年的 100 亿美元贷款协议，同时与中国石油化工集团敲定为期 10 年的原油长期出口协议。

月内 我国目前最大的合资项目——中科炼化一体化项目，正式获得国家发展与改革委员会批准，同意该项目各项前期工作全面展开。

月内 舟山金润石化有限公司、烟台港集团有限公司等 6 家企业首次获准介入国家石油战略储备。

31 日 国家发展与改革委员会宣布，天然气出厂基准价格每千立方米提高 230 元，同时，取消双轨制，扩大价格幅度范围，设定车用气与车用油的售价比。

月内 国土资源部批准山西省晋城煤业集团获得成庄和寺河（东区）区块煤层气采矿许可证，成为首个从国土资源部获得采气权的煤炭企业。

6 月

4 日 中缅石油天然气管道工程在缅甸首都

内比都正式开工。

5日 日照华泰投资2 000万元，全国第一条日产8t的环保节能二氧化氯生产线，一次投料成功。

上旬 中国石油天然气集团公司与乌兹别克斯坦国家油气公司在乌兹别克斯坦首都塔什干签署了《关于天然气购销的框架协议》和《中乌天然气领域扩大合作的谅解备忘录》。

12日 中国石油集团总经理蒋洁敏和哈萨克斯坦国家油气公司总裁卡贝尔金在哈国总统府签订了《关于中哈天然气管道二期设计、融资、建设、运行原则协议》。

15日 中国石油天然气集团公司总经理蒋洁敏与台湾中油股份公司总经理朱少华共同签署了《CNPC与CPC合作谅解备忘录》。

21日 中澳双方达成了总价值高达100亿澳元的10项交易，其中有7项同能源和资源相关。

7月

5~6日 西部大开发工作会议在京举行，温家宝在讲话中指出，将对西部12个省份的煤炭、原油、天然气等资源税由从量征收改为从价征收。

16日 大连大窑湾输油管道发生爆炸起火事故，溢油量超万吨。

18日 中海石油气电集团莆田燃气电厂4号机组成功投入商业发电运行。至此，莆田燃气电厂总装机容量达156万kW，标志着中海油已建成国内装机容量最大的燃气—蒸汽联合循环电厂。

19日 国内最大基础化工原料芳烃生产基地在中国石油天然气集团公司乌鲁木齐石化建成试车，建设规模为100万t/a，可带动180亿元的下游产业链。

月内 中国石油天然气集团公司与壳牌石油公司联合收购Arrow公司100%股权获得国家发展与改革委员会的批准，这是中国石油天然气集团公司在海外收购的首个煤层气项目。

8月

5日 中国石油天然气集团公司和雪佛龙优尼科东海有限公司合作的川东北天然气项目宣汉天然气净化厂开工建设。这是我国陆上目前最大的天然气对外合作项目。

29日 中国石油天然气集团公司26.7万m^3的LNG码头在大连竣工，这是其建成的第一个LNG码头，也是目前国内最大、中国北方第一个LNG码头。

9月

27日 中国石油天然气集团公司在北京人民大会堂分别与俄罗斯管道运输公司、俄罗斯天然气工业股份公司和俄罗斯石油公司签署3份油气合作协议。

月内 天津渤化石化有限公司60万t/a丙烷脱氢制丙烯项目建设正式进入实施阶段，目前该项目为我国首套全球最大的丙烷脱氢装置。

月内 我国首个国家煤层气高技术产业化示范工程——沁南煤层气开发利用高技术产业化示范工程项目通过竣工验收。

10月

26日 中国自主研发的新一代甲醇制取低碳烯烃工业化技术DMTO－Ⅱ，在北京签订全球首份工业化技术许可合同。

月内 中国石油化工集团巴陵石化公司年产5万t特种环氧树脂及其配套扩建工程开工建设。该项目是目前国内在建的规模最大的特种环氧树脂建设项目。

月内 中国兵器工业集团20万t/a TDI项目落户四川江安阳春工业园区，建成后将成为全国最大的TDI项目。

11 月

16 日 延长石油集团在西安签订并购重组陕北7家兰炭企业的协议。

25 日 山西天脊煤化工集团举行年产13万t苯胺和25万t硝酸铵钙两大项目开工仪式,这是全国唯一完整的硝基产业链项目。

26 日 中国石油化工股份有限公司与神华集团、中煤集团、宝钢集团等22家国内企业签订了战略合作协议。

30 日 中国石化与招商局集团、中远集团、中海集团、中外运长航集团四大航运集团在京签署润滑油合作协议。

月内 国家自然科学基金委员会与神华集团签署协议,共同设立"煤炭开发利用联合基金"。这是我国能源领域成立的首个科研联合基金。

12 月

3 日 商务部等四部委发布通知,给予中国石油天然气集团公司、中国石油化工集团、河南省煤层气开发利用有限公司3家公司煤层气对外合作专营权。

9 日 中国海洋石油总公司宣布,已与澳大利亚爱克索玛能源股份有限公司签署协议,中海油将投资5 000万澳元(约合3.26亿元人民币)获得澳煤层气项目探矿权。

15 日 我国第一个高含碳气田——吉林油田公司长岭气田全面建成投产。

19 日 来自俄罗斯的原油顺利输抵中国大庆末站,中俄原油管道投油全线贯通,实现一次试投运成功。

22 日 中国石油天然气集团公司宣布,该公司已经与世界第一大石油巨头沙特阿美公司签署了合作谅解备忘录。双方将在扩大原油贸易,开展炼化及石油工程建设、技术服务和物资装备供应等领域进行广泛合作。